DAS WACHSENDE HAUS

DAS WACHSENDE HAUS

EIN BEITRAG ZUR LÖSUNG DER
STÄDTISCHEN WOHNUNGSFRAGE

VON STADTBAURAT DR.-ING. MARTIN WAGNER

UNTER MITARBEIT DER ARCHITEKTEN: PROFESSOR BARTNING / DIPL.-ING. EIERMANN
U. JAENECKE / GASCARD U. CANTHAL / DR.-ING. GELLHORN / PROFESSOR GROPIUS
HÄRING / OBERBAURAT HEINICKE / HILBERSEIMER / DIPL.-ING. KÖHLER U. SCHWEITZER
PROFESSOR MEBES U. REG.-BMSTR. A.D. EMMERICH / DIPL.-ING. MENDELSOHN / MIGGE
PROFESSOR POELZIG / DR.-ING. SÄUME U. DIPL.-ING. HAFEMANN / PROFESSOR
SCHAROUN / DIPL.-ING. v. STEINBÜCHEL / PROFESSOR BRUNO TAUT / MAX TAUT
ULLRICH U. SCHALOW / v. VELTHEIM U. MÜLLER-REHM / ZABEL / DIPL.-ING. ZWEIGENTHAL

BERLIN / DEUTSCHES VERLAGSHAUS BONG & CO. / LEIPZIG

COPYRIGHT 1932 BY DEUTSCHES VERLAGSHAUS BONG & CO., BERLIN W 57

DRUCK: MAURER & DIMMICK G.M.B.H., BERLIN SO 16, CÖPENICKER STRASSE 36-38

UMSCHLAGENTWURF: ELLEN GERDA SCHÖNDORFF

DEM MEISTER DES BAUENS

PROFESSOR DR. H. C. **HANS POELZIG**

IN FREUNDSCHAFT ZUGEEIGNET

DER VERFASSER

INHALTSVERZEICHNIS

ANHANG ENTWÜRFE DER
ARBEITSGEMEINSCHAFT FÜR EIN WACHSENDES HAUS

VORWORT

Man mag mich steinigen, aber man soll nicht von mir verlangen, daß ich jener grauen Welt-Wirtschafts-Krisen-Elends-Theorie folge, die uns den Glauben an die kommenden „sieben schlechten Jahre" des wirtschaftlichen A b - schwunges einreden und die uns keinen anderen Ausweg lassen will als den, auf jeden neuen Fortschritt, auf jedes neue Kulturgut und auf jede Erweiterung unseres Lebensraumes zu verzichten.

Ich glaube nicht daran, daß die Welt und ihre Menschheit a r m geworden sei. Solange man den Kaffee in den Ozean schüttet, das Getreide in Lokomotiven verheizt, die Menschen von der Arbeit absperrt und die Maschinen verrosten läßt, k ö n n e n wir nicht arm sein. Und darum werde ich auch nicht meinen Glauben aufgeben an ein p i o n i e r - h a f t e s V o r s t ü r m e n u n s e r e r b e - s t e n K r ä f t e i n d a s V o r l a n d e i n e r n e u e n W i r t s c h a f t, d i e a n n e u e m L e b e n f o r m t.

EIN VOLK, DAS NICHT BAUT, DAS LEBT NICHT

Da ich weiß, daß wir leben w e r d e n, weil wir leben w o l l e n, darum werden wir auch eines Tages wieder zu neuem Bauen aufgerufen werden. Die neuen Bauaufgaben liegen schon heute sichtbar zutage. Sie liegen zwar nicht dort, wo die privatwirtschaftlich eingestellte „Baufront" in aussichtsloser Stellung um ihr Leben kämpft und „Ankurbelungen" einer Wirtschaftsmaschine verlangt, die längst aus ihrem Achslager gesprungen ist. Die alte Wirtschaft l ä ß t s i c h n i c h t m e h r ankurbeln. Es ist darum auch ganz müßig, nach „Aufträgen" zu rufen, die früher einmal aus der Wirtschaft selbst heraus gestellt wurden (und darum neu und lebenswichtig waren), heute aber ohne jeden wirtschaftlichen Sinn wären. Die heutige Wirtschaft braucht keine Kanäle und keine Bahnen und keine Straßen, weil ihre Transporte um 50 Proz. g e s u n k e n sind, und weil die vorhandenen Transportanstalten und Transportmittel für den gesunkenen Umsatz der gegenwärtigen Wirtschaft völlig ausreichen. Sie braucht auch keine Fabriken, Büros und Geschäftshäuser, weil die Schrumpfung der Wirtschaft Betriebs- und Geschäftsraum in größtem Ausmaß freigesetzt hat. Selbst die Unterhaltungsverpflichtung vieler solcher Bauten ist sehr zweifelhaft geworden, weil ihr wirtschaftspolitischer Standort sich ü b e r l e b t hat und einer neuen Orientierung zustrebt.

Bauaufträge können immer nur a u s d e r W i r t s c h a f t s e l b s t heraus gestellt werden. Und da die alte Wirtschaftsform solche Bauaufträge nicht mehr stellt, so werden wir uns nach einer n e u e n Wirtschaft umzusehen haben.

Und welche Bauaufgaben hätte diese neue Wirtschaft uns zu stellen?

Bauaufgaben von ungeahntem Umfang und ungeahnter Bedeutung. Denken wir doch daran, daß die gegenwärtige Wirtschaftskrise nichts anderes als der natürliche Prozeß für eine U m s c h i c h t u n g u n d N e u f o r - m u n g d e r A r b e i t s p l ä t z e ist. Alte Arbeitsplätze, die ihre Arbeiter nicht mehr ernährt haben, sind abgestorben oder ins Wandern geraten. Neue Arbeitsplätze schaffen sich selbst oder müssen geschaffen werden. Diese Umschichtung der Kräfte vollzieht sich heute noch gehemmt, ungesehen, unverstanden und planlos. Aber es kommt die Zeit, wo das Volk die Planwirtschaft v e r l a n g e n wird, weil es o h n e e i n e s o l c h e planvolle Wirtschaft nicht mehr l e b e n kann.

Und diese Planwirtschaft ist es, die uns unsere neuen Bauaufgaben stellen wird. Sie wird sie ganz rigoros unter dem Gesichtswinkel der O e k o n o m i e stellen und von uns verlangen, daß wir ökonomisch bauen, d. h. ohne Fett bauen, ohne Fehllauf bauen und die Selbstkosten des Bauwerks auf ein äußerstes Mindestmaß herabdrücken. Die neue Wirtschaft verlangt auch nach d y n a - m i s c h e m Bauen. Sie will nicht mehr Kapital in Anlagen investieren, die — wie es die gegenwärtige Krise ganz deutlich zeigt — f r ü h e r veralten und brachliegen, als ihr Baualter dies r e c h t f e r t i g e n könnte. Die neue Wirtschaft will l e i c h t e r und s c h n e l l e r und h ä u f i g e r bauen, will ihre Bauten jeweils dem technischen Fortschritt und den Erfordernissen der Maschine eng anpassen und hat überhaupt das Bedürfnis, nie Fertiges, sondern stets W e r d e n d e s zu bauen.

Es wäre ein verhängnisvoller Irrtum, zu glauben, daß — wie das z. B. bei den Stadtrandsiedlungen der Reichsregierung zum Ausdruck kam — unsere neue Wirtschaft den R ü c k w e g z u m P r i m i t i v e n antreten könnte. Wer diesen Weg für möglich hält, der hat das innere Wesen der modernen Wirtschaft noch nicht begriffen, und der würde sicher auch die alte Postkutsche wieder hervorholen und die Postautos einziehen. Nur würde die Reichspost dann noch w e n i g e r

1

verdienen und ihr Porto noch weiter erhöhen. Nein, so geht es nicht! Den Luxus
des Primitiven können wir uns nicht mehr
leisten. An uns Bauleute wird im Gegenteil
die Forderung herantreten, an toter Materie
zu sparen, um dadurch Kapital freizu-
bekommen für den Einbau von arbeitsparen-
den Maschinen.

Und so sehe ich auch für den Wohnungsbau neue Aufgaben entstehen.

Die Wohnstätten wandern zu den neuen
Arbeitsstätten. Der Kapitalmangel der ersten
Zeit wird uns zwingen, den Etappenbau
zur Entwicklung zu bringen. Von diesen Ge-
dankengängen ausgehend, machte ich den
Vorschlag, die unfreiwillige, darum aber nicht
unfruchtbare „schöpferische Pause" in der
Bauwirtschaft dazu zu benutzen, die Idee
des „wachsenden Hauses" einmal um-
fassender zu durchdenken und weiter auszubauen. So entstand im Herbst des Jahres
1931 die von mir zusammengestellte Arbeitsgemeinschaft von jüngeren und älteren Architekten, die es sich zur Sonderaufgabe machte,
das wachsende Haus als praktische
Tagesaufgabe wie als theoretische
Zukunftslösung zu bearbeiten. Und
so entstand dann auch der von Prof. Poelzig
angeregte allgemeine Wettbewerb, an dem
sich im November und Dezember vorigen
Jahres mehr als 1000 Architekten mit einge-
reichten Entwürfen beteiligt haben.

Die preisgekrönten Arbeiten des Wettbewerbs wie die Entwürfe der Arbeitsgemeinschaft standen und stehen auch heute
noch im Mittelpunkt scharfer Diskussionen
der Architekten, der Bauunternehmer wie der
Bauherren. Soweit diese Diskussionen frei
sind von Konkurrenz- und Berufsneid, der

verständlicherweise in der Zeit höchster Arbeitslosigkeit im Baugewerbe besonders
krasse Formen annimmt, wird man sie (als
der Sache und ihrer Lösung dienend) sehr
begrüßen müssen. Niemand der Aussteller
wird der Meinung sein, daß er das Problem
des wachsenden Hauses in seiner ganzen
Tragweite und ganzen Idealität gelöst habe.
Die in diesem Buch aufgerollte Problem-
stellung läßt schon erkennen, daß wir von
ihrer Lösung noch weit entfernt sind,
und daß allen Männern vom Bau noch ein
weites Betätigungsfeld offen steht. Schon
bei einem flüchtigen Durchblättern dieses
Buches wird der Leser wohl den Eindruck
erhalten, daß die kleinste Bauaufgabe, die
der deutschen Bauwirtschaft von einer neuen
Wirtschaft gestellt wird, zugleich auch die
schwierigste ist, die ihr je gestellt
werden kann. Zum ersten Male fühlt hier
der Architekt ganz deutlich, daß seine
planende Reformarbeit an allen Ecken und
Enden auf Voraussetzungen stößt, die
ihm entweder nur der Konstrukteur, der
Bauwirtschaftler, der Bauführer und der Be-
triebsleiter oder der Städtebauer, der Plan-
wirtschaftler, der Finanzorganisator u. a.
bieten können. Eine Gemeinschaftsarbeit verschiedenster Fachzweige muß sich
hier vereinigen, wenn das Ziel der billigen
und in Material und Ausstattung hochwertigen
Wohnstätte erreicht werden soll.

Meine Aufgabe war es, diese Kräfte erstmalig zueinander zu führen, das Problem
knapp zu stellen, zur praktischen Arbeit den
ersten Anstoß zu geben und mit all dem
die Bauwirtschaft auf einen wirklich pro-
duktiven Arbeitsweg zu führen.

BEDARF UND DECKUNG

Haben wir heute ü b e r h a u p t einen Bedarf an neuem Wohnraum, und ist es volkswirtschaftlich richtig, einen solchen Bedarf zu b e f r i e d i g e n ?

Man wird mich darauf hinweisen, daß wir zur Zeit unter einem starken Kapitalschwund leiden, daß die Kapitalneubildung auf ein Mindestmaß gesunken sei, daß man darum überhaupt nicht bauen d ü r f e , daß man aber auch gar nicht zu bauen b r a u c h e , weil der leerstehende Wohnraum von Monat zu Monat wachse, daß der gegenwärtige Wohnraum auch für die Zukunft ausreiche, weil die Zukunft düster und traurig sei und der Nachwuchs abnehme und so weiter und so weiter!

Alle diese gar nicht einmal ganz f a l s c h e n Gründe gegen das Bauen kann man ruhig aufzählen, aber das Bauen kann man mit diesen Gründen ebensowenig verhindern, wie man verhindern kann, daß ein Volk l e b e n will. Und solange ein Volk lebt, stellt e s e i n e n n e u e n B e d a r f auf, der nur d u r c h n e u e s B a u e n befriedigt werden kann.

Wie entsteht überhaupt der „B e d a r f" im Wohnungsbau?

Der Bedarf entsteht durch:
a) Zuzug (Wanderungsüberschuß und Geburtenüberschuß),
b) Abgang (Ueberalterung, Abbruch und Zerstörung),
c) Wandlung (Kaufkraft, Zeitgefühl, Standort).

Dem Bedarf an neuem Wohnraum, der durch den Wanderungs- und Geburtenüberschuß erzeugt wird, kann man in der nächsten Zeit sehr skeptisch gegenüberstehen. (Es sei denn, daß große Standortsverlegungen der Industrie k ü n s t l i c h e und e i n m a l i g e Wanderungsüberschüsse erzeugen). Der Bedarf, der durch Ueberalterung, Abbruch und Zerstörung erzeugt wird, wird gleichfalls von untergeordneter Bedeutung sein. (Es sei denn, daß Bomben und Giftgase über unseren Städten wüten.) Der Bedarf jedoch, der durch W a n d l u n g erzeugt wird, wird in einer Krisenzeit wie der gegenwärtigen stets s e h r b e a c h t l i c h e n Umfang annehmen.

Wenn in einer Großstadt viele Wohnungen, Büros und Läden leerstehen, so ist damit der Bevölkerung, deren Kaufkraft ständig sinkt, gar nicht gedient, weil dieser Wohnraum, selbst bei erheblicher Preissenkung, für die Kaufkraft eines Arbeitslosen nicht in Frage kommt. In einer solchen Zeit wird der Druck auf den b i l l i g s t e n Wohnraum besonders stark. Der lokale Standortswechsel im Arbeitsverhältnis erzeugt wiederum einen l o k a l anders gelagerten Wohnraum.

Ein bestimmter ununterdrückbarer Wohnungsbedarf wird aber immer und insbesondere in den Zeiten wirtschaftlicher, politischer und g e i s t i g e r Wandlungen auftreten. Ich will hierbei noch nicht einmal an den „Modebedarf" denken, der durch einen veränderten Zeitgeschmack unserer Dekorateure erzeugt wird. Dieser Zeitgeschmack tritt eher in Zeiten des Aufstiegs als in Zeiten des wirtschaftlichen Niedergangs auf. Wohl aber denke ich hier an den Bedarf, der durch elementar ausbrechende Empfindungen des F r e i s e i n w o l l e n s entstanden ist, und den man auf jene „n a t ü r l i c h e" Freiheitsbewegung zurückführen kann, die in den alten und neuen Mietkasernen entstanden ist und nun hinausstrebt in die freie Natur, zum Boden und zum Garten. Dieser immanente Wohnbedarf des Volkes wird stets wach bleiben und nach Befriedigung streben, und auf diesen Wohnbedarf hat sich die Bauwirtschaft in erster Linie einzustellen.

Immer wieder nahm dieser Wohnbedarf den Anlauf, zu seinem Recht zu kommen, und immer wieder wurde er von einer kapitalistischen Wirtschaftsordnung unterdrückt und in den Mietkasernen-Wohnbedarf abgedrängt. Heute hebt sich eine n e u e Welle an, die die pflastermüden Großstädter wieder auf die weiche, mütterliche Erde setzen will. Wird sie über die Dämme hinwegkommen, die das Kapital ihr in den letzten 100 Jahren errichtet hat?

Mit dieser Frage sind wir bereits bei dem Problem der D e c k u n g angelangt.

Die Befriedigung des ebenerdigen Wohnbedarfs inmitten eines Gartens sei zu „teuer" — so sagen alle Gegner des Flachbaues. In einer Zeit des wirtschaftlichen Notstandes könne man diese so teure Wohnraumversorgung schon gar nicht ins Auge fassen. G e s a g t — g e t a n ! Die Reichsregierung ist trotz all dieser wohlmeinenden Bedenken dabei, ihre Stadtrandsiedlungen, also die „teuerste" Form der Siedlung, durchzuführen. Dies scheint mir ein Beweis dafür zu sein, daß eine neue, menschlichere, gemeinwirtschaftlichere Oekonomie die alte „billige" Oekonomie des Privatkapitals über den Haufen zu rennen beginnt. Und wo ein Wille ist, da ist ein Weg!

Wir werden die Mittel und die Wege zum Ziele der Erfüllung der Wohnungswünsche des großstädtischen Volkes in den folgenden Abschnitten eingehender kennenlernen und das Deckungsproblem im einzelnen aufrollen. Hier will ich nur so viel sagen, daß man bestimmte Ziffern über Bedarf und Deckung selbstverständlich nicht nennen kann, und daß es Aufgabe der Bauwirtschaft ist, den Bedarf feinfühlig und mit besonderem Verständnis für kommende Entwicklungen abzutasten und zu denkbar geringstem Preise zu befriedigen.

Die Lage, in der wir uns zur Zeit befinden, gleicht auf ein Haar der Lage vom Frühjahr 1924. Damals beschrieb ich in meiner kleinen Broschüre: „Neue Wege zum Kleinstwohnungsbau*)" die Lage in der Bauwirtschaft etwa so: „Die privatkapitalistischen Kräfte des Bau- und Wohnungswesens hatten seit langem ein Trommelfeuer auf die gemeinwirtschaftliche Finanzierung des Wohnungsbaues eröffnet, das nicht ohne Erfolg geblieben ist. Die Wohnungsbauabgabe starb. Die Parolen: „Fort mit der Zwangswirtschaft" — „Freie Bahn dem Privatkapital" — „Nur die freie Wirtschaft kann uns von dem Wohnungselend befreien" wurden so lange in die Oeffentlichkeit geschleudert, bis auch die wenigen Reste vernünftiger und sachlicher Ueberlegung ertötet waren. Nun aber, wo es sich darum handelt, die Parole des Privatkapitals in die Tat umzusetzen, wird es merkwürdig still bei den Parolemachern. Des Elends ganzer Jammer faßt sie an. Ihre einst so leuchtende „Weisheit" entlarvt sich als hohle Phrase. Schon hört man von weitsichtig denkenden Bauunternehmern das Eingeständnis: „Ohne Staatshilfe, ohne öffentliche Mittel kann nicht gebaut werden. Reich, Staat und Gemeinden, rettet den Baumarkt!"

Es ist seltsam, wie sich die Zeiten wiederholen. Man braucht in meinen obigen Sätzen aus dem Jahre 1924 an die Stelle der „Wohnungsbauabgabe" nur das Wort „Hauszinssteuerhypothek" zu setzen, und man hat die heutige Situation.

Zwar nicht ganz, denn in der Welt hat sich einiges geändert. Der „normale" Blutkreislauf des Kapitals ist ins Stocken geraten. Der Produktion und den Preisen wurde ein schwerer Schlag versetzt. Die Auswirkung dieser Katastrophe für den deutschen Baumarkt wird aber nicht viel anders sein als die Kapitalvernichtung und Kapitalumschichtung, die wir in der Inflation erlitten haben. Und so wie ich in der obenbenannten Broschüre die zwangsweise Entwicklung des Bausparwesens als eine elementare Voraussetzung des Kleinwohnungsbaues

*) Herausgegeben als Heft 2 der Dreikellenbücher von der „Dewog", Berlin S 14, Inselstraße 6.

4

voraussagte und anregte, so wird dieses „Bausparen" im erweiterten und vertieften Sinn auch heute wieder die Marschroute für die kommende Wohnungsfürsorge sein müssen.

Keinesfalls aber darf das „Bausparen" den Weg der sogenannten „Selbsthilfe" gehen. Die Selbsthilfe in der Form, daß Siedler — und nicht nur Siedler — berufsfremde Arbeit leisten, habe ich schon in meiner obenerwähnten Broschüre über „Neue Wege zum Kleinstwohnungsbau" im Jahre 1924 mit den Worten abgelehnt: „Wenn ich von Selbsthilfe spreche, dann meine ich nicht die Selbsthilfe, wie sie in Deutschland von einigen Utopisten und hilflosen Bürokraten empfohlen worden ist. Ich meine nicht den bauwirtschaftlichen Dilettantismus, der jeden Siedler zu seinem eigenen Unternehmer und eigenen Rohstofffabrikanten machen wollte. Mit derartigen Experimenten lösen wir nicht das Problem der Wohnungsnot."

Es ist im Grunde genommen beschämend, daß das Reich mit seiner neuesten Stadtrandsiedlungsaktion uns von neuem zwingt, gegen die auch von vielen wirtschaftspolitisch ungeschulten Architekten empfohlene Selbsthilfe Stellung zu nehmen.

Was soll eine solche Selbsthilfe der Schneider und Schreiber, der Drechsler und Drucker, der Glasbläser und Handschuhmacher? Sie soll den Bau „verbilligen", d. h. Lohnkapital sparen? Ja, wenn es keine arbeitslosen Bauarbeiter mehr gäbe, die der Staat mit Unterstützungen in Höhe eines normalen Lohndrittels zu unterhalten hätte, dann ließe sich über erspartes Lohnkapital vielleicht noch reden! Aber in dieser Lage befinden wir uns heute nicht. Heute müssen wir damit rechnen, daß jede auf einem Bau tätige berufsfremde Arbeitskraft vollgültige Berufskräfte arbeitslos macht oder verhindert, daß sie Arbeit erhalten. Ueberdies leistet die berufsfremde Arbeitskraft weitaus geringere und weitaus schlechtere Arbeit. Sie verdirbt Material und Hilfsgeräte, erfordert mehr Schulungs- und Aufsichtskräfte und hindert den eingespielten Produktionsapparat im Bauwesen bis hinauf zu den Instanzen der Versicherung und der Beleihung. In den allermeisten Fällen ist mit dieser Selbsthilfearbeit aber auch noch eine allgemeine Herabsetzung aller Ansprüche an die Qualität der Wohnung und an den Wohnungsstandard verbunden.

Der entscheidende Einwand gegen die Selbsthilfe scheint mir aber die Tatsache zu sein, daß sie — volkswirtschaftlich gesehen — ein gefährlicher Selbstbetrug ist, der sich vornimmt, der Oeffentlichkeit einzureden, daß bei dieser Methode etwas „gespart" werden kann. Hätte der Kapitalismus durch „Selbsthilfe" beim Bauwesen sparen k ö n n e n , dann hätte er das mit größter Konsequenz seit einem J a h r h u n d e r t getan. Er ist aber bisher über jeden Ansatz der Selbsthilfe — wo er sich auch zeigte — zur Tagesordnung übergegangen. Aber nicht nur die kapitalistische Wirtschaft, auch jede G e - m e i n w i r t s c h a f t wird über jene primitive Selbsthilfe zur Tagesordnung übergehen. Will sie doch im Grunde nichts anderes, als die technische Entwicklung und alle Gesetze und Erfolge der Arbeitsteilung wieder r ü c k - g ä n g i g machen.

Die Idee der Selbsthilfe konnte nur auf dem Gebiet des Bauwesens zeitweise so unheilvolle Wurzel schlagen. Niemand würde z. B. auf den Gedanken kommen, dem Volk glaubhaft zu machen, daß man „billiger" zu einem Anzug käme, wenn man sich ein Schaf kaufe, die Wolle selbst zu einem Faden, den Faden selbst zu einem Stoff spinne und den Stoff selbst zu einem Anzug verarbeite. Oder kommt man vielleicht billiger zu einem Auto, wenn man sich die einzelnen Teile kauft und zu einer Maschine selbst zusammensetzt?

D a s w a c h s e n d e H a u s i n s e i n e r g a n z e n t e c h n i s c h e n I d e e i s t m i t S e l b s t h i l f e u n v e r e i n b a r . J a , s c h l i e ß t d i e S e l b s t h i l f e s o g a r a u s .

Viele Architekten und — Händler (und viele Händlerarchitekten) werden diese kategorische Ablehnung der Selbsthilfe für die Bedarfsdeckung des Volkes auf dem Wohnungsgebiet nicht verstehen und nicht mitmachen wollen. Sie werden darauf hinweisen, daß der Techniker dem Bastlersinn des Laien entgegenkommen und eine Hauskonstruktion erdenken müsse, die es jedem Laien ermöglicht, sich sein Haus selbst aufzustellen. Ich kenne eine solche Konstruktion noch nicht, und ich glaube auch nicht, daß sie kommen wird, weil vor meinem Blickfeld das Haus der Gegenwart (und noch mehr das Haus der Zukunft) ein feinnerviges Ineinandergreifen technischer Bauteile, Glieder und Leitungen ist, das von einem Laien nur im Ausnahmefall beherrscht wird. Aber auf solche Ausnahmen kann sich keine Wirtschaft einstellen. Täte die Bauwirtschaft es dennoch, und würde sie eine Hauskonstruktion auf den Markt bringen, die es jedem Laien ermöglichte, das Haus mit einigen wenigen Handgriffen zusammenzubauen, dann wäre der Lohnanteil auf der Baustelle — den man ja mit der Selbsthilfe ersparen will — wieder so g e r i n g , daß die Selbsthilfe sich praktisch nicht l o h n e n würde.

Die Selbsthilfe kann aus allen diesen Gründen darum aus der Frage der Bedarfsdeckung völlig ausscheiden.

NEUES WOHNEN

Ein neues Wohnen wird uns allen sichtbar. Ein Wohnen, das vom Biologischen, vom Beruflichen und vom Wirtschaftlichen her tief in alte und veraltete Wohnformen eingreift.

Sehen wir uns zunächst die biologischen Beeinflussungen an, die dem Wohnen eine neue Form geben werden.

Unverkennbar ist ein allgemeines Streben, den menschlichen Körper weit mehr, als das jemals für möglich gehalten wurde, mit Licht und Luft und mit der Natur in engste und innige Berührung zu bringen. Das Anwachsen der Sportler, der Wandervögel, der Zelter, der Kleingärtner, der Siedler, aber auch die wachsende Reiselust in die freie Natur hinaus und hinauf bis zu den hohen und dünnen Luftschichten des Hochgebirges muß als eine grundsätzliche Abkehr von unzuträglichen Lebensformen der Großstadt gewertet werden. Der menschliche Körper, von einer „unnatürlichen" Lebensart in dunklen und engen Mietskasernen, in Büros und Arbeitsstätten gepeinigt, meldet sich und verlangt nach seinem Recht. Er will eine Entspannung und eine Erneuerung seiner vitalen Kräfte. In vielfachen Formen wendet er sich ebenso ab von dem rein Geistigen wie von der mechanisiert körperlichen Arbeit am laufenden Bande. Eine körperliche Freiheitsbewegung ist auf dem Marsche, und diese Bewegung meldet ihre Forderungen auch bei den Architekten und Baumeistern an, die ihr ein neues Wohnen vorzubereiten haben.

Aber wie soll dieses „biologische Wohnen" aussehen?

Es erhebt zunächst schärfsten Protest dagegen, daß man dem Großstädter zumutet, in Räumen mit einem Luftausmaß von 10 cbm pro Kopf, d. h. in Schlafkisten und Schlafsärgen leben und schlafen zu müssen. Alte Mietskasernen unterscheiden sich in diesem Ausmaß an Luftraum oft in nichts von — angeblich — „modern" und „wirtschaftlich" geplanten neuen Bauten, bei denen man auch nicht einsehen will, daß ihre „Schlafkojen" im Grunde nichts anderes als kleine aber sicher wirkende Kammern für die Fabrikation von menschlichen Giftgasen sind. Fort mit diesen Schlafkojen in jeder Form, auch in der Form der offenen Verbindung untereinander (Die Addition von Kojen und Köpfen bringt keine Verbesserung der Luft!) wie in der Form der offenen Verbindung mit Wohnräumen oder gar Wohnküchen, die neben der

verbrauchten Luft nun auch noch störende Geräusche aller Art in den Schlafraum hineintragen. Jeder Mensch hat das „biologische" Recht, einen abgeschlossenen, sehr ruhigen und sehr luftreinen Schlafraum von mindestens 15 cbm Luftraum pro Kopf zu verlangen. Natürlich kann dieses Maß nur ein Richtmaß sein, das je nach dem Klima (Schlafen bei geschlossenen oder offenen Fenstern), der Besonderheit des Grundrisses, der Ausstattung (z. B. Luftverdrängung durch hineingestellte Möbel) u. a. m. bestimmt werden muß.

Eine zweite bedeutsame Forderung an das neue Wohnen ist größtmögliche Ruhe für die Ruheräume. Der menschliche Körper wird heute mehr denn je „auf Nerven" beansprucht, die nur im ruhigen Schlaf in der Nacht oder im Ausruhen während des Tages völlig regenerieren können. Der Architekt wird darum für die Tag- wie für die Nachtruhe daran denken müssen, die Schlafräume besonders ruhig abzusondern. Das Bestreben nach Absonderung der Ruheräume von Störungsquellen aller Art führt einmal zu dem Planumhaus, das den Bewohner frei macht von den Fremdstörungen der Ueber-, Unter- und Nebenbewohner eines Mietshauses, dann aber auch zu der Forderung, zwischen den Wohnräumen und den Schlafräumen eine Geräuschschleuse mit zwei Türen einzuschalten. Das Zusammenleben einer Familie in einer Wohnung darf nicht durch eine unvollkommene Wohnungsanlage zu einer Qual und zur Quelle von Aergernissen aller Art werden. In einer Zeit gar, in der Musik und das Radio eine alles bezwingende Herrschaft im Hause wie außerhalb des Hauses angetreten haben, eine Herrschaft, die biologisch oft nur erklärlich ist aus einer gewissen Nervenabspannung heraus, ist es besonders wichtig, Ruheräume zu schaffen, die alle lästigen Geräusche von dem menschlichen Körper fernhalten und jedem Familienmitglied ein Höchstmaß von störungsloser Bewegungsfreiheit in der Wohnung gewähren. Die gute Schallisolierung der Räume untereinander ist darum zu einer sehr bedeutsamen Forderung an den Architekten geworden.

Eine dritte starke biologische Beeinflussung unserer Wohnform sehe ich in der Gestaltung des Badezimmers wirksam werden. Zwar gibt es heute schon wieder Kräfte, die das Niveau des Wohnens durch eine Be-

seitigung oder doch durch eine starke Ver-
kümmerung des Badezimmers herabdrücken
möchten, obwohl sie genau wissen, daß die
Zivilisation den Weg der E r w e i t e r u n g
des Badezimmers zu einem Raum der K ö r -
p e r p f l e g e eingeschlagen hat. Eine Zeit,
die in jede Fabrik, in jede Schule, jede
Turnhalle, in jede Sporthalle Duschen und
Badegelegenheiten eingebaut hat, läßt sich
auch von dem Badezimmer im Hause nicht
mehr abdrängen. Ich wage es, heute bereits
den Glauben und die Hoffnung zu äußern,
daß der Baderaum nicht nur zu einem Raum
der körperlichen Reinigung, sondern auch zu
einem Raum der G y m n a s t i k und der
leichten s p i e l e r i s c h e n K ö r p e r -
p f l e g e werden wird. Ich würde es darum
auch nicht mehr verstehen, wenn ein Architekt
in völliger Verkennung der biologischen
Funktion des Badezimmers diesen Raum abseits der Schlafzimmer und gar nach Norden
oder sonst in einen abgelegenen Winkel der
Wohnung verlegen würde. Das Badezimmer
muß seine Lage z w i s c h e n z w e i S c h l a f -
r ä u m e n   h a b e n, sodaß man aus diesen
Schlafräumen vor und nach dem Schlaf unmittelbar in das Badezimmer eintreten kann.
Ich würde dem Badezimmer sogar eine bevorzugte Südlage geben, weil ich weiß, daß
die kommende Zeit noch stärker als die gegenwärtige das L u f t - und S o n n e n b a d bevorzugen und den Wert der natürlichen Ein-
und Ausstrahlung schätzen lernen wird. Ein
Planumhaus, das dem Bewohner die Möglichkeit gibt, e b e n e r d i g in die freie Natur
wie in einen „Auslauf" aus der Wohnung
hinauszugehen, verlangt eine ganz besonders
bevorzugte Lage des Badezimmers nach Süden,
weil in diesem Hause die Sonne zu einem
Strahlungsinstrument für das Sonnenbad wird,
und weil das Sonnenbad wiederum ja nichts
anderes als die „natürliche" räumliche Erweiterung des Wasserbades ist. Der dem
Badezimmer vorgelagerte Freiluftraum wird
im Sommer wie im Winter der von jedem
modernen Menschen ersehnte Gymnastik-
und Bestrahlungsraum sein, der ganz der
Körperpflege und der Regeneration aller
körperlichen Kräfte gewidmet sein wird.

Ich möchte aber noch einen Schritt weiter
gehen und sagen, daß ich die Zeit kommen
sehe, wo wir — wie die Südländer — aus
dem Hause herausziehen und in schönen
Nächten (wie am Tage) in freier Luft schlafen.
Die Wissenschaft über die dem menschlichen
Körper günstigen und schädlichen kosmischen
Strahlungen beginnt sich auszubauen und die
Brücke zu uralten Erfahrungen über die
heilenden und vernichtenden Kräfte des

Kosmos zu schlagen. Wenn Dr. Lakowski-
Paris und mit ihm auch deutsche Mediziner
schon heute feststellen, daß sich die Krebs-
erkrankung auffallend häufig dort zeigt, wo
bestimmte Gesteinsarten oder Wasserläufe
unter den Wohnungen schädliche kosmische
Strahlungen auf den Körper reflektieren, so
wird die Theorie der „Radiationen" eines
Tages auch so weit kommen, die dem menschlichen Körper g ü n s t i g e n kosmischen
Strahlungen herauszufinden und für seine
Entwicklung und Kräftigung nutzbar zu
machen. Ich weiß, daß ich mich auf ein vages
Gebiet — heute noch — unbeweisbarer V e r -
m u t u n g e n begebe, wenn ich das körperliche Wohlsein des Menschen auch mit dem
B a u m a t e r i a l des Hauses in Verbindung
bringe, das seinen täglichen Lebensraum von
dem Strahlungsraum des Kosmos abschließt.
Ich weiß aber, daß der Mensch mit ganz bestimmten Lust- und Unlustgefühlen auf die
sein Heim umschließenden Baumaterialien reagiert. So ist es z. B. doch seltsam, wie wohl
und warm sich der Mensch in Häusern und
Räumen fühlt, die aus H o l z hergestellt sind,
und wie „kalt" und „abweisend" ihm Metallhäuser erscheinen. Ist der organische Baustoff Holz dem menschlichen Körper wesensverwandt und „natürlich", und ist das erst
künstlich erzeugte Metall als guter Leiter
und Kondensator für alle Radiationen dem
menschlichen Körper schädlich? Ich weiß es
nicht. Ich vermute aber, daß uns die Physik-
Mediziner die gefühlsmäßigen Einstellungen
des Volkes zu den Baustoffen bald als das
bestätigen werden, was sie in Wirklichkeit
sind — nämlich als naturhafte Reaktionen
unseres Organismus gegen die dem Körper
zuträglichen oder schädlichen Strahlungen,
die uns in tausendfältigsten Formen umgeben,
und von denen uns die künstlichen „Sen-
dungen" der einzelnen Radiostationen bereits
eine ganz bescheidene Vorstellung vermitteln.
Und so glaube ich auch, daß der Mensch nach
einer ihm allein eigenen Gefühleinstellung
bald herausfinden wird, wann ihm das Ruhen,
Arbeiten und Schlafen im Freien, unter der
Sonne sowohl wie unter den Sternen, nützlich
oder schädlich sein wird. Jedenfalls wird der
Architekt der neuen Wohnform diesen Auslauf des Menschen ins Freie nicht v e r -
b a u e n dürfen.

Er wird sich — und auch das gehört zur
Biologie des Wohnens — in entgegengesetzter
Richtung sogar bemühen müssen, der Natur
einen E i n l a u f in das Heim zu gestatten.
Nicht nur in dem Sinne, daß die heilenden
Strahlungen der Sonne ihren Eingang in das
Haus finden, sondern auch in dem Sinne, daß

7

die Kinder der Natur, die Blumen und Pflanzen, das Heim eng umgeben und in dieses Heim hineinwachsen. Der Blumentopf auf der Fensterbank weist dem Architekten den Weg. Er regt ihn dazu an, die Fensterlaibungen zur Aufstellung von Blumen auszunutzen, den Zwischenraum zwischen den Doppelfenstern zu einem bescheidenen Glasraum für Topfpflanzen zu verwenden (siehe Seite 48, oben), durch große ungeteilte Spiegelglasscheiben, die bis zum Fußboden herabreichen, den Hausgarten auch vom Innenraum aus stark sichtbar zu machen und ihn damit in das Innere hineinzuziehen. Der Begriff des „wachsenden" Hauses hat ihn auch daran erinnert, daß Baumeister südlicherer Länder den natürlichen Windschutz und die natürliche Strahlungswärme der Wände des Hauses für Blumen und Fruchtpflanzen ausnutzten, indem sie vor die Hauswände Glaswände aufstellten. Diese Glaswände können je nach der ihr zugedachten Funktion kleine und kleinste Gewächshäuser, Frühbeet- und Frostschutzkästen sowie Windschutzräume umschließen. In der letzteren Form, die in ihrer kittlosen und leichten Konstruktion auf die Be- und Entlüftung des geschützten Raumes ohne jeden nachträglichen Einfluß ist, wird man den Glasschutz ohne Bedenken auch als „dritte" Scheibe vor dem Doppelfenster eines Wohn- oder Schlafraumes verwenden können, zumal diese dritte Scheibe dem Haus im Winter einen zusätzlichen Wärmeschutz gewährt und im Sommer die Nebenbedeutung hat, die bei offenen Fenstern von außen her in das Haus eindringenden störenden Geräusche abzudämpfen.

Ich sagte eingangs, daß die großstädtische Wohnform auch vom Beruflichen her eine ganz neue Einwirkung erhalten werde. Wer sich alte Städtebilder anschaut, wird immer wieder erstaunt darüber sein, daß die Wohnhäuser sich alle so sehr gleichen und in fast geschlossener Bauweise in den Stadtraum hineingestellt sind. Die Abtrennung der ausgesprochenen Mietshäuser und Mietskasernen von den Vorstadthäusern und Villen ist erst eine Erscheinung der reiferen kapitalistischen Zeit, die die sozialen Gegensätze auch äußerlich und städtebaulich schärfer herausarbeitete. Von diesem Blickpunkt aus gesehen wurde die Mietswohnung zum „Heim" des hin und her geworfenen, des Beschäftigung suchenden Arbeiters und Schwerarbeiters und die „Villen" zum wirklichen Heim des beschäftigungslosen, nichtarbeitenden Rentiers. So schuf sich der 14-Stunden-Tag die Mietskaserne und der Ein- oder Zweistundentag die Villa.

Es kann nun gar keinem Zweifel unterliegen, daß die noch in den beiden letzten Generationen erlebte Verkürzung der Arbeitszeit von 14 auf 12, von 12 auf 10 und von 10 auf 8 Stunden ihren Fortgang nehmen wird. Die Maschine im Verein mit den Naturkräften wird immer mehr Arbeitsstunden frei machen, und wer die gegenwärtige Wirtschaftskrise richtig sieht und richtig wertet, wird in der herrschenden Arbeitslosigkeit nichts anderes als den nicht gewollten oder nicht erkannten Fünfstundentag sehen, auf den unsere Zivilisation mit mächtig ausholenden Schritten zusteuert. Und mit dieser freigesetzten Arbeitszeit verstärkt sich auch automatisch die Entwicklung des großstädtischen Wohnens von dem hohen mit Steinen umpflasterten Mietshaus zum naturhaft eingebetteten Planumhaus.

Ich weiß, daß man mir diese Deduktionen heftig umstreiten wird.

Man wird sagen, daß es eine demagogische Lehre sei, alle großstädtischen Arbeiter mit „Villen" zu versorgen — über diese rein wirtschaftspolitische Frage wollen wir uns aber an anderer Stelle dieses Buches unterhalten.

Man wird mir weiter sagen, daß es rein verkehrstechnisch nicht möglich sei, die Großstädte auf der Grundlage des Planumhauses wachsen zu lassen, weil diese Wohnform zuviel Stadtboden in Anspruch nehme und die Entfernungen zu sehr steigere. Hierzu nur soviel: Ich glaube für die Zukunft nicht mehr an die auf der Grundlage chaotischer Wirtschaft entstandenen Riesenstädte. Ich glaube vielmehr, daß der neue Stadttyp, der sich zu entwickeln beginnt, eine Einwohnerzahl von 150 000 bis 200 000 nicht sehr überschreiten wird.

Man wird mir nun aber besonders die Frage entgegenhalten: was sollen die großstädtischen Arbeiter mit ihrer durch die verkürzte Arbeitszeit entstandenen Freizeit anfangen? Diese Frage ist in der Tat einer systematischen Ueberlegung wert.

Die im Hauptberuf eines Erwerbstätigen gewonnene Arbeitszeit kann sich umsetzen:
a) in Nebenerwerbsarbeit außer dem Hause und in dem Hause,
b) in Lehr-, Bildungs- und Forschungsarbeit in und außer dem Hause,
c) in Haus- und Gartenarbeit,
d) in Sport, Spiel und Körperpflege in und außer dem Hause,
e) in Pflege der Geselligkeit, des Geistes und der Künste,
f) in Reisetätigkeit.

Schon ein flüchtiges Ueberdenken dieser verschiedenen Kategorien der Beschäftigung des Menschen während seiner Freizeit zeigt klar, daß der Erwerbstätige mit seiner Freizeit schon etwas anzufangen wüßte, wenn die gesamte Volkswirtschaft ihm ein weiteres Geschenk von Freizeit machen würde.

Die Freizeit im Hause selbst kann also umgesetzt werden in körperliche und geistige Arbeit nach etwa folgenden Kategorien:

Körperliche Arbeit	Geistige Arbeit
Nebenerwerb,	Nebenerwerb,
Hausarbeit,	Kindererziehung,
Gartenarbeit,	Bildungsarbeit,
Körperpflege,	Forschungsarbeit,
Spiel und Sport.	Geselligkeit.

Es mag nun die Frage aufgeworfen werden, inwieweit etwa ein Fünfstundentag die Wohnform beeinflussen oder erweitern würde? Mir scheint klar zu sein, daß eine Beschränkung der hauptberuflichen Tätigkeit des Erwerbstätigen zu einer gewissen Erweiterung der nebenberuflichen Tätigkeit führen wird. Und diese Erweiterung der nebenberuflichen Tätigkeit wird oft das Verlangen nach einem besonderen Arbeitsraum, sei es für Handarbeit, sei es für Kopfarbeit, wach werden lassen.

Daß ein anderer Teil des Volkes seine Freizeit dem Garten und den Pflanzen zuwenden wird — wie das heute schon der Fall ist — bedarf keiner besonderen Erwähnung.

Wichtiger scheint mir, zu betonen, daß mit einer gesteigerten Freizeit viele bisher ungelösten Probleme der Kindererziehung ihrer natürlichen Lösung zugeführt werden können, und daß schon aus diesem Grunde die neue Wohnform auch dem Kinde einen erweiterten Lebensspielraum zusprechen muß. Die auf Spiel und leichten, engräumigen Sport eingestellten Einrichtungen des Hauses werden aber sehr leicht auch auf Spiel, Sport und Körperpflege des Erwachsenen umgestellt werden können.

Jedenfalls ist sicher, daß freigestellte Arbeitszeit auch stärksten Einfluß auf die Wohnform nehmen wird und die Wohnung räumlich größer und vielgestaltiger machen wird. Eine so stark durchgeführte Typisierung der Arbeiterwohnung, wie sie in unseren Mietskasernen auftritt, wird es in Zukunft wohl kaum geben. Das Typische in der Wohnung wird sich darum mehr auf Raumteile und Bauteile, als auf die Wohnform als Ganzes beziehen. Ebenso sicher ist auch, daß die zur Natur, zur Körperpflege und zur Geselligkeit neigenden Volksschichten ihr Wohnbedürfnis nur auf der Grundlage des Planumhauses befriedigen können. Das Planumhaus wird darum in der zukünftigen Bauwirtschaft eine bedeutsame Rolle spielen.

Der wirtschaftspolitische Einfluß auf die neue Wohnform wäre genau das Gegenteil von dem, was mit diesen Zeilen dargestellt werden soll, wenn wir uns in kurzsichtiger Denkweise nur von den gegenwärtigen Notständen der deutschen Wirtschaft leiten

lassen würden. In diesem Falle würde man die Einzimmer-Wohnung im dritten Hinterhof einer Mietskaserne wieder voraussagen können. Aber dieser Typ kommt nicht mehr, weil der Kapitalist, der solche Wohnform bisher finanziert hat, selbst das Vertrauen zu einer solchen Kapitalsanlage verloren hat. Aber nicht nur der Kapitalist hat das Vertrauen zu dieser wohnungspolitisch schlechten Kapitalsanlage verloren, sondern das ganze Finanzsystem des großstädtischen Wohnens scheint in sich zusammenzubrechen. Warum wohl? Warum verliert heute der Kapitalist das Vertrauen zu der Finanzierung von Arbeiterwohnungen?

Erinnern wir uns, daß dieses Vertrauen schon vor dem Kriege für Arbeiterwohnungen nicht mehr sehr groß war, weil auch das Risiko der Mietsausfälle, des „Abwohnens", der Verwaltung usw. sehr groß war. Nach dem Kriege und bis zur Stunde wurden Arbeiterwohnungen überhaupt nur mit öffentlichem Kapital möglich gemacht. Die Hauszinssteuerhypotheken sind nun zwar praktisch gestrichen und die Hauszinssteuer selbst zu einem kurzfristigen Sterben verurteilt. Die Finanzierung des Wohnungsbaues ist durch den Fortfall der zweiten und dritten Hypothek auf alter Grundlage völlig unmöglich gemacht worden. Wie schon bemerkt, hat auch die erste Hypothek zu fließen aufgehört, weil die Reichsregierung mit rauher Hand in den natürlichen Fluß der kapitalistischen Zinsbildung eingriff und von heute auf morgen dem Kapital „verordnete", daß es nur 6 anstatt 8 Prozent wert sei. Aber auch ohne diesen Eingriff wären den Kapitalsanlagen im Wohnungsbau einige Schwierigkeiten dadurch entstanden, daß der Bauindex von 182 auf 130 und darunter gesunken ist und so die ersten Hypotheken und die Renten aus ihnen in Gefahr gebracht hat. Schlägt man zu diesen Gründen die Tatsache, daß viele Mietswohnungen — wie sich noch zeigen wird — an falscher Stelle errichtet worden sind, und fernerhin die Tatsache, daß sie absolut und relativ zu teuer erbaut wurden, dann möchte man schon aus diesen Gründen den völligen Zusammenbruch des bisherigen privatkapitalistischen wie des gemischtwirtschaftlichen Wohnungsbaues voraussagen.

Mir scheint aber, daß der eigentliche und tiefste Grund für den Zusammenbruch der bisherigen Wohnungswirtschaft in der wirtschaftspolitischen Unentschiedenheit liegt, in der man zwischen dem rein privatkapitalistischen und dem rein gemeinwirtschaftlichen Wohnungsbausystem hin und her geschwankt hat. Das Volk lehnte diese Unentschiedenheit gefühlsmäßig schon seit Jahren ab. Es will nicht einsehen, daß der

9

Wohnboden eine Ware ist, die neben dem Gebrauchswert auch noch einen Rentenwert haben könne. Es kann auch nicht einsehen, daß der Mieter einer Neubauwohnung den Kapitalwert dieser Wohnung d o p p e l t bezahlen soll, und zwar einmal in dem Kapitalwert selbst, den die gesamte Volkswirtschaft (und nicht nur der einzelne Kapitalbesitzer) erarbeitet und dann noch ein zweites Mal in dem Zins und in der Abschreibung der Bauten. Zu diesen wirtschaftspolitischen Widersprüchen kam noch, daß das Privatkapital den zum Nomaden gemachten großstädtischen Mieter im Grunde genommen sehr ungerecht behandelt hat. Wie ungerecht, das mag man aus folgenden Vergleichszahlen ersehen, die den Baupreisen einer 1½-Zimmer-Wohnung und einer 4½-Zimmer-Wohnung bei gleicher Wohnlage und fast gleicher Ausstattung (eher zugunsten der größeren Wohnung) entnommen sind:

Die Baukosten für 1 qm Wohnfläche betragen:

	Für eine 1½-Zimmer-Wohnung	Für eine 4½-Zimmer-Wohnung
im 2stöckigen Haus . .	165,— M.	130,— M.
im 3stöckigen Haus . .	147,— M.	117,— M.
im 4stöckigen Haus . .	139,— M.	110,— M.
im 5stöckigen Haus . .	133,— M.	102,— M.

Baukosten für 1 qm Loggia	65,— M.
Baukosten für 1 qm Balkon	50,— M.

Aus dieser Tabelle ist ersichtlich, daß jeder Quadratmeter Wohnfläche in der Kleinstwohnung etwa 30 Proz. teurer ist als in der Mittelwohnung. Die Einheit des Existenz-Minimums ist also teurer als der Wohnungsstandard. Weiterhin sagt die Tabelle, daß in unserer W i r t s c h a f t s o r d n u n g E r - d e n n ä h e m i t g r ö ß e r e n B a u k o s t e n u n d d a r u m m i t h ö h e r e r M i e t e b e - s t r a f t w i r d. Vergleichen wir nun noch die Baukosten diagonal, dann finden wir, daß ein Quadratmeter Wohnfläche der K l e i n s t - wohnung im z w e i stöckigen Haus genau 1,6mal so teuer ist wie ein Quadratmeter Wohnfläche der M i t t e l wohnungen im f ü n f stöckigen Haus. Muß das sein, so wird jeder Laie den Fachmann fragen? Und muß ein Quadratmeter Frischluft-Auslauf auf eine Loggia oder auf einen Balkon 65 und 50 Mark, d. h. vier- bis fünfmal m e h r kosten als ein Quadratmeter B a u l a n d? Und wäre es darum nicht viel „natürlicher" und „billiger", jedem Großstädter einen Auslauf z u e b e - n e r E r d e zu geben?

Auf die Kostenfrage werden wir an anderer Stelle dieses Buches noch eingehender zurückkommen. Die obigen Zahlen sollen im Rahmen der Begründung für ein neues Wohnen lediglich die Beweisführung dafür vorbereiten, daß das alte Wohnen auch wirtschaftspolitisch zu

ganz unnatürlichen und darum auch zu unsozialen Schlußfolgerungen gelangt ist und durch eine neue Lebens- und Wohnform abgelöst werden muß. Zwar wird sich auch der moderne Baumeister die stärkste Verbilligung der Baukosten zum Ziel setzen müssen, aber schon die obige Tabelle dürfte zeigen, daß man von ihm Wunder erwartet, wenn man an ihn das Verlangen stellt, die Kosten der Baueinheit für eine ebenerdige Kleinstwohnung ohne weiteres auf die Kosten der Baueinheit für eine Mittelwohnung im fünfstöckigen Mietshaus herabzudrücken. So sehr es auch eine der wichtigsten Aufgaben des modernen Architekten ist, die Baukosten zu senken, so sehr möchte ich doch auch alle Bauherren wie alle Architekten vor jener s c h e i n b a r e n Kostensenkung warnen, die an der wirklichen Kostenfrage selbst nicht rührt und anstatt eines billigeren Preises für die Baueinheit die b i l l i g e r e Qualität und die b i l l i g e r e Quantität anbietet. Kleinere Wohnflächen und schlechtere Ausstattungen, die oft von Händler-Architekten und Händler-Unternehmern angeboten werden, rühren noch nicht an der K o s t e n - frage. Keinesfalls läßt sich durch dieses System der Selbsttäuschung und des Volksbetruges das Problem des neuen Wohnens lösen. Dieses Problem wird stets sein und bleiben: ein s o z i a l e s Problem, das nur im Rahmen einer k o n s e q u e n t e n G e m e i n - w i r t s c h a f t gelöst werden kann. Nicht kann dieses Problem gelöst werden durch die Grundrißtechnik eines auch noch so begabten Architekten.

Der Architekt, der diesen Fundamentalsatz wohnungspolitischer Betrachtung erkannt hat, wird dann auch leicht einsehen, daß das neue Wohnen trotz aller technischen und künstlerischen Fragen in erster Linie die politische und wirtschaftspolitische Frage nach dem E x i s t e n z m i n i m u m ist, das man jedem Staatsbürger zusprechen w i l l, und das ein Wirtschaftsstaat (je nach dem Grade seiner ökonomischen Entwicklung) jedem Staatsbürger zusprechen k a n n.

Das Wollen und das Können werden sich zwar oft sehr hart im Raume stoßen. Wenn die Reichsverfassung will, daß:

„jedem Deutschen eine gesunde Wohnung und allen deutschen Familien eine Wohn- und Wirtschaftsheimstätte g e s i c h e r t werde",

wenn sie weiter will, daß:

„Eigentum verpflichtet und daß sein Gebrauch zugleich Dienst sei für das gemeine Beste",

und wenn sie schließlich will, daß:

„die Wertsteigerung des Bodens . . . für die G e s a m t h e i t nutzbar zu machen ist",

so kann man diesen Willen in einem rein

privatkapitalistischen Staat (der nicht will, daß die ö f f e n t l i c h e Hand Wohnungen baue, und der nicht will, daß der Boden a u s s c h l i e ß l i c h ihm gehöre) in seiner inneren A u f r i c h t i g k e i t bezweifeln; man wird aber nicht bezweifeln können, daß das Versprechen der Reichsverfassung nur eingelöst werden kann, wenn der Boden S t a a t s e i g e n t u m geworden ist, und wenn der Staat von sich aus nicht nur ein in die Z u - k u n f t weisendes Handlungsziel aufstellt, sondern auch die reale G e g e n w a r t s - verpflichtung anerkennt, jedem Deutschen ein E x i s t e n z m i n i m u m a n W o h n - r a u m z u g e w ä h r e n.

In einem modernen, ganz auf Arbeitsteilung eingestellten Kulturstaat, dessen Existenz selbst auf dem Grundsatz aufgebaut ist, daß einer für viele und viele für einen zu sorgen haben, kann es gar keinen Zweifel mehr darüber geben, daß der Staat jedem Bürger ein bestimmtes Existenzminimum an Wohnraum zu beschaffen h a t. Einen Streit kann es nur darüber geben, wie g r o ß das Ausmaß an Wohnraum zu sein hat und in welcher A u s - s t a t t u n g es herzustellen sei. Aber diese Frage ist dann nicht mehr eine Frage des W o l l e n s, sondern des ökonomischen K ö n n e n s.

Aus dieser kurzen wirtschaftspolitischen Betrachtung dürfte klar hervorgehen, daß wir in Zukunft alle unsere bauwirtschaftlichen Kräfte darauf zu konzentrieren hätten, für das Existenzminimum einen Wohnungsk e r n zu schaffen, der ein Höchstmaß von Wohnraum und ein Höchstmaß von technischer Ausstattung darstellt.

Sehe ich richtig, dann waren die Baukostenzuschüsse und Hauszinssteuerhypotheken, die der Staat nach dem Kriege für den Wohnungsbau hergab, nichts anderes als eine ganz allgemein gehaltene Finanzierung des Wohnungskerns für ein Existenzminimum. Der Staat hat zwar heute die weitere Finanzierung des Wohnungsbaues auf dieser alten Grundlage mit sichtbarer wirtschaftspolitischer Frontwendung abgelehnt. Aber Ironie des Schicksals: der g l e i c h e Staat sieht sich genötigt, die Kernfinanzierung eines Existenzminimums in durchaus gemeinwirtschaftlichem Sinne in seinen „Stadtrandsiedlungen" noch viel „p o - s i t i v e r" u n d e i n d e u t i g e r zu betonen als bisher. Und wer da glaubt, daß diese Stadtrandsiedlungen „ein l e t z t e s Wort" auf dem Gebiet der Wohnungspolitik der öffentlichen Hand sind, der i r r t sich. Sie sind im Gegenteil ein e r s t e r, wenn auch verurteilenswert s c h l e c h t e r Anfang der Periode eines neuen Wohnens.

Mir scheint nun das Prinzip, daß der S t a a t für das Existenzminimum, d. h. für den „K e r n" der Wohnung (der je nach dem öko-

nomischen Reifegrad der Gesamtwirtschaft zu vergrößern wäre) und daß der Staatsbürger für die A n b a u t e i l e zu sorgen hat, sehr entwicklungsfähig zu sein. Abgesehen davon, daß viele Staatsbürger ihren Wohnungsbedarf schon h e u t e auf dieser Grundlage finanzieren, darf man sich auch nicht darüber hinwegtäuschen, daß alle Mieter in ihrer Monatsmiete und alle Sparer und Versicherungsbeitragszahler gleichfalls Hausbauteile, wenn auch auf i n d i r e k t e m Wege, einsparen. Der Vormarsch der B a u s p a r k a s s e n, dieser Träger für das Z w e c k s p a r e n zur Beschaffung von Baukapital für ein Eigenheim, ist auch nichts anderes als ein derartiges Anzeichen für eine grundsätzliche Umstellung in der Finanzierung unseres Wohnungsbaues vom Massenmietshaus zum — w a c h s e n d e n H a u s.

D a s Z w e c k s p a r e n w i r d s i c h e r d i e z u k ü n f t i g e B a s i s f ü r d i e F i - n a n z i e r u n g d e s W o h n u n g s b a u e s s e i n, gleichgültig, in welcher Form dieses Zwecksparen durchgeführt werden wird.

In einem gemeinwirtschaftlichen Staat wird eine auf den Althausbesitz gelegte Zwecksteuer dem Staat die Mittel zum Bau des Existenzminimums der Volkswohnung zu beschaffen haben. Daneben wird der jeweils gewünschte Zusatzbedarf an Wohnraum von denjenigen Bürgern, die diesen Zusatzbedarf in Anspruch genommen h a b e n oder in Anspruch nehmen w o l l e n, in einer öffentlichen Bausparkasse gleichfalls eingespart werden müssen.

In einem privatkapitalistischen Staat dagegen wird das Existenzminimum wie jeder Zusatzbedarf von dem Wohnungsbedürftigen s e l b s t bezahlt oder selbst eingespart. Beim Eigenheim geschieht das heute bereits. Sparkassen und Bausparkassen sammeln die Spargelder des einzelnen so lange auf, bis es möglich wird, aus ihnen ein Eigenheim zu errichten zu können. Da nun aber die Anlagekosten eines Eigenheimes den J a h r e s arbeitsertrag eines Erwerbstätigen oft um das Zwei- bis Zehnfache übersteigen, wird auch die Wartezeit der Sparer oft in das Unerträgliche verlängert. Diesem Uebelstand will nun das „wachsende Haus" entgegenarbeiten, indem es

a) die absoluten Kosten eines Hauses durch die Industrialisierung der Produktion herabdrückt und

b) das Haus in einzelne Bauteile zerlegt, die von dem produzierenden Unternehmer zeitlich nacheinander bezogen werden können.

Der Sparer bestellt also in Zukunft bei dem Unternehmer nicht mehr das ganze Haus, sondern H a u s teile. Der Akt des Bauens ist nicht mehr ein e i n m a l i g e r, sondern ein w i e d e r h o l t e r. Der Bürger kauft sich entsprechend seiner wachsenden Sparkraft oder seines wachsenden Bedarfs die zusätzlichen Räume. „Er baut auf Stottern."

Diese zeitliche Vorwegnahme eines Bauvorhabens muß (besonders in der Zeit sinkender Kaufkraft und fortschreitenden Kapitalschwundes) die baugewerbliche Produktion anregen und n e u e n B e d a r f wecken. Der Baumarkt arbeitet sich mit diesem System an die gesunkene Kaufkraft heran, indem er zunächst das billige Kernhaus auf den Markt bringt, das von Jahr zu Jahr erweitert werden kann.

So sehen wir, daß die gegenwärtige wirtschaftliche Notlage durchaus kein Hindernis für die Entwicklung eines neuen Wohnens zu sein braucht.

———

Zu dem Thema „Neues Wohnen" schreibt mir der Architekt Hugo Häring: „Das biologische Recht des Menschen auf mindestens 20 cbm Luftraum sei zunächst gerne zugestanden, aber 20 cbm Luftanspruch können auch in einem „Schlafsarg" befriedigt werden, wenn man dessen 12 cbm Luftinhalt im Laufe der Nacht auch nur einmal erneuert. (Die Frage der ständigen Lufterneuerung in den Wohnräumen haben wir bislang sehr vernachlässigt.) Man kann also den „biologischen Einwand gegen die Schlafsärge beseitigen, denn man kann im Schlafsarg auch ohne weiteres 100 cbm Luftanspruch befriedigen. Ob unser Lufthunger aber biologisch im Schlaf wirklich so groß ist und nicht nur von unserem sozialen Herzen so groß g e d a c h t wird, ist meines Erachtens noch zweifelhaft. Wie groß er ü b e r h a u p t ist, ist offenbar noch nicht geklärt. Jedes Tier steckt seine Nase unter den Bauch, jeder Vogel seinen Kopf ins Gefieder, um das Atmen abzudämmen. Die Tiere, die einen Winterschlaf abhalten, halten ihn in einem wirklichen „Schlafsarg" ab. Warum? Um das Atmen soweit wie möglich abzusenken, die Tätigkeit des Herzens einzuschränken und so dem meist strapazierten Organ, dem Herzen, Ruhe zu verschaffen. Einige Minuten tiefsten Schlafes ersetzen eine ganze Nacht unseres üblichen Stadtschlafes. Wer tief einschlafen will, steckt die Nase unter die Decke. Altes biologisches Recht! Im Schlafzimmer müssen wir schlafen. Wie das am besten geschieht, wissen wir noch nicht genau, es scheint nicht so ganz einfach zu sein, die Vorgänge des Schlafens zu ermitteln. Vielleicht bringt Zondek das nächstens heraus. Jedenfalls sind 20 cbm Luftraum „biologisch" nicht erforderlich, vielleicht sogar hinderlich. Es steht auf einem anderen Blatt, wenn man trotzdem lieber in einem großen Schlafzimmer schläft als in einer Kabine.

Zum Falle Schlafen noch etwas anderes. Vor vielen Jahren habe ich irgendwo gelesen, daß die Chinesen sich zum Schlafen in die Nordsüdrichtung legen, um sich in das e r d m a g n e t i s c h e F e l d einzufügen. Außerdem sollen sie den Kopf mit einer seidenen Mütze bedecken, um das Gehirn während des Schlafes zu isolieren. Es wäre ihnen also das Gebiet der kosmischen Strahlung nicht unbekannt und nicht nur das, sie hätten für ihr Leben auch Nutzen aus dieser Kenntnis gezogen. Auch die Bedeutung der Baustoffe, ihr kosmisches Wirkungsgebiet ist den Asiaten durchaus bekannt, aber es scheint sie das mehr von der psychischen Seite aus zu interessieren als von der physischen. Die indische Wohnkultur ist uns in dieser Hinsicht um Jahrtausende voraus. Sie hat nicht nur ein Badezimmer für den Leib, sondern auch eines für die Seele zur Reinigung und Erneuerung ihrer Kräfte. Das ist aber ein noch vageres Gebiet als das mit den kosmischen Strahlungen des Herrn Dr. Lakowski in Paris und kommt für unser „wachsendes Haus" vorläufig wenigstens noch nicht in Frage. Angesichts unseres Bankerotts haben wir ja andere Sorgen, obwohl die Erneuerung der Seele vielleicht am nötigsten wäre."

Zu diesen Ausführungen von H ä r i n g habe ich zu bemerken, daß die von mir verlangten 20 cbm Luftraum bereits eine stündlich zweimalige Lufterneuerung durch die üblichen Ventilationsanlagen v o r a u s s e t z e n.

———

KOSTEN UND PRODUKTION

Das Kostenproblem eines Hauses gliedert sich in die Teilfragen:
a) welches A u s m a ß von Wohnraum habe ich zu bezahlen?
b) welche A u s s t a t t u n g der Wohnung habe ich zu bezahlen?
c) wie hoch stellen sich die P r o d u k t i o n s - k o s t e n einer Wohnung von bestimmtem Ausmaß und bestimmter Ausstattung?
Ich sagte schon oben, daß die billigere Qualität und die billigere Quantität einer Wohnung mit der eigentlichen Kostenfrage im allgemeinen nichts zu tun hat. Ausmaß und Ausstattung von Wohnraum sollte in planvoller Gesellschaftsordnung niemals in Konflikt kommen mit dem Existenzminimum, das durch die Größe der Familie und durch das biologische Mindestmaß von Wohnraum und Ausstattung bestimmt wird. In Bezug auf Größe und Ausstattung darf die Kostenfrage darum erst j e n s e i t s des Existenzminimums eine Bedeutung erlangen. Diejenigen Architekten indessen, die ihre „billigeren" Wohnungen anbieten und diese Billigkeit auf K o s t e n des Existenzminimums erzielen, bieten eine verfälschte und minderwertige Ware an.

Ich will hier nicht untersuchen, wie groß das Existenzminimum für eine Wohnung zu sein hat. Die Beantwortung dieser Frage führt uns von dem Kostenproblem zu weit fort. Ich will aber unterstellen, daß in einem Lande, das Anspruch darauf erhebt, ein Kulturland zu sein, das Existenzminimum an Wohnraum etwa in dem Ausmaß von 12 qm pro Kopf und in einer Qualität zu suchen ist, die der unserer neuesten Wohnbauten entspricht. Wie wir gleichfalls oben gesehen haben, kostet eine solche Wohnung für das Existenzminimum einer vierköpfigen Familie in Berlin an Baukosten im fünfstöckigen Mietshaus etwa 6400 Mark und im zweistöckigen Mietshaus etwa 8000 Mark. Bei diesen Ziffern fängt erst die Kostenfrage an, die produktionstechnische und produktionspolitische Bedeutung zu erhalten. Das Ausmaß und die Ausstattung von Wohnraum lassen sich wohl durch einen Federstrich senken, nicht aber die P r o d u k t i o n s k o s t e n. Hier beißen wir auf eine härtere Nuß.

Es ist durchaus verständlich, daß viele Architekten diesen Biß nicht wagen, ja, nicht einmal wagen, das P r o b l e m zu stellen. Und doch müssen wir an dieses ungelöste Problem heran, das sich wie ein schweres Hindernis jedem zivilisatorischen und kulturellen Fortschritt über den Weg legt.

Von der Erwägung ausgehend, daß alle Baukosten im wesentlichen aus T r a n s - p o r t k o s t e n bestehen, habe ich die Baukosten des von mir entworfenen Typs eines Anbauhauses in fünf Teile gliedern lassen, und zwar:

Teil I: Kosten der Baustoffe des Hauses im „gewachsenen" Zustande, wie z. B. das Holz auf dem Stamm, das Eisen als Erz usw.

Teil II: Kosten der Baustoffe und Bauteile als übliche Handelsware hergerichtet ab Herstellungsort.

Teil III: Kosten des Hauses als fertige Werkstattarbeit in Stettin (für Betonteile in Berlin).

Teil IV: Kosten des Hauses frei Lieferung Bauplatz in Berlin.

Teil V: Kosten des Hauses schlüsselfertig aufgestellt auf dem Bauplatz.

Gliedern wir diese Kosten gemäß der untenstehenden Tabelle, die nach den Kosten der wichtigsten Rohstoffe, die bei den einzelnen Arbeiten zur Verarbeitung gelangen, unterteilt ist, dann ergibt sich für jeden Teil folgendes Bild in Prozenten der Gesamtkosten:

Gegenstand	I	II	III	IV	V
1. Beton- u. Erdarbeiten	4,25	20,93	63,75	75,99	100
2. Holzwände, Decken, Fußböden usw.	23,25	55,00	92,00	96,40	100
3. Fenster, Türen, Schränke, Rolläd. usw.	12,50	34,75	93,35	96,09	100
4. Eisenteile u. Beschläge	7,65	42,50	91,80	94,00	100
5. Leitungen u. Anlagen f. Gas, Wasser u. Heizung	2,06	62,80	80,00	81,80	100
6. Glas- u. Glaserarbeiten	0,70	88,24	94,54	95,94	100
7. Elektr. Beleuchtungsanlagen	2,00	49,52	49,52	50,00	100
8. Malerarbeiten	1,25	27,32	42,49	42,49	100
Insgesamt	13,45	49,32	85,67	89,37	100

Aus dieser Tabelle ist zunächst zu entnehmen, daß das Holz der bei weitem t e u e r s t e Rohstoff ist, und daß die anderen Rohstoffe bei dem vorliegenden Typ keine wesentliche Bedeutung haben. Wäre die Berechnung hier nicht für ein Holzhaus, sondern für ein normales Ziegelhaus durchgeführt, dann würde sich ergeben haben, daß die Rohstoffe für das

Haus kaum 5 Proz. der Gesamtkosten ausmachen. Mit dieser Berechnung ist der eindeutige und klare Beweis erbracht, daß die Kosten eines Hauses sich im wesentlichen aus Transporten zusammensetzt. Zu den Transporten zähle ich hierbei nicht nur den Transport der Rohstoffe zu der Verarbeitungsstätte für Halb- und Fertigfabrikate und den Transport der Fertigfabrikate zur Baustelle. Ich rechne zu den Transporten auch die Verarbeitung selbst, weil auch diese sich aus einer Reihe von Einzel- und Kleinsttransporten zusammensetzt.

Der Tabelle entnehmen wir weiterhin die Feststellung, daß es beim Holzhaus ohne weiteres möglich ist (siehe Teil III), die Werkstattarbeit nicht nur auf 80, sondern sogar darüber hinaus auf 85,67 Proz. der schlüsselfertigen Gesamtkosten zu steigern. Nur dieser noch nicht einmal forcierten Werkstattarbeit (siehe unter Teil III die Positionen 7 und 8) ist es zu verdanken, daß die Differenz zwischen Teil III und Teil IV, d. h. die eigentlichen Transportkosten des fertigen Werkstatthauses von Berlin nach Stettin knapp 4 Proz. der Gesamtkosten ausmachen. Die Transportkosten bei den heute üblichen Konstruktionen und Baumethoden sind weit höhere, weil die neue Methode es vermeidet, totes Gewicht, Abfälle, Verschnitte usw. zu transportieren.

Was dem kritischen technischen Betrachter an der obigen Tabelle noch nicht gefällt, das ist die Tatsache, daß einige Arbeiten am Bau heute noch nicht so zur Werkstattarbeit gemacht werden können, wie das Ideal das erwünscht erscheinen läßt. So sehen wir, daß die Malerarbeiten auf der Baustelle noch etwa 58 Proz., die elektrischen Anlagen noch 50 Proz., die Erd- und Betonarbeiten noch 24 Proz. und die Leitungen für Gas, Wasser und Heizung noch 18 Proz. Bauplatzarbeit bedingen. Aufgabe der weiteren Durcharbeitung des ganzen Bausystems wird es sein, auch diese Prozentsätze noch zu ermäßigen.

Ein unsachverständiger oder ein unobjektiver Kritiker der obigen Tabelle könnte nun mit einigem Hohn die Frage stellen: Wie, du hast bei deinem Haus im Durchschnitt bereits dein gestecktes Ziel von 80 Proz. Werkstattarbeit um fast 6 Proz. überschritten, und dennoch kostet bei deinem Haus der Quadratmeter Wohnfläche immer noch über 100 Mark? Wo bleibt da dein Erfolg der Werkstattarbeit und der Industrialisierung des Wohnungsbaues?

So fragt, wie gesagt, nur der Unsachverstand. Der Techniker weiß, daß mit der oben skizzierten Gliederung der Arbeit die Organisation aller Verbilligungsaktionen erst einzusetzen hat. Der Organisator billigeren Bauens wird sich zunächst die Preise der Roh-stoffe (Teil I) vornehmen und hier prüfen, was noch an den Selbstkosten gesenkt werden kann. Er wird dann die Kosten der Halb- und Fertigfabrikate (siehe Teil II) untersuchen und hier finden, daß Kartelle, Syndikate, Konventionen, überflüssiger Zwischenhandel u. a. m. die Preise unnötig verteuern. So ist es doch kein Zufall, daß die Kosten der Glaserarbeiten schon in dieser Rubrik 88 Proz. und die der Leitungen für Gas, Wasser und Heizung 63 Proz. der Fertigkosten erreicht haben! Der Sprung der Rohstoffpreise von 13,45 Proz. auf 49,32 Proz. für die Preise der Halb- und Fertigfabrikate dürfte sich doch noch sehr kräftig senken lassen. Und nach dieser Aktion würde dann die Senkung der Werkstattpreise vorzunehmen sein. Es ist auch da noch ein starker Spielraum zwischen fast 50 Proz. und 86 Proz. der Fertigkosten offen, der eingeschränkt werden kann, wenn wir die Handbewegungen des Werkstattarbeiters, die ja überwiegend Transportbewegungen sind, durch bessere Organisation der Werkstattarbeit und durch höhere Anwendung von Maschinen ersetzen.

Will man also die Baukosten verbilligen, dann muß man in erster Linie die Transporte beschränken und deren Kosten senken. Die klare Erkenntnis dieses Satzes ist für die Lösung des Kostenproblems von ausschlaggebender Bedeutung.

Wir sollen die Transporte beschränken! Welche Transporte? Zunächst die offensichtlich überflüssigen Transporte. Und wo gibt es solche überflüssigen Transporte? Haben wir erst unseren Blickpunkt auf überflüssige Transporte eingestellt, dann werden wir solche Fehltransporte und falschen Kosten überall entdecken. Wir sehen sie in den zwei- und dreistufigen Zwischenlägern, die Rohstoffe, Halb- und Fertigfabrikate zur Lagerung bringen und damit ein entbehrbares Lagerkapital festlegen. Wir haben leider in Deutschland keine Statistik darüber, wie groß die Lagerhaltung in der Bauwirtschaft ist. Mag sie auch nicht die Größe haben, die wir in anderen Wirtschaftszweigen feststellen können, so wirkt die allgemeine Lagerhaltung auf indirektem Wege doch auf die Preise in der Bauwirtschaft zurück. Und die allgemeine Lagerhaltung hat allerdings in Deutschland eine Höhe, die der gesunde Menschenverstand nicht für möglich halten will. Wenn z. B. die gesamte inländische Sachgüterproduktion der Industrie und der Landwirtschaft im Jahre

1929 = 44 Milliarden Mark,
1930 = 37 Milliarden Mark und
1931 = 29 Milliarden Mark

betragen hat, so stehen diesen Ziffern der

deutschen Jahres p r o d u k t i o n eine deutsche L a g e r haltung von:

31 Milliarden Mark im Jahre 1929,
29 Milliarden Mark im Jahre 1930,
26 Milliarden Mark im Jahre 1931

gegenüber. Bei einer Jahresproduktion von 29 Milliarden Mark also ein Lager von 26 Milliarden Mark! Fast die ganze Jahresproduktion wird auf Lager gelegt. Das ist gewiß zuviel und eine böse Krankheit im Verteilungsapparat. Der Weg von der Produktion zum Verbrauch muß darum k ü r z e r werden. Bedarf und Deckung müssen unmittelbar aufeinander eingestellt sein.

Die Wohnungsproduktion ist noch nicht in e i n e m Unternehmen konzentriert. Sie war in einer U n z a h l von Handwerkszweigen z e r s p l i t t e r t , von denen jeder für sich Roh-, Halb- und Fertigfabrikate anfertigte, aber keiner das Fertigfabrikat „W o h n u n g" produzierte. Der G e n e r a l unternehmer fehlte. Und dort, wo wir den Generalunternehmer bereits h a t t e n , da war er nicht P r o d u k t i o n s unternehmer, sondern im wesentlichen nur H a n d e l s unternehmer, der die Subunternehmer gegeneinander ausspielte und die billigsten Preise aushandelte. Was wir für die Kostensenkung aber brauchen, das ist der P r o d u k t i o n s unternehmer, der — wie Ford beim Automobilbau — die Ware Wohnung in allen seinen Teilen s e l b s t herstellt oder die Roh- und Halbfabrikate o h n e Zwischenhändlergewinn und Zwischenunternehmergewinn von den Fabriken direkt bezieht und zu dem Produkt Wohnung zusammenstellt. Auf diesem Wege werden eine Unmenge überflüssiger Transporte und damit auch überflüssiger Kosten ausgeschaltet.

Ein z w e i t e s Gebiet überflüssiger Transporte werden wir in den überflüssigen Gängen, Handbewegungen und Arbeitsleistungen erkennen, das sich vor unseren Blicken bei dem H e r s t e l l u n g s prozeß einer Wohnung auftut. Ob ein Bauherr oder Architekt überflüssige Genehmigungen bei Behörden einholen muß oder ob ein Ziegel von dem Augenblick an, wo ihn der Former vom Streichbrett nimmt, ein dutzendmal und mehr mit der Hand angefaßt wird, bis ihn der Maurer vermauert, ist gleiche und überflüssige Fehlarbeit, die aus einem ökonomischen Produktionsprozeß ausgeschaltet werden muß. Wer gerade dieses Gebiet des Produktionsprozesses im Wohnungsbau mit fachmännischer Sachkenntnis überschaut, der wird hier eine Fehlarbeit von einem A u s m a ß feststellen, das für eine starke Senkung der Selbstkosten im Wohnungsbau sehr r e i c h l i c h e n Spielraum läßt.

Ein d r i t t e s Gebiet überflüssiger und darum auch zu teurer Arbeit im Wohnungsbau liegt auf dem weiten Felde der H a n d - a r b e i t , die bei der Herstellung von Wohnungen heute noch geleistet wird. Das Ausmaß von Handarbeit im Wohnungsbau ist ganz erstaunlich. Leider haben wir keine Produktionsstatistik darüber, wieviel Lohnstunden auf 1 qm Wohnfläche entfallen. Stadtbaurat Lehnemann, Stettin, hat einmal berechnet, daß etwa 32 Proz. der Gesamtkosten einer Wohnung auf L ö h n e und etwa 55 Proz. der Gesamtkosten auf M a t e r i a l entfallen. Sein Hinweis darauf, daß auf 1 qm Wohnfläche etwa 40 Lohnstunden entfallen, erschöpft aber die Lohnarbeit im Wohnungsbau schon deshalb nicht, weil in dem Materialanteil oft ein noch weit g r ö ß e r e r Lohnanteil enthalten ist. In meiner Schrift: „Probleme der Baukostenverbilligung*)" habe ich schon vor zehn Jahren darauf hingewiesen, daß der Ersatz der Menschenarbeit durch die Maschinenarbeit die Selbstkosten einer Wohnung ganz ungeahnt senken kann. Die Wohnungsproduktion muß aber erst für die Maschine r e i f gemacht werden. Und dieses „maschinenreif" werden setzt voraus die N o r m , den T y p , die K o n z e n t r a t i o n d e r P r o d u k t i o n , die g l e i c h m ä ß i g e u n d d a u e r n d e B e s c h ä f t i g u n g d e r M a s c h i n e , d. h. die P l a n w i r t s c h a f t z w i s c h e n D e c k u n g u n d B e d a r f . Wird aber diese Planwirtschaft eingeführt, dann ist es möglich, die Selbstkosten der Ware Wohnung auf einen Bruchteil der heutigen Kosten herabzudrücken.

Ein v i e r t e s Gebiet überflüssiger und darum auch zu teuer bezahlter Arbeit sehe ich in der durch überflüssige Transporte aller Art hochgetriebenen G r o ß s t a d t arbeit, die gerade auf dem Gebiet des Wohnungsbaues im höchsten Maße unwirtschaftlich zu werden beginnt. Wenn — um nur ein Beispiel von vielen anzuführen — die Ziegel ab Ziegelei mit 20 Mark pro Tausend verkauft werden, die Transportkosten der Ziegel von der Ziegelei bis zur Baustelle in Berlin oft aber allein 16 Mark betragen, so sind das Unkosten, die in einer Kleinstadt nicht entfernt gegeben sind. Weil das Bauen in einer Millionenstadt wie Berlin oft um 25 und mehr Prozent teurer ist als in einer Kleinstadt der Provinz, darum wird auch der Arbeitsplatz, (der ja im wesentlichen aus Baukosten besteht) teurer als in der Provinz. Dieser teure Arbeitsplatz steigert wieder die Löhne und die Löhne die Kosten für den Arbeitsplatz. Die Unwirtschaftlichkeit des Traggerüstes der Großstadtarbeit ist jedenfalls ein ganz bedeutender Faktor für die Steigerung der Baukosten einer Wohnung.

---

*) Reihe A, Heft 3, der Dreikellenbücher. Herausgegeben vom Verband sozialer Baubetriebe, Berlin S 14, Inselstr. 6.

Was haben wir nun aus dieser Betrachtung für Folgerungen zu ziehen?

Ich kann im Rahmen dieses Buches hier nur einige Perspektiven für die ökonomische Entwicklung der Wohnungsproduktion andeuten:

1. der Wohnungsbau muß durch Normalisierung und Typisierung m a s c h i n e n r e i f gemacht werden.

2. Die Maschinenreife verlangt eine K o n z e n t r a t i o n d e r A u f t r ä g e in einer Hand, um die Maschine zur Senkung der Selbstkosten auch restlos ausnutzen zu können.

3. Zur Vermeidung überflüssiger Transporte und überflüssiger Arbeit wird man B a u p l a t z a r b e i t in stärkstem Maße in W e r k s t a t t a r b e i t umwandeln müssen.

4. Die P r o d u k t i o n montagefertiger Häuser wird in das R o h s t o f f g e b i e t verlegt werden müssen, das der Masse nach das größte Tonnengewicht an Rohstoffen stellt und die günstigste Transportbasis zu den A b s a t z g e b i e t e n hat.

Laien wie Fachleute haben nun die verschiedensten Vorschläge für eine „Verbilligung" des Wohnungsbaues gemacht. Auf die Unzahl dieser Vorschläge kann ich hier nicht eingehen. Ich möchte hier nur solche Vorschläge berühren, die irgendwie für die Klärung des vorliegenden Problems von grundsätzlicher Bedeutung sind.

Hierher gehört an erster Stelle der Vorschlag, der Verbilligung der Baukosten durch S e l b s t h i l f e , A r b e i t s d i e n s t p f l i c h t usw. Wie ich oben schon sagte, haben diese Vorschläge, die im Grunde nur eine bestimmte Arbeitsleistung anders v e r b u c h e n wollen, mit dem tatsächlichen Verbilligungsproblem nichts zu tun. Wenn ich in den Wohnungsbau laienhafte Selbsthilfe oder Arbeitsdienstpflicht oder Wohlfahrtserwerbslosenarbeit einschalte, dann ändere ich damit lediglich die Kosten b e r e c h n u n g . Ich e n t l a s t e das Individualkonto des Bauherrn, und ich b e l a s t e das Kollektivkonto der Volkswirtschaft mit Unterstützungen für Erwerbslose, mit untragbaren Steuern, mit Minderleistungen u. a. m. Hinzu kommt aber oft noch laienhafte und schlechte Arbeit, die Material vergeudet und die Lebensdauer der Wohnung h e r a b s e t z t und die laufenden Unterhaltungskosten e r h ö h t . Dieser Weg der Baukostenverbilligung ist darum ein technisch wirtschaftlicher I r r w e g , und wer diesen Weg ebnen hilft, der muß sich folgerichtig auch zu dem eigenen Webstuhl, zur selbstgemachten Wurst und zu der selbstversorgenden Selbsthilfe auf allen a n d e r e n Produktionszweigen der Wirtschaft bekennen.

Aber warum denn so h a r t urteilen, so wird mich ein händlerisch eingestellter Kopf fragen? Die Selbsthilfe bei der P r o d u k t i o n könne man ja wohl ablehnen. Aber wie wäre es denn, wenn man die Selbsthilfe bei der M o n t a g e des Hauses einspanne? Es ließe sich doch sehr wohl denken, daß man das Haus auf ein System fertig beziehbarer P l a t t e n brächte und daß dann der Bauherr sich diese in der Fabrik erstellten Platten kauft, selbst abholt und aufstellt. Hier spare man doch die ganzen M o n t a g e kosten, und dann sei es doch auch sehr richtig, dem B a s t l e r bedürfnis und dem Schöpferdrang eines jeden Bauherrn entgegenzukommen und es ihm zu überlassen, w i e e r s i c h aus den gekauften Platten sein Haus zimmere.

Schon gut! Aber mit einer V e r b i l l i g u n g der Baukosten hat auch d i e s e Hausbaumethode nichts zu tun. Auch ihre Verbilligung bleibt ein B u c h u n g s kunststück und ein Selbstbetrug. Und was den Schöpfer- und Bastlerdrang angeht, so soll er gewiß nicht unterdrückt und unterschätzt werden. Ich kann mir aber nicht denken, daß dieser Drang ausgerechnet nur e i n m a l im Leben auftritt und nur e i n m a l befriedigt werden soll, und zwar nur bei Gelegenheit des eigenen H a u s baues! Wenn mir jeder Architekt (dessen Schöpfer- und Bastlerdrang ich in noch h ö h e r e m Maße als gegeben voraussetze) den Nachweis bringt, daß er bei jedem Haus, das er geplant hat, auch tätige h a n d w e r k l i c h e Mithilfe geleistet hat, dann will auch ich mich allmählich zu der Ueberzeugung bekehren lassen, daß der Gestaltungstrieb des Menschen nur in der Montage von Bauplatten Befriedigung finden könne. Bis dahin halte ich es mit dem Dichterwort: „Das gibt's nur e i n m a l , das kommt nie wieder!"

Gewiß wird das Montagehaus die Zukunft der Hausbauproduktion beherrschen und insoweit, wie es sich hierbei um den Typ des P l a n u m hauses handelt, kann ich mir sehr wohl denken, daß diese M o n t a g e kein g e r i n g e r e r technischer Arbeitsvorgang ist als der, nach dem die Hausteile in der F a b r i k angefertigt werden. Ich glaube sogar, daß der Montageplan das reibungslose und völlig eingespielte Ineinanderarbeiten einer vorbestimmten Zahl sehr vielseitiger, und für hochqualifizierte Handleistungen ausgebildeter Spezialarbeiter v o r a u s s e t z t . Gerade die M o n t a g e der Häuser wird eine Q u a l i t ä t s a r b e i t e r s t e n R a n g e s sein müssen, weil es wirtschaftstechnisch sinnlos wäre, in der Fabrik P r ä z i s i o n s arbeit zu leisten, auf dem Bauplatz aber allen möglichen laienhaften Fehlern im wahrsten Sinne des Wortes Tür und Tor zu öffnen.

Das Produktionsverfahren der wachsenden Häuser — und dieses übersehen viele Architekten — wird bis zu einem gewissen Grade rücklaufend auch von der leichten und schnellen Montage bestimmt. Um unnötige Transporte zu verhindern, sollte die Montage eines solchen Hauses bis zu 80 qm Wohnfläche an einem Arbeitstag vollendet sein. Technisch ist eine solche Zielsetzung durchaus möglich, wenn die Konstruktion nicht auf das längere Liegenlassen (z. B. das Abbinden von Beton usw.) von halbfertigen Bauteilen zugeschnitten ist. Ich bin sogar der Meinung, daß Fundamente, Kellerwände und ähnliche Bauteile montagefertig auf die Baustelle zu bringen sind, und daß die Zeit des Montierens, d. h. die Erfüllung des Montageziels von einem Tag, dann nur noch abhängig ist von der Vorbereitung und Einübung des Montageplanes und von der Zahl und der Leistung der Montagearbeiter.

Jeder Fachmann, der das vorliegende Problem auch auf seine Durchführung hin praktisch durchdenkt, wird sehr bald zu der Erkenntnis kommen, wie eng verbunden die Konstruktion des Hauses mit seiner Montage ist und wie stark das Verbilligungsmoment davon abhängt, daß man keine Fehlgriffe in der Konstruktion tut.

Bei der Montage eines Hauses wird — nach gegenwärtigen Erkenntnissen — die fast ausschließliche Handarbeit ebensowenig entbehrt werden können, wie sie bei der Montage eines Autos am laufenden Band entbehrt werden kann. Handarbeit werden wir also auch beim Hausbau und insbesondere bei seiner Montage haben. Die Aufgabe des Konstruktionsingenieurs besteht nur darin, die einzelnen Hausteile so zu entwerfen, daß sie für die Fabrik leicht maschinenreif und für den Bauplatz leicht handreif gemacht werden, und beides mit dem Ziel der äußerst möglichen Einschränkung der Handarbeit auf dem Bauplatz und der äußerst möglichen Ausdehnung der Maschinenarbeit in der Fabrik.

Aus diesem Grundsatz ergibt sich die zwangsläufige Folgerung, daß die in der Fabrik fertiggemachten, montagefertigen Bauteile nicht zu schwer sind, sondern immer noch handgerecht bleiben. Der Konstrukteur wird sich also genau zu überlegen haben, welche Montagearbeit er dem einzelnen Monteur wie einer Gruppe auf dem Bauplatz zutrauen kann. Er wird seine Bauteile einteilen in Einhand- und Zweihandgewichte, in Einmann- und Zweimanngewichte und wird auch die Größenmaße der Einheiten nach dem Laderaum des Autos zu richten haben. Schon aus diesem knappen Hinweis auf die Möglichkeiten der praktischen und billigen Durchführung der Montage ersieht man, daß es sich hier um eine Frage handelt, die in ihrer ganzen technischen und wirtschaftlichen Tragweite noch nicht einmal gestellt, geschweige denn beantwortet ist. Wir Techniker und Architekten werden auch so bescheiden sein und bekennen müssen, daß sie beim ersten Anhieb noch nicht beantwortet werden kann, und daß die Lösung des Problems ohne umfangreichen Rückgriff auf Erfahrungen (und auf zeitweilige Enttäuschungen) nicht gelingen wird.

TECHNISCHE AUSSTATTUNG UND BEWIRTSCHAFTUNG

Die technische Ausstattung des wachsenden Hauses ist deshalb von so großer Bedeutung, weil der Gegenwarts- und der Zukunftswert eines Eigenheimes entscheidend davon abhängig sein wird, ob es dem Ingenieur-Architekten gelingen wird, „das Haus ohne Hausmädchen", „das Haus ohne Köchin", „das Haus ohne Kindermädchen", kurz: das Haus der „a r b e i t s b e f r e i t e n Hausfrau" zu erbauen. Wollen wir uns mit dem wachsenden Haus zugleich auch d i e s e s Ziel stecken, dann werden wir eine ganze Reihe von technischen Sonderproblemen nacheinander ins Auge zu fassen haben.

A) DIE HEIZUNG

Die Heizung soll im wachsenden Hause keine schmutzige Arbeit verursachen und billig sein. Das Problem ist also so gelagert: Fort von dem Kachelofen und hin zu der idealen e l e k t r i s c h e n Heizung.

Warum ist die elektrische Heizung ideal? Weil sie keinen Ofen oder keinen Kessel erfordert, der dauernd überwacht und bedient werden muß; weil sie jedem Raum eine Sonderheizung gewährt, bei der es so gut wie keine Energieverluste in den Zuleitungen gibt; weil sie jeden Einzelraum in der denkbar kürzesten Zeit hochheizt und wieder — sofern er nicht mehr gebraucht wird — kalt werden läßt. Aber was nutzt es, die Vorteile dieser Heizungsart hier alle aufzuzählen, wenn die elektrische Heizung zurzeit bei uns nicht d u r c h f ü h r b a r ist? Und warum i s t sie nicht durchführbar? Weil der Strompreis zu hoch ist! Und warum ist der Strompreis zu hoch? Weil die öffentliche wie die private Hand die elektrische Energieversorgung völlig unwirtschaftlich organisiert hat und in dem Strompreis Steuern und Gewinn einkalkuliert, die jeden technischen Fortschritt im Keime erwürgen. Aus diesem Grunde kann leider die elektrische Heizung für unser Land noch nicht in Betracht gezogen werden.

Eine zweite Heizungsart, die besonders in Amerika sehr stark verbreitet ist, die Oelheizung, kommt für uns gleichfalls kaum in Frage, weil wir ein ölarmes Land sind und bei der Einfuhr von Oel von den Zufälligkeiten des Importes und von den wechselnden Preisen und Zöllen abhängig sind. Technische D a u e r einrichtungen eines Hauses soll man aber nicht auf der schwankenden Rentabilitätsbasis von I m p o r t gütern aufbauen.

Als nächste Heizungsart ist dann aber die G a s h e i z u n g sehr ernsthaft ins Auge zu fassen. Auch die Gasheizung wird sich im allgemeinen noch etwa zwei- bis dreimal so teuer stellen als die Heizung im Kachelofen. Aber wie ist es d e n n o c h möglich, sie für den Wohnungsbau rentabel zu machen?

Der sparsamen Heizung des P l a n u m hauses muß zunächst einmal rein k o n s t r u k t i v der wirtschaftliche B o d e n b e r e i t e t w e r d e n. Wir Architekten werden zunächst daran zu denken haben, daß von der Wärmeabgabe einer Heizung im Planumhaus die Fenster- und Türflächen etwa 40 Proz., die Deckenflächen etwa 19 Proz., der Fußboden etwa 9 Proz. und die Wände etwa 32 Proz. absorbieren. Aus diesen rohen Ziffern ergibt sich, daß wir in erster Linie unser Augenmerk auf gut schließende Türen und Fenster zu richten haben. Von den Russen wissen wir, daß sie in Rücksicht auf die Wärmeökonomie in ihrer Wohnung im Winter alle Fensteranschläge luftdicht verstopfen oder verkleben. Wir werden, insbesondere bei den großen Türfenstern, im Winter durch Einlage von schmalen Gummileisten die Wärmeabgabe nach außen unterbinden. Dann aber werden wir die Fußböden und vor allem auch die Decken gegen Wärmeabgabe nach außen gut zu isolieren haben. Schließlich werden wir bei der Auswahl des Materials für die Wände darauf zu achten haben, daß wir einen schlechten Wärmeleiter wählen. Der Holzbau kommt allen diesen wärmetechnischen Anforderungen wohl am nächsten. Deshalb hat auch der Verfasser für sein Haus eine Holzwandkonstruktion gewählt, die einer massiven Ziegelwand von etwa 60 cm Stärke entspricht. In einem solchen wärmehaltigen Hause muß eine Gasheizung schon e h e r rentabel gemacht werden können.

Die Wärmehaltung des Hauses kann aber auch durch die zweckmäßige Gestaltung des G r u n d r i s s e s außerordentlich gesteigert werden. Alle antiken Häuser sind in bezug auf die Wärmehaltung der Räume der Winterbekleidung des Menschen nachgebildet. Sehen wir uns ihre Grundrisse näher an, dann finden wir, daß sich um einen Zentralraum ringförmig andere Räume legen, die den Zentralraum von der Außenkälte (oder Außenwärme) abschließen und damit die wärmetechnische Wirkung übereinandergezogener S c h u t z m ä n t e l erstreben. (Siehe Seite 45, unten.) Der Grundriß des Verfassers lehnt sich an diese wärmetechnische Gestaltung alter

Planumhäuser an. Er schafft einen zentralen Wohnraum, der bei ganz strenger Kälte von jeder Außenwand abgeschlossen werden kann. Um diesen z e n t r a l e n Wohnraum, der die h ö c h s t e Wärmezone umschließt, legt sich eine z w e i t e Wärmezone, die aus den Schlafräumen, der Küche und den Nebenräumen besteht. Diese zweite Wärmezone wird dann wieder in der Gestalt einer d r i t t e n Zone umschlossen, die das Haus — wie ein Ueberzieher — vor dem Windanfall schützt und die natürliche Wärmeabgabe der Wände nach außen etwas mildert. Diese Glasschutzwände sollen keineswegs ein Gewächshaus oder Treibhaus umschließen, wie ein flüchtiges Urteil vermuten könnte. Die schmalen Pflanzenräume, die sie einschließen, werden auch nicht k ü n s t l i c h erwärmt und von der Außenluft luftdicht abgeschlossen. Kittlose Fensterrahmen geben der Entlüftung dieser Räume und damit auch der Entlüftung der dahinterliegenden Räume jeden gewünschten Spielraum. Für den Pflanzenwuchs haben diese Glasschutzwände die Bedeutung des Windschutzes, des Sonnenfangs und des Abfangens der natürlichen Abwärme des Hauses, die besonders im Frühling und im Herbst die Wachstumsperiode der Pflanzen verlängern.

Neben der konstruktiven und der grundrißmäßigen Gestaltung des Hauses wird sich die Arbeitskraft sparende Gasheizung auch noch durch a n d e r e Maßnahmen fördern lassen. So z. B. dadurch, daß wir die Bedienung des durch Gas zu erhitzenden W a r m w a s s e r - kessels nicht in irgendeinem abgelegenen Kellerraum, sondern in den Arbeitsraum der Hausfrau, die K ü c h e, verlegen und die Heizung mit dem Herd kuppeln. Am Herd kann die Hausfrau den Wärmegrad der Warmwasserheizung ständig und leicht ablesen und die Heizung des Hauses mit einem leichten Hebelgriff regulieren, sofern der Ingenieur ihr nicht gar eine automatische Regulierung der Heizung einbaut. Diese leichte U e b e r - w a c h b a r k e i t der Heizung verbürgt sicher sehr große Erfolge in der Ausgabe für Heizgas.

Für die Gasheizung spricht aber noch ein a n d e r e s Moment: In vielen Fällen wird ein Planumhaus tagsüber nur für wenige Stunden benutzt, und für die N i c h t b e n u t z u n g des Hauses muß jede Heizung (bei hinreichendem Frostschutz) ü b e r f l ü s s i g erscheinen. Und dies um so mehr, als wir ein Heizungssystem gewählt haben, das ein sehr rasches Hochheizen der Räume gestattet. Nun wissen wir aber, daß ein sehr rasches Hochheizen der Räume davon abhängig ist, daß das Volumen des Warmwasserumlaufs denkbar gering ist, und daß die Wasserwärme nicht unnötig dazu verwandt wird, totes Material anstatt die Zimmerluft hochzuheizen. Leitungsnetz und

Heizkörper müssen darum auf diese Sonderaufgaben der Gasheizung in einem Planumhaus noch ganz besonders überprüft und durchkonstruiert werden. Der Heizungsingenieur wird alle ökonomischen Fehlerquellen, auch die unscheinbarsten, aufzusuchen und abzustellen haben.

Da mit Rücksicht auf die Arbeitsersparnis der Hausfrau wie in Rücksicht auf allgemeine Entwicklungstendenzen der Wirtschaft (die zweifellos dahin gehen, nicht die Kohle selbst, sondern die aus der Kohle gewonnenen Energien durch ein Leitungsnetz [das billigste Transportmittel] in das Haus zu schaffen) mit einer anderen Heizungsart als der G a s h e i - z u n g und in der nächsten Etappe der e l e k - t r i s c h e n Heizung nicht gerechnet werden kann, so darf ich mir die Beschreibung w e i - t e r e r Heizungsarten für das wachsende Haus ersparen.

B) DIE VORRATSBEWIRTSCHAFTUNG

Für die Vorratsbewirtschaftung standen der Hausfrau bisher zur Verfügung: Keller und Bodenräume und Speisekammer bzw. Speiseschrank. Von dem elektrisch betriebenen Eisschrank will ich hier absehen, da er kein technisches Hausbauproblem, sondern nur eine Frage des jeweiligen Vermögens des einzelnen ist.

Das wachsende Haus wird aus Gründen sparsamer Baugestaltung sehr wenig Keller- und Bodenräume haben. Mit dem Ausbau von Kellerräumen haben wir bisher einen großen L u x u s betrieben. Wozu braucht man Kellerräume? Im wesentlichen doch nur, um kühle, aber f r o s t f r e i e Aufbewahrungsräume zu haben. Wenn wir uns nun überlegen, wieviel Güter des täglichen Bedarfs wir kühl und frostfrei aufzubewahren haben, dann werden wir bald herausfinden, daß alte Möbel und Koffer, leere Weinflaschen und Gartengeräte u. a. m. nicht in den K e l l e r gehören. Ueberprüfen wir diejenigen Gegenstände, die wir im Keller unterzubringen haben, dann werden wir erstaunt darüber sein, wie k l e i n ein Keller für das Planumhaus sein kann. Nachdem wir die Rationalisierung des Küchenraumes und seine Ausgestaltung als A r b e i t s - küche durchgeführt haben, ist es auch an der Zeit, die R a t i o n a l i s i e r u n g d e r V o r - r a t s r ä u m e durchzuführen. Der rationalisierte Wirtschaftskeller wird dann kaum über eine Größe von etwa 8 cbm hinausgehen. Eine mögliche Lösung eines solchen Kellers für ein Planumhaus ist auf Seite 147, Mitte rechts, gezeigt, wobei hier erläuternd darauf hingewiesen sein soll, daß es ökonomisch v e r f e h l t ist, große Lagerbestände im Individualhaushalt anzuhäufen, und daß die Einkäufe des Individualhaushaltes in Zukunft wohl mehr von der „rentablen

Fuhre" abhängig sein werden, die die Lebensmittel vom Produzenten v o r das Haus oder in die N ä h e des Hauses fahren.

Eine weitere Differenzierung des Kellerraumes schlägt der Verfasser in der Form v e r s e n k b a r e r S p e i s e k a m m e r n vor, in die die Hausfrau, wie in einem von der Hand betriebenen kleinen Fahrstuhl, die täglich mehrmals gebrauchten Lebensmittel, wie Milch, Käse, Wurst, Eier, usw. hineinstellt und dann in einen kühlen, aus Betonwänden bestehenden kleinen Kellerschacht hinabläßt. Ein solcher Kellerschrank erspart der Hausfrau im Sommer viele unbequeme Gänge in den Keller.

Andere Vorratsgüter, die Hitze und Frost ohne jeden Schaden vertragen können, sollten in leicht gebauten H o l z schuppen unmittelbar neben der Haustür oder der Küchentür, und auch hier wieder mit dem Nebenzweck untergebracht werden, der Außenwand des Hauses eine Art W ä r m e p e l z zu geben.

Im übrigen wird das wachsende Haus mit einem reichlichen Ausmaß von eingebauten Schränken und Hängeböden zu versehen sein, die wieder nach den A u ß e n wänden und der D e c k e hin eine gewisse P e l z k o f f e r u n g bilden und den Wohn- und Schlafraum für das Eindringen von Kälte und Wärme unempfindlicher machen.

C) DAS BAD

Das Bad ist im wachsenden Hause nicht nur Bad, sondern auch Waschraum, Frisierraum, Raum für Gymnastik, Ausgangsraum für das Luft-, Licht- und Sonnenbad, der Raum für den Wäschewechsel u. a. m. Diese Vielseitigkeit in der Funktion des Baderaumes als R a u m d e r K ö r p e r p f l e g e rechtfertigt es, ihm in der Grundrißanlage auch eine bevorzugte Lage zu geben. Architekten, die das Bad in den K e l l e r verlegen oder aus ihm einen Kochraum für Viehfutter machen, haben die Funktion des Bades (auch im einfachsten Planumhaus) noch nicht erfaßt.

Das Bad ist in einer kultivierten Familie der am stärksten in Anspruch genommene Raum. Es sollte darum mindestens zwischen zwei Schlafräumen oder an einem Schlaf g a n g liegen, der s ä m t l i c h e Schlafräume mit dem Bad verbindet. Vor allem sollte im Planumhaus seine unmittelbare Verbindung mit dem L u f t - und S o n n e n b a d im Garten sichergestellt sein.

Die Ausstattung eines Bades kann natürlich in Spielarten und Preislagen erfolgen, die hier nicht geschildert werden können. Was aber betont werden muß, das ist der Hinweis darauf, daß der Architekt wie der Bauherr bei der Auswahl aller Ausstattungsgegenstände und Ausstattungsarten gerade beim Bad zu überlegen hat, wie er der Hausfrau A r b e i t

und K o s t e n spart. Folgt man diesem Hinweis, dann wird man darauf achten, Fußböden und Wände zu wählen, die sich leicht reinigen lassen und unter Umständen auch ein herzhaftes Duschen vertragen. Man wird darauf achten, eine Badewanne mit einer Armatur und einem Warmwasserbereiter zu wählen, die mit dem Wasser und dem Gas sehr s p a r s a m wirtschaftet. Man wird auf leichte Reinigungsmöglichkeiten der Abflußrohre achten, wie überhaupt darauf sehen, daß möglich werdende Reparaturen in leichten Fällen von dem Besitzer des Hauses selbst durchgeführt werden können; denn Bad und Küche mit Heizung sind diejenigen Räume, die den größten Umfang von Installationen aufweisen und darum später auch die größten Handwerker-Rechnungen nach sich ziehen.

Für den Baderaum besonders zu empfehlen ist der Einbau von Schränken für Medikamente, medizinische und sanitäre Geräte und für die Leibwäsche, die vor und nach dem Baden und Waschen gewechselt wird, weil die Verbindung solcher Schränke mit dem Bad der Hausfrau, aber auch jedem Familienmitglied, viel Arbeit spart.

D) DIE KÜCHE

Nachdem die Einrichtung einer rationellen Arbeitsküche bereits hinreichend bekanntgeworden ist, brauche ich hier nicht näher darauf einzugehen. Wohl aber möchte ich mir den Hinweis erlauben, daß mit dem Wachsen des Hauses auch die K ü c h e wachsen muß und daß ihr dann ein besonderer Arbeitsraum der Hausfrau, die W e r k s t a t t f ü r H a u s w i r t s c h a f t, angegliedert wird, in dem sich das Waschen, Plätten und Nähen vollzieht, in dem auch einmal die Wäsche getrocknet werden kann, wenn das Wetter die Außentrocknung nicht erlaubt u. a. m.

Von diesem Arbeitsraum aus, in dem auch alle Hauswirtschaftsgeräte, wie Staubsauger, Besen usw., bequem und handgerecht aufzubewahren wären, sollte auch ein direkter Müllauswurf nach außen, und zwar sofort in den Müllkasten erfolgen können.

E) DAS SCHLAFZIMMER

Das Schlafzimmer sollte sich in Zukunft nicht nur zum Schlafzimmer, sondern auch zum R u h e - und L e s e z i m m e r entwickeln. Das sei — so wird man mir einwenden — ja h e u t e bereits der Fall. Auch heute schon werde das Schlafzimmer als Ruheraum verwandt. Man lege sich auf die sogenannte „Chaiselongue" und ruhe sich aus. Aber warum muß man n e b e n dem Bett noch eine a n d e r e „Liege" haben? Doch nur deshalb, weil man am Tag a n g e k l e i d e t liegen will, weil man mit Kleidern nicht im Bett liegen mag, und weil man das „Bettmachen" fürchtet. Dieses „Bettmachen" bringt auch s o n s t noch der Hausfrau jeden Morgen einige Arbeit. Wie wäre es nun, wenn man auf das Bettmachen ganz v e r z i c h t e t und das Schlafzimmer etwa so einrichtet: das Bett erhält die Form einer „Liege" oder einer „couch" mit einem, wenn möglich, waschbaren dauerhaften Bezug. Am Kopfende dieses Bettes liegt unter einer an der Wand befestigten Leselampe eine weiß bezogene Kopfrolle, deren Ueberzug des öfteren gewaschen und gewechselt wird. Diese T a g e s erscheinung des Bettes bildet zugleich auch seine N a c h t erscheinung. Was, ohne Betten und ohne Laken schlafen? Ja! Man nehme einen gut gefütterten, nicht zu schweren, aber auch nicht zu leichten Schlafsack, der durch einen Reißverschluß von innen bis zu dem Fußende geöffnet werden kann. Die Innenseite des Schlafsackes oder des Schlafmantels ist aus weißem Leinen gefertigt, das mit Knöpfen, wie der Ueberzug an einer Schlafdecke, befestigt ist. Dieses weiße Mantelfutter kann also jederzeit gewechselt und gewaschen werden. Stellen wir uns diesen Schlafmantel nun noch sehr geräumig und mit einer angemessenen Entlüftung versehen vor, dann können wir das „Bettmachen" in Zukunft ruhig verlernen. Jeder Mann und jedes Kind kann sich dann sein Bett s e l b s t machen. Ich glaube außerdem, daß das Schlafen unter dem Schlafmantel im Laufe der Jahre auch i m F r e i e n weitere Verbreitung finden wird, und daß mit einer wohlverstandenen Freiluftkultur der Schlafmantel dann ein geradezu unentbehrliches Einrichtungsstück des wachsenden Hauses sein wird. Vor allem auch wird das Schlafzimmer dann auch am T a g e viel leichter als Lese- und Ruheraum benutzt werden können.

F) DIE BEWIRTSCHAFTUNG

In der Wirtschaft gilt der Satz, daß physische Arbeit nur durch die M a s c h i n e ersetzt werden kann, und daß dort, w o die Maschine die Handarbeit verdrängt, die Anlagekosten pro Arbeitsplatz steigen. Der gleiche Satz gilt auch für die Bewirtschaftung des Hauses. Jede l a u f e n d e Arbeitsersparnis im Hause erfordert einen e i n m a l i g e n höheren Aufwand an Anlagekapital. Ein Fliesenbelag im Badezimmer erfordert weniger Pflege und aufmerksame Behandlung als ein Holzfußboden; dafür ist er auch t e u r e r ! Ein Linoleumfußboden im Wohnzimmer ist leichter zu reinigen als ein Dielenfußboden. Dafür ist er auch teurer! Eine Gaszentralheizung erfordert gegenüber einer Kachelofenheizung so gut wie gar keine Arbeit. Dafür ist sie auch t e u r e r ! Und so weiter! Aus diesen Gründen ist es auch so überaus wichtig, daß die Bauwirtschaft alle

ihre Kräfte auf eine a b s o l u t e Verbilligung der Baukosten konzentriert und weiterhin in Gemeinschaft mit dem Architekten dafür sorgt, daß auch d i e A u s s t a t t u n g eines Hauses v o n d e m e i n f a c h e r e n z u d e m v o l l - k o m m e n e r e n Z u s t a n d e m p o r w a c h - s e n k a n n , ohne daß überflüssige Eingriffe in alte Bauzustände mit einem verlorenen Kostenaufwand notwendig sind. Das wachsende Haus bekommt erst dann seinen tieferen Sinn, wenn das Haus nicht nur so geplant und gebaut wird, daß es dem R a u m m a ß nach wachsen kann, sondern auch so angelegt wird, daß seine t e c h n i s c h e n E i n r i c h - t u n g e n u n d Q u a l i t ä t e n von Stufe zu Stufe und je nach der Vermögenslage des Besitzers w e i t e r ausgebaut werden können. Erst wenn das Haus diese ä u ß e r e und i n n e r e Dynamik des Werdens aufweist, erst d a n n ist es zu einem wachsenden Haus geworden.

Die verschiedenen Möglichkeiten des technischen Wachstums eines Hauses hier im einzelnen aufzuführen, muß ich mir versagen, weil sie, erschöpfend behandelt, ein Buch für sich füllen würden. Ich möchte aber nicht unterlassen, unsere Installationsingenieure darauf hinzuweisen, daß sie auf diesem Gebiet noch ein weites Betätigungsfeld vorfinden werden, auf das sich vorzubereiten wohl lohnen dürfte. Das Wachstum einer Wand von der minderen zur höheren Qualität, und — in der gleichen Richtung verfolgt — das Wachstum eines Fußbodens, einer Decke, einer Heizung, einer Badeanlage, einer Warmwasserbereitung, einer Beleuchtungsanlage u. a. m. Das alles sind Arbeitsgebiete für den Architekten und für den Ingenieur, die noch sehr wenig bearbeitet worden sind und schon in der Problemstellung zeigen, daß der Bau eines Kleinhauses wohl zu den s c h w i e r i g - s t e n Bauaufgaben gehört, die einem Architekten gestellt werden können.

Die mehr oder weniger leichte Bewirtschaftung eines Hauses ist natürlich nicht nur eine Funktion der technischen Einrichtungen, sondern auch des Grundrisses. Das Planumhaus, das seinen Bewohnern das Treppensteigen erspart, ist ohnehin schon ein Fortschritt in der Bewirtschaftung der Wohnung. Vergessen wir dann weiterhin nicht die selbstverständlichen Regeln guter Grundrißtechnik, nämlich — um nur einige wenige anzuführen —, daß die Küche in der Nähe des Einganges, der Eßtisch in der Nähe der Küche, das Bad in der Nähe des Schlafzimmers, die Schlafzimmer durch zwei Türen vom Wohnzimmer getrennt sein sollen usw., und daß jeder Raum alle überflüssigen, nur Mehrarbeit schaffenden Dimensionierungen zu vermeiden hat, dann haben wir in grundrißtechnischer Beziehung wohl die

Hauptgesichtspunkte berührt, die auf die Bewirtschaftung einer Wohnung von Einfluß
sind. Es bleibt nur übrig, noch den Gesichts-
punkt aufzuzählen, der wieder aus dem Begriff des w a c h s e n d e n Hauses für die Bewirtschaftung der Wohnung gewonnen werden
kann, und das ist die grundrißtechnische Möglichkeit einer „S e r i e n s c h a l t u n g" d e r
e i n z e l n e n R ä u m e z u k l e i n e n u n d
g r ö ß e r e n B e n u t z u n g s e i n h e i t e n.
Was hierunter zu verstehen ist, möchte ich
noch etwas deutlicher werden lassen. Von
alters her kennen wir — den gerade in unserer
Zeit so sehr v e r p ö n t e n — Abschluß der
„guten Stube" aus dem täglichen Benutzungskreislauf der Räume einer Wohnung. Ueber
die f o r m a l e Bedeutung dieser „guten
Stube" will ich an anderer Stelle sprechen.
Hier soll nur ihre bewirtschaftungstechnische
Seite hervorgehoben werden, und die besteht
darin, daß diese Stube mit aus Gründen der
Arbeitsersparnis zeitweise aus dem Benutzungskreislauf der Räume ausgeschaltet wird.
Ein Grundriß, der zu einer zeitweisen Aus-
schaltung von Räumen aus dem täglichen und

stündlichen Benutzungskreislauf die M ö g -
l i c h k e i t bietet, muß im Interesse einer
rationellen Bewirtschaftung der Wohnung b e -
s o n d e r s anerkannt werden. Die Notwendigkeit zu einer dynamischen Serienschaltung der
Räume ergibt sich aber nicht nur bei einer
zeitweisen U n t e r benutzung, sondern auch
bei einer gelegentlichen U e b e r benutzung,
bei der es — wie z. B. bei einer Gesellschaft —
oft nicht erwünscht ist, die gute Stube als
Durchgangsraum auch von denjenigen Bewohnern der Wohnung benutzen zu lassen,
die mit der Gesellschaft nichts zu tun haben
oder mit ihr nichts zu tun haben wollen. Der
Grundriß des wachsenden Hauses muß also
die i n n e r e Beweglichkeit aufweisen, auch
z w e i Benutzungskreise parallel n e b e n -
einanderschalten zu können. Der Verfasser
hat darum auch die „gute Stube", d. h. den
großen Wohnraum zentral gelegt und durch
einen links- und rechtsseitigen Umgang (durch
die Küche und durch ein Schlafzimmer) die
Möglichkeit geschaffen, in die anderen Räume
zu gelangen, o h n e das Wohnzimmer berühren zu müssen.

HAUS UND GARTEN

Daß Haus und Garten zu einer räumlichen und biologischen Einheit verwachsen müssen, das ist ein Grundsatz, der heute selbstverständlich sein sollte. Und doch gibt es nur wenige Architekten, die es verstehen, das Haus in den Garten und den Garten in das Haus zu stellen.

Den Garten in das H a u s stellen? Was heißt das? Soll das heißen, daß der Garten aus zwei Oleanderbäumen besteht, die im Sommer heraus- und im Winter in die Stube hineingestellt werden? Sicher nicht! Wir sehen den Garten tatsächlich in das Haus hineinwachsen oder jedenfalls in eine R a n d z o n e des Hauses hineinwachsen, in der es keinen Herbst und Winter, sondern nur einen ewigen Frühling und Sommer gibt. Ein P f l a n z e n r a u m schaltet sich zwischen den Wohnraum und den Garten.

Es gibt aber noch eine a n d e r e Möglichkeit; den Garten in das Haus zu stellen, und das ist die, bei gutem Gartenwetter durch breite Wandöffnungen den Garten in den Wohnraum hineinschauen zu lassen. Der Architekt wird die räumlichen Beziehungen zwischen dem wohnlichen Inneren des Hauses und dem Garten sogar zu einem kunstvollen W e c h s e l s p i e l gestalten, das ein Rufen und Locken zwischen Haus und Garten in steten Schwingungen hin und her wirft.

Und was heißt es, das Haus in den G a r t e n stellen? Doch nicht nur den Hauskubus zu der Größe des Gartens in eine gute Beziehung zu bringen! Es heißt auch, den Garten zu einer b e n u t z b a r e n W o h n u n g zu machen, zu einer F r e i l u f t - W o h n u n g ! Ich sagte schon in dem Abschnitt über „Neues Wohnen", daß der moderne Mensch n a t u r v e r b u n d e n leben will. Luft und Sonne sind ihm unentbehrliche L e b e n s m i t t e l , sind ihm Anreger zur Arbeit und zu höherer Leistung. Der moderne Mensch beginnt nicht nur sich im Garten zu erfreuen, er will im Garten auch w o h n e n , a r b e i t e n und s c h l a f e n . Ich sehe darum die Zeit schon kommen, wo der neue Bauherr dem Architekten den Auftrag gibt: baue mir in meinen Garten ein Luft-, Sonnen- und Gymnastikbad als Auslauf aus meinem Hausbad! Baue mir in meinem Garten einen gemütlichen Eßraum, als Auslauf aus meinem Eßzimmer! Baue mir in meinem Garten einen Schlafraum, der mir den Blick in die Sterne öffnet, als Auslauf aus meinem Schlafzimmer! Baue mir in meinem Garten einen ruhigen und abgeschlossenen Arbeitsraum, als Auslauf aus meinem Arbeitszimmer.

Und so wächst das Haus nach allen Seiten hin in den Garten hinein. Wir Großstädter werden wieder natur- und erdverbunden und fangen an, uns wieder auf Sinnesorgane einzustellen, die uns zwischen den Steinhaufen des Asphalts abgestorben zu sein schienen. Wir fangen wieder an, mit Pflanzen und Tieren zu leben und aus diesem Gemeinschaftsleben ein E r - leben werden zu lassen, das über alles Technische weit hinausragt. Der Garten läßt uns wieder Mensch werden. Er nimmt unsere Freizeit auf und wandelt sie in eine Zeit wirklichen Erlebens.

Ueber die Technik des neuen Raumgartens will ich mich hier nicht weiter äußern. Das mögen die berufenen Gartentechniker und Gartenkünstler tun. Nur darauf möchte ich hier hinweisen, daß auch der Garten dem Grundsatz des W a c h s e n s zu entsprechen hat, diesem Grundsatz aber n a t u r h a f t und in einer V o l l k o m m e n h e i t entspricht, die vom Bautechniker für sein Gebiet nicht überboten werden kann. Immerhin verbleibt aber auch in dem neuen Garten mehr Technik, als der Laie glauben mag. Die w o h n l i c h e Benutzung des Gartens stellt an ihn a n d e r e technische Anforderungen als an den reinen Schmuck- und Ziergarten. Diese Anforderungen werden um so größer, je mehr wir die Hausfrau entlasten und Vorkehrungen dagegen treffen müssen, daß die Erde und der Sand und die Nässe des Gartens in die Zimmer getragen wird und hier das Arbeitsfeld der Hausfrau wieder erweitert.

Der Wohngarten bringt es auch mit sich, daß er — wie jedes Haus von vier Wänden — von einer M a u e r umschlossen ist, die den Garten erst w o h n l i c h macht und die seinem Wachstum den notwendigen Wind- und Wärmeschutz bietet. Mit diesem Bauelement der Mauer, die als w a c h s e n d e Mauer auch erst noch konstruiert werden muß, erhält das wachsende Haus mit seinem betont natur- und gartenhaften Charakter auch ganz eigene neue G e s t a l t u n g s formen.

Zu der Frage der Gartengestaltung im wachsenden Haus schreiben mir außerdem die Gartenarchitekten Leberecht M i g g e und W i e p k i n g - Jürgensmann.

M i g g e sagt: „Der Gedanke, das Glas der Wohnung aus seiner ästhetischen Isolierung heraus wieder in die Atmosphäre einer natürlichen N u t z u n g zu leiten, muß als eine verdienstliche Nebenwirkung des Wagnerschen Kleinsthausprogramms angesprochen werden. Leider hat die Fassung dieser Forderung nicht

die erforderliche Klarheit in dieses den Architekten zumeist noch fremde Gebiet gebracht.
Auffällig ist, daß nur wenige Architekten
daran denken, heizbare B l u m e n f e n s t e r
als Doppelfenster auszubauen (siehe Seite 48,
oben). Dieses Blumenfenster, das im Frühjahr auch allerlei Aussaaten und Piquierte
aufnehmen könnte, müßte der Kern in jedem
„Kern" sein.

Als nächste Etappe würde ich mir ein kleines,
begehbares Gewächshaus denken, darin schon
ernsthaft kultiviert werden könnte, das
schließlich zu einem Glasschutzraum erweitert
werden könnte, der sowohl dem Menschen und
der Pflanze dient, und beiden vollkommen (siehe
Seite 48, unten). Dieser Ideallösung (immer
für das Wagnersche Wohlstandshaus!) käme der
Gellhornsche Entwurf (siehe Seite 62) etwa
am nächsten, der von seinem Bad aus einen
glaserwärmten Raum für Training, Ruhe und
Sonnenbad freimacht, schmale Rabatten für
Schlinger an die Glaswände und einen besonderen Treibkasten davor legt — und daneben
noch das ganze seinem Baukörper vorbildlich
einfügt. Von der richtigen Disposition der
Glasschutzräume hängt wesentlich auch ihre
K o n s t r u k t i o n ab. Es ist nicht gleichgültig für Pflanzenzucht, ob der Raum mit
Glas oder mit einem festen Dach abgedeckt ist.
Schrägglaswände sind für Nutzpflanzen (z. B.
Gurken und edler Wein) geeigneter als senkrechte. Gewisse Feinkulturen und Aussaaten
ziehen einen kleineren abgeschlossenen Glas-
kasten vor. Zweckmäßig ist eine gewisse Beweglichkeit der gläsernen Schutzeinrichtungen
als Schiebewände sowie für den Auf- und Ab-
bau je nach Jahreszeiten. Schließlich kommt
es auch sehr auf die Konstruktion der Glasfläche selbst an. Wenn z. B. der Wagnersche
Typ rings mit einer Glashaut (sogenannten
Talutwänden) umgeben wird, so ist das an
sich so reizvoll wie nützlich — wenn die Frage
der Starklüftung (im Sommer) und Kleinlüf-
tung (im Winter) für Pflanzen und Mensch
gelöst wird.

Bei rein v e g e t a t i v e n Glasanlagen, also
gerade im Wagnerschen Sinne, muß Größe und
Konstruktion der Glaseinheiten auf die be-
treffende Kultur zugeschnitten sein. So gehören Wein und Gurken 2—5 m hoch an die
vordere Glaswand, Pfirsich, Aprikosen und
edlere Obstarten an die Rückwand, Gurken
wollen feuchte, Tomaten trockene Luft usw.,
bis hin zu den wichtigen Regenwasserbehäl-
tern, wenn die Liebhaberei zu regelrechten
Pflanzenkulturen ausartet."

W i e p k i n g führt aus: „Glashäuser sollen
möglichst den vollen Tageslauf der Sonne ein-
fangen, die Längsrichtung soll daher Nord-Süd
sein, damit die volle Ost- und Westsonne un-
gehindert einfallen kann. Die Südsonne kann
abgeblendet werden, und in den Sommer-
monaten muß sie abgeblendet werden. Nur
sehr wenige Spezialkulturen bedingen andere
Sonnenlagen. Grundsätzlich falsch ist eine
Sonnenlage nach Süden, wenn die Gefahr besteht, daß unter Mittag plötzlich ein starker
Sonneneinfall eintritt, was der Fall sein
würde, wenn das Haus nach Osten keinen
Sonnen- oder wenigstens Lichteinfall gewährt.
In solchen Häusern können in den kalten
Wintermonaten die stärksten Pflanzenbeschä-
digungen durch plötzliche Erwärmung eintreten, die Verbrennungserscheinungen (Zellen-
zerreißungen) hervorruft.

In unseren Breiten ist der Glasschutz für
Menschen mindestens ebenso wichtig wie für
die Zimmergärtnerei. Bei der Berufsgärtnerei
ist er betriebsnotwendig. Ich baue häufig in
meine Gärten senkrechte Glaswände ein, die
oben nicht überdacht sind. Diese auch ästhetisch einwandfreie Vorrichtung ergibt schon
sehr zeitig im Jahre herrliche Luftbadmöglich-
keiten und ermöglicht für die Mittagsstunden
eine ausgiebige Gartenbenutzung oft bis in
den Dezember hinein. Ich selbst habe es immer
bedauert, meinem Wohnhause keinen Glasschutzraum angegliedert zu haben.

HAUSERWEITERUNG

Der Wunsch nach einem „w a c h s e n d e n" Hause beruht auf drei Arten realer Raumbedürfnisse, die man wie folgt katalogisieren kann:

1. K a p i t a l m a n g e l zwingt den Bewohner, zunächst mit dem geringstmöglichen Raumbedarf auszukommen und den noch fehlenden Raumbedarf pro rata des ersparten oder geliehenen Baukapitals zu befriedigen.

2. Der Raumbedarf entwickelt sich (unabhängig von der jeweiligen Kapitalkraft und dem Einkommen des Bewohners) nach dem jeweiligen W a c h s t u m d e r F a - m i l i e.

3. Der wachsende Raumbedarf wird bestimmt durch gesteigerte b i o l o g i s c h e, k u l t u - r e l l e u n d z i v i l i s a t o r i s c h e B e - d ü r f n i s s e sowie durch grundsätzliche Wandlungen in der Auffassung vom Wohnen und von der Raumnutzung.

Alle diese Gründe sind nicht erfunden, um das „wachsende Haus" erfinden oder begründen zu können. Sie sind mehr oder weniger zu a l l e n Zeiten wirksam gewesen, und sie sind in einer Zeit der Uebergangswirtschaft wie der heutigen wirksamer denn je. Für ein Stadtvolk zwar, das überwiegend in der starr begrenzten Mietwohnung einer Etage zu wohnen pflegt, konnte das Verlangen nach einem „wachsenden" Hause kaum zur Geltung kommen, obgleich dieses Verlangen d a war und auch in der Form des d a u e r n d e n U m z u g e s in andere „passende", d. h. räumlich oder geldlich oder formhaft passende Mietswohnungen b e f r i e d i g t wurde.

Für einen Eigenhausbesitzer oder für jemand, der es w e r d e n wollte, war das Problem des wachsenden Hauses durchaus akut. Wer jemals eine Wanderung durch eine Einfamilienhauskolonie angetreten hat, wird an den vielfach gänzlich veränderten Hausformen und an den An- und Ausbauten gesehen haben, wie s t a r k das Bedürfnis nach Veränderung und Ausweitung des Wohnraumes ist, und wie gequält, unvollkommen und unnatürlich dieses Bedürfnis heute noch befriedigt wird.

Die weitaus größte Zahl der Einfamilienhäuser wird als starre, vorgeschaute E n d f o r m erbaut, an der sich ohne Zerstörung dieser Form kaum etwas ändern läßt. Unsere Zeit des Ueberganges und der Wandlung im Wirtschaftlichen wie im Kulturellen steht aber im G e g e n s a t z zu allen Endformen. Sie erstrebt eine d y n a m i s c h e Gestaltung. Und diese Dynamik des Bauens ist es, auf die

sich der moderne Architekt und der moderne Bauunternehmer heute einzustellen hat.

Ich fühle mich nicht berechtigt, das W a s und das W i e der Hauserweiterungen schon heute in allen Einzelheiten f e s t z u l e g e n. Die Aufgabe ist neu gestellt, und will erst an Beispielen und an Gegenbeispielen a u s - r e i f e n. Experiment, Erfahrungen und Bewährungen werden wir abzuwarten haben. Immerhin schälen sich schon heute einige R i c h t l i n i e n des Handelns für wachsende Häuser heraus, die nicht unbesprochen bleiben können.

Der Ende 1931 von dem Berliner Messeamt ausgeschriebene Wettbewerb „Das wachsende Haus" hat (wie der gleichnamige W i e n e r Wettbewerb im Frühjahr 1932) das Resultat gehabt, daß die weitaus größte Zahl der konkurrierenden Architekten das Wachstum des Hauses nicht in der V e r t i k a l e n, d. h. durch A u f s t o c k u n g, sondern in der H o r i - z o n t a l e n, d. h. durch A n b a u zu lösen versucht haben. Und mir scheint auch, daß das Anbauhaus eine weitaus größere Erfolgschance hat als das Aufbauhaus. Sehen wir zunächst einmal vom Technischen ganz ab, so müssen wir beim Aufbauhaus die Tatsache kritisieren, daß das Wohnen sich über z w e i Etagen erstreckt und für die Hausfrau wie für die anderen Bewohner betrieblich e r s c h w e r t wird, daß fernerhin die zweite Etage bereits einer Vielheit von Nachbarn den Einblick in den „Auslauf" des Hauses, in den Garten, gestattet und das Freiluft-Wohnen dadurch behindert und belästigt, und daß schließlich so wichtige Räume wie der Schlafraum und das Bad von ihrem, nur zu e b e n e r Erde und im G a r t e n möglichen Zubehör abgeschnitten sind. Im Hinblick darauf, daß die Wohnung der Zukunft ihr Gesicht — wenn man so sagen darf — dem F r e i l u f t r a u m und dem G a r t e n zukehren wird, erscheint mir die weitere Verfolgung eines Aufbauhauses n i c h t zweckmäßig zu sein. Aber wer wollte in dieser Frage heute bereits ein letztes Wort sprechen?

Rein technisch gesehen, hat das Aufbauhaus gegenüber dem Anbauhaus — sofern es richtig gelöst wird — den Nachteil, daß jede Aufstockung in die bestehende Konstruktion t i e f e r einschneidet als das Anbauhaus. Ich will ganz davon absehen, daß tragende Wände für den ersten Bauabschnitt überflüssig stark gemacht werden müssen, damit sie den späteren Aufbau tragen können. Dieser Nachteil braucht nicht immer ein w i r t s c h a f t - l i c h e r Nachteil zu sein. Sicher aber ist es ein Nachteil, wenn ein Dach abgedeckt und in einen Fußboden umgewandelt werden muß, wenn über einem Wohn- oder Schlafraum gebaut und gehämmert, und wenn ihm die Schutzhaut gegen Regen und Kälte zeitweise entzogen werden muß. Das Anbauprinzip ist für die Fortbenutzung des Hauses auf alle Fälle s t ö r u n g s l o s e r als das Aufbauprinzip.

Zwischen dem Anbau- und Aufbauprinzip steht aber noch das A u s bauprinzip, das darin besteht, daß man zwar „außenfertige" Häuser baut, im Innern der Häuser aber Dachräume zunächst solange u n ausgebaut läßt, bis sie gebraucht werden oder bis das Kapital für den weiteren Ausbau vorhanden ist. Dieses Prinzip des Wachstums ist von allen Methoden sicher das u n w i r t s c h a f t l i c h s t e , weil die „außenfertigen" Räume bereits drei Viertel der Gesamtkosten verschlingen und so ein ohnehin oft zu knappes Kapital auf Jahre hinaus ohne jeden Ertrag brachlegen.

Es ist zurzeit noch eine ganz offene Frage, in welcher R i c h t u n g die Erweiterung des wachsenden Hauses erfolgen soll. Der oben erwähnte Wettbewerb hat sowohl die „lineare Erweiterung", d. h. die Erweiterung, die in die Länge strebt, als auch die „konzentrische Erweiterung", d. h. die Erweiterung, die sich um einen Kern herumgruppiert, in den Vordergrund gestellt. Die lineare Erweiterung hat den Nachteil, daß sie viele Außenwände mit starken Wärmeverlusten schafft, viel Korridore bedingt und eine große Grundstücksbreite erforderlich macht. Die konzentrische Erweiterung hat oft den Nachteil, daß sich der zentrale Wohnraum selbst zum Flur auswächst und mit allzu vielen Türen durchlöchert wird. Welches Prinzip das richtige ist, daß muß die weitere Ausarbeitung der Projekte erst erweisen.

Wichtig erscheint mir auch die gleichfalls heute noch ganz offene Frage, in welchen einzelnen K o s t e n abschnitten sich die Hauserweiterung vollziehen s o l l oder vollziehen k a n n . Die heute ausgearbeiteten Pläne schwanken zwischen Kostenabschnitten von 300 und 3000 Mark. Für die Förderung der Idee des wachsenden Hauses wird es von besonderer Bedeutung sein, die Kostenabschnitte so n i e d r i g w i e m ö g l i c h zu halten. Ein Weg hierzu ist die Hauserweiterung in der Form von Z w i s c h e n s t a d i e n , z. B. aus einem zunächst o f f e n e n , überdachten Raum wird ein g e s c h l o s s e n e r Raum gemacht u. a. m.

Ebenso wichtig wie die Klärung des Prinzips des Wachstums ist die Klärung der K o n s t r u k t i o n für das Wachstum. Auf diesem Gebiet stehen wir noch ganz am A n f a n g

aller technischen Ueberlegungen. Vom Grundsätzlichen wissen wir heute nur so viel, daß die Konstruktion des Wachstums darauf Rücksicht zu nehmen hat, daß sie mit einem geringstmöglichen technischen Eingriff in den bestehenden Baukörper erfolgt, daß sie sehr s c h n e l l und ohne starke Inanspruchnahme von Zubereitungs- und Vorbereitungsraum, d. h. ohne Zerstörung von Gartenanlagen möglich wird, und daß sie keine überflüssige Kapitalanlage für Einbauten erfordert, die erst bei s p ä t e r e n Anbauten in Funktion treten. So wäre es z. B. eine technische Unvollkommenheit, wenn man aus konstruktiven Gründen den Heizkessel bereits für einen späteren Bedarf von 12 000 Wärmeeinheiten beschaffen und aufstellen müßte, wenn der erste Bauabschnitt nur eine Versorgung mit 6000 Wärmeeinheiten erforderlich macht. Hier wird die Industrie auch mit „wachsenden Installationen" auf den Markt kommen müssen.

Der Begriff des wachsenden Hauses wäre sicher zu eng gezogen, wenn man das Wachstum lediglich auf eine räumliche E r w e i t e r u n g , nicht aber auch auf einen räumlichen U m b a u und A u s b a u des Hauses ausdehnen würde. Gesteigerte kulturelle und zivilisatorische Bedürfnisse streben keineswegs immer nach Raumerweiterung. Sie können ebenso nach einem U m - und A u s bau des Hauses streben. Allen diesen Anforderungen konstruktiv gerecht zu werden, ist eine ungemein schwierig zu lösende Aufgabe. Mit welchem Material wollen wir dieses Umbaubedürfnis am besten befriedigen? Ohne der technischen Entwicklung vorausgreifen zu wollen, glaube ich heute bereits, daß dieses Material das H o l z oder ein h o l z ä h n l i c h e r Baustoff sein wird, und daß der Aus- und Umbau konstruktiv am leichtesten dadurch bewältigt werden kann, daß man alle Wände und Decken in eine F l e i s c h - und in eine H a u t konstruktion auflöst, wobei die Haut — etwa in der Form der Sperrholzplatte — sich allen Aus- und Umbauten zu unterwerfen hätte. Das technische Prinzip der Aufgliederung in Fleisch und Haut kennen wir aus einer jahrtausendalten Baupraxis in der Form von M a u e r und P u t z . Nur ist diese Verbindung für unsere Zeit nicht mehr s c h n e l l und s a u b e r und b i l l i g genug bewirkbar. Wir streben nach einer Konstruktion, die d y n a m i s c h e r ist und schnell und mit geringstem Betriebsaufwand „fertig"gemacht werden kann. Vielleicht werden wir beim inneren Ausbau des Hauses auch zu einer Dynamik in der i n n e r e n A u s s t a t t u n g der Räume kommen, die dem Gestaltungs- und Bastlertrieb des Bewohners einigen Spielraum läßt.

DIE GESTALTUNG

Die Gestaltung einer stets unfertigen, stets werdenden und sich immer weiter bildenden Zeit steht in einem inneren Widerspruch zu der F o r m, die immer etwas Fertiges, Abgeschlossenes und Endgültiges sein will. Jede künstlerische Gestaltung strebt zu der großen Form, die sich nicht ändern w i l l und nicht ändern k a n n. Wird es uns darum niemals gelingen, die Dynamik unserer Zeit auch k ü n s t l e r i s c h zu gestalten und auf eine Form zu bringen, die sich mit den Baustilen anderer Zeiten in Vergleich stellen läßt? Und ist es vollends unmöglich, das „wachsende Haus" auch auf die K u n s t f o r m zu bringen, die nun einmal das Ziel jeder gestalterischen Arbeit eines Architekten ist?

Hier klafft in der Tat ein Gegensatz! Ich sagte schon an anderer Stelle, daß unser Raumbedarf veränderlich ist und jede auch noch so gut gemeinte und gut geformte künstlerische Hausgestaltung eines Tages zu s p r e n g e n droht. Wir können diesen Gestaltungskonflikt wohl in allen Siedlungen beobachten, wo der Bauherr gegen den Architekten und seine fertigen und endgültig abgeschlossenen Hausformen s ü n d i g e n muß oder jedenfalls bei der Baupolizei den Antrag stellt, ihm diese Sünde auch amtlich zu v e r g e b e n und zu g e n e h m i g e n.

Oeffnet sich mit der amtlichen Genehmigung oder Verweigerung einer künstlerischen Gestaltungssünde ein Ausweg aus dem Konflikt zwischen dem dynamischen Bedarf und der statischen Formgestaltung? Wenn die Baupolizei eine Kunstsünde genehmigt, so ist sie damit immerhin noch nicht aus der Welt geschafft. Sie klagt uns im Gegenteil täglich und öffentlich von n e u e m an. Aber wie, wenn die Baupolizei die Sünde v e r s a g t? Sollte es nicht möglich sein, daß der Hausherr dann sein Haus verkauft oder dieses Haus gegen das Haus eines anderen tauscht, in dem sein Raumbedarf restlos befriedigt ist? Gewiß, das wäre eine Z w a n g s lösung des Konfliktes, ein Machtspruch gegen den künstlerischen „Zerstörungswillen" des Bauherrn. Aber mir scheint, daß mit diesem gewaltsamen Machtspruch der innere Gegensatz zwischen der künstlerischen Form und dem dynamischen Raumbedarf noch keineswegs beseitigt ist. Aber wie ihn denn s o n s t beseitigen?

Vielleicht hilft uns ein Blick in den werdenden und wachsenden Organismus der N a t u r! Sehen wir da nicht in jedem Stadium der dynamischen Gestaltung einer Pflanze zugleich auch vollendete Schönheit? Und sollte es dem Architekten nicht möglich sein, in der Natur ein V o r b i l d für formvollendete dynamische Gestaltung zu finden? Vielleicht! — Wenn das Beispiel r i c h t i g gewählt und der Vergleich r i c h t i g gestellt wäre! Aber das ist nicht der Fall!

Die Natur ist auch im W e r d e n ihrer Organe stets v o l l e n d e t. Ein Blatt ist auch im Wachsen stets dasselbe Blatt, nur unterschiedlich groß und unterschiedlich geformt, aber doch immer f e r t i g und in sich g e s c h l o s s e n. Bei unserem wachsenden Haus ist das aber keineswegs der Fall. Hier zeigt das Kernhaus im ersten Stadium der Entwicklung nur einen Wohnraum und eine kleine Arbeitsküche. Die Schlafräume und das Bad sind aber als Organe noch gar nicht da! Das räumliche N e b e n einander — wie bei der Pflanze — f e h l t hier. Das Gestaltungsproblem des wachsenden Hauses wird von einem zeitlichen H i n t e r einander beherrscht. Und wie dieses räumliche Werden in Abschnitten, in An-, Zu-, Auf- und Ausbauten auch formvollendet befriedigen?

Auf diese Frage hat der Architekt noch die Antwort zu geben. Sie ist mit Worten und kunstgeschichtlichen Hinweisen auf An- und Aufbauten wertvollster Bauwerke des Altertums, des Mittelalters und der Neuzeit nur sehr unvollkommen und sehr literarisch beantwortet. Immerhin können wir diesem ersten p o s i t i v e n Hinweis die Schlußfolgerung entnehmen, daß ein K ü n s t l e r e r s t e n R a n g e s das Formproblem des wachsenden Hauses weit eher lösen wird als ein „Schuster" auf dem Gebiet der Baukunst. Legen wir darum dieses Formproblem in die Hand eines ersten Künstlers! „Er macht sich bezahlt", würde der Amerikaner sagen, weil das wachsende Haus — als industriell hergestelltes Haus — ja eine Einzellösung für eine ganze S e r i e von Häusern bringt. Und diese Serie ermöglicht auch w i r t s c h a f t l i c h die Betrauung des besten Kopfes mit der Lösung des Formproblems.

Führer von Architekten-Verbänden scheinen diesen Wert der Industrialisierung des Kleinsthausbaues noch nicht erkannt zu haben. Haben sie sich doch seinerzeit scharf gegen mich gewandt, als ich das Problem des wachsenden Hauses mit dem Ziel seiner Industrialisierung zur öffentlichen Debatte stellte. Sie haben nicht einsehen wollen, daß diese Industrialisierung der e i n z i g e Weg ist, die Aufgabe der Gestaltung des Kleinsthauses in die Hand namhafter Künstler zu spielen und sie der unbefähigten Hand der dilettantischen Einzelbearbeitung zu entziehen.

Aber ist mit dem Hinweis auf den befähigten Künstler das Formproblem des wachsenden Hauses bereits gelöst? Sicherlich n i c h t! Und sicher ist, daß es auch in s e i n e r Hand noch ein Problem bleibt, dessen Lösung nicht allein viel Begabung, sondern auch viel A r b e i t und vieles P r o b i e r e n und E x p e r i m e n t i e r e n erfordert. Immerhin sollte es nicht unlösbar sein, wenn der Künstler sich jede Etappe des Anbaues genau überlegt und j e d e Etappe zu einer fertigen Form werden läßt. Das ist es ja, was uns die Lösung des Formproblems so erleichtert: daß der Künstler bei dem wachsenden Haus nicht mit ungewissen und unbekannten Erweiterungszuständen zu rechnen hat, sondern ganz bestimmte, vorher festgelegte N o r m a l fälle bearbeitet, in die der individuelle Bedarf sich einzufügen hat und auch einfügen kann. Ob sich der Bauherr, dem das Formproblem vielfach herzlich gleichgültig sein wird, auch in den vorbestimmten Normalfall der Erweiterung einfügen w i r d, das ist in nicht unerheblichem Maße eine rein w i r t s c h a f t l i c h e Frage, die wohl in den meisten Fällen mit einem Ja beantwortet werden kann, wenn die Hausfabrik zu dem Guten und Besten auch das anlockende w i r t s c h a f t l i c h e Gefälle schafft, das den Bauherrn dazu reizt, die gute Form schon aus Gründen der Billigkeit und der Zweckmäßigkeit zu wählen.

Das Formproblem des wachsenden Hauses vereinfacht sich aber auch dadurch, daß wir es hier mit einem P l a n u m haus zu tun haben, das nur in e i n e r Ebene wächst und für das der freie Raum des Wachstums nach mindestens drei Richtungen hin o f f e n g e halten werden sollte. Erinnern wir uns, daß die formzerstörenden Wirkungen des Wachstums im Raumbedarf in vielen Fällen daher kommen, daß dieses Wachstum, von zwei oder gar drei Seiten völlig beengt, nur durch A u f s t o c k u n g e n möglich wird.

Ich sehe auch eine gewisse Erleichterung des Formproblems darin, daß die wachsenden Häuser, die das Wohnen ja in starkem Maße „verinnerlichen", ihr Gesicht dem eigenen Garten zukehren und von Gartenmauern oder hohen Hecken umgeben sind, die ihrerseits wieder die N a t u r als Gestalterin aufrufen und dem Architekten diese oder jene Schwierigkeit des Formproblems erleichtern. Ich sage „erleichtern" und nicht abnehmen, weil dem Architekten nur die Aufgabe gestellt ist, aus einstöckigen Hausfronten, Gartenmauern und Natur ein neues, einheitliches und formvolles Straßenbild (siehe Seite 46, unten) zu formen, das von dem Bild unserer heutigen Wohnstraßen völlig verschieden sein wird. In diesen Straßenräumen sehe ich keine öden und staubigen

Fahrdämme und kiesigen „Bürgersteige" mehr. Ich sehe darin moosigen Rasen mit eingestreuten Feldblumen. Ich sehe darin bestenfalls einen Gehsteg, der den Anwohner bei nassem Wetter zu seinem Haus führt. Vielleicht finden sich in diesem Straßengang auch schmale Spursteine für einen Krankenwagen oder sonstigen Leichttransport. Der Fahrverkehr ist von diesen Wohnstraßen aber völlig abgesperrt und beginnt erst dort, wo der Bedarfszufluß eine völlig ausgebaute Verkehrsstraße rechtfertigt. Durch diesen Abschluß der Wohnstraßen von jedem „Anlieger"- und Durchgangsverkehr wird dem Künstler der neue Auftrag zuteil, G a n g straßen zu formen, die in Form und Farbe Individualitäten für sich sind und die oft so gefürchtete „Industrialisierung" zu einer fast romantisch naturhaften Kunstform machen. Der Industrieform — sofern sie überhaupt sichtbar wird — gibt die Natur ein starkes G e g e n g e w i c h t.

Aber ich glaube auch gar nicht daran, daß die Industrialisierung des wachsenden Hauses den so gefürchteten metallischen Beigeschmack haben und von einer gefühllosen Langweiligkeit sein muß. Wer das Problem der Industrialisierung im Hausbau wirklich ehrlich durchdacht hat, der weiß ganz genau, daß diese Industrialisierung sich gar nicht auf die g r o ß e n Hausformen erstreckt und die Hausform selbst zu metallischer Nacktheit erstarren läßt. So stellt sich bestenfalls der „kleine Moritz" die Industrialisierung des Wohnungsbaues vor. Wie beim Auto, so ist auch beim Planumhaus die Industrialisierung ein W e r k prozeß, der sich auf die Herstellung e i n z e l n e r Hausteile in nicht einmal übermäßiger Größe erstreckt. Die Industrialisierung des Hausbaues vermag j e d e Hausform, gleich welcher Art und Kunst, in einzelne Teile zerlegt, auf das laufende Band der fabrikmäßigen Produktion zu legen. Sie zerstört weder die Form noch die Kunst, sondern wirkt höchstens auf die Auswahl des Materials ein, das für den Hausbau verwandt wird. Ein Haus, wie das auf Seite 50 oben gezeigte, ist dem Industrialisierungsprozeß ebenso zugänglich, wie das Holzhaus des Verfassers, von dem wohl auch der größte Gegner jeder Industrialisierung nicht sagen kann, daß man hier die Maschine förmlich rieche. Hingegen erscheint mir das auf Seite 50 unten gezeigte Stahl- und Glashaus eine völlig unbegründete U e b e r betonung der industriellen Fertigung zu sein, die aus der ersten Bearbeitung der Problemstellung heraus verständlich erscheint, aber darum noch nicht r i c h t i g ist und nicht von D a u e r sein wird. Ein Blick auf die von der Arbeitsgemeinschaft entworfenen und ausgeführten Arbeiten beweist übrigens, daß die Industrialisierung der Kleinhäuser zwar neue

Anregungen für deren Gestaltung gibt, das Gestaltungsproblem selbst aber keineswegs ausschlaggebend beherrscht.

Es gibt nun jedoch eine Reihe sogenannter „moderner" Architekten, die das „biologische" Bauen erfunden haben und nun mit „wissenschaftlichem" Ernst die These vertreten, daß die Besonnung des Hauses auch seine Gestaltung im Grundriß wie im Aufriß bestimme. Zu diesen biologischen Baumeistern mit wissenschaftlicher Maske gehört auch der Petersburger Alexander Klein, der mir kürzlich in einer Fachzeitschrift den Nachweis zu erbringen versuchte, daß mein Haus furchtbar schlecht sei, weil der Fußboden in diesem Haus zu wenig von der Sonne beschienen werde. Außerdem könne er die Titel auf den Büchern in meinem Bücherschrank nicht lesen. Und all das beweist er mir mit „Tageslichtquotienten" der „internationalen Beleuchtungskommission" und mit wissenschaftlich anmutenden Berechnungen.

Was ist nun wahr und was ist nun falsch an solchen „wissenschaftlichen" Betrachtungsmethoden? Ich würde meine biologisch arbeitenden Kollegen in einige Verlegenheit bringen, wenn ich ihnen etwa Fragen wie diese vorlegen würde:

Worauf beruht der überragende sanitäre Wert eines sonnenbeschienenen Fußbodens? Warum fühlt sich der biologische Kollege nicht auch verpflichtet, sein Haus so zu konstruieren, daß auch alle Wände und Decken und nicht nur der Fußboden von dem Bakterientöter Sonne beschienen werden? Aber wie nun, wenn die Sonne sogar ein Bakterien - Erzeuger ist? Müßten wir sie für diesen Fall nicht gänzlich verhängen? Was wissen die Architekten im Grunde von der positiven und der negativen, der schöpferischen und der vernichtenden Strahlungskraft der Sonne und des Lichtes? Hat die Dunkelheit vielleicht auch eine Heilwirkung?

Oder liegt der sanitäre Wert einer Wohnung gar in dem ständigen Wechsel von Licht und Schatten, von Tag und Nacht? Und welche Quantität von Licht und welche von Dunkelheit muß dann für den Menschen gegeben sein, damit er daraus den höchsten biologischen Nutzen ziehen kann? Ist es ein Zufall, daß jeder Standort der Erde während eines Jahres zur Hälfte der Zeit im Licht und zu der anderen Hälfte im Dunkeln liegt?

Auf all diese Fragen weiß der „moderne" Architekt keine Antwort zu geben, und dennoch ist er stolz darauf, mit Lux und Luzifer zu arbeiten und sich die Maske der Wissenschaft umzuhängen!

Ich denke über die biologische Gestaltung des wachsenden Hauses etwas bescheidener und finde, daß wir Architekten (und den Medizinern geht es nicht viel besser) hierüber noch recht wenig wissen. Wohl wissen wir, daß ein Uebermaß von Licht wie ein Uebermaß von Dunkelheit nicht die biologische Grundlage ist, auf der es einem Menschen gutgehen könne. Wir lehnen darum schon gefühlsmäßig überlichtete oder überdunkelte Wohnungen als uns nicht zuträglich ab. Die finstere Kellerwohnung im Hinterhof lehnen wir als dauernde Wohnstätte genau so ab wie ein überlichtetes Gewächshaus des moderneren Stils. Wo aber ist die Norm?

Sie ist sehr schwer zu finden und noch schwerer zu begründen, zumal, wenn wir dem modernen Menschen ein Planumhaus geben, das ihn zum erweiterten Leben im Freien verleitet. Die im hellsten Tageslicht und in reinster staubfreier Luft des Gartens verbrachte Lebenszeit des Bewohners meines Planumhauses dürfte doch wohl zehnmal mehr wert sein als die sonnendurchstrahlte Staubluft eines Zimmers. Aus diesem Grunde versuche ich den Menschen auch aus dem Hause heraus in den Garten zu bringen. Aus diesem Grunde erhält er nach meinem Entwurf in dem Garten auch sein Sonnenbad, seinen Turngarten, seinen Eßgarten und seinen Arbeitsgarten. Und wenn es regnet, dann setze ich ihn in die „Funktionsräume", in die helle Arbeitsnische, in die helle Eßnische, in den hellen Ruheraum usw. Und wenn es dunkel ist, dann führe ich ihn in die Wohnnische, die bei strahlender Lampe so hell sein wird, daß auch der Herr Kollege Klein bei seiner angeborenen Kurzsichtigkeit die Titel meiner Bücher lesen kann.

Und nun noch ein Wort zu dem künstlerischen Wert dieses Wechselspiels von Hell und Dunkel.

Wer jemals ein niedersächsisches Bauernhaus betreten hat, der wird geradezu überrascht sein, wie stark ihn hier bei dem Betreten der Diele die Dunkelheit umfängt und fast völlig umschließt, und wie bald er dann wieder das raumhafte Sehen lernt und wie plastisch sich die Räume dieses Hauses vor seinen Augen zu formen beginnen. Der auf Seite 45 unten wiedergegebene Grundriß eines solchen Hauses, der licht- und vor allem wärmetechnisch dem Entwurf des Verfassers in einigen Zügen gleicht, läßt diesen Gegensatz von äußerem Licht und innerem Halbdunkel gut erkennen. Der Mensch hat auch offenbar ein physisches und seelisches Verlangen nach solchen Gegensätzen. Es ist, also ob der Bauer, der tagsüber im freien Felde arbeitet, geradezu in das Halbdunkel des Herdfeuers flüchten muß, um sich von der Lichtbestrahlung des Tages zu erholen, und als ob dieses Halbdunkel das naturnotwendige Gegengewicht zu der Ueberfülle des Tageslichtes wäre.

Dieses Ausschwingen der Empfindungen zwischen Licht und Schatten und zwischen draußen und drinnen ist auch für die künstlerische Gestaltung des wachsenden Hauses von erheblicher Bedeutung. So sehe ich das, was der Architekt A. Klein mit „angewandter" Wissenschaft an meinem Hause kritisiert, als seine Tugend an. Ich kann ihm heute auch verraten, daß mein Entwurf im ersten Stadium der Bearbeitung für den zentralen Wohnraum sogar einen ganzen Kranz hochgelegter Fenster aufwies, die das Sonnenlicht direkt und in Ueberfülle auf die Titel meiner Bücher geworfen hätte. Und dann erst fand ich, daß gerade das Planumhaus mit seinem Freiluftleben einen Raum des Gegensatzes haben müsse, und so kam ich zu dem hellen Halbdunkel meiner „guten Stube", in der sich das Auge von dem überstarken Schwingungsempfang des Lichtes erholen will. Ueber diese Anpassung der Raumgestaltung an die natürlichen Gefühlswellen der Menschen ließe sich noch sehr viel sagen. Ebenso scheint mir noch sehr wenig darüber gesagt worden zu sein, welchen Einfluß der Lichtgrad eines Raumes auf die Konzentration zu einer geistigen Arbeitsleistung hat. Diese Wertung von Raum und Licht bleibt noch von den Physikern in Gemeinschaft mit den Medizinern zu erforschen.

Das wachsende Haus wird nun aber überhaupt nicht das Werk eines einzelnen Kopfes sein, sondern aus einer Gemeinschaftsarbeit von Spezialkräften entstehen. So werden z. B. der Werkstattarchitekt mit dem Bauplatzarchitekten und dieser wieder mit dem Konstruktionsarchitekten, und dieser wieder mit dem Gestaltungsarchitekten harmonisch zusammenzuarbeiten haben, wenn eine ernsthaft zu wertende Arbeit entstehen soll. Natürlich wird auch der Verkäufer der Häuser, der den dauernden Kontakt mit den kaufenden Bauherren zu halten hat, die Wünsche dieser Kreise an die schöpferisch tätigen Ingenieure und Architekten heranzubringen haben und damit gleichfalls seinen Anteil an der Form des wachsenden Hauses nehmen.

BAULANDBESCHAFFUNG UND AUFSCHLIESSUNGSKOSTEN

A) BAULANDBESCHAFFUNG

Wenn ich mir ein Bett oder eine Uhr kaufe, dann erstatte ich dem Produzenten in dem Kaufpreis den Aufwand, den er bei der Herstellung des Bettes oder der Uhr gehabt hat. Ich gebe ihm sogar noch einen Gewinn für seinen persönlichen Arbeitsaufwand dazu. Der Kaufpreis für das Bett und für die Uhr ist dabei immer nur der Kapitalaufwand für die P r o d u k t i o n dieses Sachgutes. In der gesamten Produktionswirtschaft suche ich aber vergebens nach dem Gewerbezweig, der den B o d e n produziert. Ich kann ihn schon deshalb nicht finden, weil der Boden, auch ohne daß sich ein angeblicher Produzent meldet, d a ist und vermutlich da w a r, bevor überhaupt je ein Mensch existierte. Wenn der Boden aber gar nicht produziert zu werden braucht, warum muß ich ihn denn da doch b e z a h l e n ?

Diese Frage ist das große Geheimnis unserer Juristen, die nun einmal wollen, daß der Boden eine W a r e ist, die man k a u f e n und v e r k a u f e n kann, und die dem Besitzer unter Umständen sehr teuer zu Buch steht, obgleich weder er noch sein Vorgänger a n dem Boden und m i t dem Boden irgend etwas getan haben. Die einzig mögliche und mit unserem natürlichen Rechtsempfinden übereinstimmende Antwort auf diese Frage wird uns nur eine neue Verfassung geben, die den Boden zu einem G e m e i n s c h a f t s e i g e n t u m d e s S t a a t e s macht, von dem sich jeder auf Zeit und auf Bedarf den Boden pachten kann, ohne erst einen K a p i t a l aufwand in der Form eines Kaufpreises aufbringen zu müssen.

Dieser Kaufpreis ist nämlich für die ganze wirtschaftspolitische Idee des wachsenden Hauses ein schwer überwindbarer Gegner, und zwar aus folgendem Grunde: Ich kann alles wachsen lassen, und ich kann alle Güter vermehren, aber den Boden kann ich n i c h t vermehren. In einer verhältnismäßig engräumigen Siedlung, in der ich — wie etwa bei landwirtschaftlichen Siedlungen — eine Ausdehnungsreserve um jede Parzelle herum nicht liegen lassen kann, muß ich das Grundstück gleich in der Größe des „a u s g e wachsenen" Zustandes erwerben. Nehmen wir nun diesen Zustand für ein frei stehendes Haus in der Größe von 20×25=500 qm an, dann kommen wir bei Kaufpreisen von 4 und 5 Mark pro Quadratmeter reines Bauland auf eine Kaufsumme, die mit 2000 bis 2500 Mark bereits den gesamten Baukosten eines beschei-

denen Kernhauses entspricht. Solche Kaufsummen für den unerschlossenen Boden aufzubringen oder einzusparen bedeutet, die Kaufkraft und die Sparkraft des Volkes für einen völlig unproduktiven Zweck in Anspruch nehmen und den Siedler von dem Ziel seiner Wünsche künstlich fernhalten.

Ich bin darum der Meinung, daß es schon h e u t e Aufgabe des Staates oder der Stadt ist, den Siedlungsboden in P a c h t abzugeben, obgleich ich genau weiß, daß diese pachtweise Hergabe des Bodens w e i t e r e Staatsleistungen nach sich zieht. Unsere Juristen und Politiker haben es nämlich fertiggebracht, alle Rechtshandlungen an einem Grundstück so eng mit dem Begriff des P r i v a t eigentums am Boden zu verkoppeln, daß es schier unmöglich ist, auf gepachtetem Boden eine Hypothek zu erhalten, und so entsteht der geradezu unglaubhafte Zustand, daß der private Kapitalgeber dem in Pacht vergebenen S t a a t s boden weniger Vertrauen entgegenbringt, als dem P r i v a t boden, Er beleiht lieber Privatboden als Staatsboden.

Aus diesen und anderen Gründen, die hier zu erörtern aber zu weit führen würde, ist die billige Baulandbeschaffung für den Kleinsiedler auch so unendlich erschwert. Zwar finden sich in allen Städten Spekulanten genug, die mit der „Ware" Boden wie mit Getreide handeln, den Boden zu einem angeblich „billigen" Preise verkaufen und den angehenden Siedler dann in seinem Kampf um Straßen und Kanäle, Versorgungsleitungen und Bauerlaubnisse verhungern oder verbluten lassen. So vergrößert sich von Jahr zu Jahr das Heer der Enttäuschten, die mit beiden Beinen auf „ihrem" Boden stehen und nun erst einsehen müssen, daß das Siedeln gar kein Akt des isolierten Handelns eines einzelnen, sondern ein Akt der Gemeinschaft ist, der k o l l e k t i v e s Handeln voraussetzt.

Und so ist es in der Tat! Das Siedeln ist heute zu einer Sache der G e m e i n s c h a f t geworden und dem physischen und ökonomischen Willen des einzelnen längst entwachsen. Alles Unzureichende, alles Teure, alles Aergerliche geht letzten Endes immer wieder auf die Tatsache zurück, daß der Boden nicht Gemeinschaftsgut ist, und daß seine siedlungstechnische und siedlungsökonomische Zubereitung nicht Gemeinschaftssache ist. Ich verzichte darum auch, auf all die Siedlerschmerzen hier näher einzugehen. S i e s i n d n i c h t h e i l b a r , w e i l d a s I n t e r e s s e d e s e i n z e l n e n h i e r g e g e n d a s I nteresse der Gemeinschaft kämpft und weil in diesem persönlichen wie geschichtlichem Kampf die Gemeinschaft nach kürzerer oder längerer Zeit d o c h der Sieger sein wird. Wozu denn aber Dinge behandeln, die von g e s t e r n sind? Die Baulandbeschaffung als Gemeinschaftssache ist dann überhaupt gar kein B e s c h a f f u n g s problem mehr, sondern nur noch ein E r s c h l i e ß u n g s problem, das wir nun hier behandeln wollen.

B) BAULANDERSCHLIESSUNG

Bauland „erschließen", heißt den in eine städtische Wirtschaftssphäre hineingewachsenen landwirtschaftlichen Boden 1. an den städtischen Massenverkehr anschließen und 2. an das städtische Versorgungsnetz anschließen, d. h. den Boden mit Be- und Entwässerung, mit Gas und Strom, mit Postkabel und Feuermelder, mit Straßenbeleuchtung und Straßenbenennung u. a. m. versehen.

Schon diese V o r a u s s e t z u n g e n einer Baulanderschließung aufzählen, heißt den k o l l e k t i v e n Charakter der Baulanderschließung e r kennen und a n erkennen und zugeben, daß diese Erschließung ökonomisch nur auf der Grundlage des kollektiven Handelns möglich ist.

Sehen wir uns nun die Gesamtkosten einer solchen Baulanderschließung etwas näher an, dann müssen wir leider feststellen, daß wir diese Kosten nur sehr f l ü c h t i g und sehr u n g e n a u kennen und nur wissen, daß sie zwischen hohen und niedrigen Summen hin und her schwanken, je nach Lage und Ausstattung der Siedlung. Wollen wir uns aber einen D u r c h s c h n i t t s p r e i s für diesen großstädtischen Erschließungsaufwand vor Augen führen, dann kommen wir in Berlin sehr leicht auf eine Summe von mindestens 1000 Mark pro Kopf oder von rund 3500 Mark pro Haushalt.

Die Höhe dieser Summe mahnt uns wieder daran, die Wege des ökonomischen Handels zu beschreiten und zu untersuchen, ob nicht auch die Erschließungskosten auf das System des W a c h s t u m s und des a l l m ä h l i c h e n Einsparens der Investitionen gebracht werden können. Und gehen wir dieser Frage w e i t e r nach, so werden wir finden, daß die „wachsende" Baulanderschließung sowohl eine o r g a n i s a t o r i s c h e wie rein t e c h n i s c h e Frage ist.

Das organisatorische Problem besteht darin, daß eine Gemeinschaft von Siedlern für ein begrenztes Siedlungsgebiet der Gemeinschaft der Bürger, d. h. der Stadt gegenüber die Verpflichtung eingeht, in rechtsverbindlicher und unwiderruflicher Form die Kosten für die gesamte örtliche Erschließung des Baulandes zu übernehmen. Dieses Problem läßt sich verhältnismäßig leicht lösen,

wenn ein G e n e r a l u n t e r n e h m e r die Verpflichtungsscheine für jede einzelne Parzelle auf sich übernimmt und so lange behält, bis er die Parzelle mit der auf ihr lastenden Gesamtverpflichtung weiterverkauft. Nicht lösbar aber ist dieses Problem bei dem Boden, der bereits in einzelnen Parzellen v e r k a u f t ist und wo nun gar 1000 Besitzer unter einen einheitlichen Willen gebracht werden sollen. Hier versagt auch in den meisten Fällen das System der f r e i w i l l i g e n „Pflasterkassen", das praktisch nur sehr selten den Zusammenschluß von 75 Proz. aller Siedler erreicht. Die Pflasterkassen, die für das „wachsende Bauland" sonst zu einer sehr segensreichen Einrichtung werden k ö n n t e n , müssen erst durch den Gesetzgeber mit dem Recht einer Z w a n g s k a s s e ausgestattet werden, bevor wir von ihnen einen durchschlagenden Erfolg erwarten können.

Als t e c h n i s c h e Frage tritt uns das „wachsende Bauland" im wesentlichen nur bei dem S t r a ß e n b a u und bei einigen Leitungsnetzen entgegen. Das Wasser- und Gasrohr z. B. können dem Prinzip der wachsenden Installation wohl im H a u s e , aber nicht auf der S t r a ß e unterworfen werden. Sie müssen im endgültigen Zustand verlegt werden. Bei den Stark- und Schwachstromleitungen für Elektrizität und Telefon z. B. k a n n man überlegen, ob man nicht die billigere Hängeleitung ü b e r Boden der teureren Kabelleitung u n t e r Boden, wenigstens für das erste Jahrzehnt bevorzugen sollte. Die verhältnismäßig geringeren Mehrkosten des endgültigen Zustandes und deren große Vorteile für die Bewohner lassen aber auch diesen Gedanken in den Hintergrund treten. Was dann noch an Erschließungskosten übrigbleibt, das sind die Ausgaben für den V e r k e h r , für den S t r a ß e n b a u und für die K a n a l i s a t i o n .

Wenngleich der Siedler im allgemeinen mit besonderen e i n m a l i g e n Einrichtungskosten für den Verkehr nicht belastet wird, so muß er sich doch darüber im klaren sein, daß keine private oder öffentliche Gesellschaft ihm die Anlagekosten für den Verkehr zu seiner Siedlung s c h e n k e n wird. Er bezahlt sie vielmehr in den l a u f e n d e n Benutzungsgebühren der Verkehrsmittel, in dem V e r k e h r s t a r i f . Er muß sich weiter darüber im klaren sein, daß es keine private oder öffentliche Verkehrsgesellschaft geben wird, die ihm Verkehrsmittel zu seiner Siedlung führt, es sei denn, daß der Betrieb dieser Verkehrsmittel r e n t a b e l ist oder — daß ein p o l i t i s c h e r Druck sie dazu zwingt. Auch aus diesem Hinweis wird wieder klar, daß die Baulanderschließung auf ökonomsicher Grundlage nur ein K o l l e k t i v a k t sein kann, der die Rentabilität des jeweils zu investierenden

Kapitals zu garantieren vermag. Sofern die kollektive Voraussetzung der Verkehrserschließung gegeben ist, kann auch das Prinzip des Wachstums ohne weiteres und schon durch eine Verkürzung der Zeitspanne in der Zugfolge durchgeführt werden. Der Omnibus als Vorläufer der Straßenbahn und die Straßenbahn als Vorläufer der Schnellbahn ist gleichfalls als ein Wachstum der Verkehrserschließung zu bezeichnen.

Und wie steht es nun mit der Kanalisation und dem Straßenbau?

Für die Kanalisation ist im allgemeinen folgendes Wachstumstadium nach Kosten und Vollkommenheit gegeben:

System A. Schmutzwasserverarbeitung auf dem Grundstück zum Zweck der Düngung und Bewässerung des Bodens. Regenwasserabführung durch Versickern oder durch Vorflutgräben.

System B. Unterirdische Schmutzwasserabführung durch Kanalisation und vollständig oberirdische Regenwasserabführung durch Vorfluter.

System C. Unterirdische Schmutzwasserabführung und auch teilweise unterirdische Regenwasserabführung.

System D. Vollständige unterirdische Abführung der Regenwässer und der Schmutzwässer nach dem Trennsystem.

System E. Vollständige unterirdische Abführung der Regenwässer und der Schmutzwässer nach dem Mischsystem.

Da mir zurzeit eine Berechnung mit den gegenwärtigen abgesenkten Preisen nicht zur Verfügung steht, gebe ich nachfolgend die von Stadtbaumeister O. Simon in dem Werk: „Fünfzig Jahre Berliner Stadtentwässerung" im Jahre 1928 angegebenen Kosten wieder, die dort wie folgt angegeben werden:

Entwässerungssystem	Siedlungsdichte in der Form der Einwohnerzahl auf 1 ha	Ausbaukosten für das Leitungsnetz je		Jährlich zu zahlende Entwässerungsgebühr je Straßenfrontmeter in RM
		Straßenfrontmeter in RM	Einwohner	
A	—	—	—	—
B	100	21,11	38,00	2,84
C	100	45,55	82,00	2,84
D	100	60,00	108,00	2,84
E	100	52,20	94,00	2,84
E	730	83,30	18,35	23,02

Diese Kosten beziehen sich lediglich auf das Leitungsnetz und enthalten nicht die Kosten für etwaige Pumpwerke, Rieselfeldanlage

usw. Immerhin sind sie insofern interessant, als sie den schlüssigen Beweis des zuständigen Sachbearbeiters des Berliner Tiefbauamtes erbringen, daß die von der Tiefbaudeputation bis vor kurzem verlangten Anliegerbeiträge von 61 Mark für vollständige Schmutz- und Regenwasserkanalisation bei der Bauklasse II nicht einmal bei dem Trennsystem ganz erreicht, bei dem Mischsystem aber wesentlich unterschritten wird. An der obigen Tabelle interessant ist fernerhin die Tatsache, daß die Leitungskosten pro Straßenfrontmeter in der Bauklasse Va (5 Stockwerke und 6/10 Bebauung) mit 83,30 Mark sogar um 30 Mark höher sind als in der Bauklasse II. Ganz anders aber wird natürlich das Bild, wenn wir die Kosten auf den Kopf der Einwohner umlegen. Hier fallen die Kosten von 94 Mark auf 18,35 Mark pro Kopf, also auf den fünften Teil der Kosten des Flachbaues. Also ist der Flachbau doch unwirtschaftlich, und also müssen wir zum Hochbau zurückkehren? Auf diese Frage gibt es nur eine Antwort: Unser räumlicher Lebensstandard hat sich nicht nach der Kanalisation zu richten, sondern die Kanalisation hat sich unserem räumlichen Lebensstandard anzupassen.

Wir wissen nun auch ohne jede Beweisführung, daß die Villa pro Kopf teurer ist als die Mietskaserne. Was wir aber noch nicht wissen, das ist die Frage, inwieweit die Herren Kollegen vom Tiefbau sich das Leben zu bequem machen und der Frage der Verbilligung der Aufschließungskosten passiven Widerstand entgegensetzen. Wenn ich z. B. bei einer sehr weiträumig im Jahre 1925 gebauten Siedlung feststelle, daß die Ausführungskosten in der Regiearbeit des Bauherrn für Wasser, Gas, Elektrizität und Entwässerung nur 57 Mark pro lfd. Meter Grundstücksfront betragen haben, wo die zuständigen Werke bei eigener Ausführung 81 Mark verlangt hätten, dann muß man doch auf den Gedanken kommen, daß die Aufschließungskosten noch wesentlich gesenkt werden können. Und wenn man weiter feststellt, daß ein laufendes Meter Entwässerung (Schmutz- und Regenwasser), das die Tiefbaudeputation für eine Flachbausiedlung mit 61 Mark zu berechnen pflegte, tatsächlich aber nicht mehr als etwa 22 Mark kostet, dann sieht man deutlich, daß man hier in eine grundlegende Nachprüfung aller Positionen hineinsteigen muß, um eine Verbilligung des Bauens zu erzielen. Für alle diese Anlagen besteht die Notwendigkeit und die Möglichkeit einer Verbilligung genau so wie für den Hochbau. Auch hier gilt es, die Produktionskosten in allen ihren Unterteilungen nachzuprüfen. Der Materialaufwand

33

für eine Tonrohrleitung von 240 mm Durch-messer ist mit fast 7 Mark übersetzt und noch wesentlich senkbar. Das gleiche gilt für die Verlegungskosten und für die Geschäfts-unkosten. Eine Rationalisierung der Arbeit auf dem Gebiet der Kanalisation kann nicht ohne Erfolge bleiben.

Eine andere Frage ist es, wieweit man an den absoluten Anlagekosten dadurch sparen kann, daß man nicht das fertige Misch-system ausbaut, sondern ein Trenn system wählt und auch dieses noch differenziert. In den weiträumigen Siedlungen braucht man das Regenwasser, für das allein die größeren Rohrquerschnitte (wegen der Sturzregen) er-forderlich sind, nur für die Dachflächen und für die Straßen abzuleiten. Ich bin nun der Meinung, daß ein geschickter Städtebauer durch die Ausnutzung der Höhenlagen der Terrains die oberirdische Ableitung des Regen-wassers ohne Rohrleitung ermöglichen kann und daß überall dort, wo das nicht möglich sein sollte, die Besiedlung des Bodens mit Flachbauten erst in zweiter und dritter Linie in Erwägung gezogen werden sollte. Diese Differenzierung der Entwässerung spart Anlagekosten, auf die es in der Flachbau-siedlung entscheidend ankommt.

Für den Straßenbau gilt der Grundsatz der Differenzierung von Bedarf und Deckung in noch weit größerem Maße, weil hier ähn-lich hohe und zum Teil noch weit höhere Beträge als bei der Kanalisation in Frage stehen. Sehen wir uns heute unseren Straßen-bau ganz objektiv und sachlich an, dann muß man — cum grano salis — feststellen, daß die Anlagekosten unserer Straßen in keinem entsprechenden Verhältnis zu ihrer Bean-spruchung stehen. Dieses Mißverhältnis wird in den Wohnstraßen einer Flachbau-siedlung bis zur Karrikatur gesteigert. Würden wir z. B. die durch eine Wohnstraße gehende oder fahrende Tonnenlast zu den Anlagekosten in Beziehung setzen und beides mit den gleichen Ziffern der teuersten Verkehrsstraße vergleichen, dann würde sich ergeben, daß die einfache Wohnstraße einer Flachbausiedlung zwanzig- bis fünfzigmal

teurer ist als unsere teuerste Verkehrs-straße. Und warum dieses Mißverhältnis? Weil wir noch nicht gelernt haben, den Ausbau der Verkehrswege zu differenzieren und auf die nach außen hin immer dünner und dünner werdende tatsächliche Bean-spruchung der Straße einzustellen.

Und wie können wir dieses Verhältnis von Bedarf und Deckung richtig stellen? Sehr ein-fach dadurch, daß wir den Typ einer Gang-straße als die unterste und einfachste Stufe einer Straße in den Städtebau neu einführen. Eine Gangstraße ist eine Straße, die normaler-weise für jeden Fuhrwerksverkehr ge-sperrt ist. Für den Fahrverkehr geöffnet wird sie nur in wenigen Ausnahmefällen, und zwar für den Krankenwagen oder die Feuer-wehr oder für einen Umzug, sofern sich dieser auf leichten Wagen vollzieht. Für schweren Fuhrwerksverkehr (Feuerwehr ausgenommen) ist die Gangstraße grundsätzlich ge-sperrt. Die schweren Müllwagen können bei größeren Siedlungen sehr wohl durch leichtere Wagen ersetzt werden oder aber Zufahrts transportmittel zwischen dem Wohnhaus und der nächsten Verkehrsstraße in Anspruch nehmen. Der „Anliegerverkehr" in der Form der Personenkraftwagen und Liefer-wagen wird gleichfalls 100 m vor dem Haus-eingang haltmachen können, und die Garagen für die eigenen Personenwagen werden — wie auf Seite 148 dargestellt — schon aus Grün-den der erforderlichen Wohnstille in einer solchen Siedlung gleichfalls an die nächste Verkehrsstraße verwiesen werden können. So entsteht dann ein neuer Straßen-typ, dessen Anlagekosten auf ein Mindestmaß herabgesenkt und auf eine ebenso herabge-senkte Verkehrsbenutzung abgestimmt sind. Mit der Einführung dieses Gangstraßentyps kappen wir etwa 30 Proz. aller Straßenbau-kosten eines neu zu erschließenden Siedlungs-gebietes. Der Verkehr wird kurz vor der Wohnung dann in den eigentlichen Zufahrts-und Verkehrsstraßen zurückgestaut, wo er sich bei besserem Straßenausbau auch besser und breiter ausleben kann und die An-wohner nicht stört.

DAS WACHSENDE HAUS IM STÄDTEBAU

Die ganze Idee des wachsenden Hauses hat auch ihre städtebaulichen Rückwirkungen, die einer kurzen Betrachtung unterzogen werden müssen.

Zunächst muß man wünschen, daß für das wachsende Haus eine besondere Bauklasse und eine besondere Bauzone festgelegt wird (ähnlich der unserer heutigen Wohnlaubengebiete), die dieser Idee auch die materielle Sicherung dafür gibt, daß sie während der Durchführung nicht wieder vernichtet wird. Schon in dem Abschnitt über die Baulandbeschaffung wies ich darauf hin, daß das Siedeln aufgehört hat, ein Akt des isolierten und individuellen Handelns zu sein und zu einer Sache der Gemeinschaft geworden ist, die auch die Gemeinschaft zu schützen hat. So bedarf auch die besondere Bauzone des wachsenden Hauses des Schutzes der Gemeinschaft. Sie muß den Hausbesitzer durch eine Verordnung davor schützen, daß nicht Stockwerkshäuser in die Zone der Planumhäuser einbrechen und nun deren Gartenruhe und Abgeschlossenheit für das Auge wieder zerstören.

Man wird mich nun fragen, warum die Planumhäuser gerade auf Wohnstille, Gartenruhe und Abgeschlossenheit für das Nachbarauge eingestellt werden sollen? Diese Forderung ist eine Zeitforderung, die als naturnotwendige Folge aus einem verstärkten Gemeinschaftsleben im Beruf und im öffentlichen und geselligen Leben herauswächst. Der Mensch verträgt immer nur ein bestimmtes Maß von Bewegtheit und Tempo, von Lärm und Lautsein, von wechselnden Bildern und bildhaften Eindrücken, von aktiven und passiven Diskussionen usw. Und dann kommt ganz elementar das Verlangen nach dem Gegengewicht, dem Ausgleich, dem Alleinsein, nach Ruhe und Erholung von all dem freundschaftlichen und fremden Menschentum. Der Mensch flüchtet in sein Schneckenhaus und schließt sich ab von den fremd-menschlichen Schwingungen, die auf ihn einstürmten. Er braucht diese Ruhe in sich selbst und zu sich selbst für die Erholung seiner Nerven ebenso wie seinen Schlaf. Und diesen Schutz werden wir ihm geben müssen. Er darf ihn aber nicht nur für die Abgeschlossenheit seiner Wohnung, sondern auch für seinen Garten verlangen, der ja, wie wir schon sagten, nichts anderes als der natürliche Auslauf des Hauses und als naturnotwendige Erweiterung des häuslichen Lebensraumes zu werten ist.

Aus diesen Gründen muß der einzelne den Schutz der Gemeinschaft haben.

Ich deutete auch schon an, daß es in Rücksicht auf die Finanzierung der Gemeinschaftseinrichtungen, wie Straßen, Leitungen, Kanäle usw., nicht mehr möglich ist, das Bauen dem guten oder dem schlechten Willen des einzelnen Bauherrn zu überlassen. Die städtebauliche Entwicklung drängt dahin, daß aus ökonomischen wie aus künstlerischen Gründen die Stadterweiterung, d. h. das Wachsen der Städte, in größeren rentablen Einheiten vor sich geht. So wie im mittelalterlichen Städtebau durch ein Vorverlegen der Festungsmauern ein ganzer Stadtteil einheitlich bebaut wurde, so muß der planwirtschaftliche Städtebau von heute und morgen darauf bedacht sein, das wilde Siedeln zu unterbinden, und er muß darauf achten, daß nicht jeder Bauherr dort und dann baut, wo der Gemeinschaft ein Schaden entsteht. Je aufwendiger ein Siedlungssystem ist — und ein Planumhausgebiet ist relativ aufwendiger als ein Stockwerkshausgebiet —, um so mehr entsteht der absolute Zwang zur Oekonomie im Städtebau. Ich möchte noch weitergehen und sagen, daß das wilde, zerstreute und räumlich und zeitlich verzettelte Siedeln der Vergangenheit selbst Schuld daran ist, daß man dem Siedeln soviel Verbote entgegenstellte und dem engräumigen Stockwerksbau den Vorrang gab. Die Gemeinschaft ist in der Tat nicht dazu da, die unwirtschaftlichen Leerläufe des Siedelns zu bezahlen. Der Siedler hat darum auch kein Recht, für sich isoliert den Anspruch auf Verkehr, auf Versorgungsleitungen, auf Straßenbeleuchtung, auf Postbedienung usw. zu erheben, wenn alle diese Einrichtungen privatwirtschaftlich wie volkswirtschaftlich nur für fertig ausgebaute Bauzonen rentabel gemacht werden können. Die Idee des wachsenden Hauses setzt aus allen diesen Gründen eine Stadterweiterung unter einheitlicher ökonomischer wie technischer Hand voraus.

Die Idee des wachsenden Hauses, die vom Existenzminimum an Wohnraum ausgeht, aber bereits bei der Abgrenzung der Parzelle ein gewisses Existenzmaximum ins Auge fassen muß, greift zeitlichen Entwicklungen voraus und wird schon dadurch eine Reihe wirtschaftspolitischer Gegner auf den Plan rufen. Diesen Gegnern möchte ich aber erwidern, daß das Maximum des Raumbedarfs sich doch nur auf ein Gut bezieht, was schon d a ist, nämlich auf die Mutter Erde, die „der liebe Gott" a l l e n Kindern der Erde geschenkt hat, und ich sage ihnen weiter, daß mit der sofortigen Absteckung dieses Raumbedarfs ja erst die große praktische wie psychologische V o r a u s s e t z u n g für alles weitere Zwecksparen und für die große Kapitalbildung im Volke geschaffen wird. Die Vorwegnahme der Erweiterung bei dem B o d e n ist k e i n e unwirtschaftliche städtebauliche Handlung, jedenfalls nicht vergleichbar mit dem, was wir heute bei dem wilden Siedeln beobachten können.

Der Städtebauer, der sich einmal der Mühe unterziehen würde, die Unwirtschaftlichkeit des heutigen Siedlungssystems auf Mark und Pfennig auszurechnen, der würde geradezu e r s c h r e c k e n d e Zahlen und Tatsachen zutage fördern. Wir brauchen uns z. B. nur vor Augen zu halten, daß uns die Vorortstationen unserer Stadtbahn in Berlin einen jährlichen Betriebszuschuß von mehr als 25 Millionen Mark kosten, daß bei der Berliner Verkehrs-A.-G. im ersten Halbjahr 1930 von 93 Straßenbahnlinien 45 als Zuschußlinien und von 42 Omnibuslinien 18 als Zuschußlinien liefen, und daß der größte Teil dieser Zuschüsse natürlich auf den E n d strecken des zersplitterten Siedlungsgebietes entsteht. Würden wir die Rentabilität aller anderen Netze der Transportanstalten, wie das Kanalisationsnetz, das Netz für Strom- und Gaslieferung, das Kabelnetz der Post usw. auf die gleiche Rentabilität hin prüfen, dann dürfte das wirtschaftliche Fiasko des heutigen chaotischen Siedlungssystems noch d e u t l i c h e r zutage treten.

Wachsende Häuser setzen p l a n w i r t s c h a f t l i c h aber nicht c h a o t i s c h wachsende Städte voraus. Dieser Satz gilt auch für den w i r t s c h a f t s p o l i t i s c h e n Teil des wachsenden Hauses. Was hätte es für einen Sinn, einen Wohntyp zu entwickeln, der ganz darauf eingestellt ist, ein erhöhtes Quantum von Freizeit im eigenen Hause zu verbrauchen, wenn die Organisation der Erwerbswirtschaft dem einzelnen Erwerbstätigen dieses erhöhte Quantum von Freizeit v e r s a g t ? Die engräumige Mietkaserne unmittelbar neben der Fabrik ist das passende Siedlungssystem für den 15-Stunden-Tag, der die Freizeit lediglich in S c h l a f umwandelte. Das wachsende Haus indessen ist der Wohntyp für den 5-Stunden-Tag und insofern heute noch für die vielen ein frommer W u n s c h und eine H o f f n u n g. Wer aber — wie der Verfasser — nicht daran zweifelt, daß die Entwicklung der Wirtschaft zur Gemeinwirtschaft (trotz aller gegenteiligen Krisenerscheinungen) u n a u f h a l t s a m F o r t s c h r i t t e machen wird, der muß auch dem wachsenden Hause bereits heute vorsorglich einen S t a n d o r t zuweisen.

Einen Standort w o ? Bei dieser Frage allerdings beginnt auch für mich als Städtebauer das große S c h w e i g e n ! Ich weiß es nicht! Ich weiß nicht, w o nach dem großen wirtschaftlichen Erdbeben, das alle unsere städtischen wie ländlichen Siedlungen erfaßt hat, die d a u e r n d e n Arbeitsplätze sein werden. Ich weiß nur, daß die W a n d e r u n g der Arbeitsplätze hinter dem dichten und schier undurchdringbaren Schleier der geheimen und privaten Wirtschaft mit aller Kraft b e g o n n e n hat. Ich weiß aber nicht, bei welcher neuen örtlichen Verteilung dieser Plätze sie e n d e n wird. Die Städte und Siedlungen sind in bezug auf die Rentabilität der Arbeitsplätze ins W a n d e r n geraten, und dieses Wandern werden wir zunächst sehr aufmerksam zu e r f o r s c h e n haben, bevor wir neuen Wohnraum in großem Stil und auf weite Sicht hin aufbauen. Der Arbeitsplatz ist auch im Städtebau das P r i m ä r e und der Wohnplatz das S e k u n d ä r e, wenn beides nicht in einem vereinigt ist.

DIE FINANZIERUNG UND BELEIHUNG DES WACHSENDEN HAUSES

Bevor wir dieses wirtschaftliche K e r n -
s t ü c k des ganzen Problems erörtern, müssen
wir uns zur besseren Unterstützung unserer
Betrachtungen einige Zahlen vor Augen führen, die keine absoluten Werte darstellen,
sondern uns nur die G r ö ß e n o r d n u n g
des jeweiligen Objektes im u n g e f ä h r e n
Maßstab vor Augen führen sollen.

A. Das Kernhaus mit 25 qm Wohnfläche.

1. Grundstück = 20×25 m = 500 qm
   je 3 Mark . . . .   1 500 Mark
2. Aufschließungskosten pro lfd. Meter
   Straßenfront je 70 Mark . . . .   1 400 „
3. Hausanschlüsse . . . .   600 „
4. Baukosten des Hauses . . . . .   2 500 „
5. Nebenkosten für Gebühren, Geld-
   beschaffung usw. . . . . . .   500 „

                    Sa.   6 500 Mark

B. Das ausgewachsene Haus mit 80 qm Wohnfläche.

1. Grundstück = 20×25 m = 500 qm
   je 3 Mark . . . .   1 500 Mark
2. Aufschließungskosten pro lfd. Meter
   Straßenfront je 100 Mark . . . .   2 000 „
3. Hausanschlüsse . . . .   700 „
4. Baukosten des Hauses . . . .   10 300 „
5. Nebenkosten . . . .   1 000 „

                    Sa.   15 500 Mark

Wenn wir nun das „wachsende Haus" dem
Verbraucher zuführen wollen, dann müssen
wir zunächst drei grundsätzliche Feststellungen
machen, und zwar:

1. An welche Kaufkraft welcher Bevölke-
   rungsschicht soll das „wachsende Haus"
   verkauft werden?
2. Welche Einkommensquote kann als Gegenleistung für die Nutzung des Hauses gerechterweise hergegeben werden?
3. Zu welch einem „Preise", d. h. An-
   schaffungs- und Nutzungspreis kann das
   wachsende Haus auf den Markt gebracht
   werden?

Beantworten wir zunächst die Frage zu 1:

Hier werden wir unter Einschaltung des
gesunden Menschenverstandes uns sofort sagen
müssen, daß das wachsende Haus, als M a s -
s e n p r o b l e m und M a s s e n f a b r i k a -
t i o n , für die abgesunkene Kaufkraft der
gegenwärtigen Weltwirtschaftskrise n i c h t
in Betracht gezogen werden kann. Wenn —
um nur einige Krisenzahlen zu nennen —
im Februar 1932 von 100 möglichen Arbeitsstunden in den Produktionsgüterindustrien
nur noch 27,4 und in den Verbrauchsgüter-
industrien nur noch 43,5 Stunden gearbeitet
wurde, dann wundert es uns auch nicht zu
hören, daß das d u r c h s c h n i t t l i c h e
Wocheneinkommen der Industriearbeiterschaft
heute nur noch 55 Proz. des Vorkrisen-

Einkommens beträgt. Und welche a b s o -
l u t e Höhe hat es g e h a b t und hat es
h e u t e ? Ich will nachfolgend das höchste
durchschnittliche Wocheneinkommen einiger
Arbeiterkategorien dem durchschnittlichen
Einkommen vom Januar 1932 gegenüber-
stellen:

Berufsstand	Durchschnittliches Wocheneinkommen	
	höchstes in RM	geringstes (Januar 1932) in RM
Metallarbeiter	43,85 (1928)	20,05
Chemiearbeiter	42,40 (1929)	22,65
Textilarbeiter	25,50 (1928)	16,15
Buchdruckereiarbeiter .	49,30 (1929)	27,75
Bauarbeiter	51,25 (1928)	13,85

Wenn z. B. bei den Bauarbeitern dank einer
geradezu phantastischen Arbeitslosigkeit und
unzureichender Unterstützungen das durchschnittliche Wocheneinkommen von 51,25 Mark
im Jahre 1928 auf 13,85 Mark im Januar 1932
gesunken ist, dann wird jeder Einsichtige zugeben, daß auf der Grundlage der g e g e n -
w ä r t i g e n Kaufkraft des arbeitenden
Volkes k e i n e Produktionskalkulationen für
die Zukunft aufgestellt werden können.

Da wir aber einen Maßstab für eine solche
Kalkulation haben m ü s s e n , wollen wir im
Vertrauen auf eine erfolgreiche Ueberwin-
nung der gegenwärtigen Krise und unter Einrech-
nung von Nebeneinkommen a n d e r e r Haus-
haltsmitglieder für die folgende Berechnung
ein Wocheneinkommen von etwa 70 Mark oder
von rund 3650 Mark pro Jahr annehmen.

Welche Einkommensquote können wir als
Gegenleistung für die N u t z u n g des Hauses
gerechterweise in Ansatz bringen?

Das Institut für Konjunkturforschung hat
den Aufwand für die Wohnungsnutzung in
Deutschland für das Jahr 1931 auf 8,3 Milliarden Mark angegeben. Das wären bei einem
geschätzten Volkseinkommen von etwa 55 Milliarden Mark für das gleiche Jahr der 6,6 Teil
oder 15 Proz. des Volkseinkommens. Dieser
D u r c h s c h n i t t s satz ist aber für die städtische, in modernen Neuwohnungen unter-
brachte Bevölkerung zu n i e d r i g und dürfte
auf etwa 20 Proz. zu erhöhen sein. Legen wir
diese Einkommensquote als Gegenleistung für
die Nutzung einer Wohnung zugrunde, dann
dürften wir von dem Gesamteinkommen von

3650 Mark etwa 730 Mark pro Jahr für den Wohnungsaufwand in Anspruch nehmen.

Und nun zu dem d r i t t e n Punkt: Zu welchem „Preise" kann das wachsende Haus auf den Markt gebracht werden?

Bei der Beantwortung dieser Frage müssen wir nun wieder eine Reihe von Unterscheidungen vornehmen und die Berechnung sowohl für das Kernhaus, das wir zu dem Existenz m i n i m u m an Wohnraum bestimmt haben, wie für das ausgewachsene Haus aufstellen. Fernerhin werden wir zu unterscheiden haben zwischen den K a p i t a l kosten des Hauses, d. h. zwischen den Kosten, die durch etwaige Verzinsung und Tilgung des Anlagekapitals entstehen, und zwischen den laufenden B e w i r t s c h a f t u n g s kosten des Hauses. Gehen wir von der Voraussetzung aus, daß die oben angegebenen Anlagekosten des Hauses unverändert bleiben werden, und daß eine kommende Baukosten v e r b i l l i g u n g durch eine bessere A u s s t a t t u n g des Hauses ausgeglichen wird, dann stellt sich unsere Berechnung für das Kernhaus etwa so:

A) KERNHAUS

Als Wohnaufwand stehen pro Jahr zur Verfügung	730 Mark
Hiervon gehen ab die laufenden Bewirtschaftungskosten, die wir auf 10 M./qm Wohnfläche einschl. Heizung, d. h. bei 25 qm Wohnfläche, schätzen auf . .	250 „
Für die Verzinsung und Tilgung des Anlagekapitals oder für die Einsparung w e i t e r e r Hausteile ständen dann noch jährlich zur Verfügung	480 „

Wie lassen sich nun diese 480 Mark aufteilen?

Will man die Idee des wachsenden Hauses zum Durchbruch bringen, dann muß man sich zunächst auf den Standpunkt stellen, daß dem Erwerber eines solchen Hauses die Möglichkeit gegeben wird, sich w e i t e r e Hausteile aus dem l a u f e n d e n Einkommen einsparen zu können, ohne daß er sich uferlos zu verschulden braucht. Das Kapital, das ihm zum Ausbau des ganzen Hauses noch fehlt, beläuft sich auf 15 500—6500=9000 Mark. Nimmt man an, daß mindestens ein Drittel dieses Kapitals, d h. also 3000 Mark, in einer den Sparwillen nicht erlahmenden Zeit von 10 Jahren eingespart werden soll, dann müssen von den oben als verfügbar bezeichneten 480 Mark zunächst einmal jährlich 300 Mark als Sparleistung für eine Bausparkasse in Abzug gebracht werden. Für die Verzinsung und Tilgung des Kernhauses bleiben dann nur noch jährlich 180 Mark übrig. Dieser Betrag würde aber nur hinreichen, um eine 2,77 prozentige Verzinsung und Tilgung des Anlagekapitals von 6500 Mark zu decken. Da für einen solchen Satz Kapital nicht zu haben sein wird, müssen wir die Finanzierung des Kernhauses doch auf eine ganz a n d e r e Grundlage stellen.

Zunächst möchte ich an die oben aufgestellte Forderung erinnern, daß der Boden von dem „lieben Gott" geschaffen wurde, keine Produktionskosten verursacht hat und darum überhaupt nicht bezahlt zu werden braucht. Die Beschaffungskosten des Bodens fallen demnach mit dem kalkulierten Preis von 1500 Mark dem S t a a t oder der S t a d t zu, so daß dann nur noch ein Kapitalaufwand von 5000 Mark für die Baukosten, Aufschließungskosten, Hausanschlüsse und Nebenkosten zu decken bleibt.

Von diesen 5000 Mark sollten 2500 Mark in einem sozial regierten Staat als Existenzminimum aus allgemeinen S t e u e r m i t t e l n aufgebracht und dem Bauherrn als v e r l o r e n e r Bauaufwand gewährt werden. (Wie das seit 1920 mit weit g r ö ß e r e n Mitteln pro Wohnung dem Effekt nach stets durchgeführt wurde.) Es blieben dann nur noch die 2500 Mark zu decken, die der Bauherr entweder bereits eingespart haben muß, oder die er z u m T e i l bereits eingespart hat und zum a n d e r e n Teil als verzinsbares Tilgungsdarlehn aufnimmt. Nehmen wir nun an, daß er 1000 Mark bereits eingespart hat und 1500 Mark als Darlehn von seiner Bausparkasse zu 4 Proz. und 3 Proz. Tilgung erhält, dann stellt sich die Leistung des Bauherrn, in eine übersichtliche Form gebracht, etwa so dar:

1. Laufende Bewirtschaftungskosten des Kernhauses	250 Mark
2. Laufende Einsparung für die Hauserweiterung	300 „
3. Laufende Zins- und Tilgungsquote von 7% für 1500 Mark	105 „
4. Zusätzliche Einsparung und spätere Zinsquote für Leihkapital der Hauserweiterung	75 „
	Sa. 730 Mark

Unter diesen Voraussetzungen würde also bei einem verfügbaren Wohnaufwand von 730 Mark pro Jahr die Finanzierung des Kernhauses g e s i c h e r t sein. Schwieriger werden dann die Verhältnisse bei dem fertig ausgebauten Haus.

B) DAS AUSGEWACHSENE HAUS

Für das ausgewachsene Haus war — wie oben erwähnt — ein zusätzliches Kapital von 9000 Mark aufzubringen, von dem 3000 Mark in zehn Jahresraten zu je 300 Mark eingespart werden sollte. Der Restbetrag von 6000 Mark wäre dann gleichfalls als verzinsliches Tilgungsdarlehn aufzunehmen. Die laufenden Kosten dieses Darlehns würden aber allein 420 Mark im Jahre ausmachen. Hierzu kämen dann aber auch noch die von 25 qm auf 80 qm Wohnfläche erhöhten Bewirtschaftungskosten, die allein ein Mehr von etwa 350 Mark ausmachen. Wie sollte dieser

Mehrbetrag von 770 Mark aus einem Gesamtwohnaufwand von 730 Mark gedeckt werden? Man sieht schon aus diesem Hinweis, daß das wachsende Haus im Endzustand auch ein wachsendes Einkommen voraussetzt. Und warum sollte man mit einem solchen wachsenden Einkommen nicht rechnen dürfen?

Die fehlerhafte und überlebte Organisation unserer gegenwärtigen Wirtschaft ist kein Gegenbeweis dafür, daß das Volkseinkommen in Deutschland, das von 45,7 Milliarden Mark im Jahre 1913 auf 76,1 Milliarden Mark als Höchststand im Jahre 1929 gestiegen ist (und dann stark fiel), nicht auch in der Zukunft eine weiter aufsteigende Tendenz aufweisen wird. Jedenfalls ist kein einziger triftiger Grund gegeben, der das Gegenteil beweisen könnte. Bei einem Bauvorhaben, das einen Zeitaufwand von 10 Jahren umschließt, darf man wohl auch mit einer mindestens 20prozentigen Steigerung des Einkommens und damit auch einer Steigerung des Wohnaufwandes von 730 Mark auf 880 Mark rechnen. Hinzu kommt aber noch, daß mit dem wachsenden Haus auch das oben bereits herangezogene Nebeneinkommen mitverdienender Glieder der Familie weiter wachsen wird, das für die Abdeckung des Wohnbedarfs anteilweise gleichfalls in Anspruch genommen werden kann. Man geht also wohl nicht fehl, wenn man den verfügbaren Gesamtwohnaufwand nach dem Ablauf von 10 Jahren auf etwa 1000 Mark veranschlagt.

Und wie sieht dann für diesen Fall die jährliche Leistung des Bauherrn aus?

1. Laufende Bewirtschaftungskosten des Vollhauses . . . . 600 Mark
2. Laufende Kosten für eine auf etwa 950 Mark abgeschriebene Tilgungshypothek des Kernhauses zu 7% . 67 „
3. Laufende Kosten für eine auf etwa 5000 Mark abgeschriebene Tilgungshypothek der Hauserweiterung zu etwa 7% . . . . 350 „

Sa. 1017 Mark
oder rd. 1000 „

Unter diesen Voraussetzungen wäre demnach auch die Finanzierung des Vollhauses gesichert. Und schließen diese Voraussetzungen nun ein so unüberbrückbares Risiko ein?

Das Risiko des Geldgebers wie des Geldnehmers ist beim wachsenden Haus sogar denkbar gering, weil die Finanzierung des ausgewachsenen Hauses nicht in ihrer Totalität, sondern nur in Teilabschnitten erforderlich wird, zwischen denen Jahre, Entwicklungen, Erfahrungen und sorgfältigste Prüfungen der eigenen Leistungsfähigkeit liegen. Der Bauherr hat es mit kleinsten Hauserweiterungen in der Hand, das jeweilige Wachstum seines Hauses auch seinem jeweiligen Einkommensstatus anzupassen, und der Geldgeber hat es in der Hand, das jeweilige Risiko seines Darlehns den allgemeinen wirtschaftlichen Verhältnissen entsprechend zu begrenzen und ganz dynamisch zu gestalten. Eine für beide Teile günstigere Finanzierungsgrundlage läßt sich überhaupt nicht schaffen.

Nachdem die Finanzierung des wachsenden Hauses auf der oben entwickelten Grundlage als möglich und gangbar angesehen werden kann, bleibt uns nun noch übrig, die Organisation der Durchführung der Bauten kurz zu besprechen.

Voraussetzung für die einheitliche Durchführung ganzer Siedlungen mit wachsenden Häusern sind drei Organisationskörper, und zwar:

1. der wirtschaftspolitische Träger des Unternehmens, der das Gelände kauft, aufschließt, die Baupläne beschafft, die Bauarbeiten vergibt, überwacht und abrechnet, Gemeinschaftseinrichtungen der Siedlung unterhält oder verpachtet und solange auch Eigentümer der Heimstätten bleibt, bis das Eigentum gefahrlos und verlustlos für die Gemeinschaft auf den Einzelkäufer übergehen kann.

Der wirtschaftspolitische Träger des Unternehmens sollte zwar in maßgebender Form vom Staat oder von der Stadt abhängig sein oder von beiden kontrolliert werden, aber für sich kein Monopol besitzen, um nicht in einer bestimmten Form des Handelns zu erstarren. Er sollte vielmehr in geistigem und wirtschaftlichem Wettbewerb mit anderen Trägern gleichen Charakters stehen, jedoch so, daß aus diesem Wettstreit keine Leerläufe und keine Verteuerungen der Arbeit entstehen.

2. Die Bausparkasse, die als Institut des öffentlichen Rechtes das Vertrauen aller Kleinsparer besitzt, den Heimstätten das erforderliche Leihkapital hergibt und von den Heimstättenbesitzern die laufenden Bausparbeträge einzieht. Die Bausparkasse kann zwangsläufig auch zu dem Bankinstitut der Siedlung gemacht werden, jedoch mit der Maßgabe, daß sie lediglich Depositenkasse für durchlaufende Gelder sein darf, und daß ihr Ausleihungen auf anderer als auf der Grundlage von staatlich genehmigten Bausparverträgen verboten werden.

3. Das Generalbauunternehmen, das sich in großzügiger Form auf die Produktion wachsender Häuser einstellt und mit dem Einsatz bester Kräfte daran arbeitet, die Baukosten der Häuser auf ein Minimum herabzusetzen.

NACHWORT

Wer die Sommerschau des Messeamtes mit offenem A u g e und offenem H e r z e n durch-wandert, der wird es dem Verfasser gerne be-stätigen, daß auf dieser Ausstellung das pionierhafte Vorstürmen eines n e u e n L e b e n s g e i s t e s sichtbar und fühlbar wird. Beste Kräfte des Volkes wandern aus in das Vorland einer neuen Welt, von der sie nichts anderes zu verlangen scheinen als S o n n e, L u f t und L e b e n s raum. Der Großstadt müde und überdrüssig, entwurzelt und enttäuscht suchen sie sich einen neuen und natürlicheren Lebensstil. Der heilige Geist der Mutter Erde und der Natur hat sie gepackt. Nicht erst seit heute, sondern seit Jahrzehnten!

Die Krankheiten am Volkskörper melden ihre Heilungsansprüche schon frühzeitig an. Als die Stadtentwicklung nach den 70er Jahren nur einen Weg zu kennen schien, den Weg der Bodenspekulation, der Mietkaserne und des gepflasterten Hinterhofes, da entstanden auch schon die Ansprüche der großstädtischen Kleingärtner auf einen erweiterten und natür-licheren Lebensraum. Diesen Auswanderern aus den Steinhöhlen der Städte folgten die Sportler, die Wandervögel, die Zelter und die Siedler. Und so entstand jene große „natür-liche" Freiheitsbewegung, die das Gesicht dem Lande zuwandte und der Stadt den Rücken kehrte.

Es wäre aber ein großer Irrtum zu glauben, daß diese natürliche Freiheitsbewegung ihre tiefsten Wurzeln nur im G e i s t i g e n oder nur im B i o l o g i s c h e n hätte. Diese beiden Triebkräfte sind gewiß sehr starke Erreger und Rüttler an den Fesseln der Großstadt. Aber die Fesseln der Großstadt mit ihren s o - z i a l e n und w i r t s c h a f t l i c h e n Bin-dungen waren größer und stärker als alles Streben nach einem gesunden Geiste in einem gesunden Körper. Die Großstadt ließ die Städter nicht von sich ziehen.

Nun aber geschah es, daß die Fesseln d o c h sprangen! Die Großstadt hatte gegen die Natur gesündigt, gesündigt gegen natürliches Denken, Fühlen und Handeln und mußte darum auch w i r t s c h a f t l i c h schwach werden und ihre starken magnetischen Kräfte verlieren. Bei 8 Millionen städtischen Arbeits-plätzen wurden die Kraftmagnete ausge-schaltet. Ihre Inhaber erhielten nun die (wenn auch sehr zweifelhafte) wirtschaftliche Frei-heit der Standortverlegung ihrer Existenz. Wohin werden sie sich wenden? Zum flachen Lande, das selbst in großer Not ist und sich nicht ernähren kann? Oder wohin? Acht

Millionen Arbeiter haben mit Frau und Kind die „Freiheit" erhalten, den Städten den Rücken zu kehren und sich einen neuen Arbeits- und Ernährungsplatz zu suchen. Aber wo ihn finden? Fest steht, daß das flache Land die 8 Millionen Städter nicht gebrauchen kann. Fest steht, daß die Städte alten Schlages diese 8 Millionen Städter ausgestoßen haben. Fest steht, daß ein neuer Lebensraum jenseits unserer Grenzen diesen 8 Millionen Städtern sich nicht öffnen wird. Und so erhebt sich immer von n e u e m und immer d r i n g - l i c h e r und immer v e r z w e i f e l t e r die bange Frage nach dem n e u e n A r b e i t s - p l a t z dieser „frei"-gesetzten Wanderer in eine neue Welt.

Und während diese Frage das Hirn der Re-gierenden und der Regierten zermartert, öffnen sich die Tore einer Ausstellung: „S o n n e, L u f t und H a u s f ü r a l l e." Diejenigen, die diese Ausstellung erdachten und ihre Tore auf-machten, maßen sich nicht an, weder durch die U e b e r s c h r i f t noch durch den I n h a l t der Ausstellung jene bange Schicksalsfrage unseres Volkes beantwortet zu h a b e n oder beantworten zu w o l l e n. Und dennoch sind sie s t o l z auf diese Ausstellung!

Stolz deshalb, weil sie von einem Geiste be-herrscht ist, der sich durch keine Welt-Wirt-schafts-Krisen-Elends-Theorien in tatenlose Fesseln schlagen läßt, sondern mit stahlharter Energie an den f u n d a m e n t a l s t e n Auf-bauelementen eines neuen Lebensraumes ent-wurzelter Großstädter arbeitet.

Stolz deshalb, weil diese Ausstellung das Problem der menschlichen Siedlung einmal bei den tiefsten Wurzeln des geistigen, des kör-perhaften, des sozialen und des gesellschaft-lichen Lebens anfaßt und jeden einzelnen wie den Staat daran mahnt, daß keine Reform-arbeit, kein Wiederaufbau der Wirtschaft und keine Erneuerung des staatlichen Lebens denkbar ist ohne die Erfüllung der Forderung nach Sonne, Luft und Raum für alle.

Stolz aber auch deshalb, weil diese Aus-stellung in allen ihren Teilen eine Problem-stellung aufweist, die f r u c h t b a r s t e r F o r t e n t w i c k l u n g fähig ist und das Zeitalter einer neuen Siedlung der Menschheit einleitet. In bewußter Abkehr von dem ab-sterbenden Großstadtraum, von allem, was dem Körper und der Seele schadet, von allem Böswilligen, Chaotischen und Gewaltsamen, das sich in unseren Städten herrschend er-hoben hat, arbeiten die berufenen Gestalter des freien wie des geschlossenen Raumes an einem neuen Idealbild der städtischen Siedlung.

Gewiß geben sie uns noch keine örtlich stimmende Antwort auf die Frage, w o diese neue Siedlung erstehen wird. Diese Frage war ihnen auch nicht gestellt. Wohl aber geben sie uns die Antwort auf die Frage, w i e diese Siedlung in einigen ihrer wesentlichsten Züge aussehen wird. Und dieses Wie ist so entscheidend n e u , w e s e n h a f t und n a - t ü r l i c h beantwortet, daß man ohne jede Uebertreibung diese Ausstellung als einen Markstein und einen Wendepunkt in der Geschichte der großstädtischen Ansiedlung bezeichnen kann. Es ist hier nicht der Raum, die Ausstellung in allen ihren Teilen und Unterteilen zu würdigen. Wohl aber wird man einige wesentliche Gesichtszüge dieser Ausstellung mit kurzen Strichen zeichnen müssen.

Und was ist an dieser Ausstellung das W e s e n t l i c h e ? Ich sehe es darin, daß der Mensch wieder mitten in den naturhaften Lebensraum gestellt wird, der ihn von aller Unnatur des künstlich aufgeputzten und künstlich aufgeputschten Asphaltlebens befreit. Ich sehe das Wesentliche weiterhin darin, daß alles Mechanisierte und alles Maschinisierte aus der Rangordnung des H e r r - s c h e n d e n in die Rangordnung des D i e - n e n d e n verwiesen wird und hinfort keine andere Bedeutung haben soll, als unser naturhaftes und körperhaftes Leben zu e r l e i c h - t e r n und zu v e r b i l l i g e n . Wir werden die Maschine nur stürmen, um sie zu unserem stets gehorsamen S k l a v e n zu machen. Ist die Maschine die Stadt und die Natur das Land, dann werden wir die Stadt dem L a n d e dienstbar machen und eine neue L a n d stadt auf altem S t a d t land errichten.

Ich sehe das Wesentliche dieser Ausstellung schließlich auch darin, daß sie die Starrheit und Begrenztheit des Lebensraumes unserer Großstädter zerbricht und dem von Jahrzehnt zu Jahrzehnt immer stärker, verbundener und zwangsläufiger werdenden Gemeinschaftsleben einen freieren, naturhaften und dem E i g e n leben zugekehrten M e n s c h e n t u m gegenüberstellt.

Die Ausstellung „Sonne, Luft und Haus für alle" stellt, wie keine vor ihr, den sehr weit und umfassend gedachten Begriff „des w a c h - s e n d e n Lebensraumes" heraus und weist mit diesem Begriff allen Städtebauern, Architekten, Ingenieuren, Unternehmern, Organisationen usw. die neue Formel für ihre theoretische wie praktische Tagesarbeit. Ich will nicht sagen, daß die Ausstellung des Messeamtes den Begriff des „Wachsenden" im Städtebau etwa erst erfunden hat. Das ist keineswegs der Fall. Dadurch aber, daß die Ausstellung den „wachsenden" Lebensraum in den B l i c k p u n k t d e r ö f f e n t l i c h e n

B e t r a c h t u n g gestellt und den gestaltenden Architekten, Ingenieuren und Unternehmern den wachsenden Garten und das wachsende Haus als Problemaufgabe zur L ö s u n g gestellt hat, zeigen sich auf einmal Auswege aus unserer Not des Tages und Wegweisungen für das praktische Handeln, wie wir sie bisher in so konkreter Art noch nicht gesehen haben.

Was ist ein „wachsendes Haus"? Diese Frage umschließt nicht nur eine R a u m vorstellung, sondern auch einen W e r t - und Z w e c k begriff. Das Haus der Zukunft soll nicht nur r ä u m l i c h wachsen, d. h. durch Raumanbauten größer werden, sondern auch in der A u s s t a t t u n g der einzelnen Räume von der Stufe des Einfachen zur Stufe des Vollkommenen vordringen. Es soll auch seinen Zweck abwandeln und auf leichtestem Wege u m b a u f ä h i g sein für eine veränderte Zeitauffassung. Wie ich oben schon sagte, soll uns die neue Siedlung von der Starrheit und Begrenztheit des heutigen städtischen Lebensraumes befreien und uns anpassungs- und damit auch widerstandsfähiger gegen alle Kriseneinwirkungen machen.

Sehen wir uns diese Forderung nach „dynamischem" Bauen noch etwas näher an, dann werden wir finden, daß es durchaus möglich ist, den Raum sowohl in der A n l a g e wie in seiner betrieblichen oder funktionellen Nutzung dem Prinzip des Wachstums zu unterwerfen. Das Anbauhaus, d. h. das Haus, dem nach einem vorbestimmten Plan Einzelräume oder auch Raumteile a n g e b a u t werden können, wird auf der Ausstellung in den verschiedensten Variationen gezeigt werden. Weniger bestimmt und weniger gelöst wird sich die Ausstellung zu dem Problem der dynamischen Z w e c k bestimmung und der betrieblichen und funktionellen N u t - z u n g der einzelnen Räume aussprechen. Wie aus einem Schlafraum ein Wohnraum und aus einem Wohnraum ein Arbeitsraum und aus einem Arbeitsraum ein Gesellschaftsraum wird, und wie jeder dieser Räume wieder in sich wandlungsfähig gemacht werden kann für den individuellen Bedarf, das ist noch eine Aufgabe, die konzentrierter Bearbeitung bedarf und den Innenarchitekten Gelegenheit gibt, ihr ganzes Können zu zeigen. Wie bei dem Haus als Ganzes, so wird auch bei dem einzelnen Raum das Problem nicht so gestellt sein, einen einzigen Typ zu erdenken, dessen Starrheit sich jeder Mensch über seinen Körper zu ziehen hat, vielmehr wird die Aufgabe so lauten, aus typisierten B a u t e i l e n und Ausstattungs t e i l e n das anpassungsfähigste Raumkleid für die verschiedensten individuellen Bedürfnisse zu schaffen.

Das Verlangen nach dem organischen Wachstum unseres Lebensraumes ist nicht nur in der

Zeit der gegenwärtigen Not eine wirtschaftspolitisch bedeutsame Forderung, sie wird auch für glücklichere Zeiten fortbestehen, weil das Maß des finanziellen Könnens des einzelnen stets verschieden groß sein wird. Im Wohnungsbau stehen wir heute — und von der Not unserer Zeit ganz besonders getrieben — vor der grundlegenden Aufgabe, das Bauen „auf Stottern" zu ermöglichen oder anders ausgedrückt: die kaufbare Baueinheit zu r e d u z i e r e n , das Fertige der Wohnung in einzelne E t a p p e n zu zerlegen und den gegenüber anderen Gütern übersteigerten Preis der Ware Wohnung auf eine „erschwingbare" Höhe herunterzudrücken. Diese Forderung ist nicht erfüllbar, wenn an ihr nicht a l l e am Wohnungsbau beteiligten baugewerblichen Dienstzweige mitarbeiten und die Preise für alle fertigen Halbfabrikate und für alle halben Fertigfabrikate herunterwachsen lassen.

Das Prinzip des Wachstums ist aber keineswegs nur für das fertige Haus und für seine einzelnen Räume von Bedeutung. Es besteht ebenso auch für alle einzelnen Bauteile. Dem Heizungsingenieur stellen wir mit dem wachsenden Haus auch die Aufgabe der wachsenden Heizung. Der Installationsingenieur wird uns die Forderung nach dem zweckmäßigsten und billigsten Etappenbau der Versorgungsleitungen zu erfüllen haben. Er wird dieses Verlangen nach größerer Dynamik aber nicht nur in der A n l a g e , sondern auch im B e t r i e b zu befriedigen haben. So soll z. B. eine Heizungsanlage die einzelnen Räume auf verschieden hohe Temperaturen heizen können, und so soll die H a u s wasserwirtschaft mit billigsten Mitteln auch für die G a r t e n b e wirtschaftung ausgenutzt werden u. a. m.

Der Garten, als der ä u ß e r e Lebensraum des Menschen, wird aber gleichfalls dem Prinzip des Wachstums unterworfen werden. Im biologischen Sinne ist er es von Natur aus. Im Sinne seiner Anlage und des Anlagekapitals sind uns die Herren Gartenarchitekten den wachsenden Garten aber noch schuldig. Schuldig insbesondere für das neue wachsende Haus, das viele Funktionen des Lebens in den Garten verlegt und von dem Gartenarchitekten nun die technisch schwierigere Aufgabe eines Arbeitsgartens, eines Wohngartens, eines Eßgartens oder gar eines Gymnastikgartens und eines Schlafgartens gelöst sehen will.

So öffnet sich vor dem Blickfeld des Stadtlandmenschen eine Fülle neuer und zeitgemäßer Gestaltungsmöglichkeiten für seinen Lebensraum, die alle letzten Endes bestimmt werden von der großen seelischen und wirtschaftlichen Umstellung des Großstädters.

Eine Ausstellung kann keinen höheren und wertvolleren Zweck erfüllen, als sich zum Förderer einer neuen Zeit zu machen. Die Ausstellung des Messeamtes öffnet aber nicht nur dem B e s c h a u e r das Tor zu dem kommenden Lebensraum des deutschen Volkes, sie gibt auch der ganzen B a u w i r t s c h a f t neue und impulsive Richtlinien des Handelns. Mir scheint, daß diese Ausstellung auch eine sehr ernsthafte V e r w a r n u n g an diejenigen enthält, die immer nur r ü c k w ä r t s schauen und auch heute noch von einem abgestorbenen Bauherrentum die alten und überlebten Bauaufgaben erwarten. Als ob das Bauen S e l b s t z w e c k und nur für die I n t e r e s s e n t e n erfunden wäre! Aber so ist es nicht! Jede wirtschaftliche Epoche stellt ihre b e s o n d e r e n Bauaufgaben. Und die kommende Zeit wird keine bessere und wertvollere Bauaufgabe als die kennen, den acht Millionen arbeitslos gewordenen Großstädtern einen neuen A r b e i t s p l a t z und einen neuen L e b e n s r a u m aufzubauen. In diesem Sinne leistet unsere Ausstellung „Sonne, Luft und Haus für alle" einen Wirtschaftsdienst von b l e i b e n d e m und e n t s c h e i d e n d e m Wert.

In der Erkenntnis, daß wir nicht am Ende unseres K ö n n e n s , sondern am Anfang eines neuen W o l l e n s und M ü s s e n s stehen, möchte ich schon heute voraussagen, daß hinter dem Problem, das die Ausstellung des Messeamtes mit dem wachsenden Lebensraum des einzelnen Menschen aufgerollt hat, ein z w e i t e s und noch weit u m f a s s e n d e r e s liegt, das den wachsenden Lebensraum der G e s e l l s c h a f t umschließt, und das man mit dem Schlagwort von der w a c h s e n d e n S t a d t und dem w a c h s e n d e n L a n d e bezeichnen könnte. Der Städtebau eines wirtschaftlich überlebten Zeitalters liegt im Sterben und ein n e u e r Städtebau ist im Werden, den darzustellen und zur Entwicklung zu bringen die n ä c h s t e große Aufgabe der deutschen Bauwirtschaft sein wird.

Alle diese in den obigen Spalten zum Ausdruck gebrachten Gedankengänge über das wachsende Haus sind in der oben bereits erwähnten Arbeitsgemeinschaft sehr eingehend beleuchtet worden und haben in den diesem Büchlein beigegebenen Entwürfen zu einem wachsenden Haus ihren e r s t e n gestalterischen Niederschlag gefunden. Mit dieser Feststellung will ich aber keineswegs sagen, daß sich die Arbeitsgemeinschaft in allen Fragen der Gestaltung des wachsenden Hauses völlig e i n i g war und daß jeder der beteiligten Architekten die in diesem Büchlein niedergelegten Gedankengänge restlos u n t e r s c h r e i b e n würde. D a s w ä r e k e i n e s w e g s d e r F a l l !

Schon ein Blick auf die verschiedensten Entwürfe der Arbeitsgemeinschaft läßt erkennen, daß die Architekten das Problem des wachsenden Hauses völlig v e r s c h i e d e n sehen und verschieden zu l ö s e n versucht haben. Meiner Auffassung über dieses Problem stehen entgegengesetzte Auffassungen a n d e r e r Kollegen gegenüber. Ich will nun der letzte sein, der diese Divergenz der Meinungen bedauert. Ich sehe in ihr im Gegenteil die Garantie für eine f r u c h t b a r e und e r s c h ö p f e n d e Lösung des Problems in naher Zukunft und fühle mich darum auch veranlaßt, allen meinen Herren Kollegen, der „Prominenz" wie der „Jugend", für die frische, ja begeisterte Mitarbeit an unserer gemeinsamen Aufgabe recht herzlich zu danken. Besonderen Dank bin ich aber auch meinem Mitarbeiter und Leiter des gemeinsamen Büros der Arbeitsgemeinschaft, Herrn Architekten S c h a p i r o , schuldig, der in hingebungsvoller Einzelarbeit uns allen tatkräftigste Hilfe geleistet hat.

So möge denn dieses erste Ergebnis einer Studienarbeit hinausgehen und die Arbeit all derer befruchten, die sich in unsere Reihe stellen und mit uns weiter arbeiten wollen an der Parole des Tages: v o m w a c h s e n d e n H a u s z u r w a c h s e n d e n S t a d t !

Berlin, im Mai 1932   *Martin Wagner.*

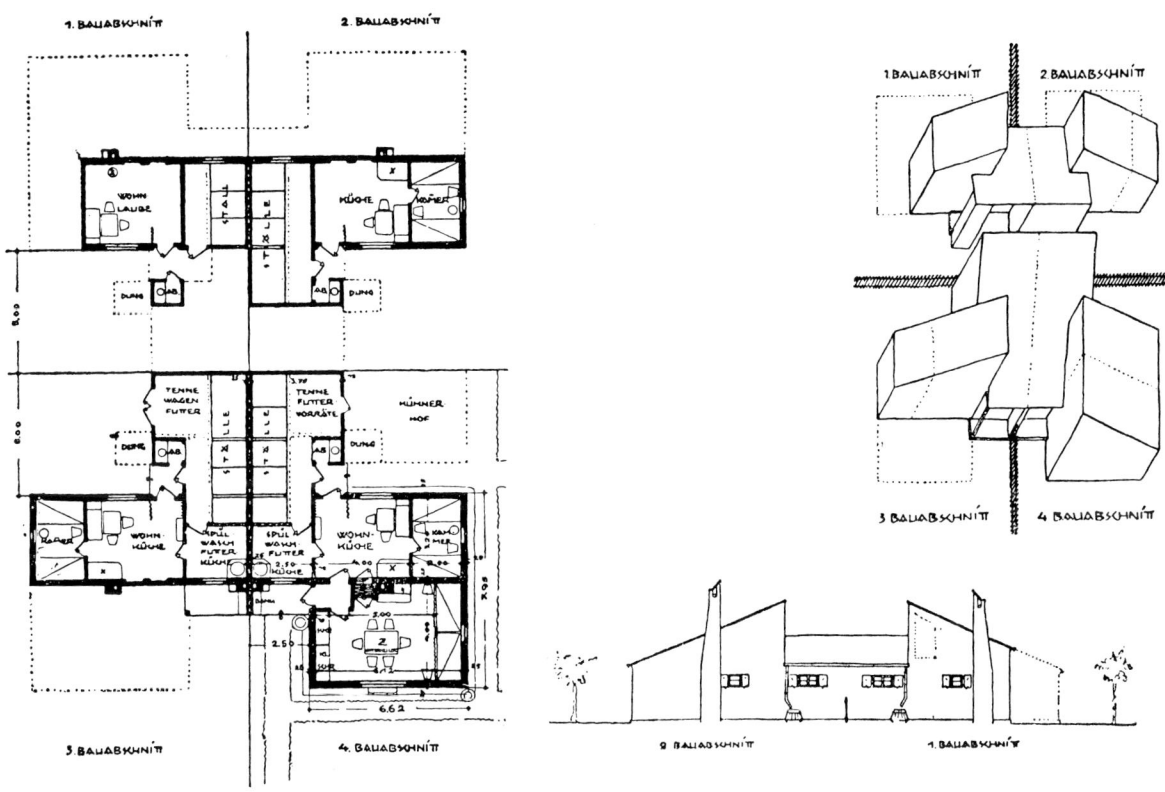

Der Entwurf eines wachsenden Hauses von Arch. SCHÜTZ,
entstanden im Jahre 1921 in dem s. Z. von Bruno TAUT geleiteten Hochbauamt
der Stadt Magdeburg.

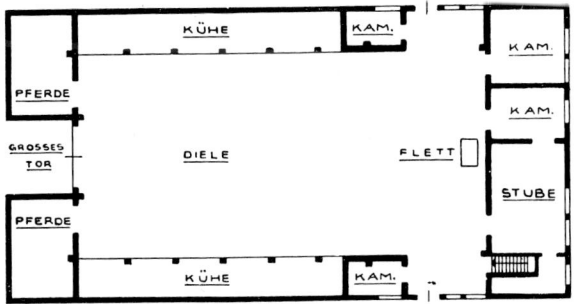

Grundriß eines niedersächsischen Bauernhauses, aus dem das
Prinzip der Ummantelung des Wohn- und Arbeitsraumes mit
Nebenräumen zum Zweck größerer Wärmehaltung und
geschlossener Formgebung klar hervorgeht.

45

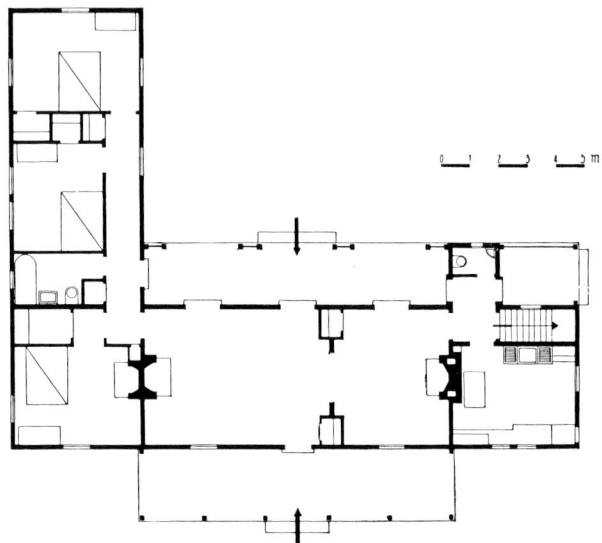

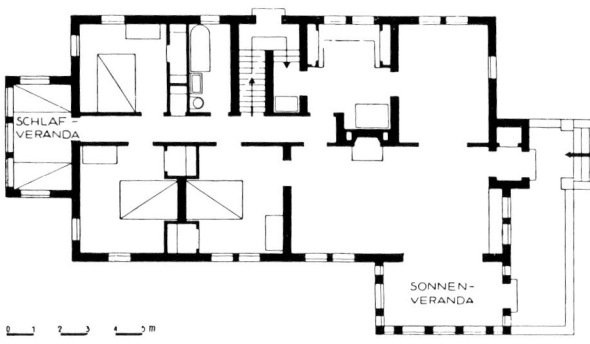

Ein dem amerikanischen Werk: „Your Home" by The Architects' Small House Service Bureau" entnommener typischer Winkelgrundriß eines Planumhauses mit vorgelegten Veranden, der die klare Scheidung von Wohnräumen und Schlafräumen in Winkelform eindeutig erkennen läßt. Die Amerikaner wie die Engländer pflegen das Planumhaus in traditioneller Bauweise. (Man achte auf die ebenerdigen Ausgänge aus den Wohnräumen, der Küche, dem Bad usw., zum Garten und zum Freiluftraum.)

Ein dem amerikanischen Werk: „Your Home" by The Architects' Small House Service Bureau" entnommener Grundriß eines Planumhauses, der hier nur insofern von Interesse ist, als er zeigt, wie sich in Amerika der Wohnungsmarkt bereits auf das Verlangen nach einer „Sonnenveranda" und nach einer „Schlafveranda" einzurichten beginnt. Das Bestreben, das Planumhaus auf den Sonnenfang und auf das Ruhen in reiner, freier Luft einzustellen, wird noch bei uns mit der Fortentwicklung der Wohnkultur von allgemeiner Bedeutung werden.

Räumliche Gestaltung einer Gangstraße. Prof. HANS POELZIG

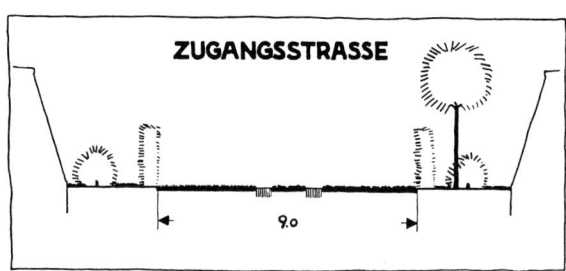

Querprofil einer mit geringstem Kostenaufwand ausführbaren „Gangstraße" von 9 m Breite, die in der Mitte nur 2 Spursteinreihen für gelegentlichen Fahrverkehr (und zugleich auch als Fußstege benutzbar) aufweist und im übrigen nur aus angepflanztem Rasenbelag zwischen Hecken besteht.

1

2

Abb. 1 und 2:
Aufstellen der in der Werkstatt gefertigten Wandtafeln eines bis zu 85⁰/₀ industrialisierten Wohnhauses der Bauhütte Stettin (Entwurf und Konstruktion Dr. Ing. Martin Wagner)

Abb. 3 und 4
Aufbringen einer in der Werkstatt gefertigten Dacheinheit und Einziehen des Zugeisens, das die Dehnung des Hauses verhindert und ein festes Schließen aller Fugen bewirkt (Ausführung Bauhütte Stettin, Entwurf und Konstruktion Dr. Ing. Martin Wagner)

3

4

BLUMENFENSTER   REG.-BAUM. GERLACH, BERLIN   BLUMENFENSTER   REG.-BAUM. GERLACH, BERLIN

GLASGARTEN MIT VERSCHIEBBAREN GLASWÄNDEN
ARCH. LEBERECHT MIGGE

48

Ein Gegenstück zum ortsgebundenen wachsenden Haus ist das „wandernde" Haus, das ZELTHAUS, wie es in den obigen Formen von dem Gartenarchitekten LEBERECHT MIGGE durchgebildet wurde. Die Natur-Verbundenheit dieses Zelthauses sollte für die weitere Entwicklung des wachsenden Hauses vorbildlich werden. Ob in einer späteren Zeit der zivilisatorischen Entwicklung das „wandernde" Haus DER Typ unseres Wohnens wird?

49

HOLZ — STROH

HAUSKERN 25 □1

ERWEITERTER HAUSKERN 75,0 □1

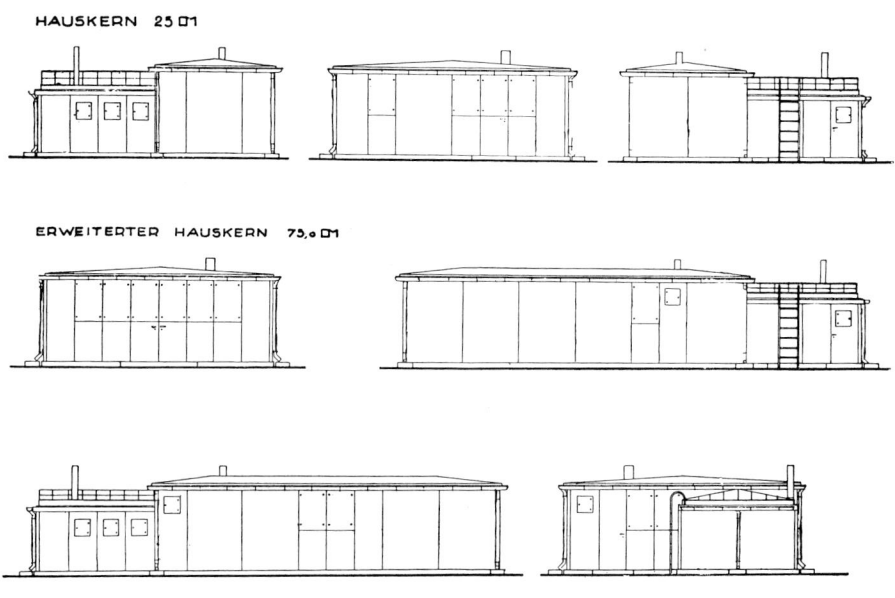

STAHL — GLAS

E N T W Ü R F E

DER ARBEITSGEMEINSCHAFT
FÜR EIN WACHSENDES HAUS

Das Haus ist ein zweistöckiges Einfamilienhaus, das von einem bis zum Boden reichenden bogenförmigen Dach eingeschlossen ist.

Für diese Form des Hauses ist die Konstruktion mitbestimmend. Sie besteht aus nebeneinandergereihten Bohlenbindern, die vom Sockel ab die Räumlichkeiten in zwei übereinanderliegenden Geschossen einschließen. In 2,50 m Höhe versteifen Zangen die Binder und bilden gleichzeitig die Deckenkonstruktionen des Erdgeschosses. Die Giebelwände sind Rahmen, über denen außen eine Stülpschalung angebracht ist. Die Fenster und Türen passen in die einzelnen, gleichgroßen Rahmen der Giebelfelder ein. Die Abdeckung des Daches ist hier aus handelsüblichem Zinkblech vorgesehen. Der Schornstein ist aus einzelnen Stücken aufgeschichtet. Das Fundament besteht aus Betonröhren, in die Betonklötze eingelassen werden. Die Verbindung der einzelnen Fundamentpfeiler und die Ueberdeckung gegen den Erdboden geschieht durch Betonplatten. Der Keller ist ebenfalls aus diesen Platten hergestellt und liegt innerhalb der Pfeiler. Die Holzkonstruktion des Oberbaus ist gegen Erdfeuchtigkeit durch die Fundamentplatte, durch Schlackenaufschüttung unter der Platte und durch Papplagen genügend isoliert. Im Oberbau schützen Korkplatten hinter der Sperrholzverkleidung im Innern das Haus gegen die Außentemperatur. Die ganze Konstruktion ist so beschaffen, daß der Bau in etwa einer Woche fix und fertig aufgerichtet werden kann.

Die aus der Dachform sich ergebenden Schrägen werden in beiden Geschossen für Schrankeinbauten oder Bettnischen ausgenutzt. Im Obergeschoß entspricht die Form der Decke der Form des Hauses; es ist keine waagerechte Zwischendecke eingespannt.

Die Fläche des Erdgeschosses hat die für den Kern erforderliche Wohnfläche entsprechend dem gestellten Programm. So wäre als Kernbau — der, auch was den Preis anbetrifft, den gestellten Anforderungen genügt — nur das Erdgeschoß zu betrachten, während das Obergeschoß als Bodenraum bzw. als Raum späteren Ausbaus zu gelten hat. Es ergibt sich für das untere Geschoß:

ein Wohn- und Schlafraum von	15,27 qm
ein Koch- und Eßraum von	7,69 qm
ein W. C. von	0,91 qm
eine Garderobe von	3,66 qm
Nutzfläche insgesamt	27,53 qm

Der Ausbau des Obergeschosses ist nur mit geringen Kosten verbunden. Oben liegen der Schlafraum (13,04 qm) und das Bad (2,28 qm); das untere Geschoß enthält dann nur die eigentlichen Tagesräume (27,53 qm Nutzfläche).

Die reichliche Einbaumöglichkeit von Schränken gestattet dem Hausbesitzer, mit sehr wenig Möbeln auszukommen. Durch die Geschlossenheit des Ganzen ergeben sich so wenig wie möglich Abkühlungsflächen und Angriffspunkte für Witterungseinflüsse, was für die Unterhaltung des Hauses einmal in heizungstechnischer Hinsicht, dann in bezug auf die Lebensdauer nur sehr günstig sein dürfte. Ein Ofen heizt das Erdgeschoß, und die vom Wohnraum durch den Treppenraum aufsteigende Wärme kann dem Schlafzimmer zugute kommen.

Die Erweiterung des Hauses erfolgt in einfachster Weise durch Aneinanderreihen neuer Bohlenbinder nach der einen Stirnseite hin, so daß die Tiefe des Hauses um 4,04 m vergrößert wird. Hierdurch werden neue Raumgrößen geschaffen. Im Erdgeschoß kommen zwei Wohnräume hinzu, von denen einer so gelegen ist, daß er gut als vermietbarer Raum Verwendung finden kann. Im Obergeschoß ergibt sich ein zweiter Schlafraum. An dem vorhandenen Bau wird bei der Erweiterung kein Raum verändert, nur im Erdgeschoß drei Türen und im Obergeschoß eine Tür eingesetzt, die genau in die Rahmenfelder des Kernbaues passen. Es stehen nun an Räumen zur Verfügung:

im Erdgeschoß:

Wohnraum	15,27 qm
Wohnraum	18,28 qm
Vermietbarer Raum	11,94 qm
Kochraum	7,69 qm
W. C.	0,91 qm
Garderobe	3,66 qm
	57,75 qm 57,75 qm

im Obergeschoß:

Schlafraum	13,04 qm
Schlafraum	18,15 qm
Bad	2,28 qm
	33,47 qm 33,47 qm
Nutzfläche insgesamt	91,22 qm

Außerdem kann dem Hause an der Giebelseite eine gedeckte oder offene Veranda vorgesetzt werden, wodurch für das Obergeschoß ein Balkon gewonnen werden kann, ohne daß der Charakter des Baues dadurch beeinträchtigt wird.

Oben ist die Konstruktion erläutert worden, wie der Bau auf der Ausstellung steht. Aber die Abdeckung des Hauses kann in jeder möglichen Dachdeckung erfolgen, wie Ziegel-, Falzziegel-, Rohr- oder Stroh-, Schindel- oder Schiefer-Deckung usw., da die Dachschrägen eine schnelle Abweisung des Wassers gewährleisten. Ferner kann die Außenwand massiv hergestellt werden, in Ziegelrohbau oder Putzbau oder Fachwerk mit Lehmausfüllung usw., da die Giebelwände frei zwischen der Binderkonstruktion stehen. Dadurch, daß man das Haus in jeder landesüblichen Deckung und Wandausführung herstellen kann, wird es sich in jede Umgebung und Landschaft leicht einfügen. *(Poelzig.)*

ARCHITEKT: PROF. HANS POELZIG

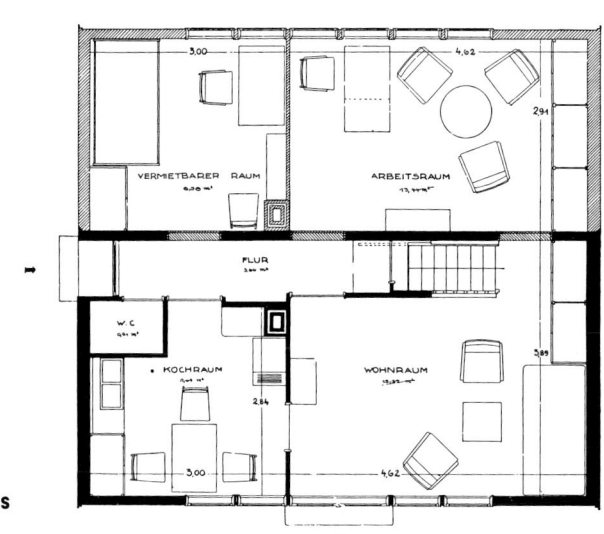

ERDGESCHOSS

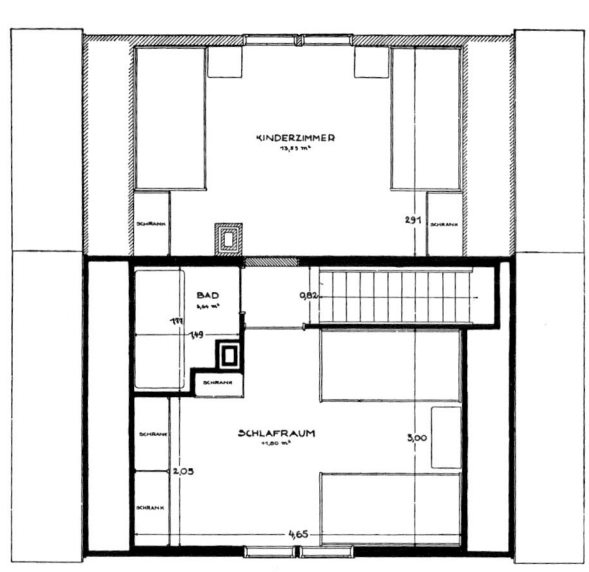

OBERGESCHOSS

ARCHITEKT: PROF. HANS POELZIG

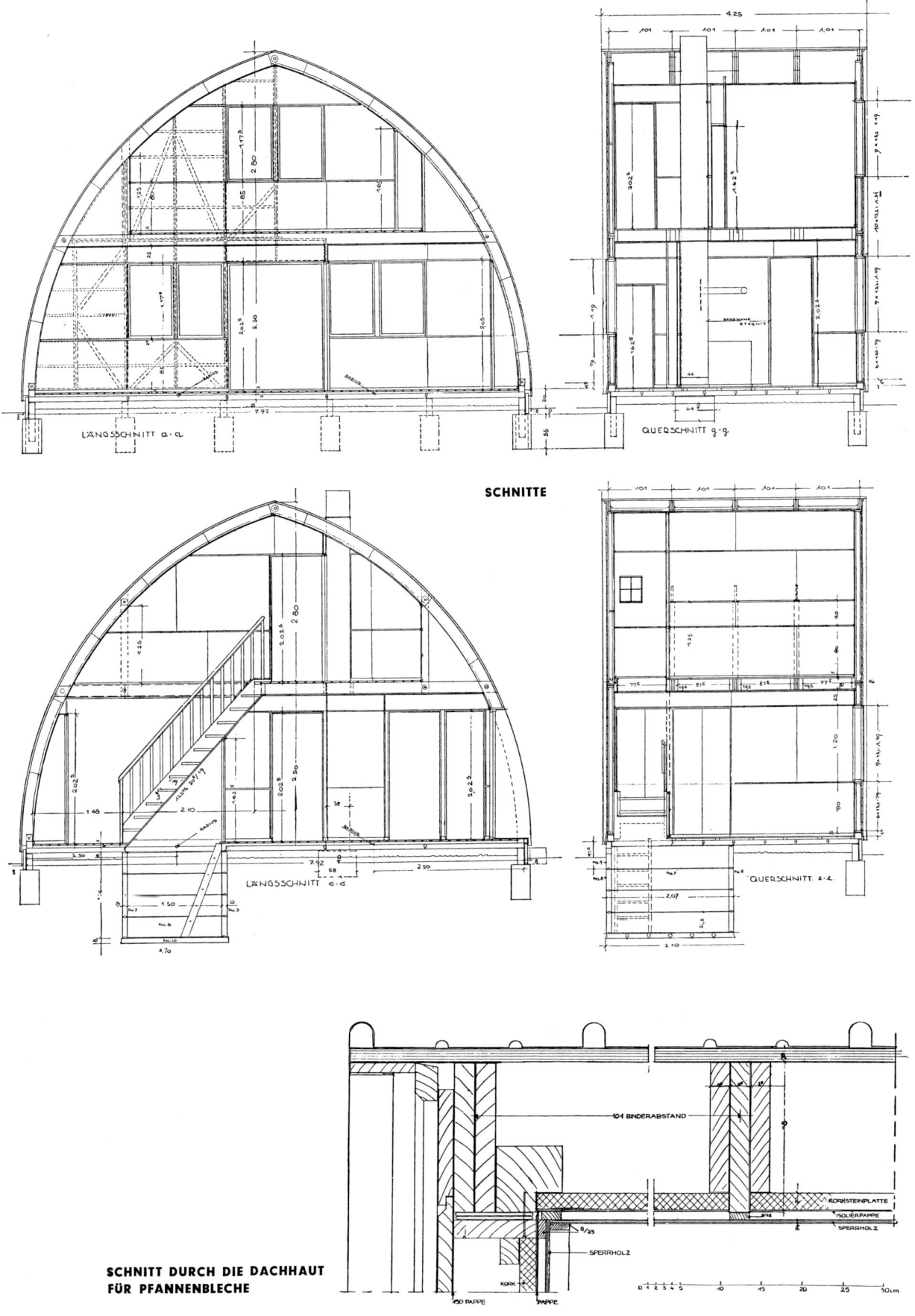

LÄNGSSCHNITT a-a

QUERSCHNITT g-g

SCHNITTE

LÄNGSSCHNITT c-d

QUERSCHNITT e-e

SCHNITT DURCH DIE DACHHAUT
FÜR PFANNENBLECHE

ARCHITEKT: PROF. HANS POELZIG

AUFRICHTEN DER BOHLENBINDER. 1. TAG DER MONTAGE

EINSETZEN DER GIEBELWÄNDE. 2. TAG DER MONTAGE

ANSICHT VOM GARTEN

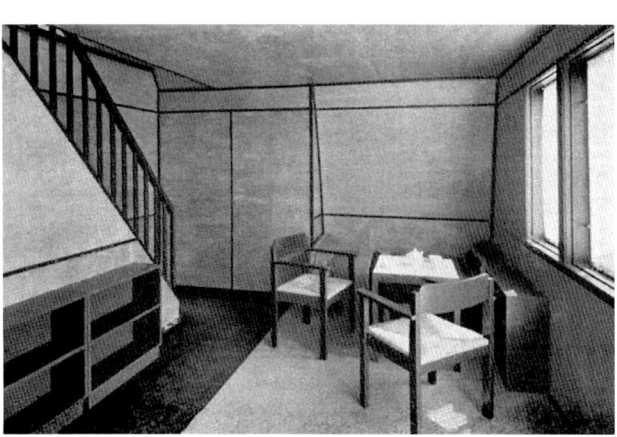

WOHNRAUM

56

Das Werfthaus „System Bartning" DRGM. ist eine ingenieursmäßige Erfindung. Es handelt sich hier nicht um bestimmte Häuser, sondern um ein Bausystem für jede Hausform, da auch der beste Grundrißgedanke sich mit den wirtschaftlichen und sozialen sowie landschaftlichen und geographischen Erfordernissen wandelt. Das System hat folgende Eigenschaften:

Mit den fabrikmäßig hergestellten gleichmäßigen Platteneinheiten lassen sich beliebig viele verschiedene Grundrisse für kleinste und größere, für städtische und ländliche Bedürfnisse herstellen.

Das Werfthaus mit einem kleinsten Kern von etwa 25 qm (Wohn - Schlafraum, Kochnische, Bad, W. C.) kann schrittweise mit beliebig kleinsten oder größeren Zusatzräumen erweitert werden. Bei allen Erweiterungen wird der bewohnte Teil nicht angegriffen, und es werden keinerlei Werte zerstört. Das Bausystem erlaubt mithin jede Anfangsgestalt und jede Endform des Hauses, entsprechend Grundstücksform, Himmelsrichtung, Geldbeutel.

Transport und Montage der Bauelemente sind so einfach, daß das Haus innerhalb weniger Tage bezugsfertig errichtet werden kann. Trockene Montage, unabhängig von der Jahreszeit. Das 60-qm-Haus auf dem Freigelände der Ausstellung „Sonne, Luft und Haus für alle" wurde am 29. April, früh 4 Uhr, in Stettin auf das Lastauto geladen, traf vormittags 9 Uhr auf der Baustelle ein; mittags um 12 Uhr stand das gesamte Gerippe, am Abend desselben Tages waren sämtliche Bautafeln montiert und das Dach eingedeckt. Ebenso kann Abbruch und Wiederaufbau an anderer Stelle in kürzester Zeit ohne Materialverlust erfolgen. Zum Beispiel ist das Haus D 12 von dem Prießnitz-Krankenhaus Glasow-Mahlow, Kreis Teltow, gekauft; es wird nach Schluß der Ausstellung abgebrochen, auf ein Auto verladen und in wenigen Tagen als endgültiges Dauerhaus in Mahlow wieder aufgestellt. Die Bauelemente sind so dauerhaft, daß sie weder durch Transport und Montage noch durch Abnutzung oder Feuer angegriffen werden.

Das Fundament wird an Ort und Stelle hergestellt. Es genügen wenige Betonblöcke als Fußpunkte. Selbstverständlich kann auch eine teilweise oder vollständige Unterkellerung angelegt werden.

Das Skelett ist ein aus Eisen bestehender Fuß- und Kopfrahmen mit Zwischen- und Eckstützen, die ein Trageskelett bilden. Alle Eisenteile sind rostgeschützt und wärmeisoliert.

Die Bautafeln. In die Skelettfelder werden die Bautafeln mit Leichtigkeit eingesetzt, und zwar:

     a) Normal-Tafeln,
     b) Fenster-Tafeln,
     c) Tür-Tafeln.

Die Außenhaut der Bautafel ist kupferlegiertes Stahlblech mit Rostschutz-Anstrich.

Die Füllung besteht aus 6 cm starken allerbesten Korkplatten. Die Wärme dieser Füllung, verbunden mit der Festigkeit des Stahls, gibt dem Werfthaus höchsten Wohn- und Besitzwert. Durch ein Spezialverfahren ist Füllung und Außenhaut luftdicht verklebt, Schwitzwasser- und Rostbildung ist daher ausgeschlossen. Damit ist der einzig stichhaltige Einwand gegen Stahlhäuser beseitigt. Die Innenhaut besteht aus Leinwand, die stoßfest gehärtet ist, und Holz.

Eigenschaften der Bautafel: Vollkommene Stoßfestigkeit, Wärmeisolierung gleich einer 100 cm starken Mauerwand, Schallisolierung entsprechend, Feuerbeständigkeit. Die Wände sind nagelbar und saugfähig genug, um Feuchtigkeitsschwankungen auszugleichen.

Durch ein patentamtlich geschütztes Verschraubungsverfahren werden die Platten luftdicht an die Stiele gepreßt.

Die Zwischenwände bestehen aus Sperrtafeln, die mit Decken und Fußboden standfest verschraubt werden.

Die Behandlung des Innenraumes ist farbiger Anstrich, Tapete oder nach Sonderwunsch Sperrholzverkleidung.

Dach und Fußboden werden mit allen erforderlichen Isolierungen an der Baustelle aus genormten Teilen errichtet.

Das Werfthaus ist ein Dauerhaus nahezu ohne Abnutzung. Denn fast die gesamten Baukosten sind in hochwertigen und fabrikmäßig veredelten Materialien angelegt im Gegensatz zu den üblichen Bauweisen, bei denen in sechs- bis achtwöchentlicher Bauzeit fast 70 Proz. der Kosten nur in Baulöhnen angelegt werden.

Die Kürze der Bauzeit ist also ein Maßstab für den Wert eines Hauses. Ferner kann für ein Bausystem, das zum größten Teil aus lieferfertiger Lagerware besteht, ein fester Preis ohne Nachrechnung kalkuliert werden. An den nicht zu liefernden Teilen, wie Fundament, Dach, Anstrich, kann die jeweils billigste Ausführung durch die örtlichen Bauunternehmer oder auch die Mitarbeit des Siedlers zur vollen Auswertung gebracht werden. *(Bartning.)*

57

ARCHITEKT: PROF. DR. OTTO BARTNING

EINIGE GRUNDTYPEN DES WERFTHAUSES „SYSTEM BARTNING"

INNERHALB JEDER GRUNDTYPE IST FOLGENDE EINTEILUNG MÖGLICH:

1. WOHN-SCHLAFRAUM, KOCHNISCHE, BAD UND W. C., WINDFANG
2. WOHN-SCHLAFRAUM, GETRENNTE KÜCHE, BAD UND W. C., WINDFANG
3. WOHNZIMMER, KOCHNISCHE, SCHLAFZIMMER, BAD UND W. C., WINDFANG
4. WOHNZIMMER, SCHLAFZIMMER, GETRENNTE KÜCHE, BAD UND W. C., WINDFANG

DIE GRUNDTYPE SELBST KANN NACH LAGE UND HIMMELSRICHTUNG BELIEBIG GESTALTET WERDEN. DIE ERWEITERUNG DER GRUNDTYPE IST IN JEDER FORM UND RICHTUNG MÖGLICH

ARCHITEKT: PROF. DR. OTTO BARTNING

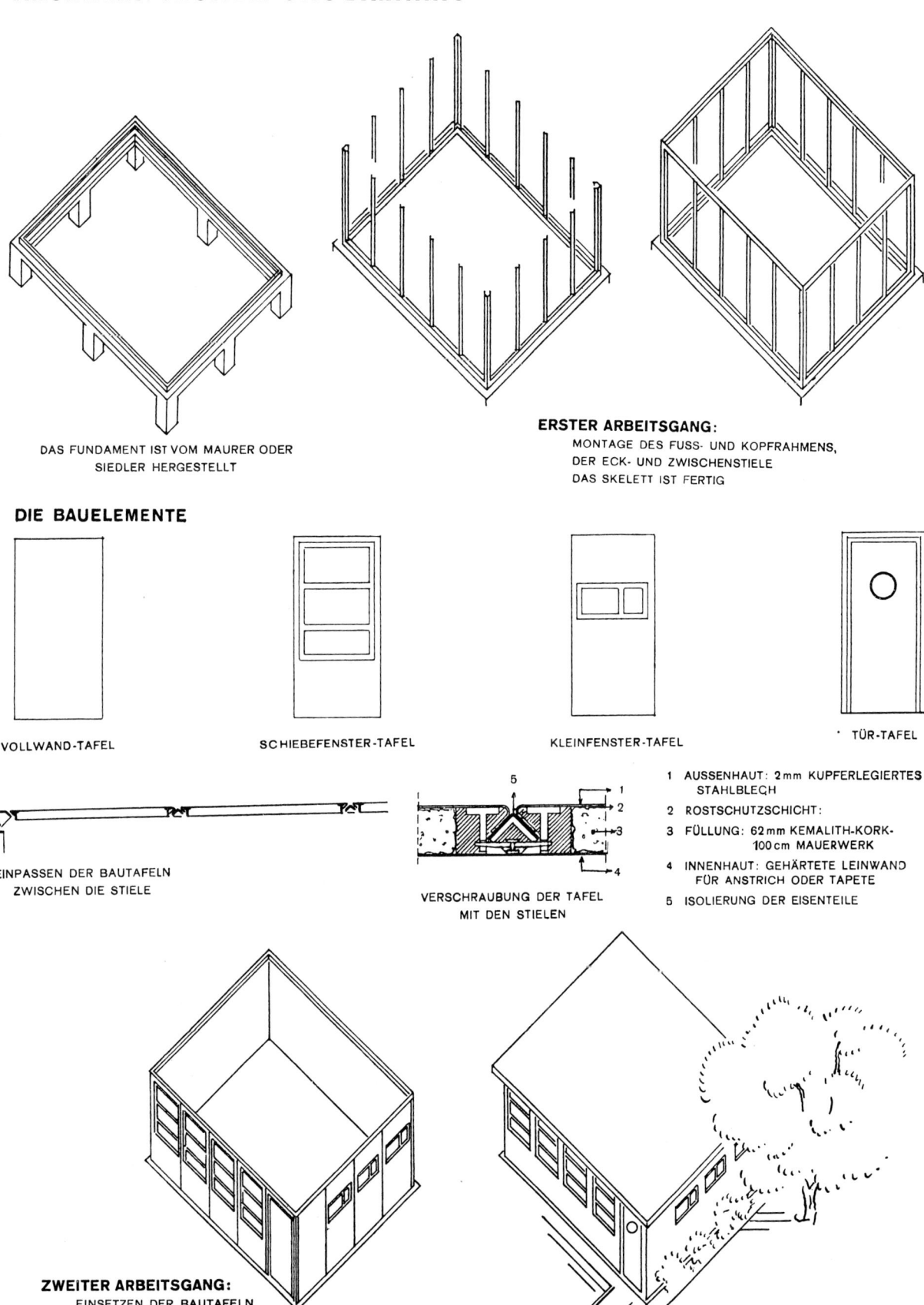

DAS FUNDAMENT IST VOM MAURER ODER
SIEDLER HERGESTELLT

ERSTER ARBEITSGANG:
MONTAGE DES FUSS- UND KOPFRAHMENS,
DER ECK- UND ZWISCHENSTIELE
DAS SKELETT IST FERTIG

DIE BAUELEMENTE

VOLLWAND-TAFEL

SCHIEBEFENSTER-TAFEL

KLEINFENSTER-TAFEL

TÜR-TAFEL

EINPASSEN DER BAUTAFELN
ZWISCHEN DIE STIELE

VERSCHRAUBUNG DER TAFEL
MIT DEN STIELEN

1 AUSSENHAUT: 2 mm KUPFERLEGIERTES
   STAHLBLECH
2 ROSTSCHUTZSCHICHT:
3 FÜLLUNG: 62 mm KEMALITH-KORK-
   100 cm MAUERWERK
4 INNENHAUT: GEHÄRTETE LEINWAND
   FÜR ANSTRICH ODER TAPETE
5 ISOLIERUNG DER EISENTEILE

ZWEITER ARBEITSGANG:
EINSETZEN DER BAUTAFELN

MONTAGEZEIT NACH FERTIGSTELLUNG DER FUNDAMENTE = 3 ARBEITSTAGE

DRITTER ARBEITSGANG:
DAS DACH IST FERTIG,
DAS HAUS IST BEZUGSFÄHIG

59

ARCHITEKT: PROF. DR. OTTO BARTNING

9.00 UHR FRÜH

11.00 UHR VORMITTAG

2.30 UHR NACHMITTAG

4.00 UHR NACHMITTAG

Dieser Entwurf sieht für die fertige Hausform nach Durchführung der Erweiterung eine verglaste Halle vor, in der man sowohl ruhen wie Gymnastik treiben und Blumen ziehen kann, wobei eine Erweiterung der Glasanlage in Richtung intensiver Pflanzenzucht hier zunächst durch einen „Treibkasten" geringen Ausmaßes angedeutet wurde. — Das Hauptgewicht ist auf S t e i g e r u n g d e r L e b e n s i n t e n s i t ä t gelegt worden. Denn mit dem Entschluß zum Wohnen im Freien soll nicht nur ein Verzicht verbunden sein hinsichtlich der Zimmergrößen und gewisser im Stadtinnern leichter zu habender Annehmlichkeiten, sondern vor allem ein Gewinn, nämlich eine befreite, zukunftsstarke Lebensform.

Auf die Wohnhalle münden alle Räume mit Ausnahme der Küche, zu der man von außen durch einen — für Gartenbesitzer unentbehrlichen — Wirtschafts-, Wasch- und Abstellraum gelangt. Die Erweiterung ist schrittweise, in kleinsten Abmessungen vorgesehen. Die Fenster liegen nach derjenigen Himmelsrichtung, die den einzelnen Räumen entspricht: Schlafzimmer nach Osten, Liegehalle nach Süden, Eß- und Wohnraum nach Westen, Küche nach Norden. Das Bad erhält Oberlicht, eine nur im Flachbau ohne Obergeschoß bestehende, hier aber im Interesse der Raumgruppierung vorteilhaft auszunutzende Möglichkeit.

Die B ö h l e r - S t a h l b a u w e i s e ist lt. Zulassung der Preußischen Bau- und Finanzdirektion, Staatliche Prüfungsstelle, vom 31. Oktober 1931 für ganz Preußen als Massivbauweise anerkannt. Sie wird als solche von den Versicherungsgesellschaften normal beliehen. Die Wände enthalten zwischen den I-Trägern in ihrem Innern versteifende Stahlpfannenbleche als Dichtung gegen eindringende Feuchtigkeit sowie 11 cm Schlacken- bzw. Bimsbeton als „Wärmespeicher", um zu rasche Abkühlung zu vermeiden, wie sie bei Bauweisen mit Hohlräumen sonst auftritt. Außen und innen sind verputzte Bims- oder Schlackendielen angesetzt. Die Isolierwirkung entspricht der einer 56 cm starken Ziegelmauer.

Für das hier abgebildete Musterhaus wurde diese Wandkonstruktion abgeändert. Um den Anbau in verschiedenen Abschnitten durchzuführen und bei der örtlichen Zusammensetzung ungelernte Kräfte möglichst mitwirken zu lassen, ist hier die r e i n e T r o c k e n m o n t a g e restlos durchgeführt worden. Die Verkleidung geschieht außen mit Eternitplatten, innen mit Treetexplatten, die auch für die Verkleidung der Decke verwendet sind. Die Platten werden ohne Verschnitt in denjenigen Breiten benutzt, in denen sie hergestellt sind. Auch ihre Höhe wird voll ausgenutzt. Als Wärmespeicher und zugleich zur Versteifung ist statt der Stahlpfannenbleche mit Zwischenbeton hier eine 10 cm starke Schlackensteinausfachung der I-Träger vorgesehen, mit einer Blechauflage aus Zink Nr. 2 als Dichtung gegen eindringende Feuchtigkeit. Die Isolierwirkung dieser Wand entspricht der einer 68 cm starken Ziegelmauer. Die Bauweise ist für zweigeschossigen Flachbau für ganz Preußen zugelassen. Betoniert bzw. gemauert sind nur Keller und Fundamente sowie der Unterbeton des Fußbodens. Auf gemauerte S c h o r n s t e i n e wurde verzichtet, da der Flachbau vereinfachte Rauchabführung durch Eternitrohre direkt aus dem Ofen ergibt. Beheizt wird der Kern durch einen an den gesetzten Herd angebauten Kachelofen, der im Sommer durch Schieber von der Herdfeuerung abgeschlossen werden kann. Die Anbauten haben eigene Oefen.

Die D a c h f l ä c h e n bilden für jeden Bauteil eine eigene Einheit als Pultdächer, die mit ihrem First unter Vermeidung von Flickarbeit aneinanderstoßen. Die Räume mit Installation sind unmittelbar verbunden mit dem unter der Küche liegenden Keller, so daß ein einziger Entwässerungsstrang ausreicht. Das Regenwasser wird entsprechend dem tatsächlichen Bedarf nach eingegrabenen Regentonnen geleitet. Für einfachere Verhältnisse kann aber auch auf eine Dachrinne ganz verzichtet werden, da die beiden Eingänge nicht an den Traufenseiten liegen.

Als erste Erweiterung ist die Zusammenfassung von W. C. und Vorplatz als Badezimmer und der Anbau eines etwa gleich großen Vorplatzes gedacht. Die zweite Erweiterung würden das Elternschlafzimmer und die Ueberdachung des Wirtschaftsraumes sein. Die dritte Erweiterung bildet dann der Ausbau des Wirtschaftsraumes, und erst die nächste Stufe ergibt den vollen Ausbau, wie er hier dargestellt wird. Die Zwischenstufen der ersten bis dritten Erweiterung sind in dem isometrischen Schema als Gruppe b zusammengefaßt.

D e r S e r i e n p r e i s f ü r d e n H a u s k e r n , bestehend aus Wohnraum, Keller, Küche und Vorplatz, beträgt bei einfachster Ausstattung 2500 Mark. Dabei machen die Werkstattarbeiten 82,5% dieser Summe aus, die Arbeiten auf der Baustelle einschl. Keller und Fundament 17,5%. Die für die vorliegende Aufgabe gesetzte Grenze von max. 20% Baustellenarbeit nach Abzug des Kellers ist also bei weitem nicht erreicht. *(Gellhorn.)*

61

ARCHITEKT: DR.-ING. ALFRED GELLHORN

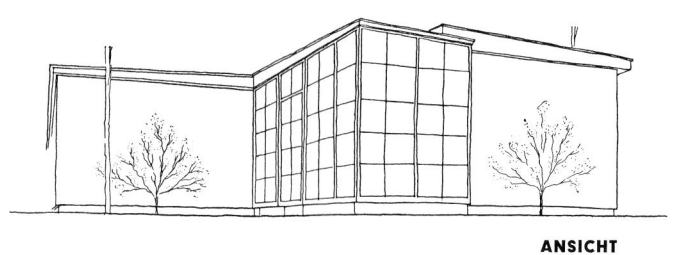

ANSICHT

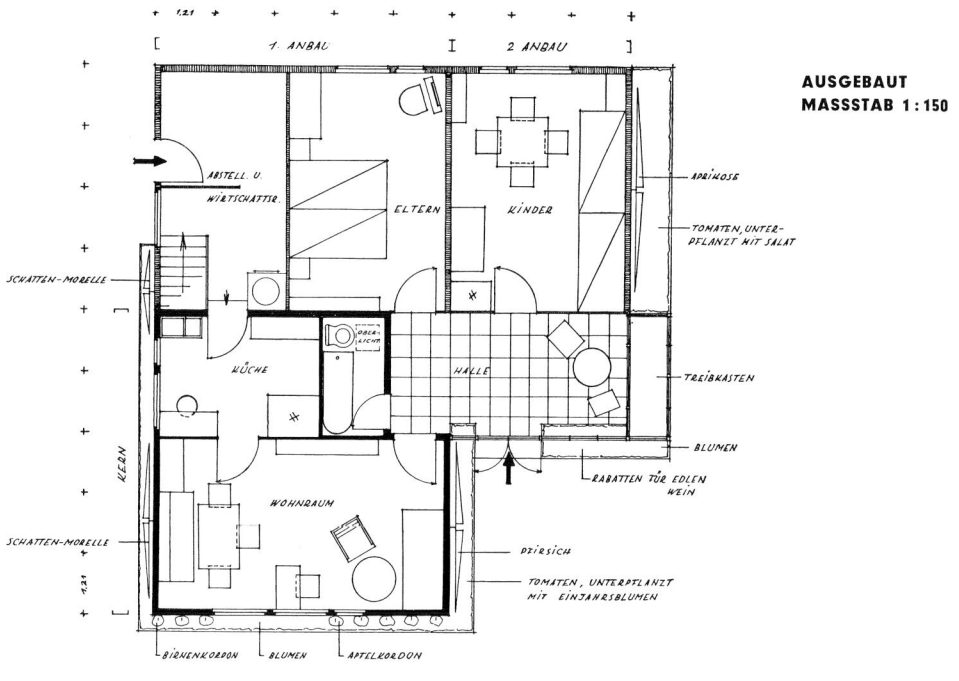

**AUSGEBAUT
MASSSTAB 1 : 150**

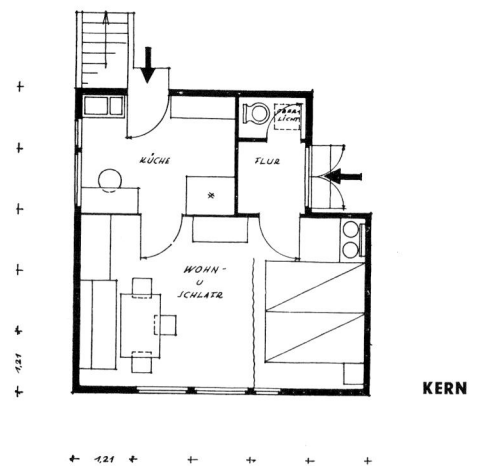

KERN

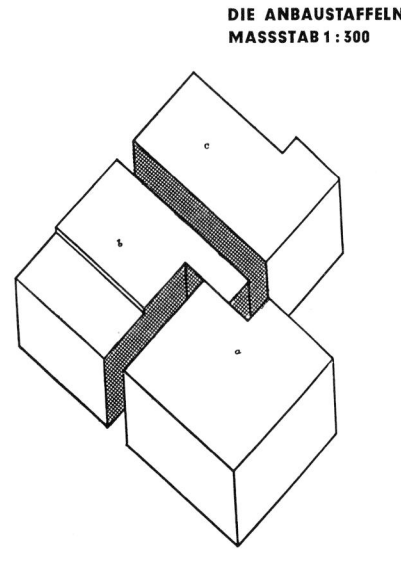

**DIE ANBAUSTAFFELN
MASSSTAB 1 : 300**

ARCHITEKT: DR.-ING. ALFRED GELLHORN

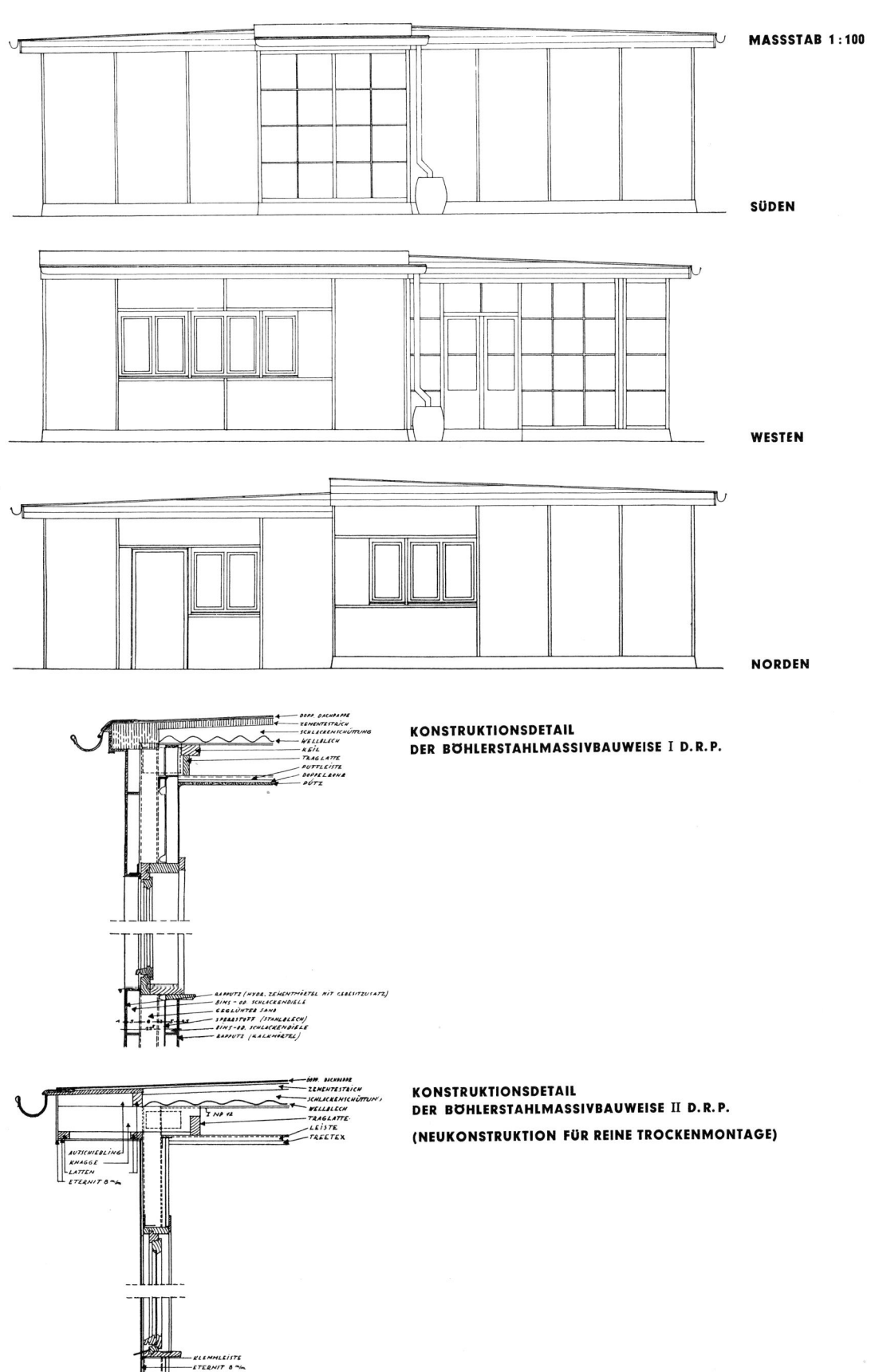

MASSSTAB 1:100

SÜDEN

WESTEN

NORDEN

KONSTRUKTIONSDETAIL
DER BÖHLERSTAHLMASSIVBAUWEISE I D.R.P.

KONSTRUKTIONSDETAIL
DER BÖHLERSTAHLMASSIVBAUWEISE II D.R.P.

(NEUKONSTRUKTION FÜR REINE TROCKENMONTAGE)

MASSSTAB 1:25

63

ARCHITEKT: DR.-ING. ALFRED GELLHORN

WESTANSICHT

ENTWURF: PROF. DR. WALTER GROPIUS, BERLIN
BAUAUSFÜHRUNG: HIRSCH KUPFER- UND MESSINGWERKE A.-G., FINOW (MARK)

Die ursprünglich nach einem Patent von Förster und Krafft von den Hirsch Kupfer- und Messingwerken eingerichtete Fabrikation von Kupferhäusern am laufenden Band ist von mir technisch und organisatorisch unter Zuhilfenahme von zahlreichen Versuchen und Gutachten durch Behörden und wissenschaftliche Institute verkaufsreif entwickelt worden.

Die von mir erstmalig in einer Broschüre über die Industrialisierung des Hausbaues im Jahre 1910 ausgesprochene, inzwischen vielfach befehdete Idee, Häuser in stationären Werkstätten in ihren Teilen serienmäßig herzustellen und daraus variable Typen wie aus einem Baukasten im großen zusammenzusetzen, wird heute endlich der Verwirklichung entgegengeführt.

Die Vorteile solcher in stationärer Werkstatt fabrizierter montierbarer Standardhäuser sind folgende:

Kein Trockenwohnen infolge Fortfalls jeder Baufeuchtigkeit, da die in Werkstätten hergestellten Einzelteile an der Baustelle lediglich montiert werden.

Leichtes Gewicht der Konstruktionsteile, daher leichte Beweglichkeit bei der Montage.

Unabhängigkeit von Saison und Witterung infolge des Montagecharakters.

Geringe Unterhaltungskosten des fertigen Bauwerks infolge hochwertiger, durch standardmäßige Verwendung wirtschaftlich gewordener Baumaterialien.

Fester katalogmäßiger Standardpreis ohne spätere Nachrechnung.

Kurzer mühelos einhaltbarer Liefertermin.

Die vorliegenden Konstruktionen sind an zahlreichen bewohnten Häusern erprobt und fortschreitend weiterentwickelt worden. Die Herstellung erfolgt am laufenden Band in einer speziell für die Serienfabrikation maschinell eingerichteten Werkstatt derart, daß Wände bis zu 6 m Länge in Etagenhöhe einschl. eingesetzten und verglasten Fenstern und Türen bis auf den Innenanstrich fix und fertig verladen werden können. Dies ist nur dadurch möglich, daß trotz der hohen Isolierfähigkeit der Wand — nach eingehenden Versuchen und wissenschaftlichen Untersuchungen entspricht die Isolierung in bezug auf Wärmedurchgang etwa 140 cm Ziegelmauerwerk — 1 qm fix und fertiger Außenwand nur etwa 15 kg wiegt.

Die Isolierung der Wände beruht einmal auf der Herstellung von hintereinandergeschalteten, nahezu luftdicht abgeschlossenen Luftkammern, zweitens auf der Wärmerückstrahlwirkung der die Luftkammern bildenden dünnen Aluminiumfolien, die noch durch bituminöse Papplagen geschützt sind. Das Verfahren ist seit Jahren mit bestem Erfolg im Kriegsschiffbau und bei Kühlwaggons erprobt worden. Eingehende Versuche haben gezeigt, daß selbst bei hohen Innentemperaturen und sehr niedrigen Außentemperaturen keinerlei Schwitzwasserbildung in den Wandkammern auftritt.

Das tragende Skelett des Hauses besteht aus Holz, das durch künstliche Trocknung auf einen Feuchtigkeitsgehalt von 8—10 Proz. gebracht und sodann im Tauchverfahren mit Karbolineum getränkt wird.

Die Befestigung der Isolierung geschieht durch Verleistung innerhalb der Holzrahmen des Skeletts. Als Außenhaut werden wellenförmig gepreßte Kupferbleche 0,5 mm stark aufgebracht und über verdeckt genagelten Haftern durch Schiebefalze geschlossen, die gegen Eindringen von Wind und zur besseren Versteifung mit dem Preßhammer festgepreßt werden.

Die Innenwandflächen werden mit 0,6 mm starkem geriffeltem Aluminiumblech benagelt oder es werden 5 mm starke Eternit-Platten auf dem Holzskelett aufgeschraubt.

Die Verbindung der Wände erfolgt durch Verschraubung mittels Winkel- bzw. U-Eisen. Die Verbindungen sind derart, daß an keiner Stelle des Wandkörpers eine Kälte- bzw. Wärmebrücke entsteht.

Die Dachdecken sind mit Telamatten gegen Wärme und Kälte isoliert. Die Isolierung wird noch durch auf die Deckenschalung aufgebrachte Aluminiumfolie verstärkt.

Die Fenster sind aus Gründen der Wärmehaltung als Verbund-Doppelfenster konstruiert.

Die elektrischen Leitungen sind in die Wände eingebaut.

Die Schornsteine bestehen aus doppelwandigen Asbestrohren, die als leichte Versatzstücke geliefert und wie die Wände montiert werden können.

Die Häuser sind amtlich geprüft auf ihre statische Festigkeit (Baupolizei), Feuerfestigkeit (Materialprüfungsamt, Dahlem), Unschädlichkeit der Kupferpatina (preuß. Landesanstalt für Wasser-, Boden- und Lufthygiene), Blitzsicherheit (Spezialsachverständiger Saemann, Bremen, und Collignon, Berlin), Schallisolierung (Heinrich-Hertz-Institut für Schwingungsforschung, Berlin), Schwitzwasserbildung und Wärmehaltung (Forschungsheim für Wärmeschutz, München).*) *(Gropius.)*

---

*) Die Lieferung der Häuser einzeln oder in Serien ist seitens der Hirsch-Kupfer- und Messingwerke bis zum Wiedereintritt normaler Wirtschaftsverhältnisse zurückgestellt worden.

65

architekt: prof. dr. walter gropius

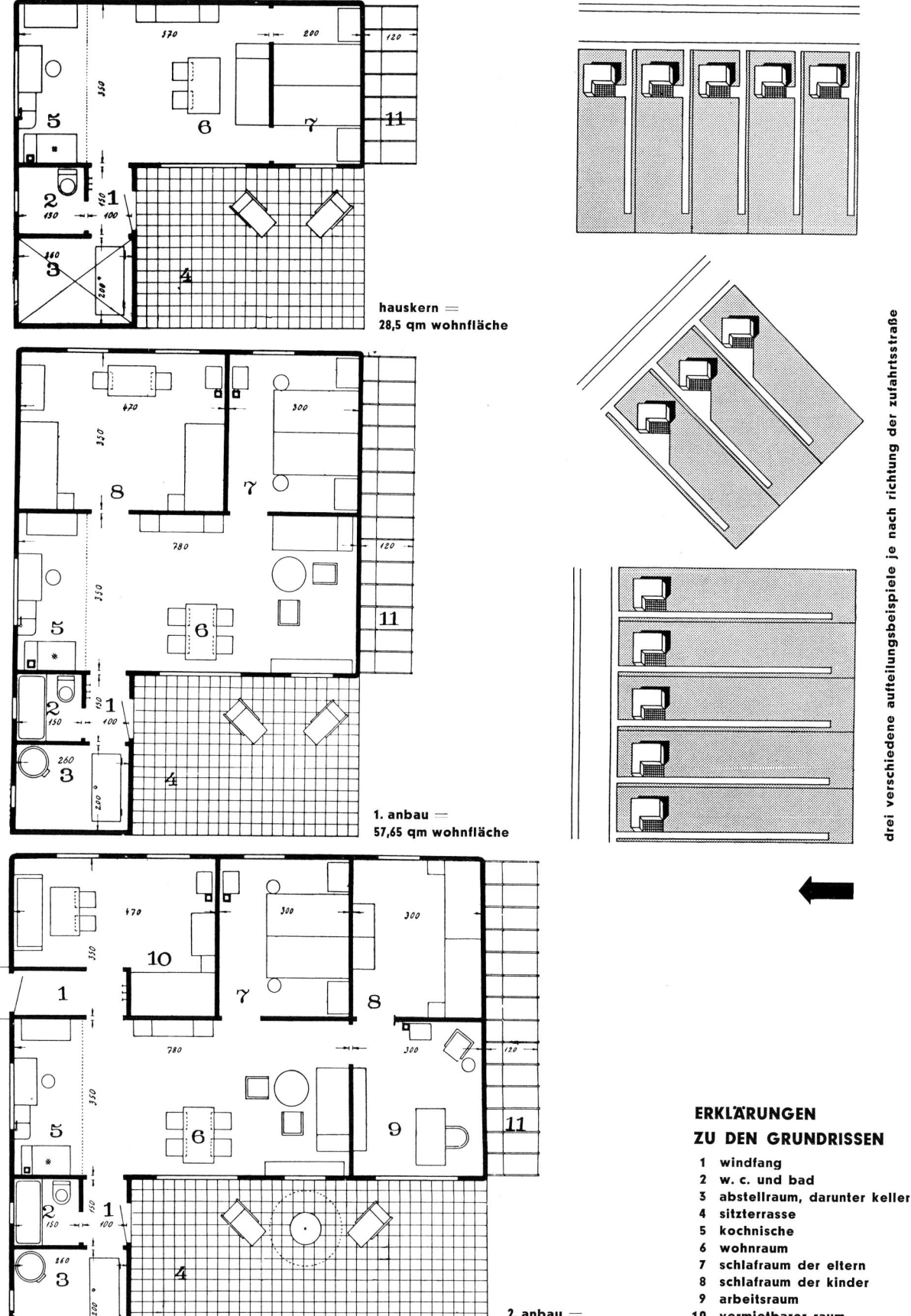

hauskern =
28,5 qm wohnfläche

1. anbau =
57,65 qm wohnfläche

2. anbau =
80 qm wohnfläche

drei verschiedene aufteilungsbeispiele je nach richtung der zufahrtsstraße

ERKLÄRUNGEN
ZU DEN GRUNDRISSEN

1 windfang
2 w. c. und bad
3 abstellraum, darunter keller
4 sitzterrasse
5 kochnische
6 wohnraum
7 schlafraum der eltern
8 schlafraum der kinder
9 arbeitsraum
10 vermietbarer raum
11 glasschutzraum

architekt: prof. dr. walter gropius

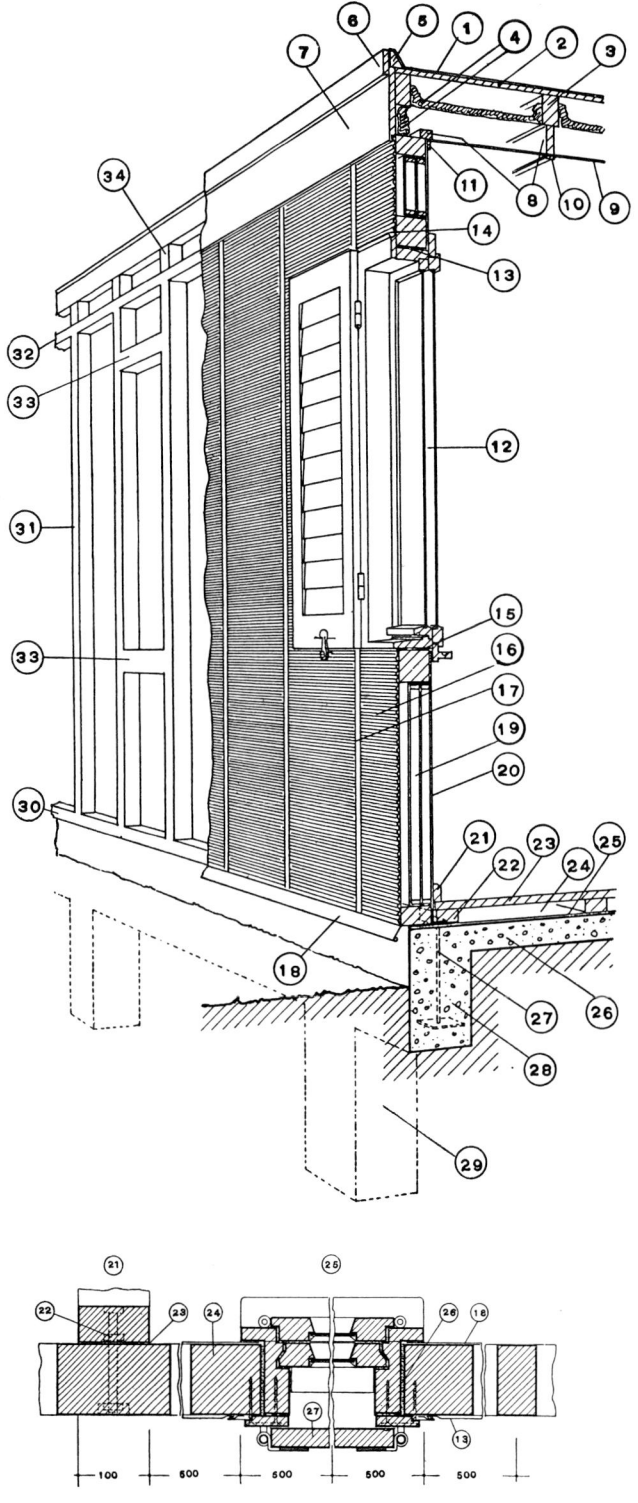

längsschnitt der kupferhaus-außenwand.

(die konstruktionen sind im inlande und auslande patentamtlich geschützt.)

Nr.
1. pappdachdeckung
2. dachschalung 16 mm
3. sparren 50/100 mm
4. tela-matte-isolierung
5. dreikantleiste
6. stirnbrett, gehobelt 20 mm
7. brettverschalung, gehobelt 20 mm
8. hölzer zur befestigung der deckenplatten
9. essex-decken- u. isolierplatte angeschraubt 4 mm oder aluminiumblech 0,6 mm
10. deckleiste
11. abschlußleiste
12. standard-verbund-doppelfenster mit klappläden
13. holzwolle-dichtung
14. kupferblech-rinnchen
15. teerstrick-dichtung
16. kupferwandblech — 0,5 mm mit wellenpressung
17. kupferblech-schiebefalz
18. kupferblech-tropfstreifen
19. isolierungen aus aluminiumfolien und asbest-bitumenpappe
20. aluminium-wandblech
21. scheuerleiste 60 . 25 mm
22. lagerholz 60 . 40 mm
23. dielen-fußböden 25 mm
24. luftraum
25. eine lage asphalt-isolierpappe
26. magerbetonschicht
27. betonsockel
28. verankerung des wandelementes
29. fundamentpfeiler auf frostfreie tiefe 2,0 m
30. fußholz 56 . 96 des wandelementes
31. stiel 56 . 96 des wandelementes
32. kopfholz 56 . 96 des wandelementes
33. fensterriegel 96 . 96
34. futterhölzer zum annageln der brettverschalung

querschnitt der kupferhaus-außen-und innenwand.

Nr.
1. eckwandstoß
2. mittel-wandstoß
3. standard-eckstiel 96 . 66
4. standard-mittelstiel 96 . 56
5. wandverbindung U- bzw. L-eisen, je 3 stück in der höhe einer wandeckendeckleiste, aufgenagelt
6. eckendeckleiste, aufgenagelt
7. gerade deckleiste
8. faserstoff-füllung
9. filzstreifen
10. kupferblech-deckstreifen
11. hafter angenagelt
12. umfalzung des außenwandbleches
13. mit wellenformung versehenes kupfer-außen-wandblech 0,5 mm
14. 1 lage asbest-bitumenpappe
15. 1 lage aluminium-folie
16. 2 lagen aluminium-folie
17. 2 lagen asbest-bitumenpappe mit 1 lage aluminiumfolie dazwischen
18. mit wellenpressung versehenes aluminium-innenblech
19. holzleiste zum anfügen der isolierungen
20. innenwandblechstoß
21. stumpfer wandstoß
22. wandverbindungseisen je 3 stück in der höhe einer wand
23. filzstreifen
24. standard-fensterstiel 96 . 96
25. standard verbund-doppelfenster
26. holzwolledichtung
27. klappläden

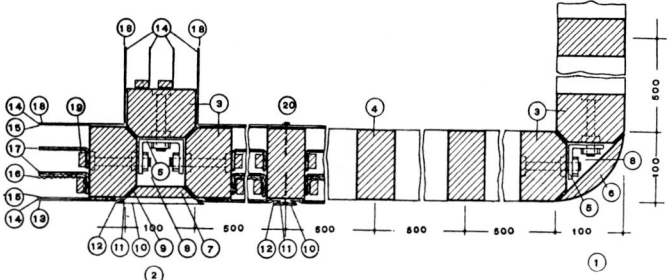

die konstruktionen sind im in- und auslande durch patente geschützt

67

architekt: prof. dr. walter gropius

montage

ansicht von südwesten

ansicht von nordosten

68

Mit dem Typ Tb wird, innerhalb der allgemeinen Forderung des Ausstellungsprogramms, nicht nur das Ziel verfolgt, leichte Anbaumöglichkeiten zu schaffen, sondern auch die Möglichkeit, Veränderungen an dem bereits Gebauten vornehmen zu können. Die Forderung des Wachsens soll sich nicht nur auf das Ansetzen neuer Bauteile beziehen, sondern auch auf das Wachstum der Räume der Grundzelle, also auf eine Vergrößerungsmöglichkeit der zuerst festgelegten Raumabmessungen. Wohnraum, Küche und Nebenraum müssen also ebenfalls wachsen können. Dies bedingt, daß das Haus nicht nur aufmontiert wird, sondern daß die einzelnen Montageteile bei einer Ummontierung und Veränderung ohne Verlust wieder neu verwendet werden können. Dies gilt insbesondere für die innere Aufteilung der Räume. Diese Forderung führt dazu, einen Typ herzustellen, der aus möglichst wenigen Baueinheiten besteht, die auf Maßeinheiten gebracht sind, die sich weitest gehend entsprechen. Daß ferner möglichst ohne Verschnitt zu arbeiten ist und daß der Zusammenbau der Baueinheiten, insbesondere an jenen Teilen, die für spätere Veränderungen in Frage kommen, nur durch Verschraubung geschieht, ist selbstverständlich.

Außerdem weist der Typ Tb auf die noch wenig beachtete Forderung hin, die im Sommer und Winter verschiedenartigen Ansprüche an die Wohnung besser zu berücksichtigen. Während wir im Sommer weit zu öffnende Räume benutzen, vor allen Dingen für die Wohnung im Garten, halten wir im Winter ein weniger offenes Haus für zweckmäßiger. Wir müssen also die Größen der Fenster veränderlich machen, um im Sommer viel, im Winter aber wenig Fensterfläche zu haben. In früheren Bauweisen ist dem Wechsel der Jahreszeiten viel mehr Rechnung getragen worden als bei uns, bei ländlichen Bauten ist ein deutlicher Unterschied zwischen Winterzustand und Sommerzustand vorhanden. Wir brauchen nur auf dieses Vorgehen zurückzugreifen, um unseren heutigen Wünschen nach einem Glashaus für den Sommer weitest gehend entsprechen zu können, und können diese Fensterflächen im Winter zubauen, so daß wir nicht zu frieren oder an Heizkosten zu ersticken brauchen. In dem Typ Tb können die Fensterfelder im Winter vollkommen geschlossen und abgedichtet werden. Die im Sommer überflüssigen „Läden" können während dieser Zeit im Abstellraum untergebracht werden.

Wenn es das Hauptziel der Ausstellung ist, das in der Fabrik hergestellte montierbare Haus auf seine Kostenbildung hin zu untersuchen, so lassen die Ergebnisse des Types Tb erkennen, daß die Kosten einer fabrikmäßigen Herstellung sich erheblich unter die der üblichen Bauherstellung senken lassen können. Im gegenwärtigen Zustande bewegen sich die Kosten allerdings noch auf gleicher Höhe wie die der üblichen Bauherstellung, aber der Versuchsbau ist ja eben noch handwerklich hergestellt, obwohl auf fabrikmäßige Herstellung zugeschnitten. Eine Preisgestaltung läßt sich erst bei wirklicher Fabrikation ermitteln. Außerdem ist bei diesem Versuch von vornherein angestrebt, die technische Qualität des fabrikmäßig hergestellten Baues wesentlich höher zu fordern als bei einem handwerklich hergestellten Bau.

Schließlich versucht der Typ Tb eine neue Behandlung der Lüftungsfrage. Durch die Schrägstellung der Decken wird eine natürliche Luftbewegung im Raume erzielt. Die an der Decke in die Höhe strömende Luft wird am höchsten Punkt durch einen schmalen Lüftungsschlitz abgelassen. Die seither übliche zeitweilige Entlüftung der Räume durch Fensteröffnen soll durch eine dauernd wirkende Entlüftung ersetzt werden. Das Oeffnen von Fensteroberflügeln fällt fort. Die Fensteranlagen sind einfacher und die Entlüftung ist erheblich wirksamer. In der Küche, im Badezimmer und Klosett können besondere Abzugsrohre dann entbehrt werden.

Das Konstruktionssystem ist ein Stützensystem (Eisenblechstützen) mit 1 m Achsenabstand. Für die Ausfachung der Stützenfelder gilt als Prinzip, daß die Ausfachung aus zwei Platten besteht, aus einer von außen und aus einer von innen einzusetzenden Platte, die beide durch Verschraubung befestigt werden. Die Platten selbst können verschiedenartig gewählt werden, Stahlblechplatten, Holz- oder Eternittafeln, mit Metallhaut überzogene Platten usw. für die Außenhaut, Sperrholztafeln und Isolierstoffe für die Innenseite. Wärmespeicherung und Wärmedurchgang lassen sich so beliebig und nach Bedarf festlegen. Wo Veränderungen nicht mehr in Frage kommen, ist auch eine massive Wand, etwa eine Klinkerprüßwand als Außenhaut möglich.

(Häring.)

69

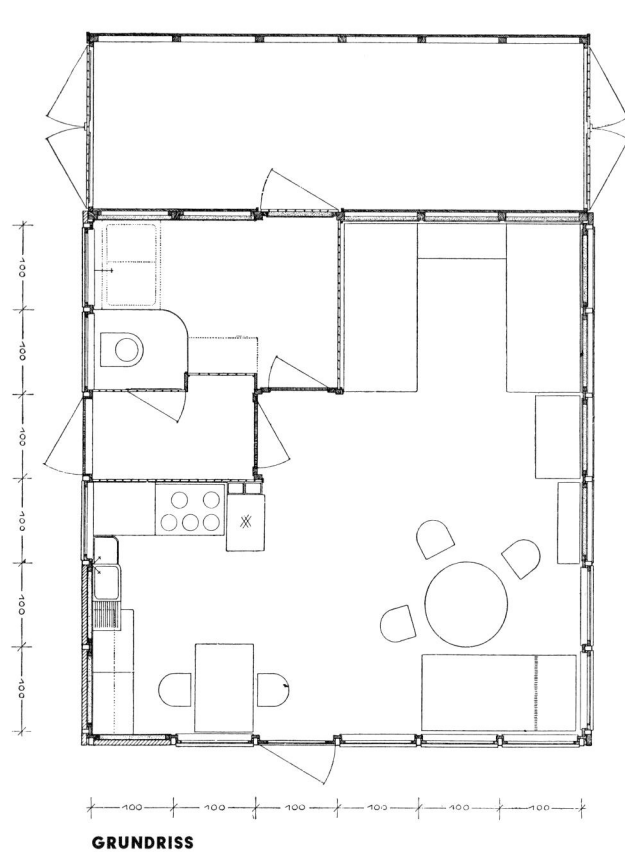

GRUNDRISS

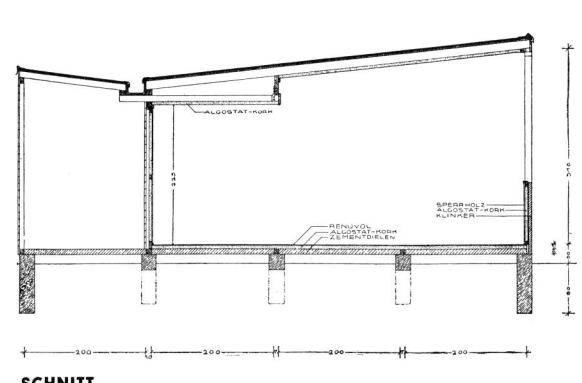

SCHNITT

SERIENLÖSUNGEN:

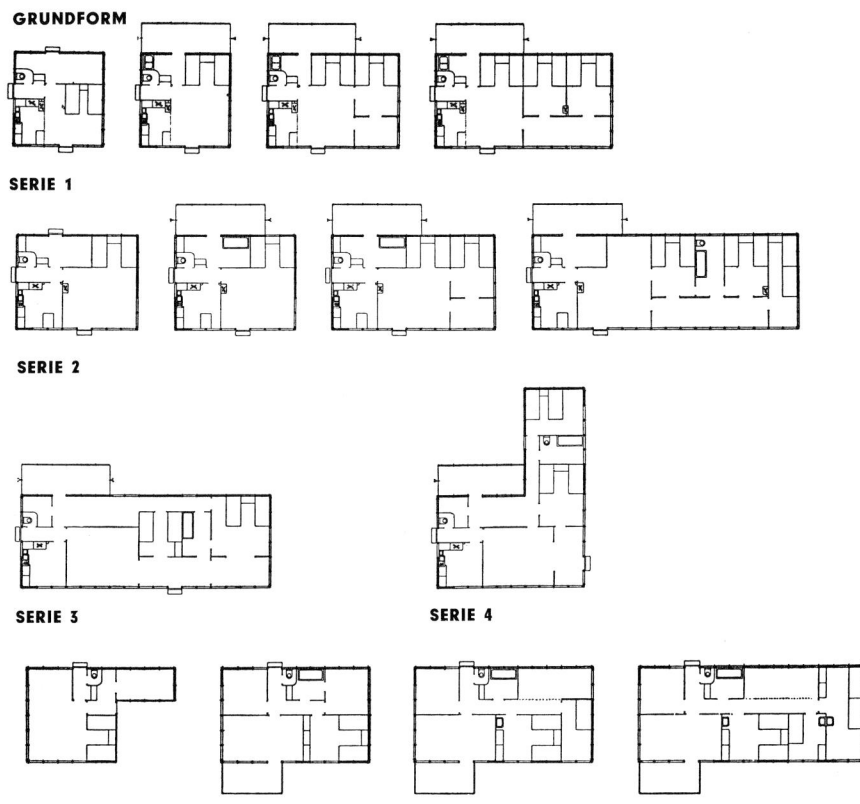

GRUNDFORM

SERIE 1

SERIE 2

SERIE 3   SERIE 4

SERIE 5

ARCHITEKT: HUGO HÄRING

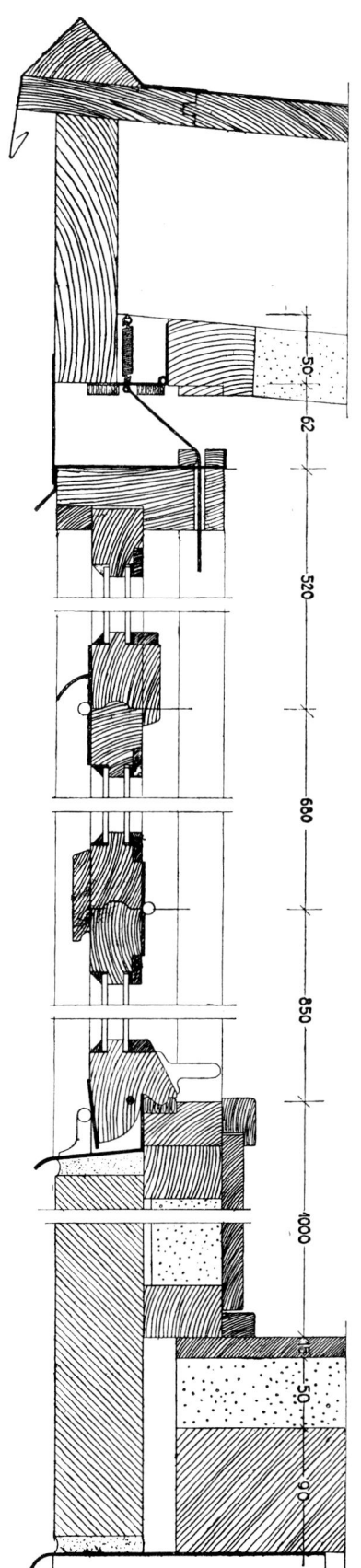

VERTIKALSCHNITT
DURCH EIN FENSTER

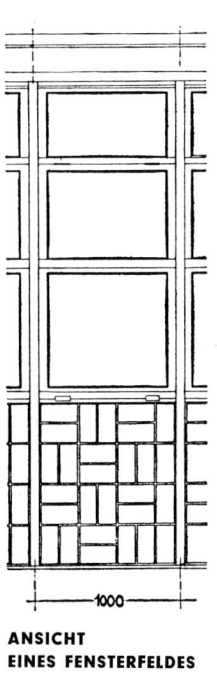

ANSICHT
EINES FENSTERFELDES

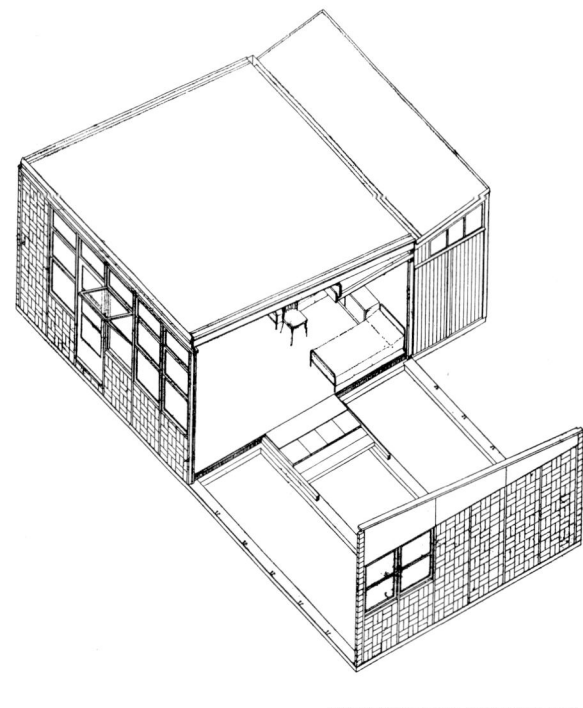

ISOMETRISCHE PERSPEKTIVE

71

Durch die Stadtentwicklung der letzten Jahrzehnte wurde der Flachbau vernachlässigt. Man glaubte, daß er den Stadtraum flächenmäßig zu sehr beanspruche, daß er dem Etagenbau gegenüber zu teuer wäre und daß er zu primitiv sei. Ein Vergleich der Stadtraumbeanspruchung durch Hoch- und Flachbau muß notwendig zu falschen Ergebnissen führen, wenn er nicht unter gleichen Voraussetzungen erfolgt. An den Hochbau stellt man leider mindere sozialhygienische Ansprüche als an den Flachbau. Nimmt man aber auch für den Hochbau die Abstände und Freiflächen an, die sich aus den notwendigen Lichteinfallwinkeln ergeben, wird man zu dem Ergebnis kommen, daß die Stadtraumbeanspruchung durch Hochbau und Flachbau als gleichwertig anzusehen ist*). Damit wäre auch die Rentabilität der Verkehrsmittel gewährleistet, da der Stadtraum theoretisch nicht vergrößert zu werden braucht. — Der Flachbau vereinigt außerdem die Vorteile des mehrgeschossigen Einfamilienhauses mit denen der Etagenwohnung. Weiterhin bringt er noch mehr als das mehrgeschossige Einfamilienhaus alle Wohnräume unmittelbar mit dem Garten in Verbindung. Ein solches Erdgeschoß erfordert jedoch eine größere Frontlänge. Dadurch läßt sich aber die Qualität des Grundrisses steigern, ohne den Rauminhalt zu vergrößern. Je größer die Frontlänge, desto geringer die Bautiefe und desto günstiger die Möglichkeit der Raumanordnung. Die größere Frontlänge bedingt jedoch noch keine Verteuerung der Straßenkosten. Zwar wächst die absolute Straßenlänge. Wenn man aber die Straße nicht rings um den Block führt, sondern die einzelnen Häuser durch Wohnwege bzw. Wohngänge mit der Straße verbindet, erhöhen sich weder die Kosten für die Straßenfläche noch für die Leitungen, da auch diese in ihren Querschnitten ihrer Beanspruchung entsprechend differenziert werden können.

Die Aufschließungskosten des Geländes werden sich bei den heutigen Vorschriften natürlich erhöhen. Diese Ansprüche sind jedoch in bezug auf Straßenbreite und Leitungen für solche Siedlungen viel zu weitgehend. Ihre Herabminderung, die keineswegs Qualitätsminderung, sondern nur Anpassung an neue Verhältnisse ist, würde diese Kostenerhöhung beseitigen. — Im übrigen tritt aber beim erdgeschossigen Flachbau durch Fortfall des Treppenhauses, der Unterkellerung und Vereinfachung der Konstruktion eine absolute Reduzierung der Baukosten ein, so daß er infolge seiner relativen Billigkeit auch der

großen Masse der Minderbemittelten die Möglichkeit einwandfreien Wohnens gibt. Darüber hinaus eignet sich das Erdgeschoßhaus besonders zum etappenweisen Ausbau von einem Hauskern aus, entsprechend den wachsenden Bedürfnissen der Bewohner. Dadurch wird der Flachbau besonders aktuell, weil nur geringe Mittel für den Wohnungsbau zur Verfügung stehen und es durch die Form des „wachsenden Hauses" möglich ist, zunächst ein verhältnismäßig geringes Kapital im Hausbau festzulegen. Es kommt noch hinzu, daß sich der Flachbau speziell für die Industrialisierung des Hausbaus eignet, was eine weitere erhebliche Kostenreduzierung zur Folge hat. Diese Industrialisierung des Hausbaus setzt aber nicht eine Typisierung des Hauses voraus, sondern nur eine Typisierung der Elemente seines Aufbaus. Diese müssen in ihren Abmessungen so festgelegt werden, daß sie jede Möglichkeit der Grundrißbildung zulassen.

Von ausschlaggebender Bedeutung für die Planung eines Hauses ist die Lage der Räume zur Sonne. Um die ganze Tagessonne für das Haus nutzbar zu machen, wurde das Haus in Wohntrakt und Schlaftrakt zerlegt, die entgegengesetzt diagonal zur Nord-Süd-Richtung stehen, so daß der Schlaftrakt Südost- und der Wohntrakt Südost- und Südwestsonne erhält. Beide Trakte sind so miteinander verbunden, daß an ihrem Zusammenstoß eine Terrasse entsteht, die nach Süden liegt. Aus den gleichen Raumelementen kann das Haus auch nach einem anderen Grundrißsystem zusammengebaut werden. Die Grundrißvariante zeigt das Haus als reinen Süd-Typ.

Der Hauskern enthält Wohnraum, Küche, Bad, W. C., Vorraum, Abstellraum und kleinen Kellerraum. Der Wohnraum kann durch eine Trennwand in Wohn- und Schlafraum unterteilt werden. Die Erweiterung des Hauskerns erfolgt in drei Etappen, jeweils durch Anbau eines Schlafzimmers.

Der Wohnraum als Gemeinschaftsraum wurde so groß wie möglich gemacht. Er ist so möbliert, daß sich ein Arbeitsplatz, Wohnplatz und Eßplatz ergibt. Die Abmessungen der Schlafzimmer und der Nebenräume sind auf das Notwendigste beschränkt.

Für die Beheizung des Hauses wäre eine Zentralheizung am zweckmäßigsten. Aus Ersparnisgründen wurde Ofenheizung vorgesehen.

Das Haus ist aus Holz erbaut. Der Aufbau erfolgt aus typisierten Plattenelementen von 95 cm Breite und Geschoßhöhe. Gleiches Maß haben auch die Plattenelemente für die Innenwände.

Bei Serienanfertigung beträgt der Preis des Hauskerns 2500 Mark, des ausgebauten Hauses 4500 Mark.   *(Hilberseimer.)*

---

*) Hilberseimer, Flachbau und Stadtraum. Zentral-Bl. d. Bauverw. 1931, Nr. 53/54, S. 773 ff.

ARCHITEKT: LUDWIG HILBERSEIMER

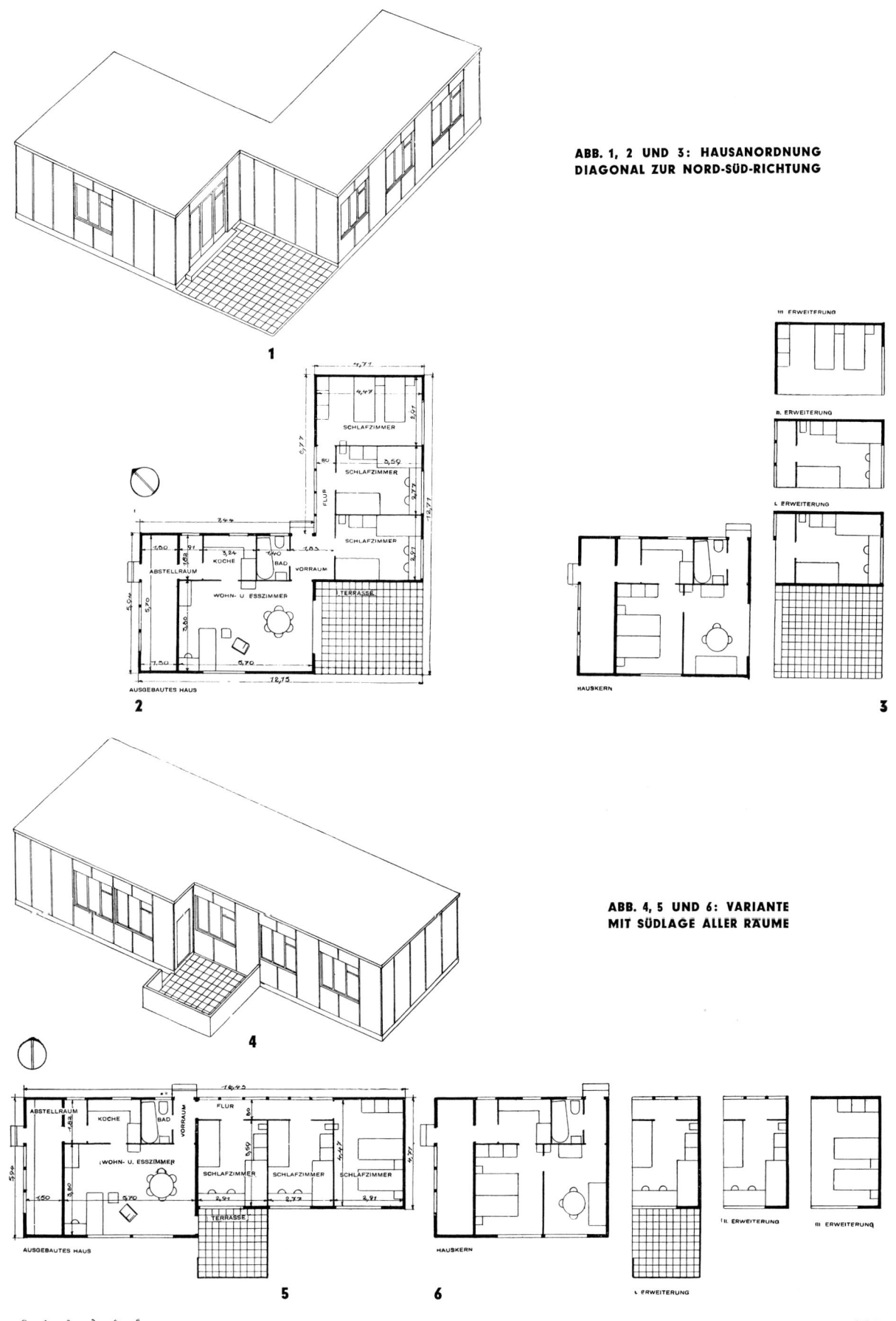

ABB. 1, 2 UND 3: HAUSANORDNUNG
DIAGONAL ZUR NORD-SÜD-RICHTUNG

ABB. 4, 5 UND 6: VARIANTE
MIT SÜDLAGE ALLER RÄUME

73

ARCHITEKT: LUDWIG HILBERSEIMER

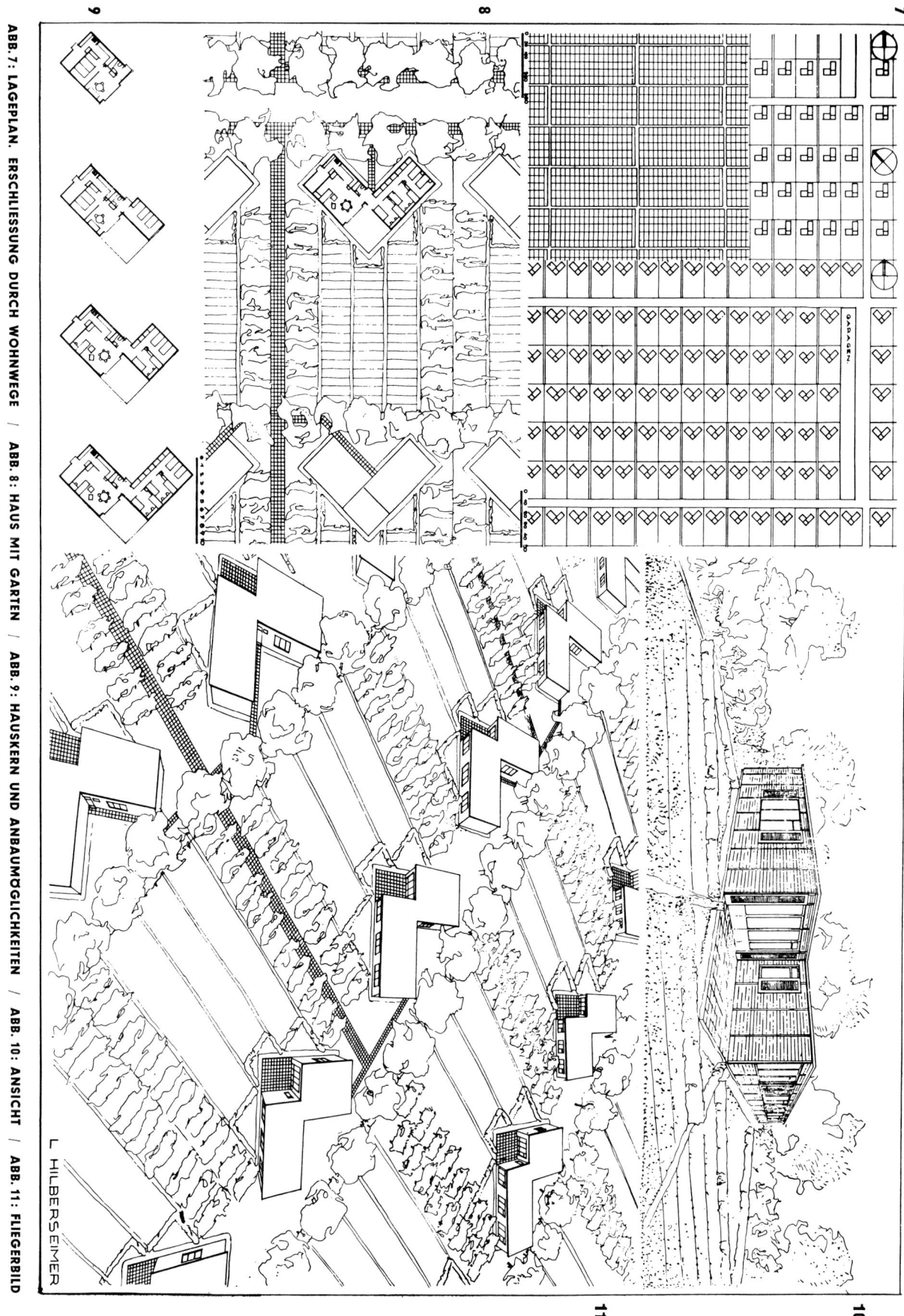

ABB. 7: LAGEPLAN. ERSCHLIESSUNG DURCH WOHNWEGE / ABB. 8: HAUS MIT GARTEN / ABB. 9: HAUSKERN UND ANBAUMÖGLICHKEITEN / ABB. 10: ANSICHT / ABB. 11: FLIEGERBILD

L HILBERSEIMER

ARCHITEKT: LUDWIG HILBERSEIMER

ANSICHT VON NORDWESTEN

SÜDANSICHT

ANSICHT VON SÜDOSTEN

75

Der K e r n g e d a n k e des Hauses besteht darin, daß von Anfang an die verschiedenen Wohnvorgänge klar und bestimmt ihre verschiedenen Räume erhalten. Wohn-, Schlaf- und Wirtschaftsräume wurden eindeutig getrennt. Es wurde grundsätzlich von kombinierten Zimmern Abstand genommen, die durch Patentmöbel, Klappbetten, Schiebewände und Aehnliches abwechselnd für die jeweiligen Wohnbedürfnisse verwendbar sein sollen, oder die in einem einzigen Raum mehrere Wohnvorgänge, z. B. Kochen, Schlafen usw., unterbringen, wie dies sonst oft zu vorteilhaften Lösungen von Wochenendhäusern, Junggesellenappartements usw. geführt hat. Dagegen wurde das „wachsende Haus" als eine Familienwohnung aufgefaßt, die von vornherein nicht nur alle Wohnbedürfnisse auf engstem Raum unterbringen, sondern sie als Kern einer zukünftigen größeren Wohnung schon gesondert für den zwar noch kleinen, aber bereits organisch eingerichteten Haushalt anordnen soll.

Das Haus ist in eine Wohnzone und eine Wirtschaftszone eingeteilt.

Die W o h n z o n e nimmt den größeren Raum in Anspruch. Sie enthält 2 abgeschlossene Zimmer.

Das W o h n z i m m e r enthält einen „Sofaplatz" für die Mahlzeiten und geselligen Zwecke. Außerdem ist ein zweiter Platz für Aufstellung des Schreibtisches geschaffen.

Im S c h l a f z i m m e r findet außer den beiden Ehebetten, der Waschkommode und dem Schrank auch noch, worin ein besonderer Wert erblickt wird, ein Kinderbett bequem Platz.

Die W i r t s c h a f t s z o n e enthält die Reihe der Nebenräume. Der Abort ist zugängig durch den Windfang, der gleichzeitig einen Geruchverschluß bildet, besonders für den Fall eines Trockenklosetts bei noch nicht vorhandener Kanalisation.

Die Abmessungen der Küche sind für völlig ausreichende Wirtschaften auch in dem später vergrößerten Haushalt berechnet. Fehlen auf dem Gelände die Anschlüsse von elektrischem Strom, Gas usw., so wird die Küche mit einem Herd für Kohlenfeuerung ausgestattet. Gezeigt wird in der Ausstellung der reifste Zustand mit elektrischer Koch- und Warmwasseranlage. Der zwischen Spüle, Ausguß und Herd eingebaute Tisch stellt eine verhältnismäßig große Arbeits- und Abstellplatte dar, über und unter welcher die Schränke für Küchengeräte und Geschirr sowie der Speiseschrank angeordnet sind. Auf diese Weise ist der größere Teil des Raumes für die Unterbringung aller erforderlichen Kücheneinrichtungen ausgenutzt und kann von dem übrigbleibenden Raum zwischen den beiden Türen bequem bedient werden. Eine Entlastung der Küche, besonders auch bei der Wäsche, stellt der Geräteschuppen mit seinen Abstellmöglichkeiten (Hängeboden) und dem Zugang zum Vorratskeller dar.

Die Beheizung des Hauses geschieht durch einen zentralen Ofen, der zur Vermeidung von Verunreinigung der Zimmer ausschließlich von der Küche aus bedient wird.

Durch diese strenge Einteilung des Hauskerns ist auch der organische Anbau bei der Erweiterung gegeben. An die Reihe der Nebenräume fügt sich wiederum der Flur und weiterhin Abort und Waschraum, so daß rechts und links vom Hauseingang die beiden Zonen der Nebenräume liegen. Die Zone der Wohnräume ist in der Erweiterung ebenfalls zusammenhängend angelegt, und zwar so, daß jedes Zimmer eine direkte Tür zum Flur erhalten kann.

Der Grundriß gestattet den Anbau der Erweiterungen ohne nennenswerten Eingriff in den vorhandenen Hauskern, insbesondere bleibt die Installation erhalten. Die Anlage eines Bades kann ohne weiteres durch Hinzunahme des Windfangs zum bisherigen Abortraum erfolgen.

Das Aeußere des Hauses ist durch die größeren Fenster der Wohnräume und die kleineren der Wirtschaftszone bestimmt. Der einfache Baukörper wird mit der Erweiterung zweiflüglig und wird bereichert durch Anbau des kleinen Gewächshauses, das sowohl zum Nutzbetrieb als auch zur Blumenpflege dienen kann.

K o n s t r u k t i o n : Der Beton-Pfahl- und -Plattenbau System Richter & Schädel ist ein massives Montage-Fachwerk. Aus Betonsäulen und eingeschwenkten Bimsbetonplatten wird die feste Massivwand montiert, die als Außenbekleidung Kunstschieferplatten, als Innenbekleidung und Zwischenwände Gipsplatten erhält. Auf einem oberen Pfettenkranz liegen die Patent-Bohlen-Binder, darauf die Dachdeckung (doppelte Teerpappe auf Rauhspund), darunter die Decke (Arkimatte auf verlorener Schalung, verleistete Sperrholzplatten). Starke, direkt auf Sand verlegte Zeresit-Betonplatten mit Dübelleisten nehmen den Holz- oder Plattenfußboden auf. Jedes Bauelement kann für die Erweiterung verwendet werden. Jedes Gefach ist nach Bedarf für Tür, Fenstertür oder Wandfüllung auswechselbar.
(Mebes.)

ARCHITEKT: PROFESSOR PAUL MEBES

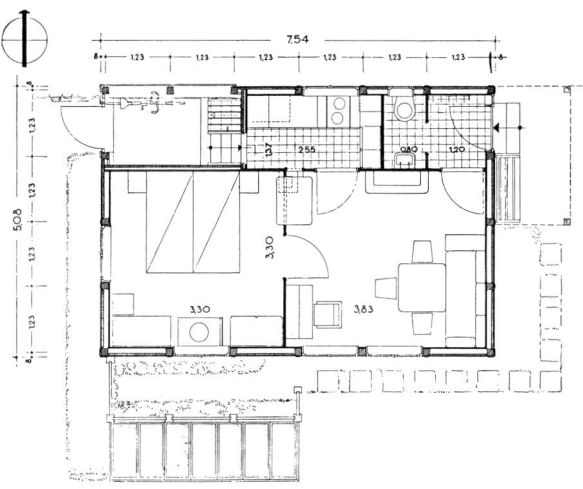

HAUSKERN

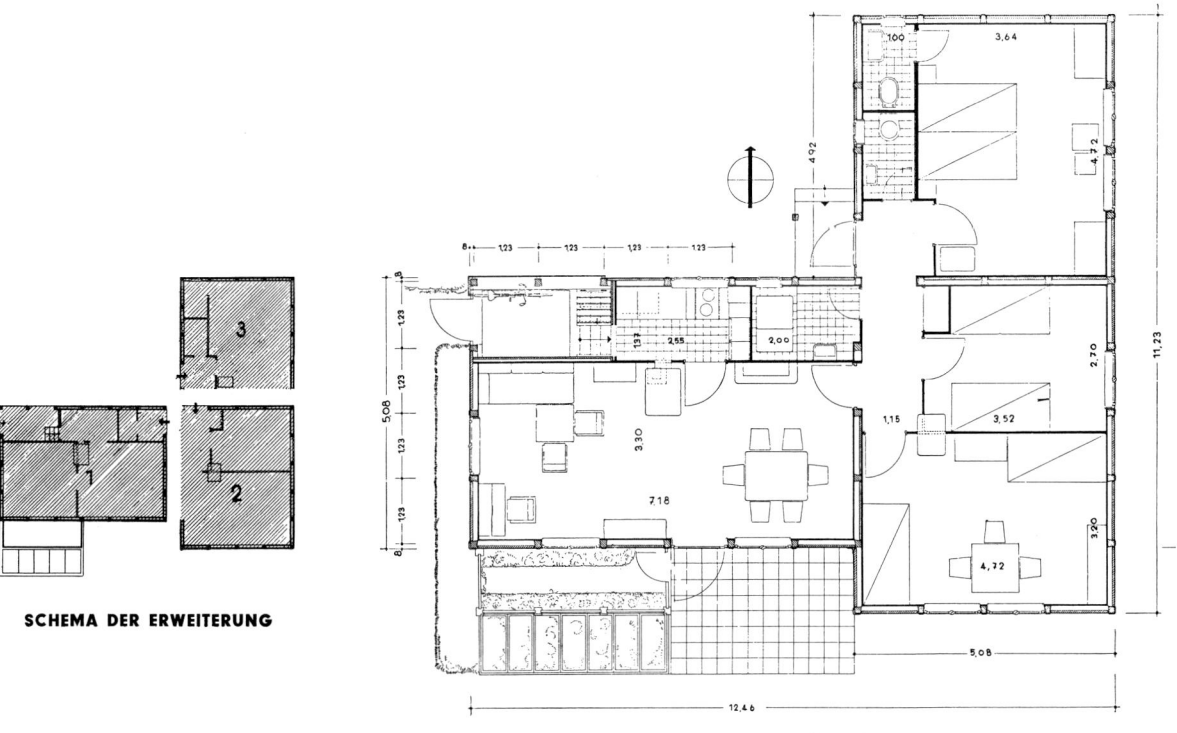

SCHEMA DER ERWEITERUNG

VOLLE ERWEITERUNG

ARCHITEKT: PROFESSOR PAUL MEBES

HAUSKERN

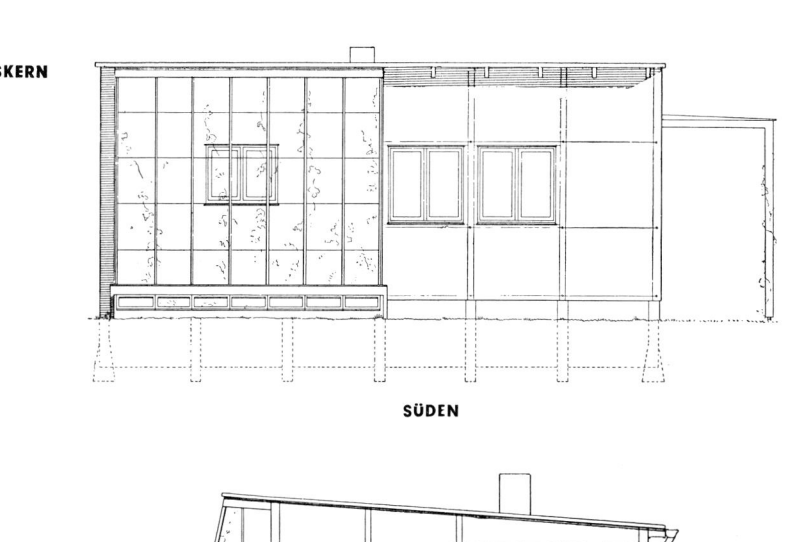

SÜDEN

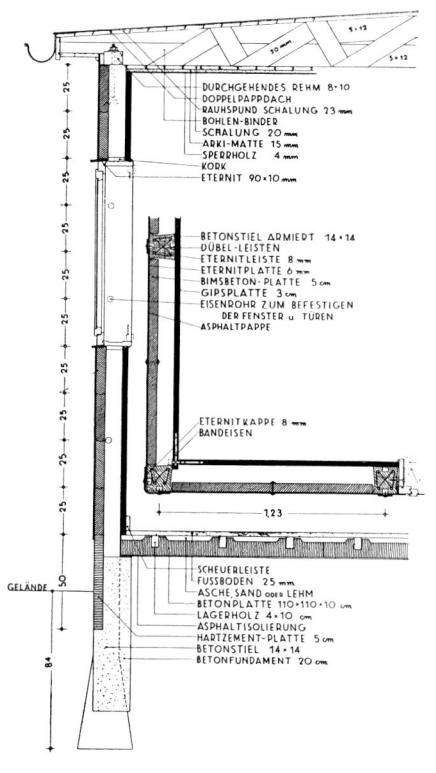

DURCHGEHENDES REHM 8·10
DOPPELPAPPDACH
RAUHSPUND SCHALUNG 23 mm
BOHLEN-BINDER
SCHALUNG 20 mm
ARKI-MATTE 15 mm
SPERRHOLZ 4 mm
KORK
ETERNIT 90×10 mm

BETONSTIEL ARMIERT 14·14
DÜBEL-LEISTEN
ETERNITLEISTE 8 mm
ETERNITPLATTE 6 mm
BIMSBETON-PLATTE 5 cm
GIPSPLATTE 3 cm
EISENROHR ZUM BEFESTIGEN
   DER FENSTER u. TÜREN
ASPHALTPAPPE

ETERNITKAPPE 8 mm
BANDEISEN

SCHEUERLEISTE
FUSSBODEN 25 mm
ASCHE, SAND ODER LEHM
BETONPLATTE 110·110·10 cm
LAGERHOLZ 4·10 cm
ASPHALTISOLIERUNG
HARTZEMENT-PLATTE 5 cm
BETONSTIEL 14·14
BETONFUNDAMENT 20 cm

KONSTRUKTION

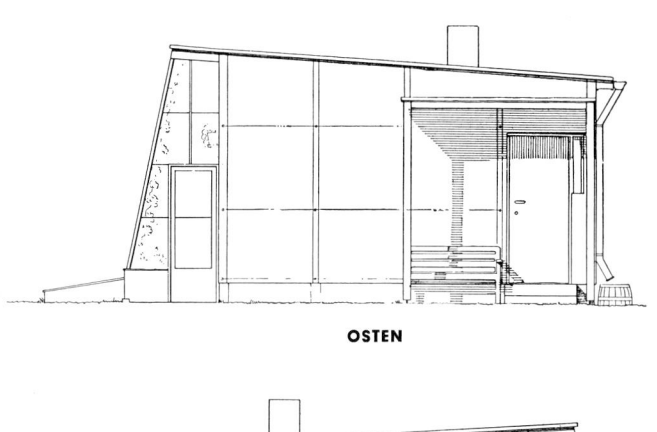

OSTEN

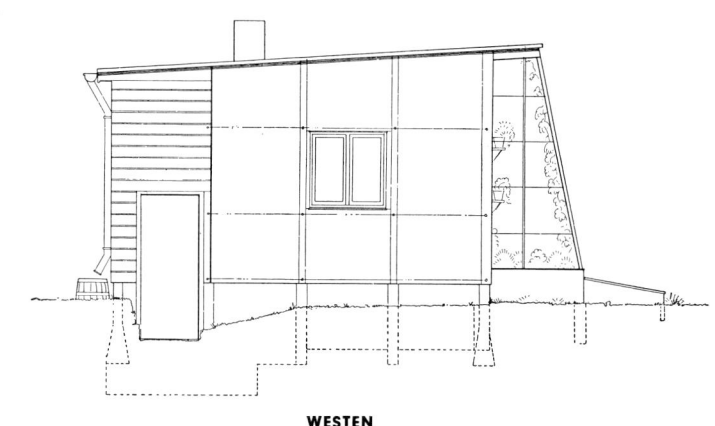

WESTEN

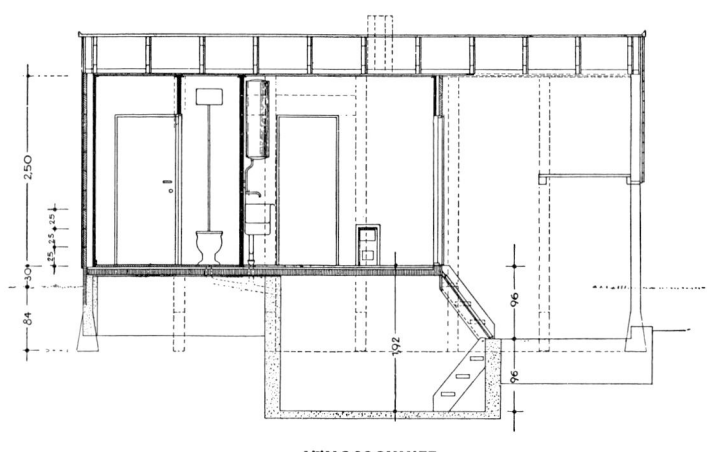

LÄNGSSCHNITT

78

ARCHITEKT: PROFESSOR PAUL MEBES

ANSICHT VON NORDWESTEN

ANSICHT VON SÜDWESTEN

WESTANSICHT

79

Das „Dawa"-Haus „Rotkäppchen" ist der Typ unter den „wachsenden Häusern", der von Anfang an im Aufbau, also mit Kern und Erweiterung fix und fertig dasteht. Das Wachsen, die Vergrößerung des Hauses vollzieht sich im Gegensatz zu den Anbauhäusern nämlich einzig und allein durch die Ausführung und Vervollkommnung seines inneren Ausbaues. Schon der erste Bauzustand bietet in seiner exakten und sauberen Herstellung dem Bewohner in der Art schlichtesten Ausbaues ein gesundes und wohnliches Heim, das jederzeit nach Bedarf mit sparsamen Mitteln erweitert und vervollständigt werden kann. Die Räume sind in jedem Zustande bewohnbar, weil Wand- und Deckenflächen im Rohbau schon völlig glatt und eben sind. Das Haus wird vollständig massiv aus in der Werkstatt hergerichteten Blocksteinen, Eisenkonstruktionsteilen und Bimsbetonplatten errichtet. Trotzdem ist Wirtschaftlichkeit und geringste Kapitalbeanspruchung für den ersten Bauabschnitt gewährleistet.

Der S c h l i c h t a u s b a u stellt den Rohbau dar einschließlich Einbau der für die Benutzung notwendigsten Objekte. Die Umfassungswände von Keller- und Erdgeschoß bestehen aus genormten 20 cm starken Hohlblocksteinen mit Wärmeisolierung, entsprechend einem 50 cm starken Ziegelmauerwerk. Das Obergeschoß wird von einem eisernen Rahmenwerk gebildet, das gleichzeitig die Dachdecke trägt und außen mit 8 cm starken Bimsbetondielen verkleidet ist. Als Dachdeckung wird Asphaltpappe verwendet; eine Zinkrinne wird angebracht. Die Keller- und Erdgeschoßdecken bestehen aus Trägerlagen mit aufgelegten Bimsbetondielen mit Estrichabgleichung im Erdgeschoß. Die Treppen sind eiserne Blechtreppen mit Asphaltstufenbelag. Keller- und Dachgeschoß bleiben vorläufig ohne Zwischenwände. Fenster und Türen werden als vollständig fertige Objekte im Montageverfahren eingebaut. Ein Torfstreuklosett, ein eiserner Kochherd und ein eiserner Ofen werden im Erdgeschoß aufgestellt. Die Außenflächen des Hauses werden gefugt bzw. geschlämmt. Die gesamte Arbeit auf der Baustelle ist programmäßig auf rund 8 Arbeitstage berechnet. Der Anteil der Werkstattarbeit zur örtlichen Montage verhält sich bei 100prozentiger Arbeitsleistung wie 84 : 16 Proz.

W o h n a u s b a u : Die Fußböden erhalten einen Estrich- oder Plattenbelag. Die Wände werden sauber aufgerieben und geschlämmt oder mit Leimfarbe gestrichen. Keller- und Obergeschoß werden in einzelne Räume, Kammern, Waschküche, Baderaum usw. aufgeteilt. Die Außenwände des Obergeschosses

werden im Trockenverfahren von innen mit einer Isolierplattenwand bekleidet. Die Zwischenwände werden im gleichen Material ausgeführt, ebenso die Unterschalung der Dachkonstruktion. Diese Arbeiten kann der Wohnungsinhaber selbst ausführen.

F e i n a u s b a u : Alle Bauteile sind so auszugestalten, wie es bei den bisherigen Siedlungswohnungen üblich war. Es wird also u. a. auf den Estrichfußböden in den Wohnräumen Linoleum gelegt werden. Zur Schallisolierung und zur Verdeckung der Trägeruntersichten wird unter der Decke oberhalb Erdgeschoß eine zweite Decke aus Trockenplatten befestigt. Das Erdgeschoß wird tapeziert. Elektrisches Licht, Be- und Entwässerung und Gas sind einzubauen.

D e r   e r s t e   B a u a b s c h n i t t   u m f a ß t   d e n   W o h n a u s b a u   d e s   E r d g e s c h o s s e s   u n d   d e n   S c h l i c h t a u s b a u   v o n   K e l l e r   u n d   D a c h.

Das Erdgeschoß enthält:

1. einen Vorraum,
2. ein Trockenklosett,
3. eine Küche in für Koch- und Wohnzwecke durchaus reichlichen Ausmaßen, die außerdem durch direkte Verbindung mit dem Kellervorraum und dem Keller wesentlich entlastet wird.
4. einen Schlafraum, der außer den Elternbetten reichlich Platz für die Aufstellung eines großen Kinderbettes hat und wo ferner der Kleider- und Wäscheschrank und auch kleinere Möbelstücke wie Nähmaschine usw. noch Platz finden.

Die Treppe zum nicht ausgebauten Obergeschoß wird vorläufig durch eine Tür im Erdgeschoß abgeschlossen.

Eine größere Zahl weiterer Bauabschnitte ergibt sich aus den nach den jeweiligen Bedürfnissen der Bewohner vorzunehmenden Ausbauarbeiten zu Wohnausbau oder Feinausbau einzelner Räume oder der ganzen Geschosse. In diesem Fall ist das bisherige Schlafzimmer als Wohnzimmer gedacht, und im Obergeschoß können je nach Bedarf zwei Zimmer, ein Zimmer und zwei Kammern oder auch ein Zimmer und drei Kammern eingerichtet werden. Der Keller enthält außer Waschküche und den notwendigen Vorratsräumen entweder eine geräumige Werkstatt oder durch Aufstellen einer Zwischenwand einen breiten Kellerflur und einen weiteren Raum, der je nach Bedarf als Zimmer oder Büro zu verwenden ist. *(Mebes u. Emmerich.)*

80

ARCHITEKTEN: PROF. PAUL MEBES U. REG.-BAUMSTR. A.D. EMMERICH

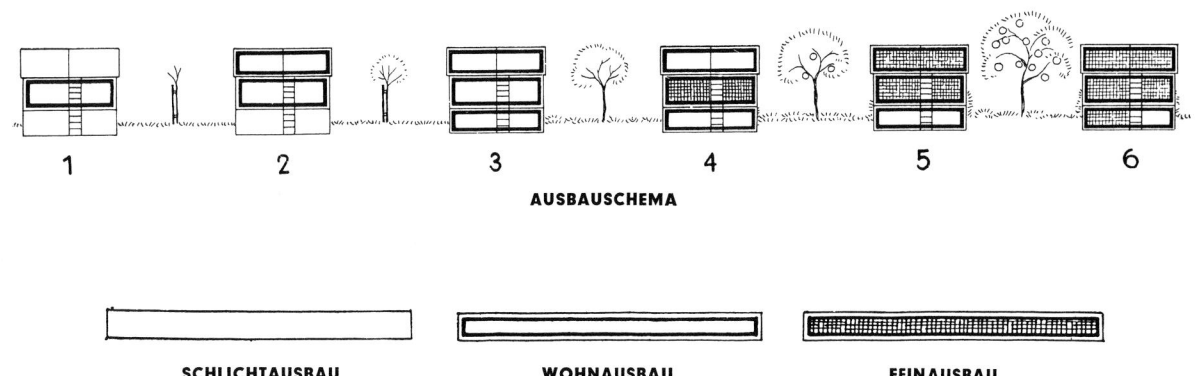

AUSBAUSCHEMA

SCHLICHTAUSBAU   WOHNAUSBAU   FEINAUSBAU

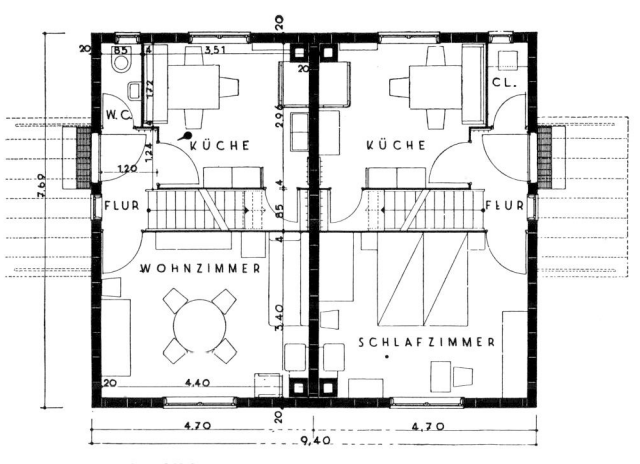

ERDGESCHOSS

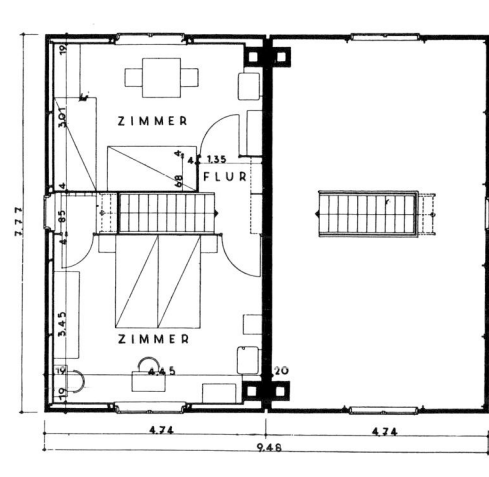

OBERGESCHOSS

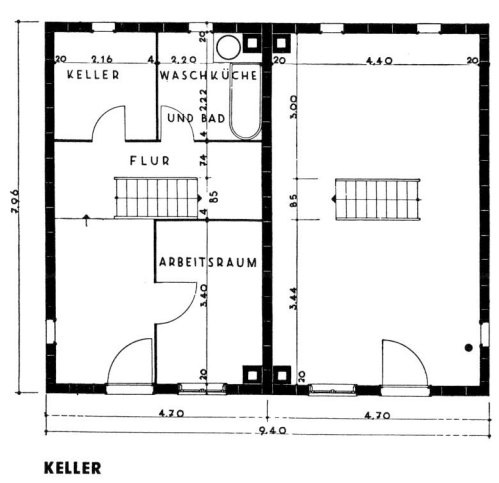

KELLER

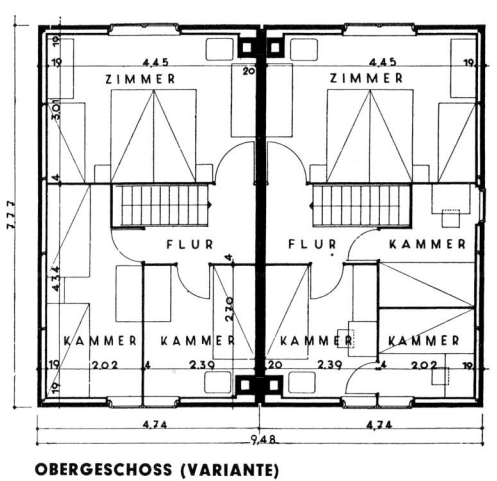

OBERGESCHOSS (VARIANTE)

ARCHITEKTEN: PROF. PAUL MEBES U. REG.-BAUMSTR. A. D. EMMERICH

ANSICHT

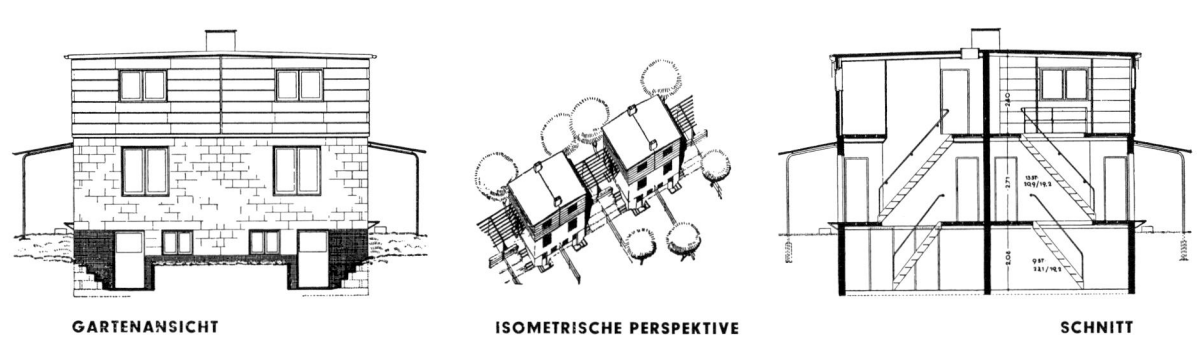

GARTENANSICHT   ISOMETRISCHE PERSPEKTIVE   SCHNITT

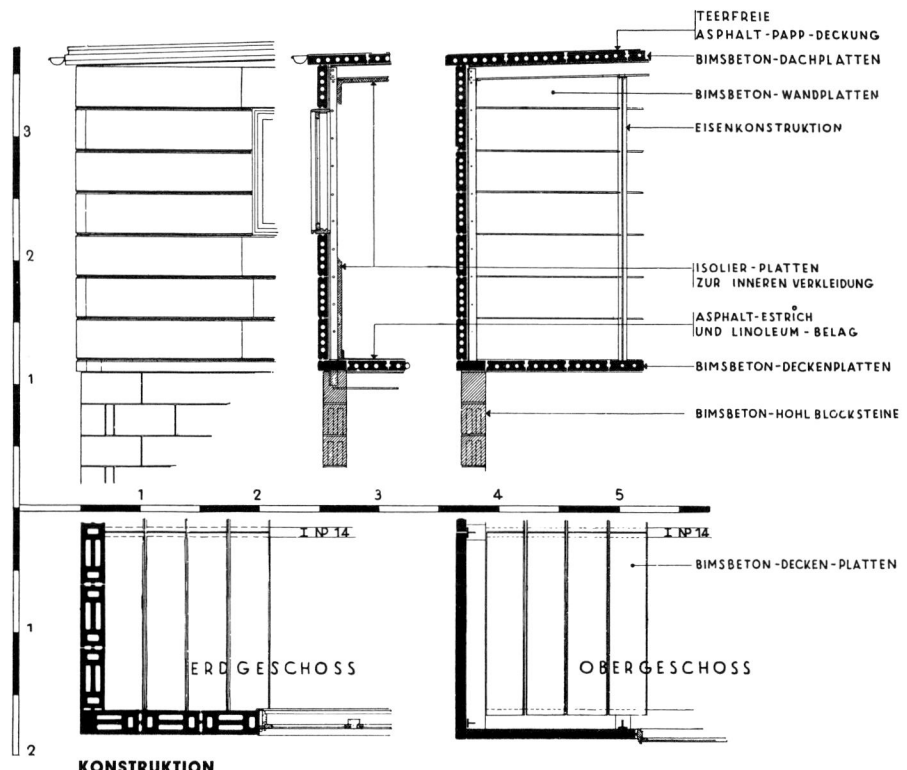

TEERFREIE
ASPHALT-PAPP-DECKUNG

BIMSBETON-DACHPLATTEN

BIMSBETON-WANDPLATTEN

EISENKONSTRUKTION

ISOLIER-PLATTEN
ZUR INNEREN VERKLEIDUNG

ASPHALT-ESTRICH
UND LINOLEUM-BELAG

BIMSBETON-DECKENPLATTEN

BIMSBETON-HOHL BLOCKSTEINE

I N° 14

BIMSBETON-DECKEN-PLATTEN

ERDGESCHOSS   OBERGESCHOSS

KONSTRUKTION

ANSICHT VON SÜDWESTEN

SÜDANSICHT

ENTWURF: DIPL.-ING. ERICH MENDELSOHN, BERLIN
BAUAUSFÜHRUNG: BÖHLER STAHLBAU G. M. B. H., BERLIN
DYCKERHOFF & WIDMANN, BERLIN

Das Haus wird als Kernbau in zwei fast gleichen Ausführungen gezeigt, einmal nach dem System der Böhler Stahlbau G. m. b. H., das andere Mal in der Eisenbetonplattenbauweise von Dyckerhoff & Widmann.

Der Kernbau (28 qm Nutzfläche) entwickelt sich in vier weiteren Etappen symmetrisch bis zum ausgebauten Haus mit rund 71 qm nutzbarer Innenfläche.

Der Kern (1) besteht aus Windfang mit Kleiderablage, Wasserklosett, Hauptraum, Küche und Schlafzimmer. Eine Nische neben dem Schlafzimmer nimmt später das Bad auf, eine Treppenstiege neben der Küche führt zum Keller, der den ganzen Raum unter der Küche ausmacht. Der Wohnraum öffnet sich mit Tür und zwei großen Fenstern nach der Sonnenseite zum Garten. Die Schlafmöglichkeiten sind variabel. Sie können bei Benutzung von Schlafsofas und übereinandergestellten Betten des Schlafzimmers ohne Beeinträchtigung der nutzbaren Fläche auf vier gebracht werden. Die Raumwirkung wird durch die Disposition des Wohnzimmers bestimmt, das bei einer Breite von rund 5 m und einer Tiefe von rund 3,50 m mit der einseitig geöffneten Lichtwand jede Enge vermeidet.

Stadium 2 fügt einen zweiten Schlafraum und einen Küchennebenraum hinzu, der später auch den Zentralheizungskessel aufnimmt. Dieser Raum kann eine Tür ins Freie erhalten.

Stadium 3 und 4 erweitern die beiden ersten Typen durch Vergrößerung des Hauptraumes auf etwa 26 qm. Gleichzeitig wächst die Oeffnung zum Garten. Eine Zwischenwand teilt jetzt den geräumigen Flur ab. Der erste Schlafraum kann vermietet werden, er hat unmittelbaren Zugang zum Bad und WC. Die Küche ist durch die Geruchsschleuse des Flures abgetrennt.

Das Endstadium (5) erhält zwei neue Schlafräume rechts und links vom Wohnraum. Der kleine Schlafraum des zweiten Stadiums wird Erweiterung eines der neuen Schlafräume. In diesem Zustand hat das Haus einen etwa 26 qm großen Wohnraum mit weiter Oeffnung zum Garten, zwei geräumige Schlafzimmer, eine Küche mit Nebenraum, eine Schlafkammer, einen Flur, einen Windfang, ein Bad, ein WC. und einen Keller. Ohne Benutzung des Wohnzimmers können 5—6 Betten stehen.

Die Räume liegen harmonisch zueinander und sind für die Nutzung günstig abgetrennt. Die Verbindung mit dem Garten, die für die Innenwirkung das Hauptmotiv bildet, ist weitgehend durchgeführt. Belichtung und Belüftung ist reichlich und gut verteilt.

Die Massivbauweise beider Häuser ist vielfach erprobt und baupolizeilich zugelassen.

Das Böhlerhaus steht auf einem massiven Fundament aus Stampfbeton oder Mauerwerk und auf einer 10 cm starken, gegen aufsteigende Feuchtigkeit besonders isolierten Betonplatte. Tragende Konstruktion ist ein genormtes Stahlskelett, das durch mehrere Schichten verkleidet wird. Außenschicht: Bimsdielen in Zementmörtel, in den Fugen armiert. Sperrstoff: zwischen Innen- und Außenschicht Pfannenbleche, die hermetisch abschließen. Innenschicht: Bauplatten oder Bimsdielen als Dämmstoff. Isolierwirkung dieser Wand gleich einer 75 cm starken Ziegelmauer. Das massive Dach besteht aus eisernen Deckenträgern, darauf tragendes Wellblech, darauf Isolierbeton, Zementestrich und doppelte Dachpappenlage. Die Verkleidung der unteren Seite erfolgt durch Doppelrohrgewebe und Putz oder Bauplatten. Isolierwirkung gleich einer 80 cm starken Ziegelmauer. Die Bauweise wird von den Hypothekenbanken beliehen.

Das Haus von Dyckerhoff & Widmann steht auf einem Eisenbetonbankett auf Betonklötzen. Der Fußboden liegt auf Unterbeton. Die Wände sind genormte Eisenbetonplatten mit rippenartigen Kassetten, die untereinander verschraubt und in die Grundschwellen isoliert eingenutet sind. Die Außenseite wird geputzt, die Innenseite mit Bimsdielen verkleidet, die auf einem Bimsbetonpolster an den Rändern der Eisenbetonplatte aufgenagelt werden. Isolierwirkung gleich einer 60—70 cm starken Ziegelmauer. Das Dach ist ein Holzbalkendach mit einer Doppelpapplage, einer Isolierschicht aus Arkimatte und einer Gipsdielenverkleidung an der Unterseite. Isolierwirkung gleich einer 80 cm starken Ziegelmauer.

Die Trockenbauweise garantiert kürzeste Bauzeit. Die Normalisierung aller Bauteile ermöglicht in weitestem Umfang fabrikmäßige Herstellung. Die Montagearbeit auf der Baustelle wird auf ein Minimum reduziert. Auswechseln von Baueinheiten ist leicht möglich. Das Verhältnis von Werkstattarbeit zu Standortarbeit ist etwa 80% zu 20%.

Beide Häuser kosten bei etwa 35 qm Grundfläche und 28 qm nutzbarer Fläche im Kernbau RM. 2500,— Serienpreis. Darin ist enthalten das fertige Haus mit Fußbodendielung, Wand- und Deckenanstrich, Ofen, Herd, Ausguß und Wasserklosett. *(Mendelsohn.)*

84

ARCHITEKT: DIPL.-ING. ERICH MENDELSOHN

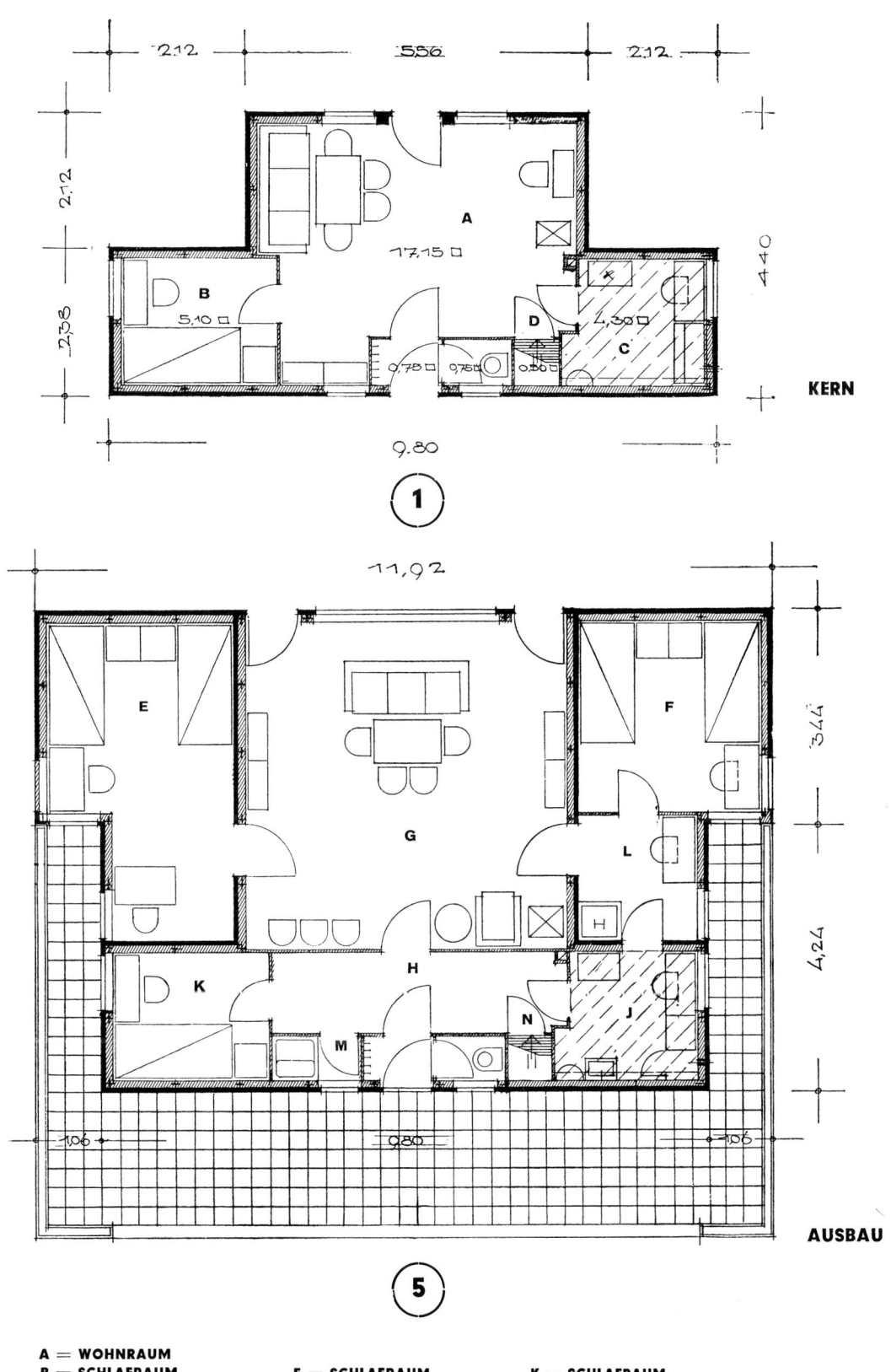

A = WOHNRAUM
B = SCHLAFRAUM   F = SCHLAFRAUM   K = SCHLAFRAUM
C = KÜCHE   G = WOHNRAUM   L = HEIZUNG U. KÜCHENNEBENRAUM
D = KELLERTREPPE   H = FLUR   M = BAD
E = SCHLAFRAUM   J = KÜCHE   N = KELLERTREPPE

ARCHITEKT: DIPL.-ING. ERICH MENDELSOHN

ANSICHT VON SÜDEN

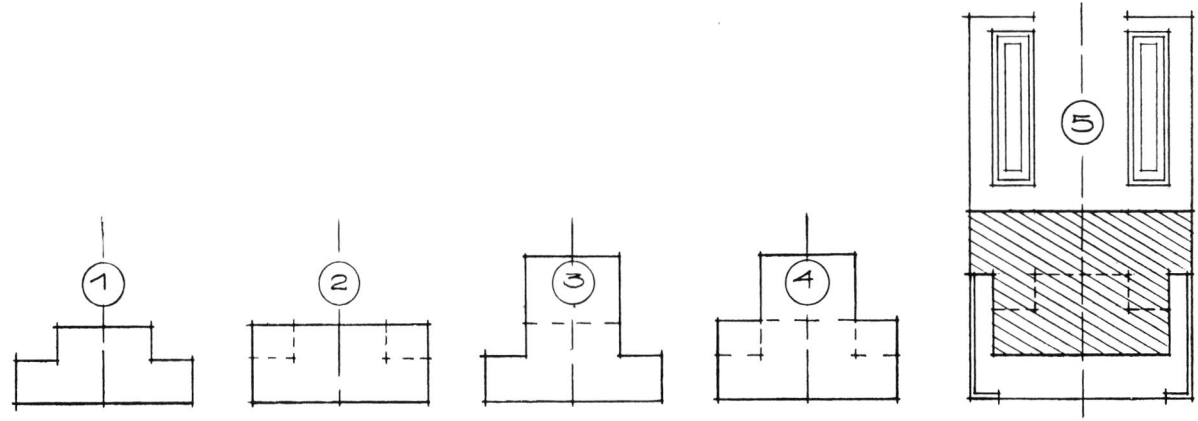

DIE 5 STADIEN DER ERWEITERUNG VOM KERN (1) BIS ZUM VOLL AUSGEBAUTEN HAUS (5)

ARCHITEKT: DIPL.-ING. ERICH MENDELSOHN

SÜDANSICHT

ANSICHT VON SÜDOSTEN

Das wachsende Haus der Stadt-Landsiedlung*).

Hier wird kein Haus schlechthin gezeigt, sondern ein H a u s a l s T e i l e i n e r S i e d - l u n g , ja als organischer Bestandteil einer fest umrissenen B o d e n p r o d u k t i o n . Es ist ein Haus, das aus dem Boden „wächst", aus seinem Ertrag heraus, unlösbar von der Art und Weise seiner Bestellung. Dies ist ein echtes Siedlerhaus für den Arbeitslosen, Kurzarbeiter und Nebenerwerbssiedler der Stadt-Landsiedlung.

Warum unser Haus von der ersten Zelle an nur zugleich mit dem Garten gebaut wird — warum die F i n a n z i e r u n g Haus u n d Garten einbezieht und trotzdem, als Kernbau, d i e g a n z e S i e d l u n g n u r 3000,— RM. k o s t e t , das kann an dieser Stelle aus Raumgründen nicht im einzelnen ausgeführt werden. Dafür hat der Träger der Idee eine besondere Schrift herausgegeben: „Die wachsende Siedlung nach biologischen Gesetzen**)". In dieser Schrift wird u. a. das Primat des Bodens proklamiert, wonach das Bauwerk dem Gartenwerk nachgeordnet ist. Jenes wächst wie dieses: Häuser wie Vegetation.

Z w e c k .

Unser Haus wächst mit Hilfe eines festen Baufonds (verbessertes Reichssiedlungs - Programm) und auf Grund eines geplanten E i n s p a r s y s t e m s , das erlaubt, in kurzer Frist auch kleine Sparsummen direkt in Wohn- oder Produktionsraum umzusetzen. Dabei soll aber das Haus i n j e d e m S t a d i u m e i n a b - g e s c h l o s s e n e s G a n z e s b i l d e n . Es wächst mit Hilfe des Bodenertrages — eben nach biologischen Gesetzen.

F u n k t i o n .

Zu diesem Behufe geht hier der Baugedanke nicht wie üblich vom materiellen Bau aus, sondern führt auch hier auf den aller menschlichen Seßhaftigkeit eigentümlichen S c h u t z - g e d a n k e n zurück. Daß dieser Schutz dann gleichzeitig auch den die Menschen begleitenden Pflanzen und Tieren zugute kommt, kann als wichtiger Nebennutzen des Grundgedankens gebucht werden.

Das wachsende Haus der Stadt-Landsiedlung wird deshalb grundsätzlich ebenerdig an unsere s o n n e n - und l i c h t f a n g e n d e , w i n d a b h a l t e n d e S ü d m a u e r g e - b a u t . Dabei wird der vielseitige Wohnbedarf in seine e i n z e l n e n F u n k t i o n e n

(wie Schlafen, Kochen, Wohnen, Arbeiten) zerlegt, und entsprechend deren Siedlungswert wird nacheinander an- und aufgebaut, eben in den einzelnen Etappen.

Die einzelnen Bauzellen sind sowohl untereinander leicht zu verbinden als auch, etwa durch separate Eingänge, voneinander zu trennen. Das wachsende Haus läßt sich also sowohl lediglich auf das Wachstum der F a m i l i e zuschneiden (Schlafzelle, Wohnzelle, Kochzelle) oder aber auch auf finanzielle Erleichterung der Hauswirtschaft durch A b v e r m i e t e n ohne Schädigung des Familienlebens.

Die V o r r ä t e nimmt teils ein kleiner Halbkeller unter der Küche, teils der Schuppen auf. Später findet eine systematische Vorratswirtschaft in dem Spezial - Siedlergewächshaus seine vollendete Grundlage.

Große Sorgfalt wird auf die hygienische und wirtschaftliche Behandlung des A b f a l l s gelegt. Die Abwässer des Hauses (Küchenwasser und Brausebad) werden über einen Entfetter in ein offenes Becken mit Entenbestand geleitet. Die Fäkalstoffe (aus dem Torfstreuklosett) werden mit Stalldung, Kehricht und Asche im Dungsilo zu Edelkompost verarbeitet, woran sich eine Freilandkompostanlage für die Gartenabfälle anschließt. Die Hausabfälle (Speisereste, Kehricht und Grobstoffe) werden in einer dreiteiligen Kastenanlage dicht bei der Küche getrennt gesammelt und von dort ihren verschiedenen Zwecken zugeführt.

Das G e w ä c h s h a u s ist eigens für die besonderen Bedürfnisse des modernen Selbstversorgers konstruiert und solcherart durchaus organische Voraussetzung für den Betrieb der Siedlung und aller seiner Teile.

A u f b a u .

Der Bau des „wachsenden Hauses an der Schutzmauer" kann entweder auf dem Wege der S e l b s t h i l f e oder mit Hilfe der bauenden I n d u s t r i e erfolgen.

Der Aufbau der einzelnen Etappen geschieht auf einer fertigen, für Bauzwecke abgesteckten B a u e b e n e — als dem größeren Raum vor und dem kleineren hinter der südlichen Schutzmauer.

Der voll ausgebaute Hauptraum soll vor der ganzen Südfront eine gläserne Falttür erhalten und Jalousien darüber. Unser Siedler ist kein Kuhbauer, sondern ein vollwertiger Kulturmensch seiner Zeit:

Siedlung ist Aufstieg.

(Migge.)

---

*) Die heute offiziell bevorzugte Bezeichnung Stadtrandsiedlung halten wir in mehrfacher Beziehung für irreführend; wir bleiben bei unserem alten Vorschlag.

**) Franckh'sche Verlagsbuchhandlung, Stuttgart. Preis 2,40 RM.

ARCHITEKT FÜR GARTENBAU LEBERECHT MIGGE

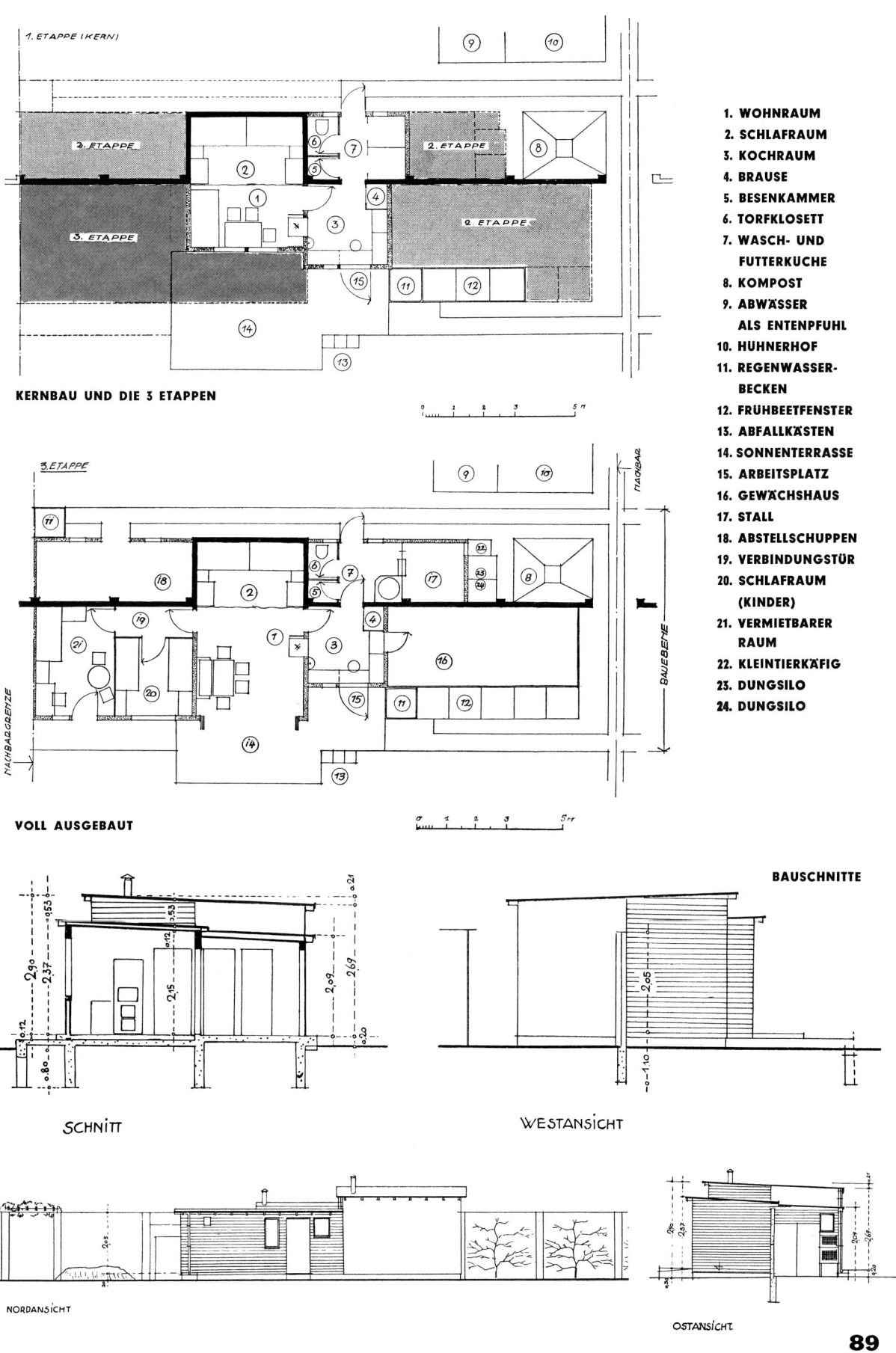

KERNBAU UND DIE 3 ETAPPEN

VOLL AUSGEBAUT

1. **WOHNRAUM**
2. **SCHLAFRAUM**
3. **KOCHRAUM**
4. **BRAUSE**
5. **BESENKAMMER**
6. **TORFKLOSETT**
7. **WASCH- UND FUTTERKÜCHE**
8. **KOMPOST**
9. **ABWÄSSER ALS ENTENPFUHL**
10. **HÜHNERHOF**
11. **REGENWASSER-BECKEN**
12. **FRÜHBEETFENSTER**
13. **ABFALLKÄSTEN**
14. **SONNENTERRASSE**
15. **ARBEITSPLATZ**
16. **GEWÄCHSHAUS**
17. **STALL**
18. **ABSTELLSCHUPPEN**
19. **VERBINDUNGSTÜR**
20. **SCHLAFRAUM (KINDER)**
21. **VERMIETBARER RAUM**
22. **KLEINTIERKÄFIG**
23. **DUNGSILO**
24. **DUNGSILO**

BAUSCHNITTE

SCHNITT

WESTANSICHT

NORDANSICHT

OSTANSICHT

89

Die wachsende Siedlung = Aufbau d. Zellen

AUFBAU
UND
WACHSTUM

NACH BIOLOGISCHEN
GESETZEN

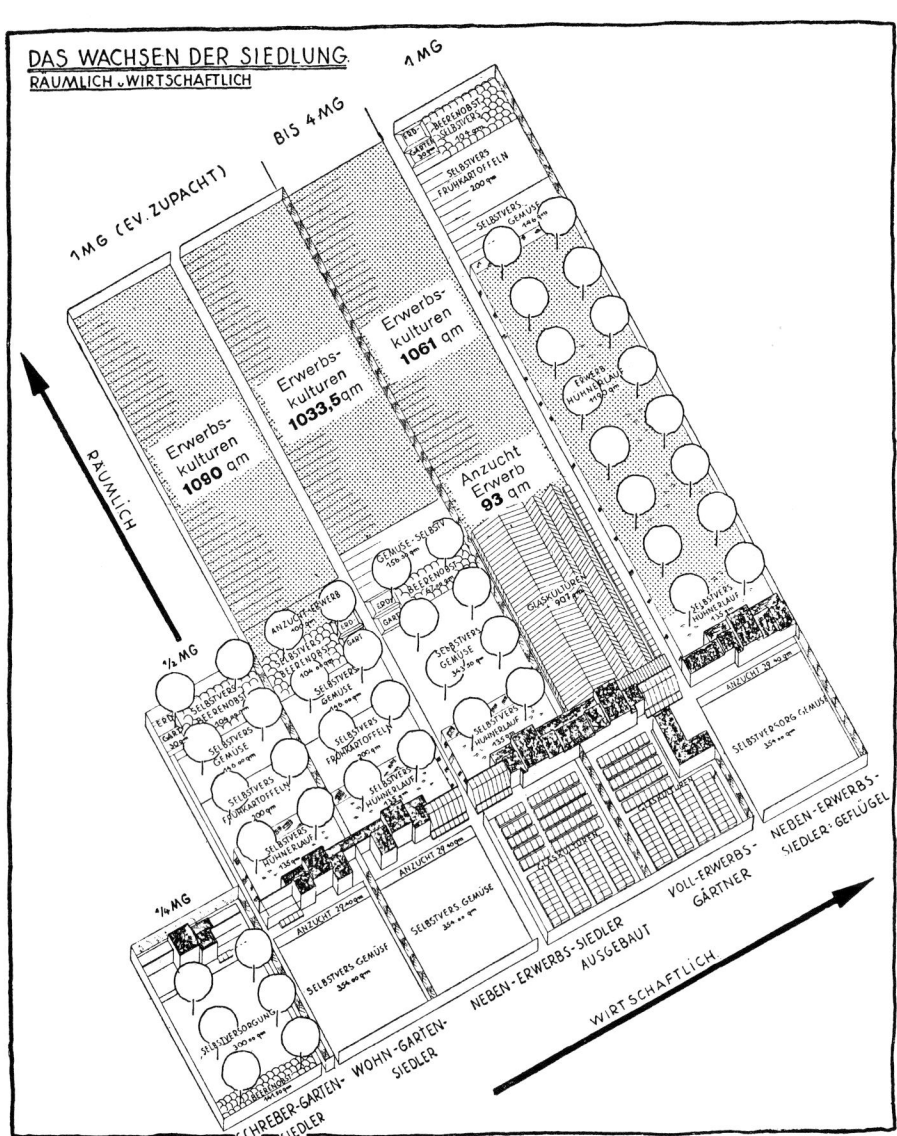

ARCHITEKT FÜR GARTENBAU LEBERECHT MIGGE

DAS WACHSENDE HAUS AN DER SCHUTZMAUER

ANSICHT DES HAUSKERNS
VON DER RÜCKSEITE

ANSICHT DES HAUSKERNS

ANSICHT DES VOLL
AUSGEBAUTEN HAUSES

Das „Baukaro".

In meiner Arbeit zum Wettbewerb „Das wachsende Haus" konnte ich auf frühere, schon praktisch erprobte Versuche zurückgreifen.

Das Ziel dieser Versuche war damals und ist heute ein um- und ausbaufähiges Haus auf Grund eines Entwurfssystems, das die Kontrolle der Baukosten jederzeit gestattet.

Die Herausbildung der Standardtype, die auf dem Mietswohnungsmarkt schnell und umfassend erfolgte, unterblieb auf dem Eigenhausmarkt so gut wie ganz. Auf diesem Markte mußte Eigen-geld und damit der Eigen-sinn des Bauherren investiert werden, so daß an Serienbau nicht zu denken war.

Hier kann vielleicht das Baukaro - system helfen, abgestellt auf moderne Fabrikationsmethoden. Mitarbeit des Bauherrn und Berücksichtigung berechtigter öffentlicher Interessen.

Das Baukaro ist aus der Möbelnorm entwickelt; die fabrikfertigen Bauplatten entsprechen der Baukaroeinheit.

Serienmäßige Herstellung der Bauteile bedingt den serienmäßigen Preis pro Baukaro.

Die Einheit ist hier wesentlich kleiner als der „Abschnitt", „Kern", „erweiterter Kern" usw., wie sie sonst allgemein der Aufgabe „Das wachsende Haus" zugrunde liegt.

Diese Zergliederung größerer Einheiten in kleinere gestattet industriemäßige Herstellung und Berücksichtigung der individuellen Wünsche des Bauherrn und erlaubt bei späteren Aus- und Umbauten die gänzliche Umformung unter Wiederverwendung der bereits vorhandenen Einheiten.

Am wichtigsten aber ist vielleicht, daß der Bauherr an Hand des Baukaros in jedem Augenblick der Entwurfsarbeit die bis dahin entstehenden Baukosten vom Zeichenblatte ablesen kann (wobei sich natürlich die Kostenfestsetzung auf eine übliche Ausstattungsart bezieht).

So erlebt der Bauherr unmittelbar das Spannungsverhältnis zwischen Wunscherfüllung und Kaufkraft und kann sich so selbst das für ihn noch Erreichbare, Bestgeeignete erobern. Der Bauherr ist in den Schöpfungsprozeß seiner Heimstatt unmittelbar einbezogen.

Das Mittel zu dieser Verknüpfung von serienmäßiger Bauherstellung und Erfüllung individueller Wünsche ist ein Katalog,

Träger und Mittler der Idee und als solcher mindestens so wichtig als die sinnreiche Durchführung der Konstruktionsteile.

Die folgenden Zeichnungen geben verschiedene Grundrißgestaltungen unter Benutzung des Baukaro systems wieder.

Die Grundrißlösungen zeigen, daß das Baukarosystem nicht auf eine beschränkte Typenzahl festgelegt, sondern jede gewünschte Grundrißabwandlung gestattet. (So natürlich auch das „Kernhaus" und die „Kernerweiterung", wie sie durch die Bedingungen des Wettbewerbs „Das wachsende Haus" gefordert wurden.)

Das Baukaro system soll der Deckung einfachen Wohnbedarfs dienen, aber auch verwöhnten Ansprüchen gerecht werden. Der Maßstabunterschied zwischen „reich" und „einfach" liegt jedoch nicht im „Pompöseren", sondern in der Verwendung einer größeren oder geringeren Anzahl der gleichen Baueinheiten (wobei natürlich der Ausgestaltung Spielraum bleibt hinsichtlich der Höhe der Wandplatten, der Außenhautbehandlung und der beliebigen Verwendung von Zusatz-Bauteilen wie Terrassen, Pergolen, Sonnenschutzsegeln usw.).

Leicht und auch im Ausdruck „beweglich" erscheinen soll auch die Konstruktion der Bauteile, gleichgültig, ob als Baustoff Holz, Eisen oder anderes Material verwendet wird.

Das Ausstellungshaus ist in Holzkonstruktion ausgeführt. Die Außenwand besteht — von außen nach innen geordnet — aus einer jalousieartigen Bretterverkleidung, Teerpappe, Holzrahmen und Luftisolierung, Solomitplatte und Celotexplatte. Der Plattenrahmen bildet die Tragekonstruktion. Die Aussteifung der Wand geschieht durch innen und außen angeordnete Lisenen, die fest miteinander und der Platte verbunden sind und zusammen mit den senkrechten Rahmenstücken eine T-förmige Stütze bilden. Die Wand soll beste Isolierungsfähigkeit mit größter Leichte verbinden und diese Leichte auch formal klar zum Ausdruck bringen.

Außerdem berührt der Typ dieses Hauses das Problem der in Tag- bzw. Nachträume abwandelbaren Wohnung, was ja heute mehr ein Problem der Möbel, Wandelemente, Kosten usw. als ein menschliches Problem ist. Schließlich aber ist auch Art und Tempo solcher Versorgung des Wohnungsmarktes vom Entwicklungsprozeß des Planwirtschaftlichen abhängig. *(Scharoun.)*

92

ARCHITEKT: PROF. HANS SCHAROUN

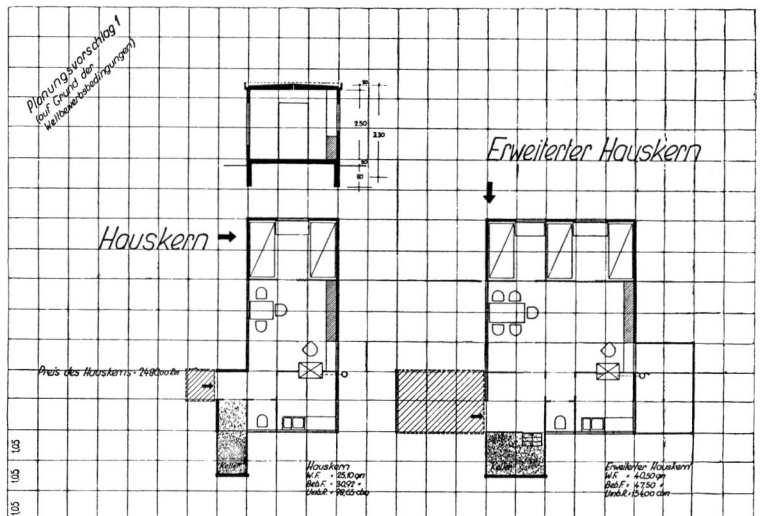

1. GRUNDRISS „KERNHAUS"
2. GRUNDRISS „ERWEITERTES KERNHAUS"

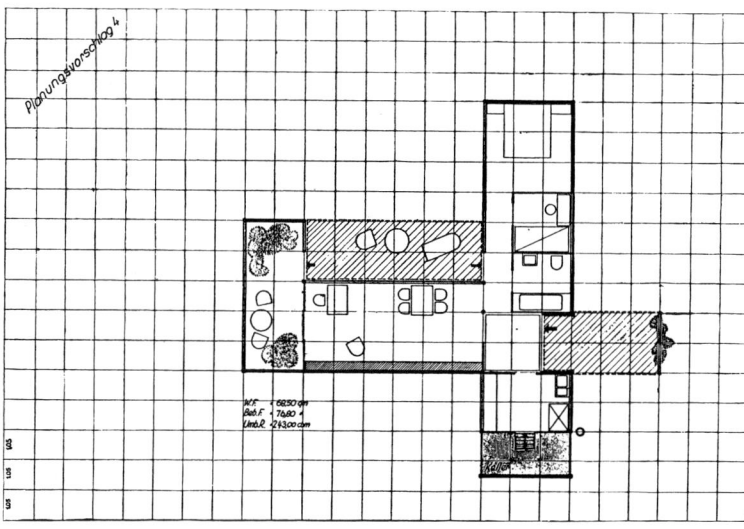

3. VARIANTE

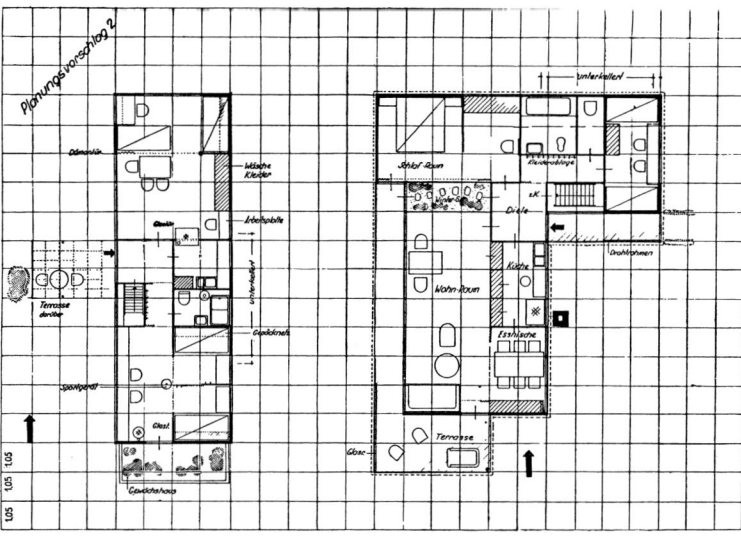

4. IN DER AUSSTELLUNG „DAS WACHSENDE
   HAUS" GEZEIGTER GRUNDRISS
5. IN DER HALLENAUSSTELLUNG MODELL-
   MÄSSIG GEZEIGTER GRUNDRISS

BEIM ZEICHNEN BEACHTEN:
1. AUF DEN VORGEZEICHNETEN LINIEN
   BLEIBEN
2. DIE AUSGEFÜLLTEN QUADRATE MIT
   RM MULTIPLIZIERT ERGIBT DIE JE-
   WEILIGEN UNGEFÄHREN BAUKOSTEN
3. NORDPFEIL EINTRAGEN

ARCHITEKT: PROF. HANS SCHAROUN

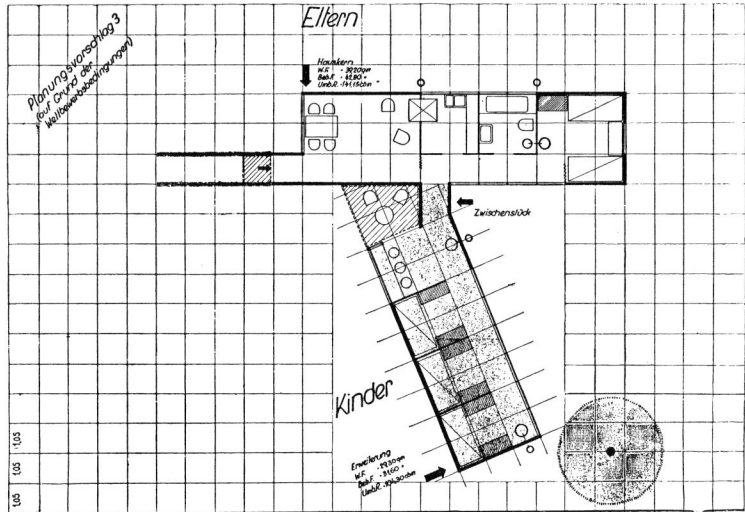

6. VARIANTE MIT ZWISCHENBAUTEIL

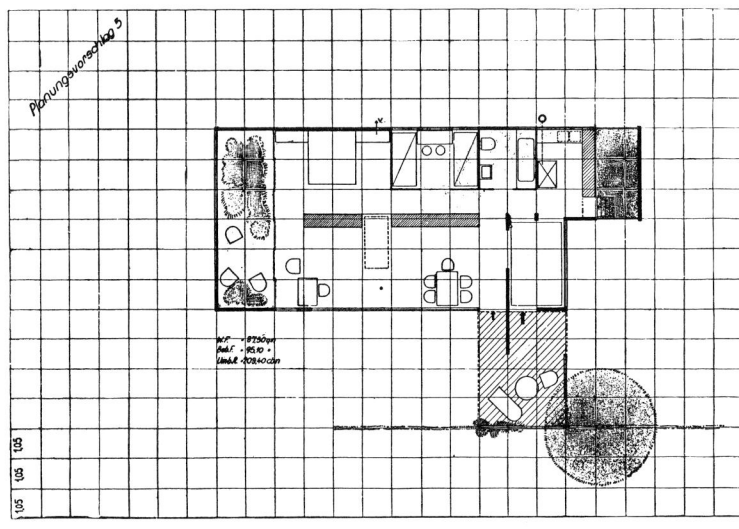

7. VARIANTE

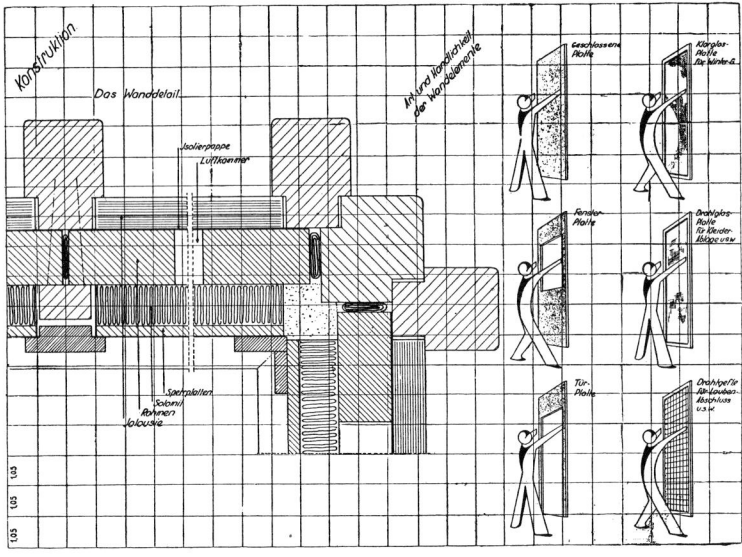

8. KONSTRUKTIONS-EINZELHEIT
9. WANDTEILE

BEIM ZEICHNEN BEACHTEN:
1. AUF DEN VORGEZEICHNETEN LINIEN BLEIBEN
2. DIE AUSGEFÜLLTEN QUADRATE MIT RM MULTIPLIZIERT ERGIBT DIE JE-WEILIGEN UNGEFÄHREN BAUKOSTEN
3. NORDPFEIL EINTRAGEN

ARCHITEKT: PROF. HANS SCHAROUN

ANSICHT

ELTERN-WOHN- UND SCHLAFTEIL

KINDER-WOHN- UND SCHLAFTEIL

Das Projekt sieht zwei aneinandergebaute Einfamilienhäuser vor, welche durch Anbauten je nach Bedürfnis erweitert werden können. Schon der Kernbau im ersten Baustadium sieht die Benutzung zweier übereinanderliegender Etagen vor. Der Wohn- und Wirtschaftsbetrieb ist im Erdgeschoß, während der Schlafraum im 1. Obergeschoß vorgesehen ist. Die Errichtung des Schlafraumes in der 1. Etage ist vorgenommen worden, weil die meisten Menschen den Wunsch haben, nicht im Erdgeschoß, sondern in einem darüberliegenden Obergeschoß zu schlafen. Der Grundriß ist auf das knappste Maß beschränkt, gibt aber durch die Anordnung der Türen und Fenster genügend Raum und Stellfläche, um ein angenehmes Wohnen zu ermöglichen.

Die Gesamtkonstruktion des Hauses ist vollständig massiv aus unverbrennlichem Material. Sie ist dadurch besonders gekennzeichnet, daß ein äußeres, sichtbares, eisernes Traggerippe nach innen mit Bimsbetonplattenwänden ausgekleidet ist. Die Decken und das Dach sind in gleicher Konstruktion vorgesehen. Die Einzelteile des Hauses werden in der Werkstatt planmäßig vorgerichtet und auf der Baustelle nur zusammengefügt. Die Erweiterung des Hauses ist ohne Veränderung durch Anfügen einzelner eiserner Binderahmen mit entsprechender Plattenverkleidung möglich. Der Bauzustand schon im ersten Ausbau ist so, daß ohne den Feinausbau die Benutzungsfähigkeit gegeben ist. Zu dem Feinausbau gehört eine innere Verkleidung aller Wände und Decken mit Isolierplatten, entsprechender Anstrich bzw. Tapezierung und das Belegen der Massivböden mit Linoleum. Die äußere Ansicht der Betonplatten und der Eisenkonstruktion wird mit wetterfestem Farbanstrich versehen.

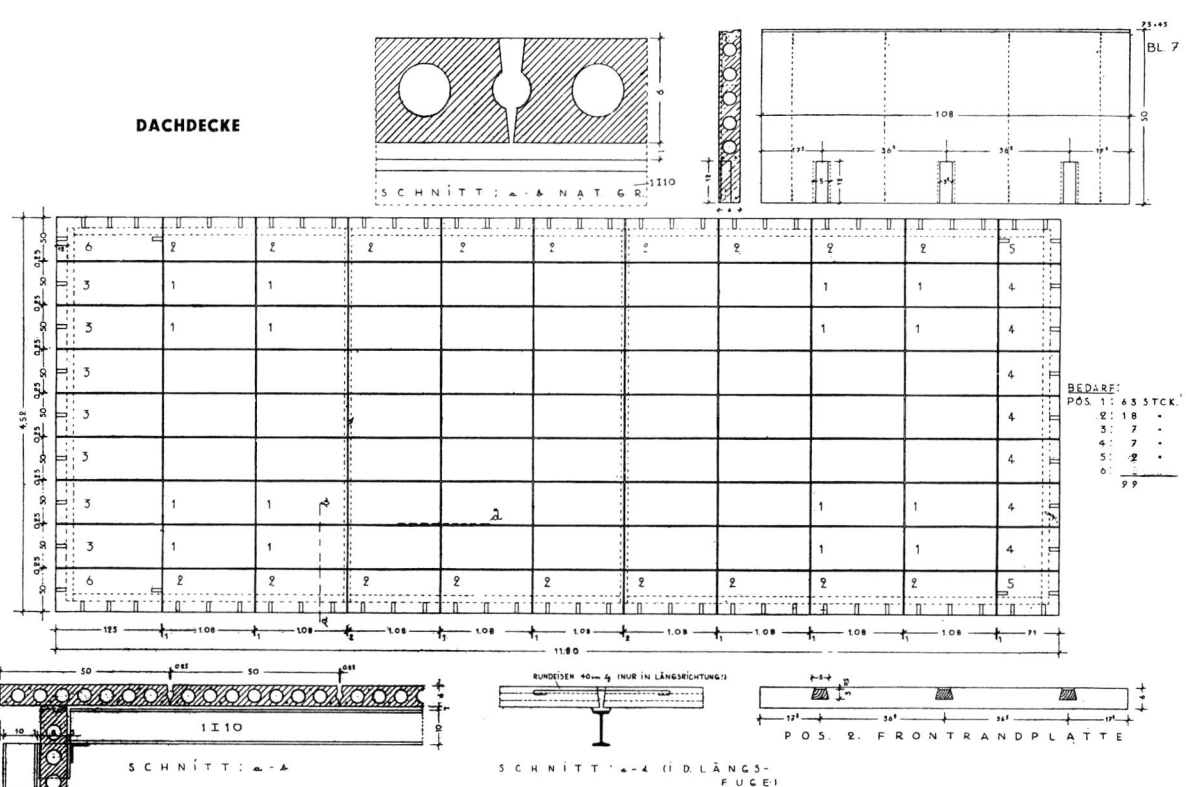

DACHDECKE

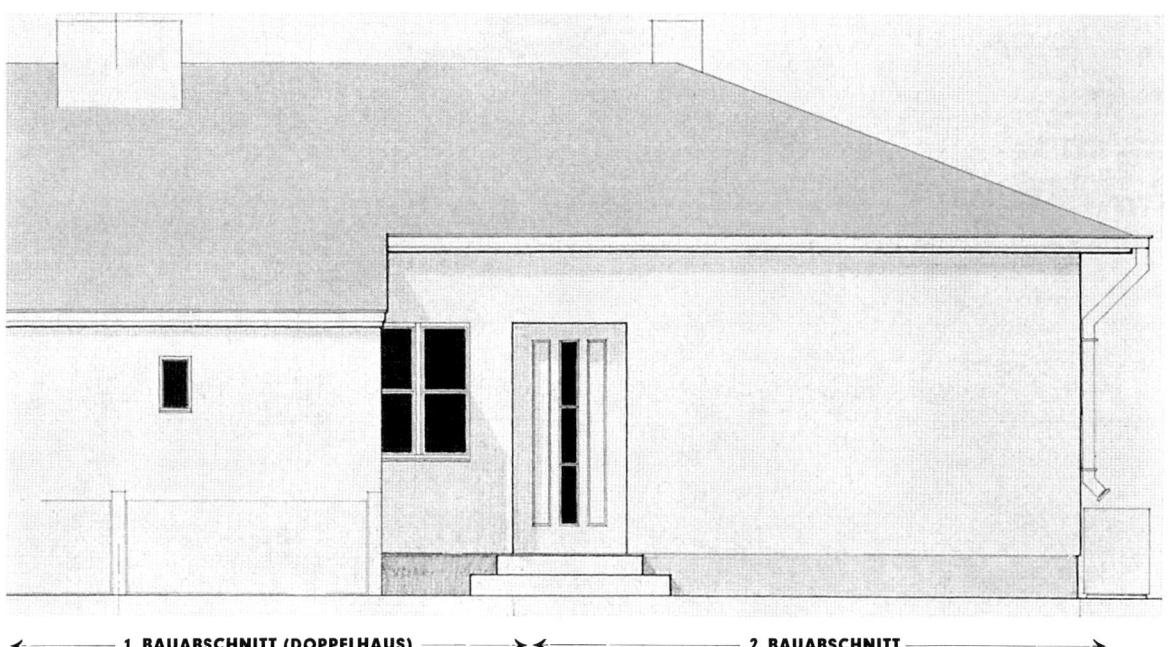

←—— 1. BAUABSCHNITT (DOPPELHAUS) ——→ ←——— 2. BAUABSCHNITT ———————→

←—— 1.BAUABSCHNITT ——→ ←——— 2. BAUABSCHNITT —————→

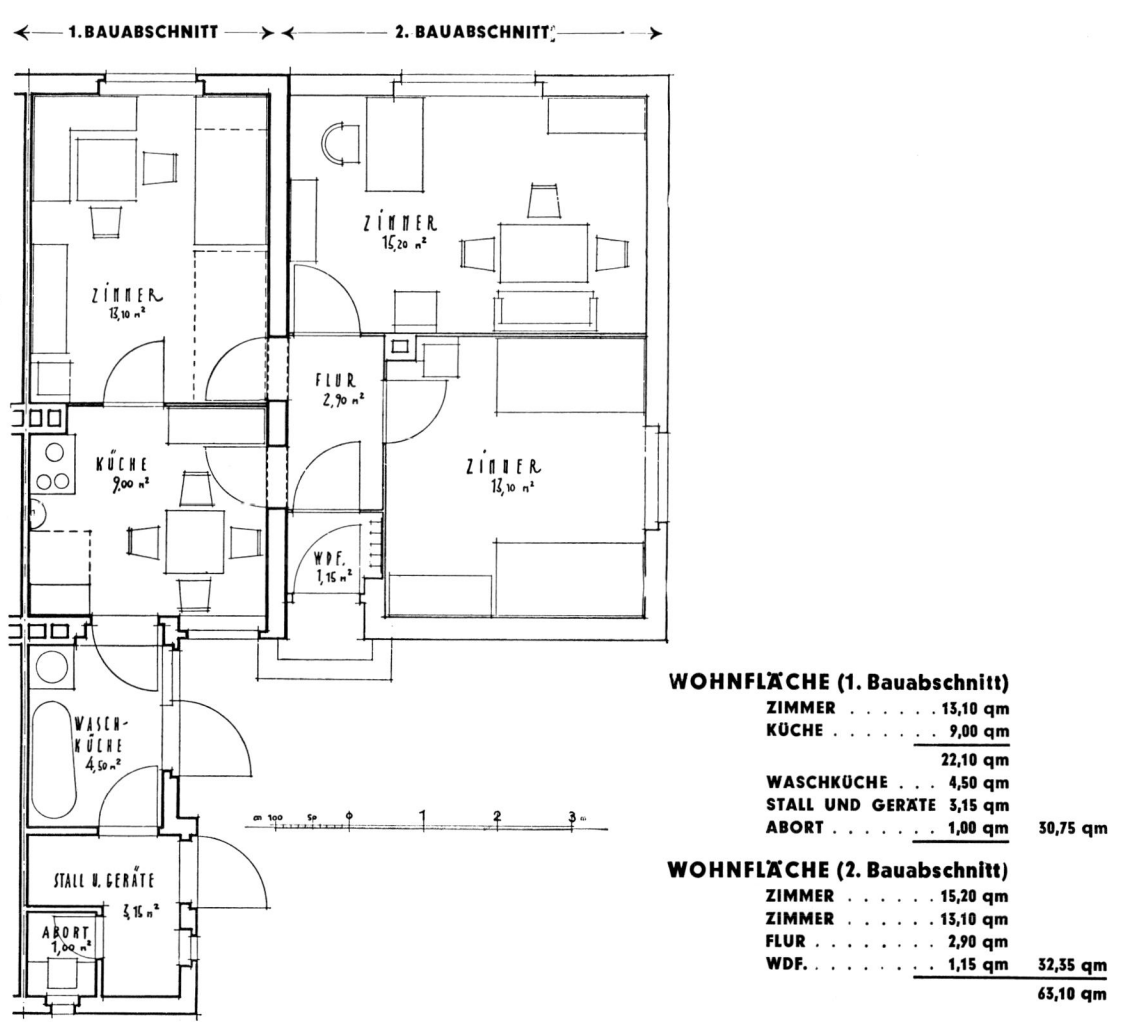

WOHNFLÄCHE (1. Bauabschnitt)

ZIMMER	13,10 qm	
KÜCHE	9,00 qm	
	22,10 qm	
WASCHKÜCHE . . .	4,50 qm	
STALL UND GERÄTE	3,15 qm	
ABORT	1,00 qm	30,75 qm

WOHNFLÄCHE (2. Bauabschnitt)

ZIMMER	15,20 qm	
ZIMMER	13,10 qm	
FLUR	2,90 qm	
WDF.	1,15 qm	32,35 qm
		63,10 qm

97

ARCHITEKT: PROF. BRUNO TAUT

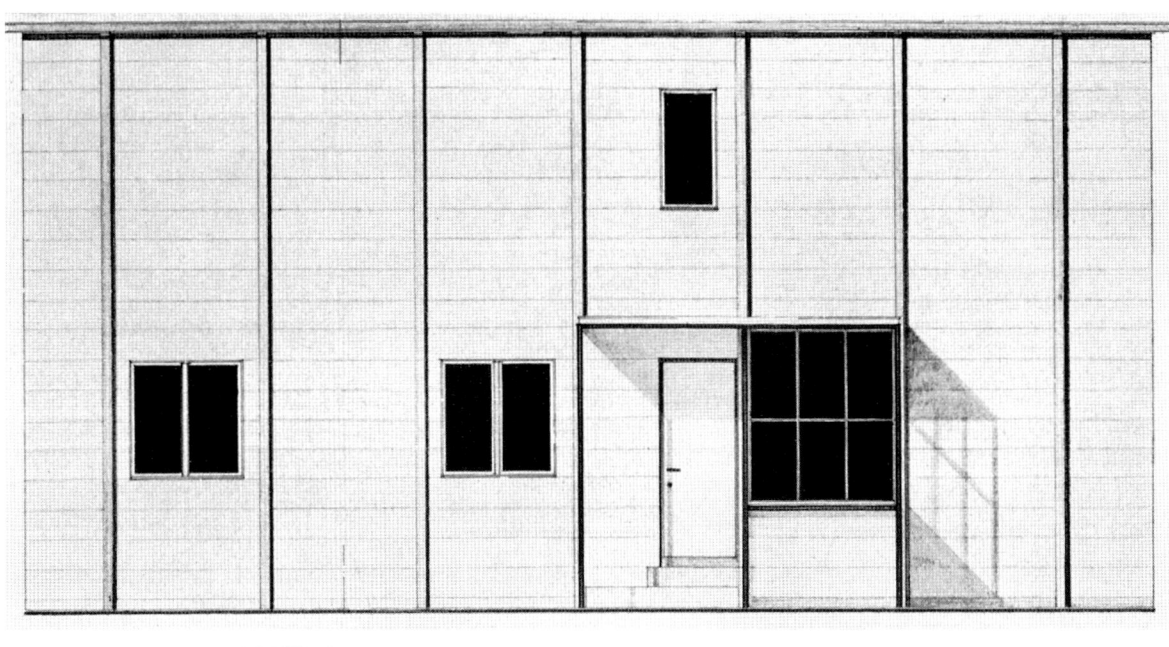

◄───── 1. BAUABSCHNITT (DOPPELHAUS) ─────►◄─ 2. BAUABSCHNITT ─►

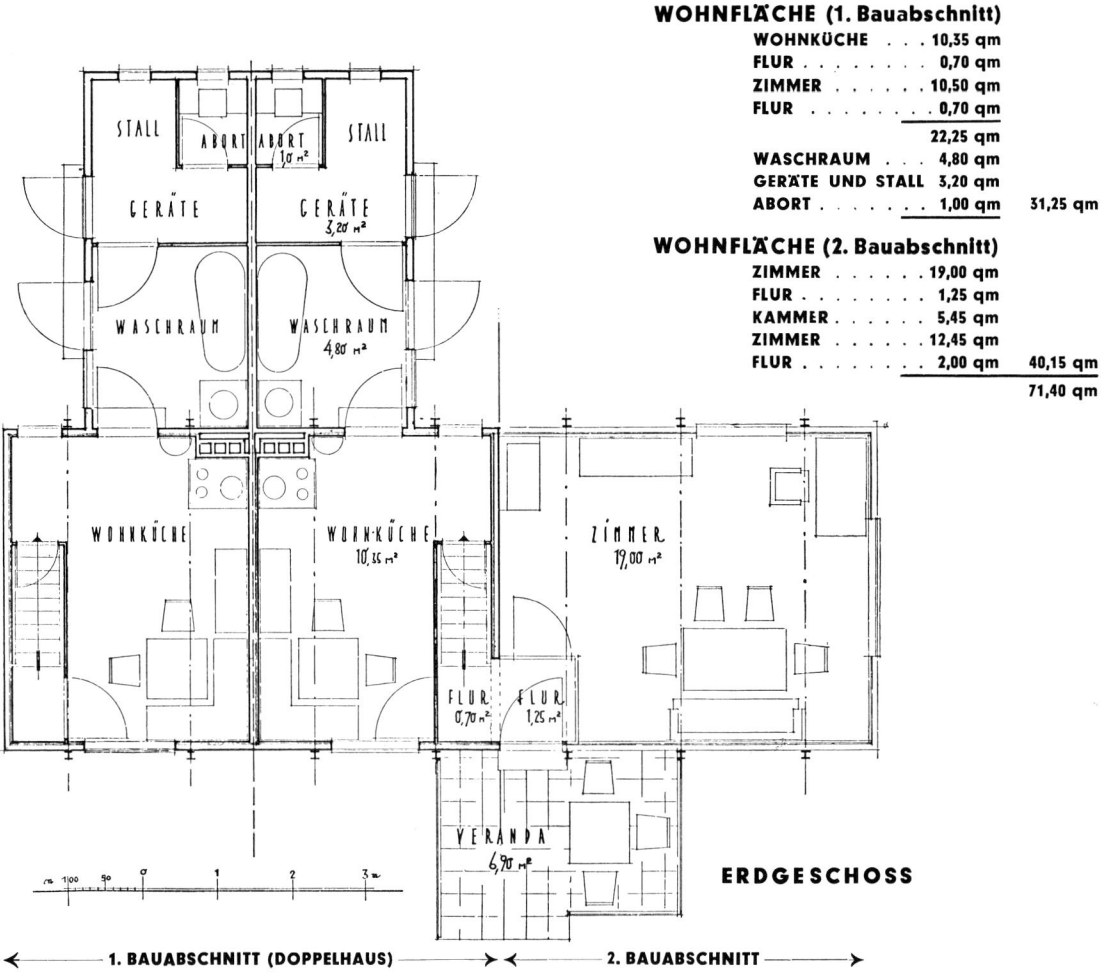

ERDGESCHOSS

◄───── 1. BAUABSCHNITT (DOPPELHAUS) ─────►◄─ 2. BAUABSCHNITT ─►

WOHNFLÄCHE (1. Bauabschnitt)

WOHNKÜCHE	10,35 qm	
FLUR	0,70 qm	
ZIMMER	10,50 qm	
FLUR	0,70 qm	
	22,25 qm	
WASCHRAUM	4,80 qm	
GERÄTE UND STALL	3,20 qm	
ABORT	1,00 qm	31,25 qm

WOHNFLÄCHE (2. Bauabschnitt)

ZIMMER	19,00 qm	
FLUR	1,25 qm	
KAMMER	5,45 qm	
ZIMMER	12,45 qm	
FLUR	2,00 qm	40,15 qm
		71,40 qm

ARCHITEKT: PROF. BRUNO TAUT

ANSICHT EINGANGSSEITE

ANSICHT GARTENSEITE

Bei der Gestaltung des endgültigen Hauses ist nicht in erster Linie an das räumliche Wachsen des Hauses gedacht, sondern beim Wachsen des Raumes soll vor allem der Wohnkomfort in größerem Maße sich steigern. Das Kernhaus als solches ist eine aus materiellen Gründen erzwungene Form einer Wohnung, eine Form, die nur erträglich ist, wenn beim Bau nicht nur die Funktion des Wohnens, sondern auch unsere technischen Erfindungen berücksichtigt werden. Auf kostspielige und komplizierte technische Einrichtungen wurde bewußt verzichtet, weil sie als unnötig erachtet wurden und in keinem materiellen Verhältnis zur Größe der Bauaufgabe stehen. Durch Einbau eines guten Kachelofens erscheint z. B. die Erwärmung eines solch kleinen Hauses gewährleistet und am wirtschaftlichsten. Das Haus ist ein alleinstehendes Einfamilienwohnhaus, bei dem alle Räume zu ebener Erde liegen. Der erste Bauteil besteht aus einem Zimmer, Wohn- und Schlafraum zugleich, einer Küche, Waschküche und Abstellraum, Abort und glasüberdeckter Veranda. Wohn- und Schlafraum ist kombiniert. Die Räume des Kernhauses sind so dimensioniert, daß sie sich günstig im richtigen Verhältnis in das ausgebaute Haus einfügen.

Auf eine möglichst variable Bewohnungsmöglichkeit ist Rücksicht genommen. Wohn- und Schlafraum sind kombiniert. Die Küche kann als selbständiger Raum vom Wohnraum abgetrennt werden. Es besteht aber auch die Möglichkeit, den jetzigen Küchenraum als Kochnische mit dem Wohnraum zu vereinigen oder den Schlafraum abzutrennen. Sollte das Haus kein fließendes Wasser erhalten, kann eine Trockenanlage oder Grube angelegt werden. Der Abort mit seiner Querdurchlüftung liegt darum abseits vom Wohnraum und ist nach Norden orientiert. Alle übrigen Räume, mit Ausnahme der Küche, liegen von Osten bis Süden und bekommen volles Licht. Die Möbel können teilweise eingebaut werden. Kleine im Handel angefertigte Serienmöbel können jedoch auch Aufstellung finden. Beim Bau des Kernhauses ist an die günstige Erweiterung gedacht worden. Sie ist möglich, ohne den geringsten Umbau des jetzigen Hauses vorzunehmen und ohne auch nur die teilweise Bewohnbarkeit des Kernhauses zu beeinträchtigen. Es kann mit Leichtigkeit durch zwei bis drei Räume vergrößert werden, so daß die gesamte bebaute Fläche auf etwa 60—70 qm erhöht werden kann.

Auch bei der Wahl der Konstruktionsmethoden war, außer der rein technischen und wirtschaftlichen Erwägung, diese Ueberlegung ausschlaggebend. Das Haus ist nach der Müller-Holzmannschen Methode errichtet. Es ist in allen seinen Teilen massiv. Das Haus besteht aus einem sichtbaren Eisentragegerippe, das nach allen Dimensionen ähnlich ausgebildet ist. Die Wände, der Fußboden und die Decke sind fast gleich konstruiert und bestehen aus 8 cm Bimsbetonplatten von einheitlicher Größe. Alle Bauteile werden serienmäßig in der Werkstatt hergerichtet, so daß die Arbeitszeit auf der Baustelle auf das geringste Maß herabgedrückt wird. Auch der Transport aller zum Bau notwendigen Teile ist außerordentlich einfach. Da alle Bauteile nicht besonders sperrig sind, können sie alle auf einem Lastauto mit Anhänger Platz finden. Auf der Baustelle sind die Arbeiten möglichst vereinfacht worden. Es ist z. B. kein einheitlicher Fundamentkranz nötig. Bis auf frostfreie Tiefe wird eine Betonröhre versenkt und die Stiele der Eisenrahmen in den Hohlraum der Rohre einbetoniert.

Die äußere Wandfläche besteht aus einer 8 cm starken genormten Bimsbetonplatte, die nach außen eine wasserabweichende Enkaustikschicht erhält. Um die Außenwand wärmetechnisch günstiger zu gestalten, bekommt sie nach innen außerdem ein 2 cm starkes Korkfutter oder eine Verkleidung mit 1,4 cm starken Celotexplatten. Durch diese Art der Ausführung kann die flächenmäßige Ausführung der Raumwände verschieden erfolgen. Die Wände können nach Wunsch gestrichen oder mit Tapete beklebt werden. Die wärmetechnischen Messungen haben ergeben, daß die so ausgeführte Wand der Müller-Holzmannschen Methode etwa einer 60 cm starken gemauerten Wand entspricht. Aehnlich ist der Fußboden konstruiert. Nachdem die Fußbodenplatten durch eine Ueberbetonschicht ausgeglichen sind, bekommen sie den Linoleumbelag. Die Wärmeisolierung der Decke wird durch einen zwischengefügten Luftraum noch besonders erhöht. Sie besteht also aus einer Kork- resp. Celotexschicht, einem Luftraum, der 8 cm starken Bimsbetonplatte mit dem Betonausgleich und dem regenabweisenden Dachpappenbelag. Diese Art der Dachkonstruktion scheint auch Gewähr dafür zu leisten, daß die Bewohner durch den durch Hagel oder Regen entstehenden Lärm nicht belästigt werden. Zur Isolierung des Hauses gegen aufsteigende Feuchtigkeit werden die in den Boden versenkten ersten Betonplatten mit Goudron getränkt.

(Max Taut.)

ARCHITEKT: MAX TAUT

PERSPEKTIVE: 1. BAUTEIL

WOHNFLÄCHE

ZIMMER	16,90 qm
KÜCHE	7,35 qm
FLUR	1,65 qm
SITZPLATZ	3,60 qm
	29,50 qm
WASCHKÜCHE . . .	4,00 qm
(ABSTELLRAUM)	
ABORT	1,10 qm
	34,60 qm

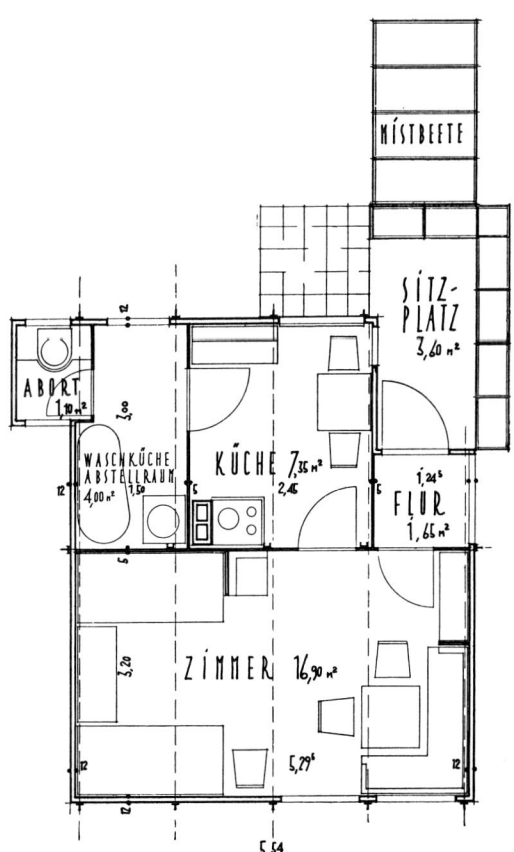

GRUNDRISS: 1. BAUTEIL

ARCHITEKT: MAX TAUT

PERSPEKTIVE DES FERTIGEN HAUSES

WOHNFLÄCHE

ZIMMER	**16,90 qm**
ZIMMER	**16,90 qm**
ZIMMER	**12,00 qm**
KÜCHE	**7,35 qm**
FLUR	**3,65 qm**
SITZPLATZ	**6,30 qm**
	63,10 qm
WASCHKÜCHE . . .	**4,00 qm**
ABORT	**1,10 qm**
	68,20 qm

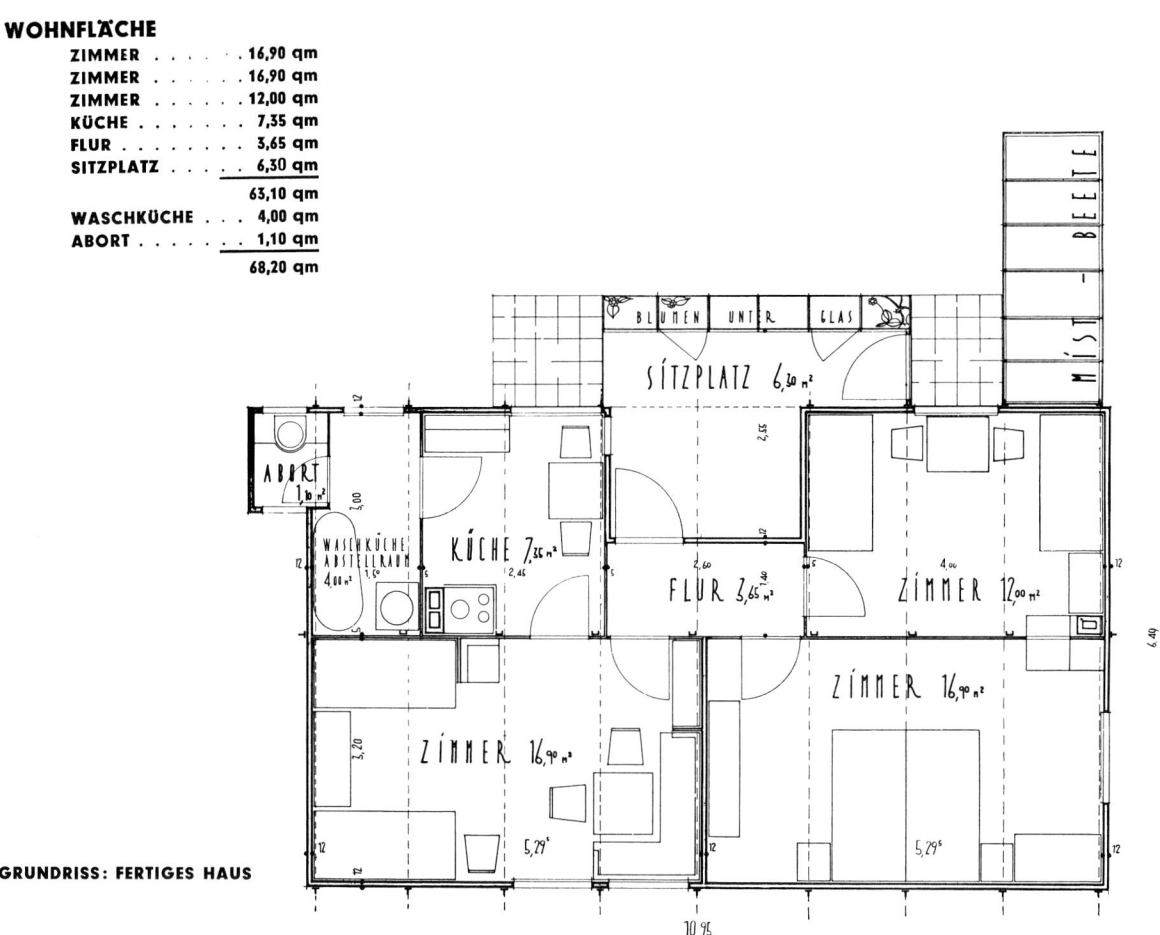

GRUNDRISS: FERTIGES HAUS

ARCHITEKT: MAX TAUT

ANSICHT EINGANGSSEITE

ENTWURF: MAG.-OBERBAURAT ERICH HEINICKE, BERLIN
MITARBEITER: DIPL.-ING. KARL SOMMER
BAUAUSFÜHRUNG: DEUTSCHE BAUHÜTTE G. M. B. H., BERLIN

Bei jeder Bauaufgabe stehen als Wesentlichstes jedesmal zwei Gesichtspunkte im Vordergrund:
der Grundriß,
die Bauart.

Die Aufgabe des allmählich zu erweiternden Hauses (Anbauhaus) erfordert, daß der Grundriß jedes einzelnen Bauabschnittes die vollkommene Befriedigung des durch jeweilige Grenzen bestimmten Wohnbedürfnisses zuläßt, daß also jede Erweiterung nicht nur die Wohnfläche vermehrt, sondern in wohntechnischer und kultureller Hinsicht eine Verbesserung darstellt. Nachträgliche Erweiterungen führen aber oft den organischen Zusammenhang nicht herbei und verringern so die geforderte Gesamtleistung.

Da die Errichtung der Erweiterungen die Benutzung des Bestehenden nicht behindern darf, ist eine Bauart zu wählen, die ein technisch einwandfreies, leichtes Anbauen in wenigen Tagen zuläßt.

Am besten kann die letztgenannte Forderung durch Erweiterung zu ebener Erde erfüllt werden, obwohl hier offenbar eine Schwierigkeit für die Erfüllung der Grundrißforderungen vorliegt. Bei gradliniger Erweiterung wird, abgesehen von der dadurch entstehenden, oft störenden Länge des Gebäudes, der Zusammenhang der einzelnen Räume nicht erreicht, und für ihre Verbindung allzu großer Aufwand an Flurfläche nötig.

Als Ergebnis dieser Ueberlegung ist daher in dem Entwurf die L förmige Gestalt eines ebenerdigen Grundrisses gewählt, die somit e i n e Grundrißform des allmählich zu erweiternden Hauses darstellt. Das Haus erhält so in seiner endgültigen Form Außenmaße, die seine Aufstellung auf Grundstücken üblicher Breite zulassen. In erster Linie wird aber dadurch der wünschenswerte Zusammenhang und die kürzeste Verbindung aller Räume erreicht. Der Flur ist bis auf das notwendige Maß eingeschränkt und erfüllt dennoch seine Funktionen: Verbindung, Trennung und Abstellraum in vorbildlicher Weise. Außerdem ergibt die L Form an der Gartenseite einen besonderen, geschützten Raum, der infolge seiner unmittelbaren Verbindung mit den Haupträumen des Hauses eine kostenlose Erweiterung der inneren Wohnfläche während der wärmeren Jahreszeit darstellt.

Der erste Bauabschnitt besteht aus Eingangsflur, Küche, W. C. oder Trockenklosett, Garderobe mit Handwaschbecken und einem Wohnraum von 15 qm, in dem zunächst auch Betten untergebracht werden können. Die gesamte Nutzfläche des Hauskerns beträgt 25 qm, des gesamten Hauses 75 qm mit drei Zimmern und einer bzw. zwei Kammern.

Die Erweiterungen können in zwei Bauabschnitten durchgeführt werden, und zwar jedesmal in der quadratischen Grundform des Kernhauses, wodurch eine klare Grundrißgestaltung erzielt wird. Die Abmessungen des Kernhauses und der beiden Erweiterungen sind jedesmal 5,30 : 5,30 m.

Innerhalb dieser Grenzen sind verschiedene Grundrißlösungen bei der Durchführung der Erweiterungen möglich. Die Darstellungen zeigen drei Arten, die sich im wesentlichen unterscheiden durch unmittelbare Verbindung der Tagesräume, durch Vergrößerung des im Hauskern vorhandenen W. C. zum Bad und durch einen besonderen Baderaum im Anschluß an die Schlafräume. In jedem Falle stellt der im Winkel des Hauses angeordnete Flur die Verbindung der Räume her. Da sehr oft das Bedürfnis nach einem geräumigen Abstell- und Trockenboden geäußert wird, ist die Möglichkeit zur Schaffung desselben gezeigt. Er ist durch eine einfache Stehleiter leicht zu erreichen und mit ganz geringen Mehrkosten zu erstellen. Kellerraum kann je nach Bedarf angelegt werden.

Der Aufbau erfolgt in einzelnen Bautafeln von 1 m Breite. Die gewählten Baustoffe und Konstruktionen sollen ein schnelles und trockenes Bauen bewirken. Auf diese Weise ist der Bau unter normalen Verhältnissen in 14 Tagen bezugsfertig. Je nach Lage des Bauplatzes werden Wand- und Dachkonstruktionen einschließlich der Fenster und Türen auf dem Werkplatz oder im einzelnen auf der Baustelle zusammengesetzt. Für die tragenden Teile werden ausreichend starke und gut verbundene Holz- oder Eisenrahmen verwendet. Die Außenhaut besteht aus Fulgurit-Platten (Asbest-Zement), deren Fugen durch Leisten in Kitt gedeckt sind. Asbest-Zementplatten stellen ein bereits seit 20 Jahren bewährtes, wetterfestes und schützendes Material dar. Ein Anstrich ist nicht erforderlich, kann jedoch mit einem besonderen Anstrichmittel vorgenommen werden. Den Hauptwärmeschutz bildet die Innenhaut mit 5 cm starken, geputzten Solomit-Platten (Preßstroh). Die Wärmehaltung des gesamten Bauelementes übertrifft diejenige einer 38 cm starken Wand aus Ziegelsteinen. Im Innern werden die Wände geputzt oder mit Sperrholzplatten verkleidet.   *(Heinicke.)*

104

ARCHITEKT: MAG.-OBERBAURAT ERICH HEINICKE

MITARBEITER: DIPL.-ING. KARL SOMMER

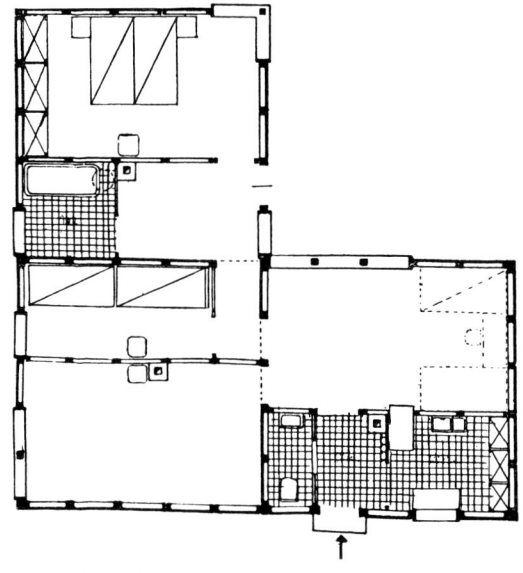

VORSCHLAG 1

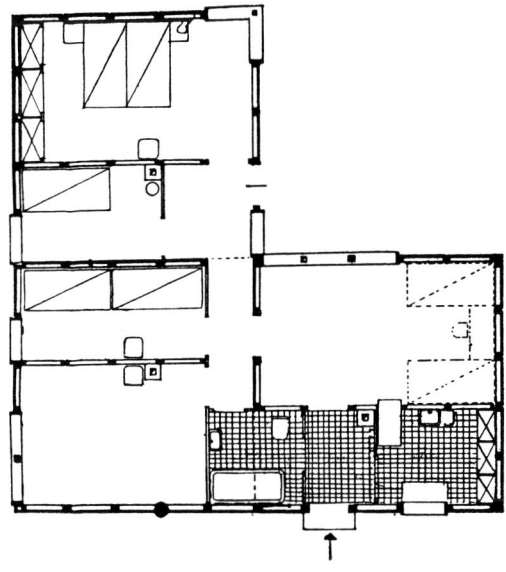

VORSCHLAG 2

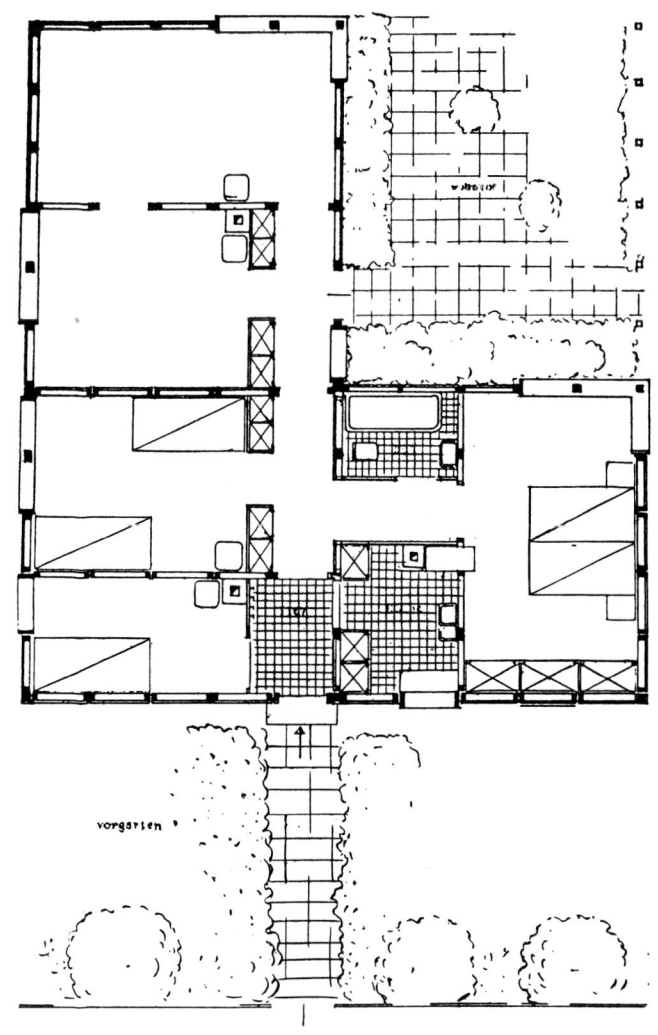

VORSCHLAG 3

1. ABSCHNITT

1. UND 2. ABSCHNITT

1. UND 2. UND 3. ABSCHNITT

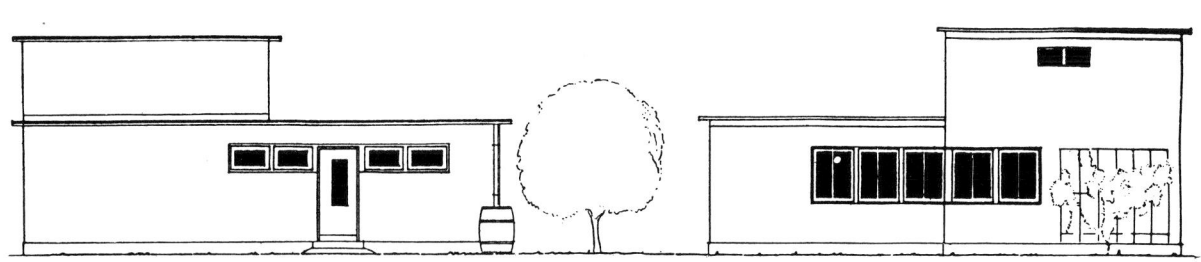

STRASSENANSICHT   GARTENANSICHT

ARCHITEKT: MAG.-OBERBAURAT ERICH HEINICKE
MITARBEITER: DIPL.-ING. KARL SOMMER

ANSICHT VOM WOHNHOF

ANSICHT EINGANGSSEITE

ENTWURF: DIPL.-ING. EGON EIERMANN UND DIPL.-ING. FRITZ JAENECKE, BERLIN
BAUAUSFÜHRUNG: PAUL STRUZYNA, POTSDAM

Dieser Entwurf ist der einzige der Arbeitsgemeinschaft, bei dem eine Erweiterung durch Höherbauen angenommen und durchgeführt wurde.

Da es für derartige billige Häuser, die für die städtische Bevölkerung geschaffen sind, wichtig ist, ein ebenso billiges und daher naturgemäß kleines Grundstück zu verwenden, ist die Aufstockung als Erweiterung mit ihrem Minimalverbrauch an Bodenfläche die gegebene. Da außerdem die einzelnen Parzellen wegen der Straßen- und Anschlußkosten, die einen erheblichen Teil der Bausumme beanspruchen, in schmale Rechtecke geteilt sind, so ist es klar, daß bei den verschiedenen Himmelsrichtungsorientierungen der Straßenführung ein nahezu quadratischer Grundriß beliebig in die Richtung gedreht werden kann, die die Besonnung der Räume erfordert. Die in die Länge erweiterten Grundrisse sind aber immer zu einer durch das Grundstück gegebenen Orientierung gezwungen. Für die in großer Zahl bereits fest angelegten Parzellen erhält dieser Punkt wesentliche Bedeutung.

Auch für das Haus selbst ergeben sich durch die zweigeschossige Erweiterung besondere Vorteile: Es sind weder ein neues Fundament noch ein neues Dach notwendig. Die Schwierigkeiten und Kosten einer Isolierung gegen die Erdfeuchtigkeit fallen fort, desgleichen die Nachteile allzu vieler Außenwände, wobei Decke und Fußboden als wärmeentziehende Außenwand berücksichtigt werden müssen. Ebenso wichtig ist die erhebliche Vereinfachung der Leitungsführung, da die übereinanderliegenden Räume mit den kürzesten Rohrverbindungen zu erreichen sind. Wohnräume, die viele Türen aufweisen und zum allgemeinen Durchgangsraum herabgedrückt werden, die große Entfernung des Bades von den Schlafräumen, oder lange Leitungsführungen der Heizung oder Korridore, werden bei der Flachverteilung nicht zu vermeiden sein.

Der Grundriß ist so unkompliziert wie möglich gehalten, um den Notwendigkeiten einer bereits vorhandenen Möblierung, auch der Küche, entgegenzukommen. Auf einen Eßraum oder Eßnische ist für den Kern verzichtet worden. Dagegen hat die Küche eine Größe erhalten, die es ermöglicht, in diesem Raum das Essen einzunehmen, um die Unannehmlichkeit der Speisegerüche auf jeden Fall im Wohn- und Schlafraum zu vermeiden. Die Treppe ist so angelegt, daß sie den Aufenthaltsräumen eine Außenwand wegnimmt. Dadurch wird erreicht, daß trotz des kleinen Hausumfanges bei der Größe der Zimmer, kein Raum mehr als zwei Außenwände besitzt. Der für die Treppe im Kern vorgesehene Raum ist Abstellraum. Dieser Abstellraum kann mit dem Wachsen des Hauses nachträglich für die Kellertreppe verwendet werden. Des anderen besteht die Möglichkeit, das Obergeschoß völlig getrennt vom Erdgeschoß zu vermieten. Bei gleichbleibender Wirksamkeit des Grundrisses besteht eine dreifache Erweiterungsmöglichkeit des Hauses.

Das Konstruktionsschema ist in eine Grundriß- und eine Aufrißteilung zerlegt. Die Grundfläche ist aufgeteilt in Felder von 0,95 qm, der Aufriß in drei Höhen, die sich ergeben durch Brüstungshöhe, Fensterhöhe und Sturzhöhe. Durch diese drei Höhen ergeben sich drei Platten, die so konstruiert sind, daß sie, ohne ihre Festigkeit oder Isolierfähigkeit zu verlieren, in jeder 95-cm-Länge nach den Erfordernissen des Grundrisses geteilt werden können.

Die sonst auf dem Bauplatz übliche Arbeit ist in die Werkstatt verlegt. Hierbei tritt eine Verminderung des Lohnanteils im Verhältnis zur gesamten Bausumme eines sonst üblichen Baues nicht ein. Die Verbilligung liegt allein an der besseren und konsequenteren Ausnutzung des Materials und an den Ersparnissen einer einfacheren Organisation des Betriebes und der geistigen Arbeit, abgesehen von der Unabhängigkeit vom Wetter durch die kurze Dauer der Montage. Es wird also erreicht, daß durch die bessere Ausnutzung bei gleichen Kosten der Wert ein erheblich größerer ist. Zehntausende von Wohnlauben, die unter erheblichem Arbeitsaufwand in primitivster Form hergestellt wurden und unter schlechtesten Bedingungen bewohnt werden, sind ein Beispiel dafür, ein wie großer Bedarf an kleinen und billigen Häusern vorhanden ist, und welche Mengen Geldes vertan werden, weil die Erfahrung, die zur nutzbringenden und guten Lösung der Wohnfrage notwendig ist, von allen diesen Tausenden nicht vorausgesetzt werden kann. So aber bleibt den Erbauern der wachsenden Häuser die Möglichkeit, mit kleinen Mitteln den Kern zu bauen, dessen Anlage und weiterer Ausbau sie mit Gewißheit in den Besitz eines guten Hauses setzt. *(Eiermann u. Jaenecke.)*

108

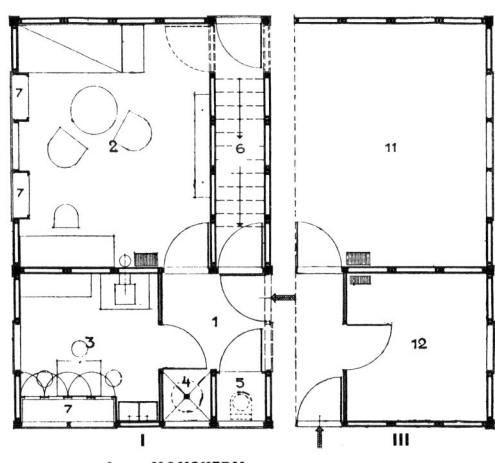

RAUMBEZEICHNUNGEN:

HAUSKERN

1. VORRAUM 3,61 qm
2. WOHNRAUM 18,05 qm
3. KUCHE 8.2 qm
4. DUSCHE, WASCHKESSEL 0,9 qm
5. W.C. 0,9 qm
6. ABSTELLRAUM, ODER ZUM AUS-
   BAU DER KELLERTREPPE 4,5 qm
   SPÄTER ZUM AUSBAU DER GE-
   SCHOSSTREPPE

ERSTE ERWEITERUNG

5. WIRD ABSTELLRAUM
6. WIRD GESCHOSSTREPPE

8. BAD UND W.C. 3,61 qm
9. SCHLAFRAUM 18,05 qm
10. SCHLAFRAUM 8,2 qm

ZWEITE ERWEITERUNG

11. ZWEITER WOHNRAUM
    18,05 qm
12. DRITTER SCHLAFRAUM
    8,2 qm

DRITTE ERWEITERUNG

13. SCHLAFRAUM 18,05 qm
14. WOHN- ODER SCHLAFRAUM
    9,01 qm

I. = HAUSKERN
II. = ERSTE ERWEITERUNG, OBERGESCHOSS
III. = ZWEITE ERWEITERUNG, ERDGESCHOSS
IV. = DRITTE ERWEITERUNG, OBERGESCHOSS

DER GRUNDRISS IST IN QUADRATISCHE FELDER VON 0,95 × 0,95 EIN-GETEILT

DIE TRAGENDEN WÄNDE SIND 12 cm STARK

BEBAUTE FLÄCHE DES HAUSKERNS = 7,96 × 5,11 m

BEBAUTE FLÄCHE DES VOLLAUSGEBAUTEN HAUSES = 7,96 × 9,03 m

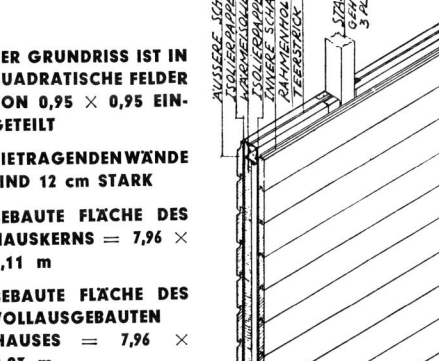

PARALLELPERSPEKTIVE DER WANDPLATTEN KONSTRUKTION STRUZYNA D.R.G.M.

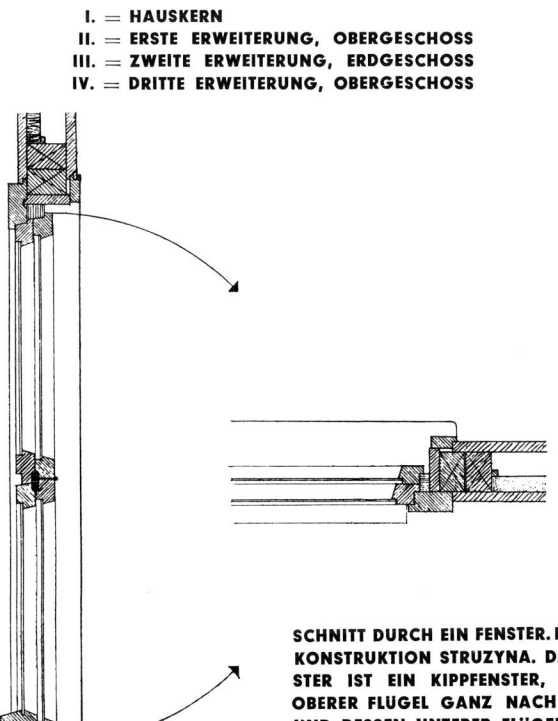

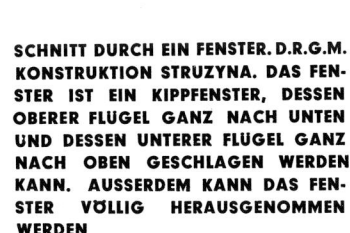

SCHNITT DURCH EIN FENSTER. D.R.G.M. KONSTRUKTION STRUZYNA. DAS FEN-STER IST EIN KIPPFENSTER, DESSEN OBERER FLUGEL GANZ NACH UNTEN UND DESSEN UNTERER FLUGEL GANZ NACH OBEN GESCHLAGEN WERDEN KANN. AUSSERDEM KANN DAS FEN-STER VÖLLIG HERAUSGENOMMEN WERDEN

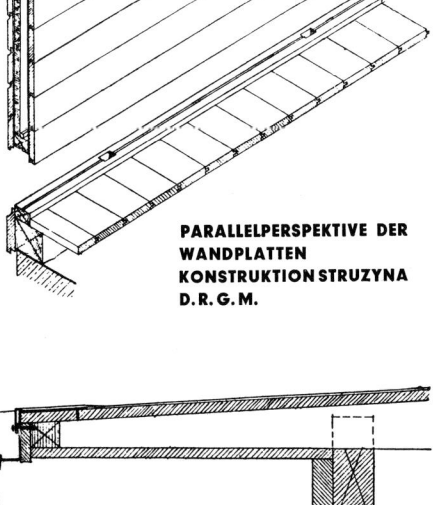

DACHUBERSTAND UND RINNE

HAUSKERN

HAUSKERN UND 1. ERWEITERUNG

VOLL AUSGEBAUTES HAUS

SÜDANSICHT

WESTANSICHT

ENTWURF: DIRK GASCARD UND P. M. CANTHAL, BERLIN-ZEHLENDORF
BAUAUSFÜHRUNG: DIRK GASCARD u. P. M. CANTHAL, BERLIN-ZEHLENDORF

Grundlage des Wettbewerbsentwurfs war außer den im Ausschreibungsprogramm zusammengefaßten Bedingungen in erster Linie die Forderung, für das Gehäuse der Wohnung derartige Bauelemente zu schaffen, die in einfachster Weise unter Benutzung einer genauen Anweisung ohne besondere Vorkenntnisse zum fertigen Hause zusammengesetzt werden können. Auf diese Weise muß fehlendes Baugeld durch die Eigenarbeit des Bestellers ersetzt werden können.

Unter Berücksichtigung dieses Gesichtspunktes wurde für das „G. & C.-Anbauhaus" eine besondere Tafelkonstruktion als die für das Anbauhaus überhaupt am besten geeignete Bauweise gewählt.

In der Werkstatt fertiggestellte Bautafeln, die in ihren Abmessungen und in der Ausführung genormt sind und in verschiedenen Ausbildungen geliefert werden, d. h. mit und ohne Oeffnungen, mit Türen und Fenstern verschiedener Zweckbestimmung, bilden die Wände. Bei der Herstellung der einzelnen Tafeln ist natürlich besonderer Wert auf genügende Festigkeit und Schutz gegen Witterungseinflüsse gelegt. Die einzelnen Tafeln bestehen aus einem diagonal verstrebten Rahmen mit äußerer Verkleidung in „Eternit"-Platten, darunterliegender Isolierschicht aus „Heraklith" und innerer Sparschalung. Neben der genannten Isolierschicht sorgt auch noch der entstehende abgeschlossene Luftraum für Erhöhung der Isolierwirkung. Die innere Wandverkleidung aus „Kapag"-Platten wird zweckmäßigerweise erst nach Fertigstellung der Montage angebracht, da sonst eine Beschädigung der Innenflächen während der Bauzeit nicht zu vermeiden wäre. Die Ausbildung der Decken, d. h. Dachfläche, erfolgt in ähnlicher Weise, während die Ausbildung des Fußbodens beliebig erfolgen kann.

Tatsächlich erlaubt diese Konstruktion in weitestem Maße die Selbsthilfe des Bestellers. Denn so wie man, ohne selbst Elektrofachmann zu sein, sich aus fertigen Einzelteilen brauchbare Radioapparate bauen kann, muß man sich bei einiger Geschicklichkeit und Zeit auch ein Haus bauen können, ohne Baufachmann zu sein, wenn man alle dafür benötigten Einzelteile in montagefertigem Zustand beziehen kann und eine genaue Anleitung und Materialaufstellung erhält. Man braucht dann die verschiedenen Handwerker nur noch zu schwierigeren Hilfeleistungen bei der Herstellung der Fundamente und etwaigen Kellerwände, bei Ausführung der verschiedenen Installationsarbeiten, bei Ausführung der Dachdecker- und Klempnerarbeiten.

Um eine innige Verbundenheit mit der Natur, mit Garten und Gartenarbeit zu ermöglichen, um der Hausfrau viele unnötige Arbeit und Wege zu ersparen, ist das „G. & C.-Anbauhaus" als Planhaus projektiert. Diese Bauform hat sich für das kleine Einfamilienhaus aus bautechnischen, wirtschaftlichen und betriebstechnischen Gründen als die richtige Bauform erwiesen.

Die Anordnung der abgebildeten Grundrisse ist so getroffen, daß trotz der Kleinheit der Räume im Kernhaus der Eindruck der Weiträumigkeit geschaffen wurde. Die Teilung des Wohn- und Schlafraumes durch Schränke in voller Raumhöhe ermöglicht die individuelle Umgruppierung der Einrichtung. Durch zweckmäßige Anordnung und Einrichtung genügt die Küche trotz geringer Abmessungen. In verschiedenen Etappen werden ein kleiner Baderaum, Kinderschlafkammern, Elternschlafzimmer und ein geräumiger Arbeitsraum angebaut. Dieser ist in erster Linie als Hauptaufenthaltsraum für die Kinder anzusehen. Der Wohnraum der Familie wird dadurch entlastet und so trotz der bescheidenen Räumlichkeit des Hauses die individuelle Trennung der Familienmitglieder ermöglicht, was für das harmonische Zusammenleben von wesentlicher Bedeutung ist. Ein Keller ist schon bei der ersten Erweiterungsstufe vorgesehen. Man kann dann evtl. auf den Abstellraum der Küche verzichten und diese durch Verschieben der Schränke wesentlich vergrößern, wenn man nicht eine Vergrößerung des Baderaums für wichtiger hält. Durch entsprechende Abteilung eines Kellerraumes kann man sogar eine Kleinwagengarage schaffen, ohne daß dadurch große Kosten entstehen.

Selbstverständlich sind die Fenster aller Haupträume nach der Sonne gerichtet. Da diese Seite auch meistens die Gartenseite sein wird, ist der störende Einblick vom Nachbargrundstück vermieden.

Um aber wirklich als „Haus für alle" verwendbar zu sein, muß das Anbauhaus noch einer besonders wichtigen Anforderung genügen. Die Ausführung des Hauses — einerlei ob als Kernhaus oder als erweitertes Haus — muß vollkommen unabhängig von einem starren Grundrißsystem sein. Aus diesem Grunde sind die veröffentlichten Grundrisse als Anregungsbeispiel für den Interessenten anzusehen. Tatsächlich ermöglicht das „G. & C.-Anbauhaus" durch die Ausbildung der verwandten einzelnen Bauelemente in weitestem Maße die individuelle Gestaltung der Raumeinteilung, ohne dadurch im einzelnen Fall zum teueren Einzelerzeugnis zu werden.

112

ARCHITEKTEN: DIRK GASCARD U. P. M. CANTHAL

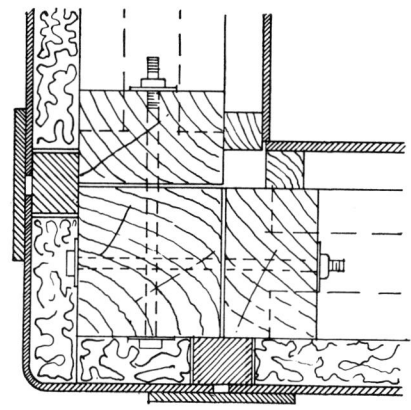

ECKAUSBILDUNG

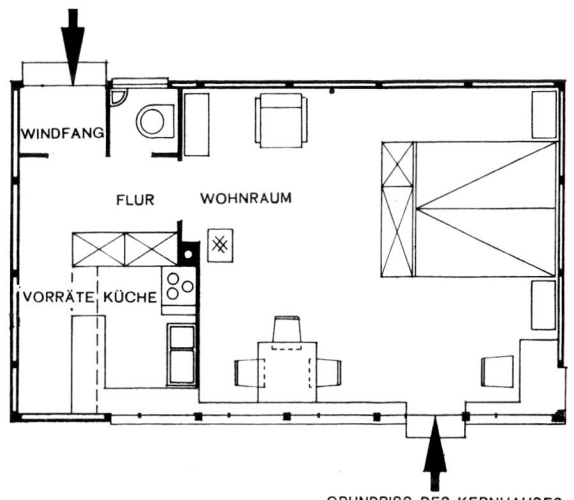

GRUNDRISS DES KERNHAUSES

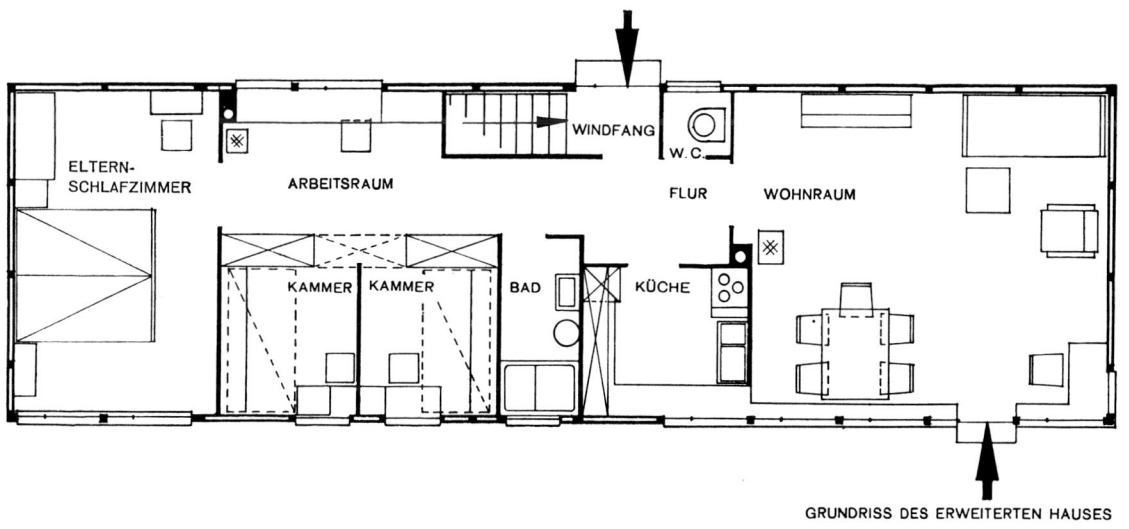

GRUNDRISS DES ERWEITERTEN HAUSES

0   5 m

ARCHITEKTEN: DIRK GASCARD U. P. M. CANTHAL

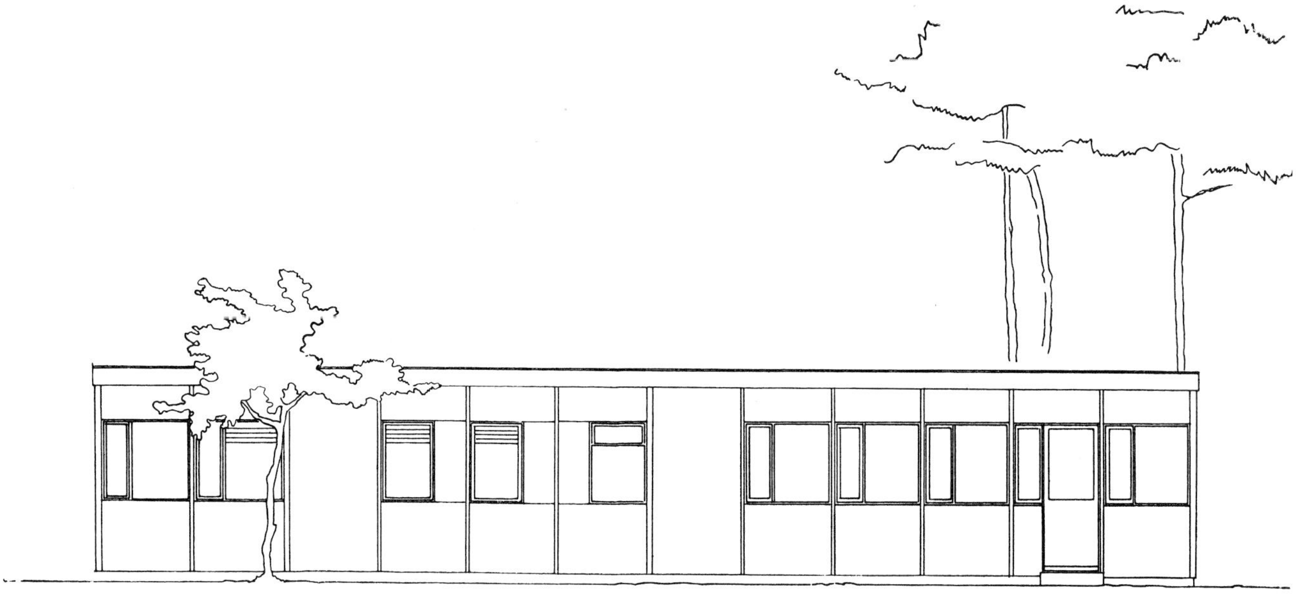

ANSICHTEN DES ERWEITERTEN HAUSES

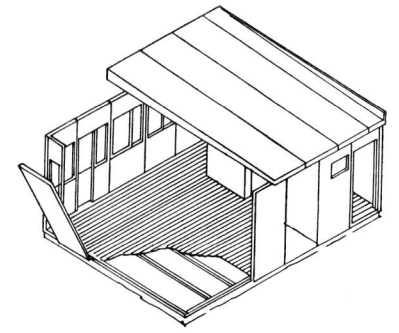

114

SÜDANSICHT

ENTWURF: DIPL.-ING. HANS KÖHLER UND DIPL.-ING. JÜRGEN SCHWEITZER, BERLIN
BAUAUSFÜHRUNG: BOSWAU & KNAUER A.-G., BERLIN

Da die für den Kern zur Verfügung stehenden 25 qm sehr gering sind, gab es für den Grundriß nur zwei Möglichkeiten: entweder vereinigte man Wohnen und Kochen in einer Wohnküche und fügte eine kleine Schlafkammer außer dem notwendigen Windfang und WC. an, oder man vereinigte Wohnen und Schlafen in einem genügend großen Wohnraum und fügte eine kleine selbständige Küche bei. Der letzten Lösung ist der Vorzug gegeben worden; denn da der Wohnraum im Hinblick auf die Erweiterung verhältnismäßig groß angenommen werden mußte, lag es nahe, einstweilen die Betten hineinzustellen, und dies um so mehr, als es genügend gute und unauffällige Klappbettkonstruktionen gibt, durch die man leicht den Wohnraum in einen Schlafraum verwandeln kann. Denn wenn auch die Wohnküche für kleinste Verhältnisse Vorteile aufweist, würde sie doch in ein größeres Haus nicht mehr hineinpassen; sie aber später umzulegen, würde unnötige Kosten verursachen.

Um den verschiedenen Erweiterungswünschen Rechnung zu tragen, kann dieser Kern nach beiden Seiten unabhängig vergrößert werden. In der Regel jedoch wird für einen jungen Hausstand zuerst folgende Erweiterung in Frage kommen: ein Elternschlafzimmer, das auch genügend Platz für ein Kinderbett bietet; eine Waschküche, die einerseits die Küche erweitert, andererseits durch eine hineingestellte Wanne, für die der Spezialwaschkessel das Wasser liefert, als vorläufiges Bad zu benutzen ist; ein Raum für Gartengeräte und ein überdeckter Sitzplatz, nach dem sich sehr bald der Wunsch einzustellen pflegt.

Die zweite Erweiterung ist für mehrköpfige Familien bestimmt. Sie enthält zwei Schlafzimmer, die mit einem Bad an einem Schlafflur liegen; da das eine dieser Zimmer vom Eingang direkt zugänglich ist, kann die gesamte zweite Erweiterung oder dieses Zimmer allein leicht vermietet werden.

Das Grundrißsystem ist auf die denkbar einfachste Formel gebracht worden. Kern sowohl wie jede der beiden Erweiterungen zeigt die gleichen Maße; eine Schrankwand unterteilt den ersten und zweiten Bauabschnitt in einen größeren nach dem Garten liegenden Wohnteil und den zur Straße liegenden Nebenräumen, die sämtlich unterkellert sind.

Neben diesen organisatorischen Richtlinien mußte sich der Grundriß, im übrigen auch durch die gewählte Plattenbauweise bedingt, in ein Quadratnetz von je 1 m Seitenlänge einfügen. Um diese Plattenbauweise so konsequent wie möglich durchzuführen und gleichzeitig das Haus weitgehendst in der Werkstatt herstellen zu können, sind Wände, Decke, Dach und Fußboden als Platte konstruiert. Die mangelnde Erfahrung bei gleichzeitiger Verwendung verschiedener Materialien läßt eine absolute Homogenität des Baues erstrebenswert erscheinen. Da die alleinige Verwendung von Stahl einesteils aus preislichen Gründen andererseits aber auch aus Mangel an geeigneten Konstruktionselementen abgelehnt werden mußte, kam nur Holz als Werkstoff in Frage, da darüber genügende Erfahrungen vorliegen und außerdem alle anderen Baustoffe sich für eine werkstattmäßige Verarbeitung nicht als genügend geeignet erwiesen haben.

Die Platten bestehen aus einem durch Riegel und Streben ausgesteiften Holzrahmen, der außen und innen mit Schalung und Isolierpappe verkleidet wird; der entstehende Hohlraum wird zur Hälfte mit Isolierplatten ausgefacht. Der Fußboden, die Decke und das Dach bestehen aus aneinander geschobenen Holzrahmen, auf und in die bereits in der Werkstatt die Isolierplatten und Schalung, beim Fußboden auch die Isolierpappe aufgebracht wird. Die Wandverkleidung im Wohnzimmer besteht aus Sperrplatten, in den Schlafzimmern aus Holzfaserplatten, die teilweise keinen Anstrich mehr nötig haben. Die Doppelfenster gehen nach innen und außen auf; das Blumenfenster im Wohnzimmer ist an Stelle des begehbaren Pflanzenglasschutzraumes gewählt worden, da es billiger und praktischer erschien; Küche, Waschküche, Bad und W. C. haben wasserabweisende Wandverkleidung. Im Hauskern wird der Wohnschlafraum durch einen Ofen erwärmt, da sich der Einbau einer Zentralheizung erst im zweiten Abschnitt lohnt, der Ofen hat dann die Aufgabe, dem Hauptwohnraum in den Uebergangszeiten als Wärmequelle zu dienen.

Der Gedanke des Wachsenden Hauses schloß gewisse wohl ästhetisch befriedigende aufgelockerte Lösungen aus; denn da dies Haus in allererster Linie gesehen werden muß im Hinblick auf die Wirtschaftlichkeit in jeder Beziehung, so kommt allein nur eine geschlossene Grundrißform in Frage. Dies braucht historisch nicht begründet zu werden, obwohl zu allen Zeiten die Form des Kleinhauses ein Rechteck war, allein der Vergleich mit einem aufgelockerten Grundriß zeigt den nicht zu verteidigenden höheren Aufwand an Material und Wärmebedarf.   *(Köhler u. Schweitzer.)*

116

ARCHITEKTEN: DIPL.-ING. HANS KÖHLER U. DIPL.-ING. JÜRGEN SCHWEITZER

GESAMTGRUNDRISS

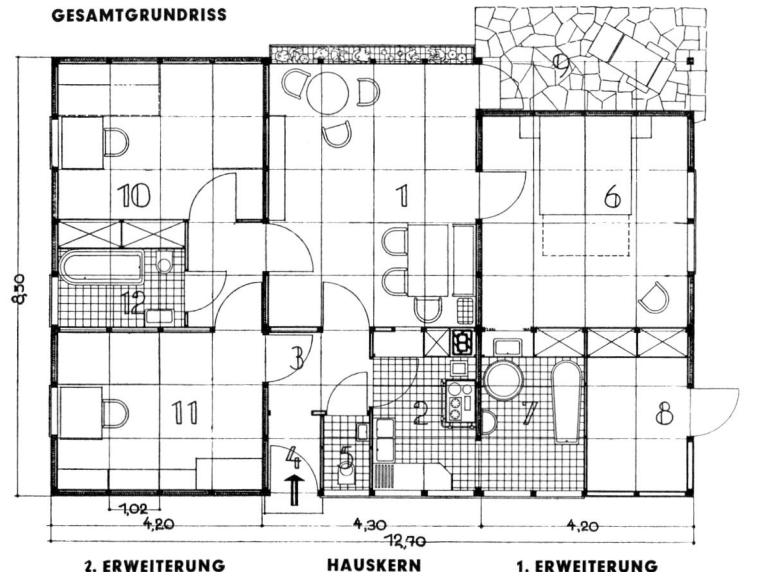

1. WOHNRAUM
2. KÜCHE
3. VORRAUM
4. WINDFANG (IM KERNBAU ABSTELLRAUM)
5. W.C.
6. ELTERNSCHLAFZIMMER
7. WASCHKÜCHE (BAD)
8. GARTENGERÄTE
9. ÜBERDECKTER SITZPLATZ
10. SCHLAFZIMMER
11. SCHLAFZIMMER (EVTL. VERMIETBAR)
12. BAD

2. ERWEITERUNG   **HAUSKERN**   **1. ERWEITERUNG**

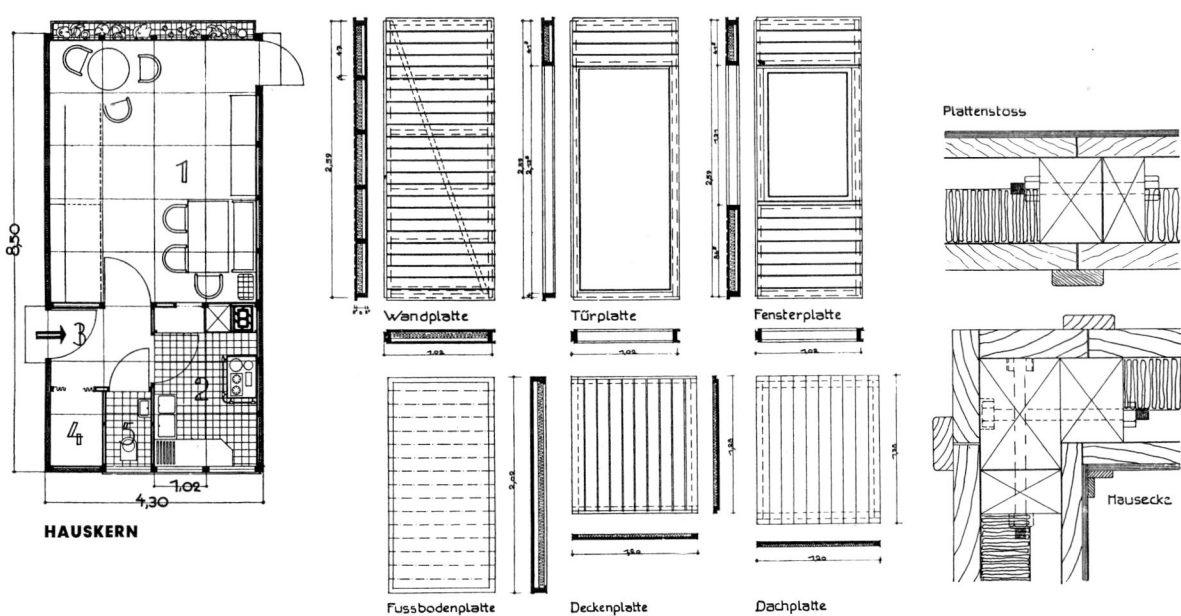

HAUSKERN

Wandplatte   Türplatte   Fensterplatte

Plattenstoss

Fussbodenplatte   Deckenplatte   Dachplatte

Hausecke

ARCHITEKTEN: DIPL.-ING. HANS KÖHLER U. DIPL.-ING. JÜRGEN SCHWEITZER

GARTEN-
ANSICHT

SEITEN-
ANSICHT

DAS BLUMENFENSTER

MONTAGE DER PLATTEN

BLICK IN DAS SCHLAFZIMMER WÄHREND
DER BAUZEIT. IM HINTERGRUND DIE
UNFERTIGE SCHRANKWAND

ABWEICHEND VOM FERTIGHAUS FEHLT
BEI DEM AUSSTELLUNGSHAUS DIE INNERE VERKLEIDUNG UND ISOLIERUNG DER WÄNDE

118

EINBLICKE IN DEN WOHNRAUM

ENTWURF: DR.-ING. MAX SÄUME UND DIPL.-ING. GÜNTHER HAFEMANN, BERLIN-ZEHLENDORF
BAUAUSFÜHRUNG: VOLKMANN & ARNOLD, HOLZBAUWERK, NORDHAUSEN (HARZ)

Im Gegensatz zu der Mehrzahl der übrigen Entwürfe wurde hier versucht, von vornherein das Kernhaus so auszubilden, daß bei einer planmäßigen Erweiterung jeder Umbau in dem Kernhause selbst, vor allem aber jede Abänderung der bestehenden Räume bei den zur Verfügung stehenden bescheidenen Mitteln vermieden wird.

Das Kernhaus umfaßt neben dem geräumigen Wohn- und Schlafraum eine selbständige Küche und ein vollkommen ausgebautes Badezimmer und W.-C. Hierdurch wird erreicht, daß die Erweiterung des Kernhauses ohne Eingriff in den bestehenden Baukörper, ohne Störung der Bewohnbarkeit des Kernes und ohne neue Kosten für die Be- und Entwässerung erfolgen kann.

Da die weitere Entwicklung des Hauses von der persönlichen Einstellung der Bewohner und der Lage des Grundstückes abhängt, die allein schon zwangsläufig zu verschiedenen Lösungen führt, wurde bewußt auf die Möglichkeit hingearbeitet, den stufenweisen Anbau der weiteren Baukörper, die die gleiche Größe wie das Kernhaus haben, verschieden vorzunehmen. Bei der Zusammensetzung der drei gleich großen Baukörper zu einer Gesamtanlage ist der Gestaltungslust des einzelnen in weitem Maße Spielraum gelassen, wobei der fertige Bauzustand immer eine dreiachsige Anlage ist. Das Kernhaus kann sowohl in der Mitte stehen als auch einen seitlichen Teil bilden, ohne daß dabei das Ziel einer harmonischen und praktischen Endlösung verlassen wird.

An die seitlichen Baukörper können im Bedarfsfalle Glasschutzräume angebaut werden, deren Glasfenster so durchgebildet wurden, daß durch Hochstellen der einzelnen Fensterrahmen im Sommer glasüberdeckte Terrassen entstehen.

Es ist wohl selbstverständlich, daß für den Bau des wachsenden Hauses, der auf die wirtschaftlichen Verhältnisse der Zeit Rücksicht nehmen soll, nur billige, jedoch dauerhafte und widerstandsfähige Baustoffe in Frage kommen, die nicht durch unwirtschaftliche Kosten für Patente, Lizenzen usw. verteuert werden. Wenn in diesem speziellen Falle die Holzbauweise gewählt wurde, dann nicht nur, weil das Holz das zur Zeit wohl billigste bodenständige Baumaterial ist, sondern weil es sich auch für eine konsequent durchgeführte Industrialisierung gut eignet. Holzhäuser können fabrikmäßig in großen Mengen hergestellt werden, womit der Vorzug der

Billigkeit verbunden ist. Die fabrikmäßige Serienanfertigung von Holzhäusern und deren Aufbau sind unabhängig von der Jahreszeit und Witterung.

Die konstruktive Durchbildung stützt sich auf hinreichend lange praktische Erfahrung. Die Außenwände bestehen aus 7,5 cm starken Bohlen, die mit Nut und Feder versehen sind und aufeinander gesetzt werden. An den Tür- und Fensteröffnungen sind die Bohlen durch Dübel extra gesichert. An den Innenseiten werden die Bohlen mit Isolierpappe bespannt und durch ein Leistengestell kassettenartig (40×40 cm) eingeteilt; hierauf kommen als innere Bekleidung 5 mm starke Sperrholzplatten. Durch die Einteilung in Kassetten wird eine ruhende Luftisolierschicht gewährleistet. Die so hergestellte 10 cm starke Wand ist vollkommen trocken und entspricht in bezug auf die Wärmehaltung einer mindestens 51 cm starken massiven Wand. (Wärmeschutzzahl $1/k = 1,03$, bei 51 cm Mauerwerk verputzt $1/k - 0,95$.)

Die Küche und das Bad erhalten an Stelle von Sperrholz feuerhemmende und wasserabweisende großformatige Platten. Die Nebenräume sind nur 2 m hoch vorgesehen; der darüberliegende Raum wurde als niedriger Boden ausgenutzt. Die Holzbauweise mit ihren hohlen Zwischenwänden führt von selbst zu der Anwendung von Schiebetüren, die bei der begrenzten Wohnfläche praktisch sein werden.

Dem Gedanken des wachsenden Hauses paßt sich in technischer Hinsicht die gewählte Camino-Herdheizung der Firma Strebelwerk, Mannheim, an, die von der Firma Kori G. m. b. H., Berlin, eingehend für diese Bauaufgabe auf ihre Eignung hin geprüft wurde. Das Heizsystem läßt zu, daß analog mit der Erweiterung des Baues abschnittsweise bis zur Vollbelastung ohne Schwierigkeiten für die angebauten Wohn- und Schlafräume die notwendigen Radiatoren angeschlossen werden können. Der Koch- und Heizbetrieb sind voneinander unabhängig, so daß die Gewähr für eine sachgemäße Bedienung beider Anlagen besteht. Die Kombination von Herd und Zentralheizung empfiehlt sich durch billigere Anschaffungskosten. Diese Herde werden sowohl für Koks- als auch für Gasbetrieb geliefert, sodaß man in der Lage ist, sich den jeweiligen örtlichen Preisverhältnissen anpassen zu können. Der für die Aufstellung eines besonderen Zentralheizungskessels notwendige Platz einschl. Bedienungsraum wird gespart. *(Säume.)*

ARCHITEKTEN: DR.-ING. MAX SÄUME U. DIPL.-ING. GÜNTHER HAFEMANN

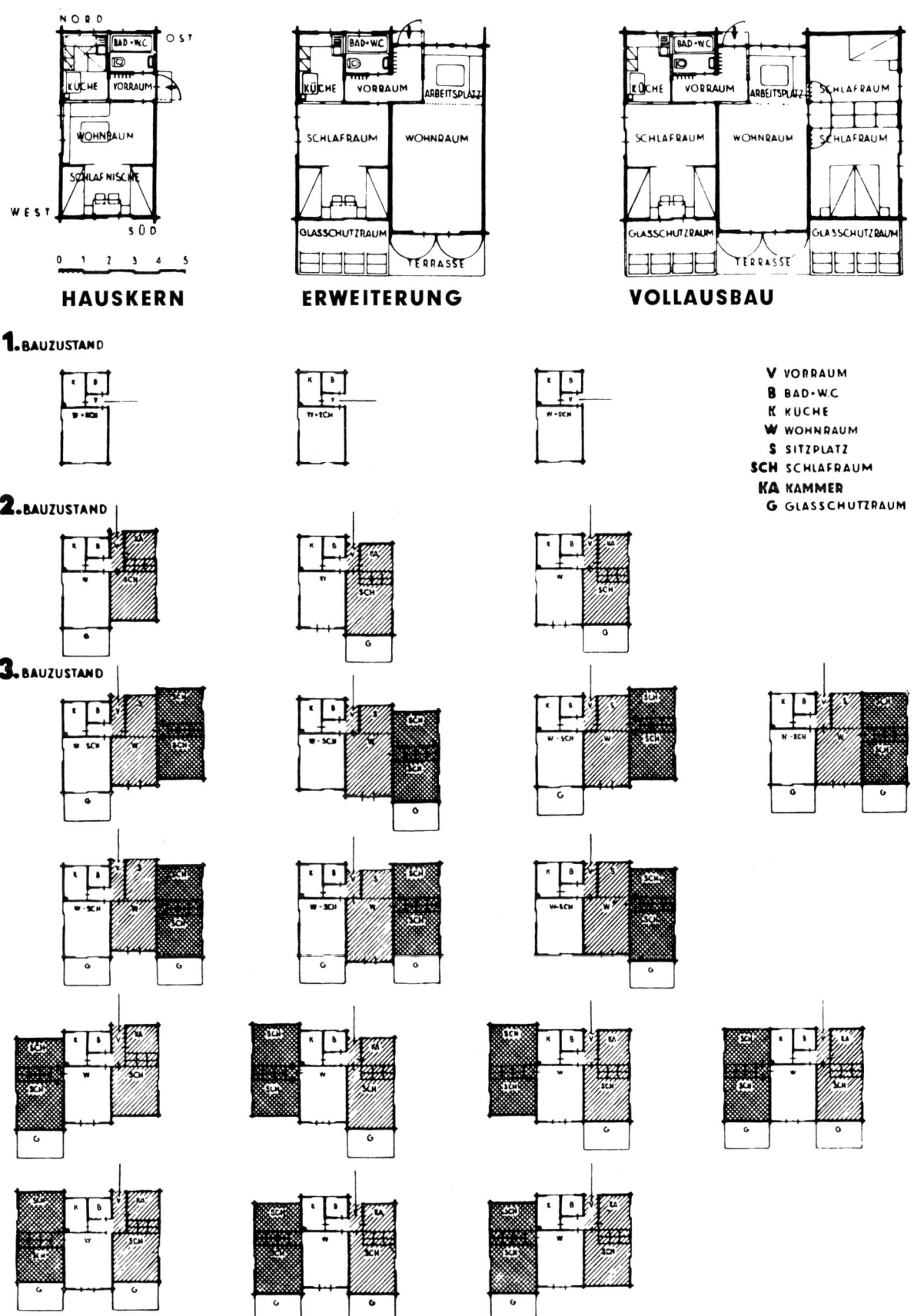

HAUSKERN   ERWEITERUNG   VOLLAUSBAU

1. BAUZUSTAND

2. BAUZUSTAND

3. BAUZUSTAND

V VORRAUM
B BAD·W.C
K KÜCHE
W WOHNRAUM
S SITZPLATZ
SCH SCHLAFRAUM
KA KAMMER
G GLASSCHUTZRAUM

AUFBAUSTUFEN DES WACHSENDEN HAUSES / SYSTEMATISCHE GRUPPIERUNG

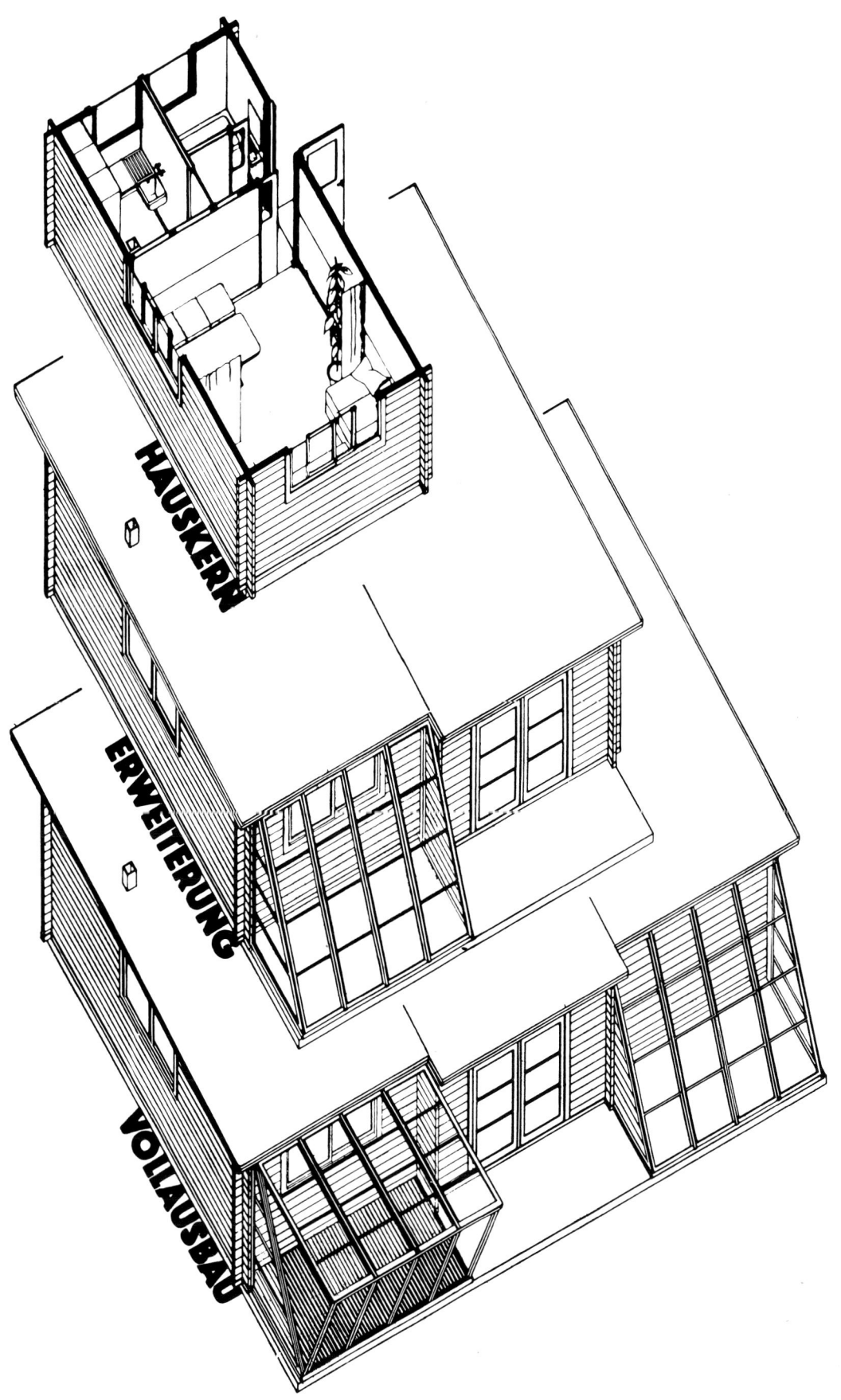

ARCHITEKTEN: DR.-ING. MAX SÄUME U. DIPL.-ING. GÜNTHER HAFEMANN

MODELL GARTENSEITE

OSTEN (SEITE FÜR DIE SPÄTEREN ANBAUTEN)

WESTEN
FASCHEN, ECKEN UND GESIMS: WEISS
FENSTER UND TÜR: KORALLROT
BOHLENWÄNDE: GRAUBRAUN
DACHUNTERSICHT: GELB

AUFBAUZUSTAND AM 2. ARBEITSTAGE
(2 MONTEURE)

Problem des „wachsenden Hauses" ist: Grundriß und Konstruktion müssen nach allen Seiten zu verändern sein. Bisher war dies nur eine Forderung an das Büro — nicht an das Wohnhaus. Es ist ein Problem der Praxis, nicht der theoretischen Spekulation. Die Konstruktionseinheit muß klein sein, um die ungleichen Räume ohne Materialverschnitt aneinanderzufügen, aber nicht um in kleinen Einheiten zu erweitern. Der Steinbaukasten ist nicht das Ideal.

Forderung: 1. Zentralisierung der Installation, Schlaf- und Wohnräume. 2. Erweiterungsmöglichkeit im Erdgeschoß sowie durch ein Obergeschoß. Das psychologische Erbstück des großen Publikums gilt noch immer: Ein ebenerdiges Haus ist eine Baracke; aber ein Haus mit Treppe eine Villa. Dafür spricht noch: Schutz der Schlafzimmer gegen aufsteigende Bodennebel des Nachts; sparsamere Nutzung von Grund und Boden; kleine Hausflächen, großer Garten. Darum: Aufstockung.

Tragende Konstruktion ist daher ein genormtes Stahlskelett, aus Einheiten bestehend, für Einzelbauten zum Serienpreis lieferbar. Aufstockung und Erweiterung verursacht keine besonderen Unkosten. Das „Stahl-Haus" steht auf massivem Fundament aus Stampfbeton und auf einer 10 cm starken, gegen aufsteigende Feuchtigkeit besonders isolierten Betonplatte. Das Stahlskelett wird durch mehrere Schichten verkleidet.

1. Außenschicht: Ausfachung mit 9½ cm starken Schwemmsteinen, in Zementmörtel verlegt, die Fugen zwischen den Steinen und der Stahlkonstruktion mit Zementmörtel ausgegossen.

2. Sperrstoff: Die Innenseite der Außenschicht wird mit Zinkblech bekleidet und bietet Schutz gegen Wind und Wetter, besonders Feuchtigkeit.

3. Innenschicht: Bimsdielen und Putz oder Bauplatten, wie Treetex. Innenseite muß normal nagelbare, fugenlose, Schwitzwasser schluckende Oberfläche haben. Die Isolierwirkung dieser Wand entspricht einer 75 cm starken Ziegelmauer.

4. Dach: Massive Konstruktion, bestehend aus: a) eisernen Deckenträgern, b) tragendem Wellblech, c) Isolierbeton, d) Zementestrich im Gefälle verlegt, e) doppelte Dachpappenlage. Die Untersicht der Decke wird mit Doppelrohrgewebe und Putz oder Bauplatten verkleidet. Die Isolierwirkung des Daches entspricht einer 80 cm starken Ziegelmauer.

Grundrißgestaltung: Gute Besonnung, billige Beheizung und Wärmehaltigkeit, gute Möblierung und Bewohnbarkeit. Weiter wurde als Hauptforderung sparsame Außenwandfläche angenommen. Deswegen ist das Haus kein Winkelbau, so verführerisch solch eine Anlage vom architektonischen Standpunkt auch sein mag.

Der Wohnraum liegt nach Süden und ist das Zentrum des Hauses, im Winter die Hauptwärmequelle. Um ihn gruppieren sich das Glashaus, die Schlafzimmer und die nach Norden liegenden Installationsräume. Um eine Verzettelung in mehrere Wohnräume zu verhüten, wurde ein großer Raum geplant, der das Haus im Innern größer erscheinen läßt. Die langgestreckte Form, die in zwei Bauzuständen geschaffen wird, ergibt eine gute Möblierung und Anordnung von Eßplatz, Arbeitsplatz und Leseplatz. Trotz allem verbleibt eine große Freifläche, die gleichzeitig Spielplatz für die Kinder sein kann. Eine verglaste Durchreiche ergibt eine gute Beaufsichtigung der Kinder von der Küche aus. Eine große Glasfläche gegen das Glashaus öffnet den Blick über die Blumen hinweg zum Garten und macht die Abwärme des Raumes nutzbar. Die Schlafräume liegen gegen Osten und haben durch einen Flur als Geräuschschleuse direkte Verbindung mit dem Bad und dem Wohnraum. Lediglich das vermietbare Zimmer liegt gegen Westen, getrennt vom Familienbetrieb, vom Eingang direkt zugänglich.

Die Urzelle dieses Hauses besteht aus einem großen Schlaf- und Wohnraum von 19 qm. Ein Fenster nach Osten ergibt die notwendige Belüftung. Küche, WC. sind schon in der Größe vorhanden wie im 2. Bauzustand. Ebenso wurde ein Bad geplant, um den Bewohnern schon im ersten Bauzustand auch jede hygienische Bequemlichkeit zu geben und das Provisorium des Wochenendhauses nicht aufkommen zu lassen. Seine Lage ist durch die Zentralisation der Installation bedingt, hat aber trotzdem direkte Verbindung mit den beiden Schlafräumen, die im zweiten Bauzustand angefügt werden. Beim Anbau dieses Bauteils wird am Kernhaus keine Veränderung vorgenommen, außer daß eine Tür durchgebrochen wird. Vor Schaffung des Endzustandes wird die Seitenwand des bisherigen Wohnraumes versetzt, was in Anbetracht der wohnlichen Vorteile die Unkosten für Lohn und Putzmaterial aufwiegt.

Bei Aufstockung des Kernhauses wird die Treppe in einem Lauf hochgeführt und das Dach gehoben. Durch die Wahl des Stahlskelettbaues ergibt sich auch hier keine Vermehrung der Unkosten, da das Material erhalten bleibt und durch die Normierung der Bauteile der Weiterbau in wenigen Tagen vor sich gehen kann. *(v. Steinbüchel.)*

124

ARCHITEKT: DIPL.-ING. RAMBALD v. STEINBÜCHEL-RHEINWALL

AUFGESTOCKTE ERWEITERUNG

2. BAUABSCHNITT
ERDGESCHOSS

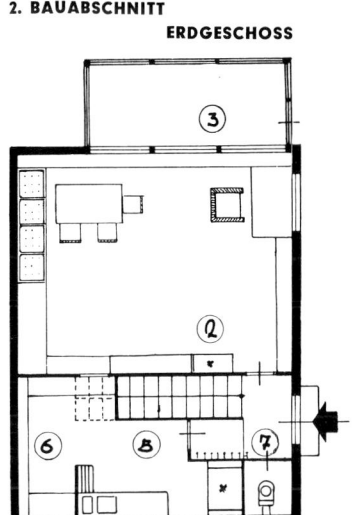

2. BAUABSCHN TT
OBERGESCHOSS

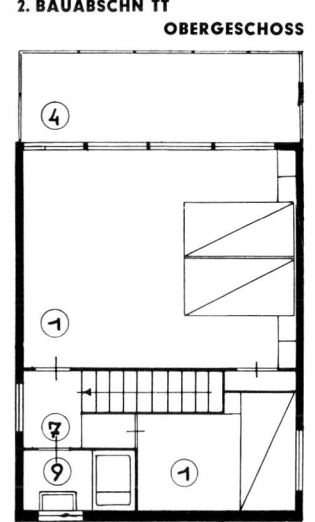

1. SCHLAFZIMMER
1a. SCHLAFZIMMER
   (VERMIETBAR)
2. WOHNZIMMER
3. GLASHAUS
4. BALKON
5. KÜCHE
6. PUTZRAUM
7. FLUR
8. W.-C.
9. BAD
10. SITZPLATZ
    IM FREIEN

3. BAUABSCHNITT   ERDGESCHOSS

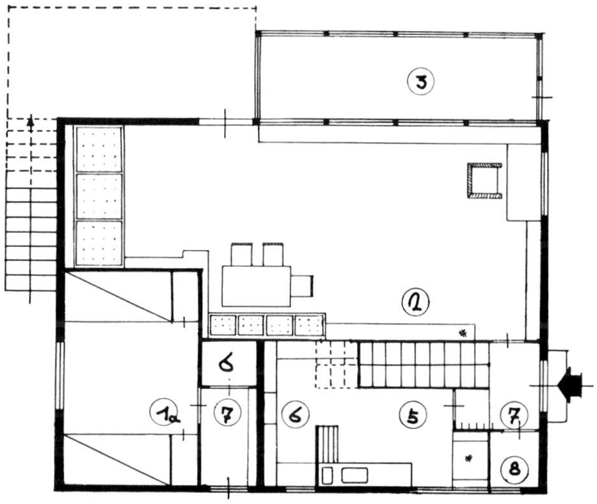

3. BAUABSCHNITT   OBERGESCHOSS

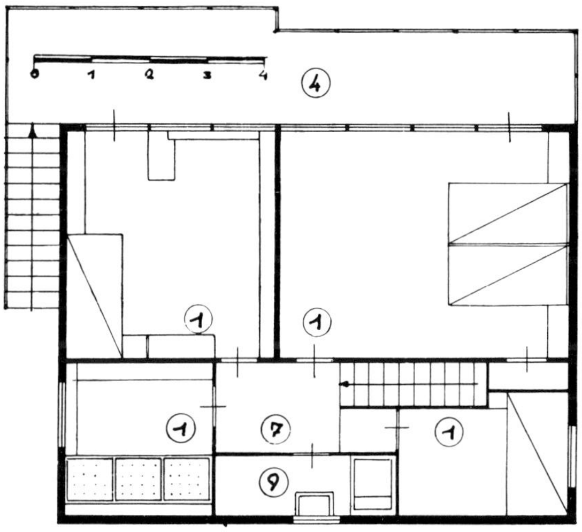

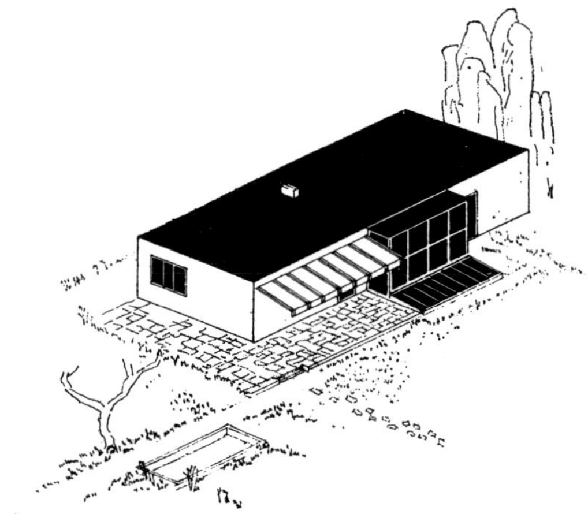

3. BAUZUSTAND
(EBENERDIGE ERWEITERUNG)

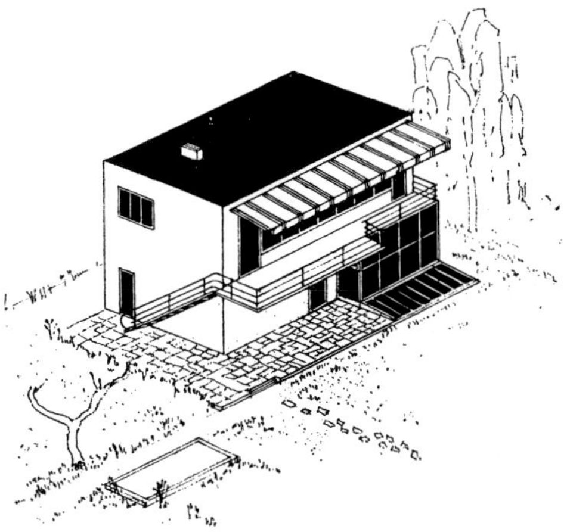

3. BAUZUSTAND
(AUFGESTOCKTE ERWEITERUNG)

125

ARCHITEKT: DIPL.-ING. RAMBALD v. STEINBÜCHEL-RHEINWALL

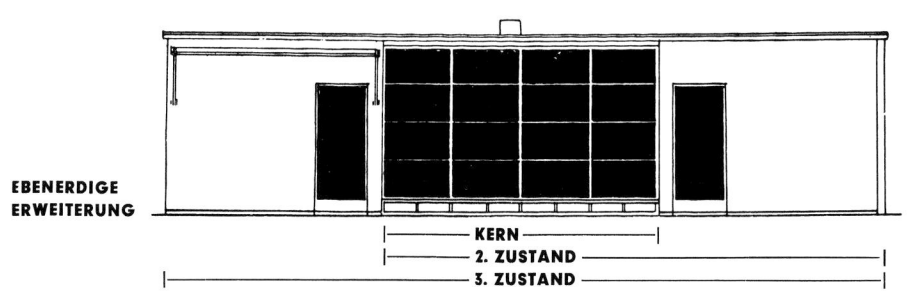

EBENERDIGE
ERWEITERUNG

KERN
2. ZUSTAND
3. ZUSTAND

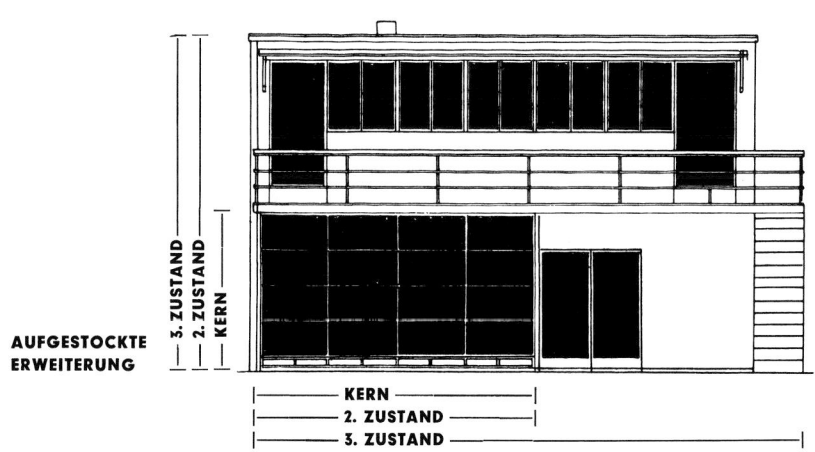

AUFGESTOCKTE
ERWEITERUNG

3. ZUSTAND
2. ZUSTAND
KERN

KERN
2. ZUSTAND
3. ZUSTAND

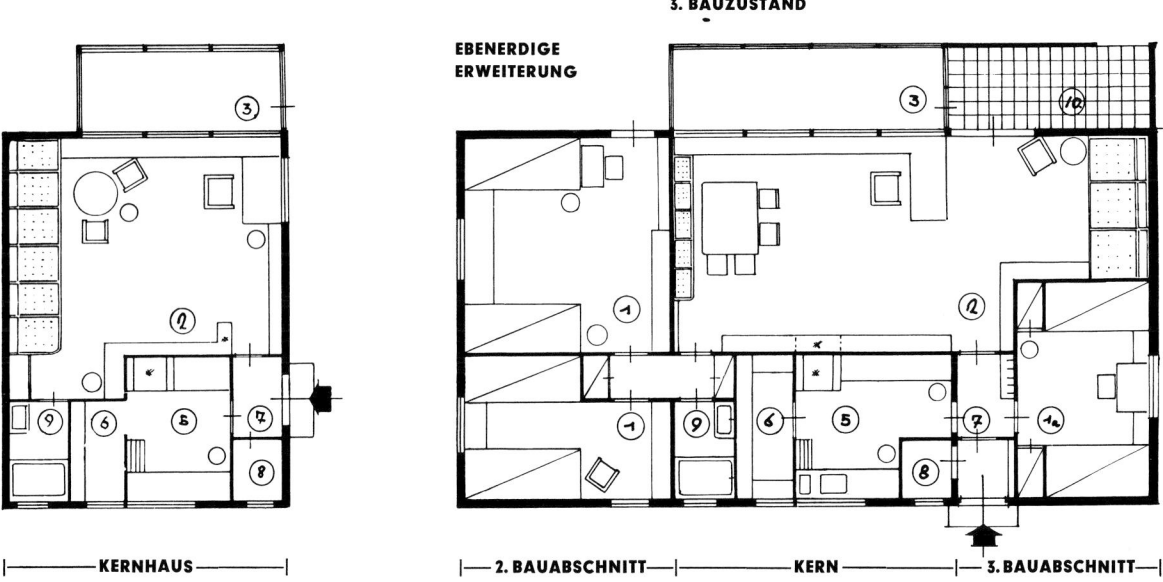

3. BAUZUSTAND

EBENERDIGE
ERWEITERUNG

KERNHAUS

2. BAUABSCHNITT — KERN — 3. BAUABSCHNITT

126

ARCHITEKT: DIPL.-ING. RAMBALD v. STEINBÜCHEL-RHEINWALL

KONSTRUKTIONSANSICHT

GARTENANSICHT

BLICK VOM GLASHAUSFENSTER IN DEN WOHNRAUM　　　　　　　　GLASHAUS

Mit der zunehmenden Industrialisierung und dem Wachsen des Materialismus ging dem größten Teil unserer Volksgemeinschaft das Bewußtsein der wahren Werte des Lebens verloren. Im Wohnwesen wird diese Entwicklung durch die starke Ausbreitung des unpersönlichen Massenquartiers, des Mietwohnhauses, gekennzeichnet.

Es ist als ein erfreuliches Anzeichen für das Aufkeimen einer kulturellen Gesundung anzusehen, daß die Erkenntnis der großen ideellen Werte des vom Garten umgebenen Eigenhauses immer mehr Platz greift. Die Sehnsucht, sich wenigstens in der Wohnung von der entwürdigenden Mechanisierung unseres Daseins zu befreien und sich ein gesundes Heim für die Familie in unmittelbarem Zusammenhang mit der Natur zu schaffen, ist die stärkste Triebkraft, die uns zwingt, nach neuen Erstellungsmöglichkeiten für ein billiges und gutes Einfamilienwohnhaus zu suchen.

Dem Bau eines Einfamilienhauses nach der bisherigen Art stellten sich den Minderbemittelten die unerschwinglichen Anlage- bzw. Verzinsungskosten entgegen. Es waren Wege zu finden, die den Bau des Hauses in ein Verhältnis zu dem mit den Jahren anwachsenden Sparkapital einer Familie brachte und so gerade den Unbemitteltsten, der aufstrebenden Jugend, die Erfüllung ihres Wunsches nach naturnahem, gesundem Wohnen ermöglichte.

Ein Weg hierfür ist das Haus, das auf einem Kern, der die Wohnbedürfnisse einer bescheidenen Familie erfüllt, aufbauend verschiedene Erweiterungsmöglichkeiten hat: das Anbauhaus.

Die Wünsche der einzelnen Bauherren werden entsprechend ihrer Kapitalkraft, der Größe ihrer Familie und der Art ihres Lebens verschieden sein.

Es erschien uns darum als Forderung, zur Lösung des Problems des Anbauhauses einen Beitrag zu bringen, der verschiedenste Erweiterungsmöglichkeiten in sich schließt. Jeder Anbau umfaßt andere Wohnzellen und gliedert sich unmittelbar an den Kern an, so daß er als 1., 2. oder 3. Erweiterung entsprechend den Bedürfnissen des Bauherrn ausgeführt werden kann.

Der Kernbau unseres Hauses enthält einen Wohn- und Schlafraum, eine Küche, Windfang, Klosett und Keller. Auf kleinster Grundfläche wird ein Haus erbaut, das bei äußerster Baukostenersparnis allen Ansprüchen, die eine bescheidene Junge an das Wohnen, Schlafen und Wirtschaften stellt, gerecht wird und ein behagliches Heim bietet.

Für die erste Erweiterung des Hauses haben wir drei verschiedene Möglichkeiten vorgesehen. Sie kann — den erhöhten Wohnansprüchen der Familie entsprechend — bestehen im Anbau

1. eines Eltern- und eines Kinderschlafraumes sowie eines Bades,
2. eines Elternschlafzimmers und eines mit dem Wohnraum in Verbindung stehenden Arbeitsraumes,
3. einer großen verglasten Veranda.

Die dritte Erweiterung kann sinngemäß wieder im Anbau von 3 verschiedenen Hauszellen bestehen: Nach dem 3. Anbau kann das Haus enthalten:

a) Wohnzimmer, Elternschlafraum, Kinderschlafraum, Bad, Klosett, Windfang, Küche, Keller und Veranda;
b) Wohnzimmer, Arbeitsraum, Elternschlafraum, Küche, Klosett, Windfang, Keller und Veranda;
c) Wohnzimmer, Elternschlafraum, Kinderschlafraum, Bad, Arbeitsraum, ein abvermietbares Zimmer, Küche, Klosett, Windfang und Keller.

Für die vierte Erweiterung ergeben sich ebenfalls wieder 3 Möglichkeiten, die im Anbau der unter Ziffer 1—3 zergliederten Zellen an die Bauzustände a, b und c bestehen.

Das voll ausgebaute Haus wird selbst den Ansprüchen einer Familie, die auf eine stark gesteigerte Wohnkultur Wert legt, ein befriedigendes Heim bieten. Der Vergleich mit einem großen Einfamilienhause wird hierbei nicht am Platze sein, da für dieses die 2 bis 3 fachen Kosten aufzuwenden wären.

Da wir angenommen haben, daß die Bewirtschaftung auch des voll ausgebauten Hauses ohne Hilfe von Hauspersonal erfolgen soll, haben wir eine in einer Ebene liegende Bauweise gewählt und bei der Planung besonders darauf geachtet, daß kostspielige Verbindungsräume und weite Wirtschaftswege vermieden wurden.

Bei der Gestaltung des Hauses haben wir bewußt auf einen landhausartigen Charakter verzichtet und die Form aus den sachlichen Forderungen entwickelt. *(Ullrich.)*

128

ARCHITEKTEN: ULLRICH U. SCHALOW

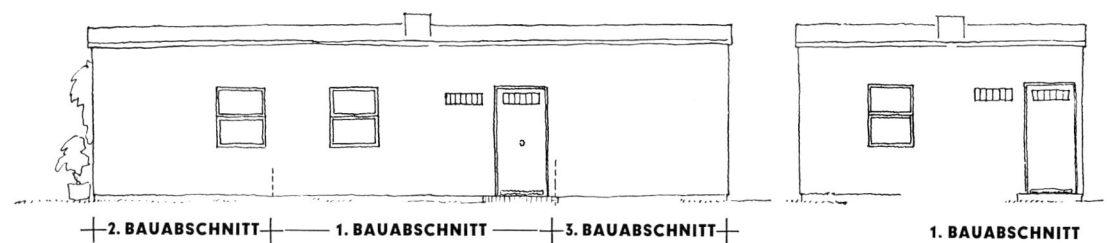

2. BAUABSCHNITT ― 1. BAUABSCHNITT ― 3. BAUABSCHNITT   1. BAUABSCHNITT

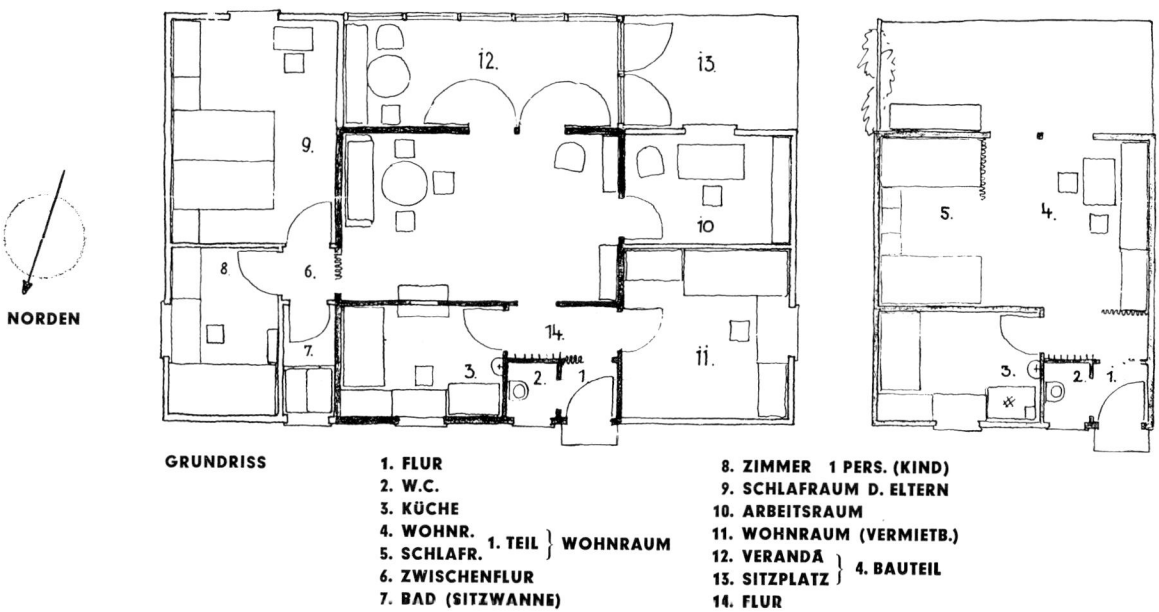

NORDEN

GRUNDRISS

1. FLUR
2. W.C.
3. KÜCHE
4. WOHNR. ⎫
5. SCHLAFR. ⎬ 1. TEIL ⎫ WOHNRAUM
6. ZWISCHENFLUR
7. BAD (SITZWANNE)

8. ZIMMER 1 PERS. (KIND)
9. SCHLAFRAUM D. ELTERN
10. ARBEITSRAUM
11. WOHNRAUM (VERMIETB.)
12. VERANDA ⎫ 4. BAUTEIL
13. SITZPLATZ ⎬
14. FLUR

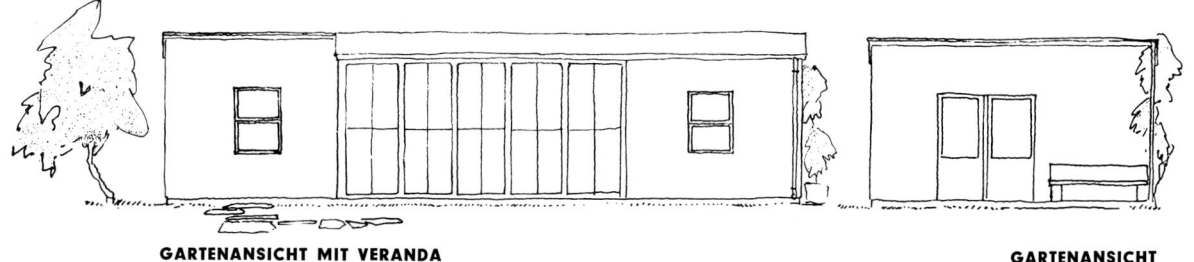

GARTENANSICHT MIT VERANDA   GARTENANSICHT

ARCHITEKTEN: ULLRICH U. SCHALOW

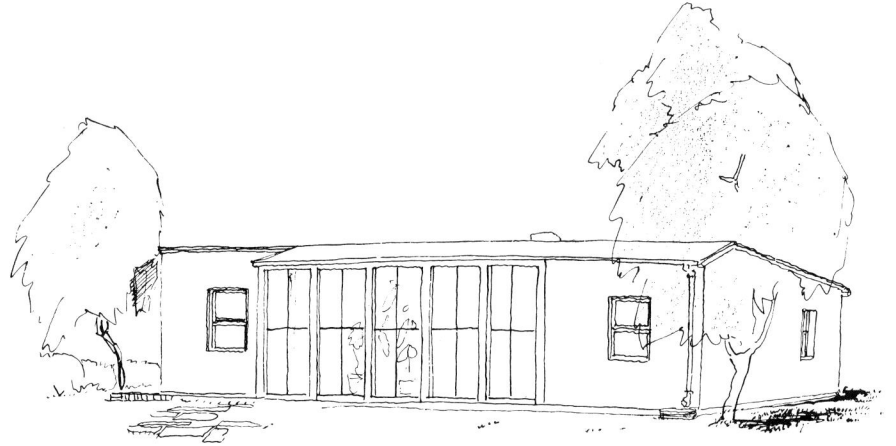

FERTIGER ZUSTAND

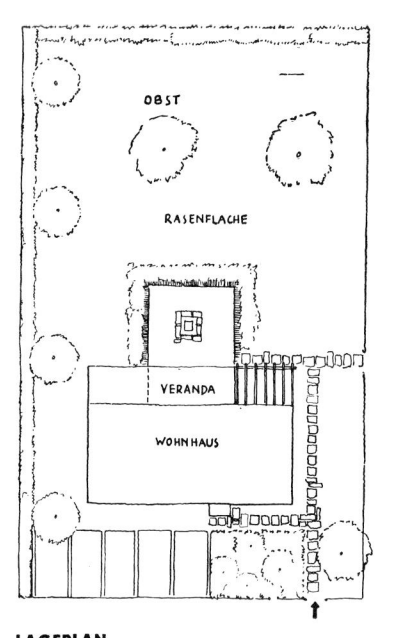

OBST

RASENFLACHE

VERANDA

WOHNHAUS

LAGEPLAN

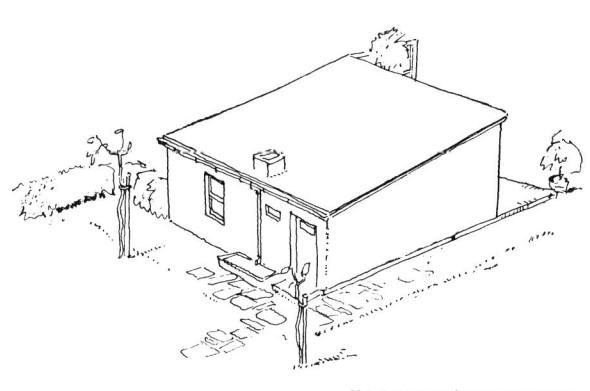

HAUSKERN / PERSPEKTIVE

HAUSKERN

1. ERWEITERUNG
(RECHTER ANBAU)

ODER

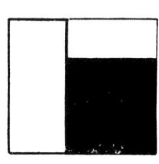

1. ERWEITERUNG
(LINKER ANBAU)
U. OFFENER SITZPLATZ

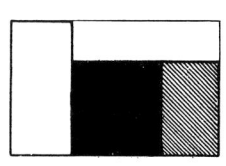

1. u 2. ERWEITERUNG
MIT OFFENEM SITZPLATZ

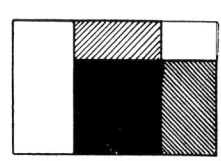

3. ERWEITERUNG MIT
GESCHLOSS. VERANDA

130

ARCHITEKTEN: ULLRICH U. SCHALOW

GARTENANSICHT

VERANDA

WOHNRAUM

Drei Punkte wurden für die Konstruktion unseres wachsenden Hauses besonders beachtet: Handlichkeit und leichter Transport der einzelnen Bauteile, mühelose Montage und möglichst große Freiheit in der Grundrißgestaltung bei möglichst geringer Zahl von Bauteiltypen.

Wir bauen aus Grundfeldern 1,10×1,10 m bei 2,50 m lichter Raumhöhe. Die normale Platte für die Außenwand ist 13 cm stark und besteht aus einem 12 cm starken, gut verstrebten Rahmen, der außen mit 5 mm Eternit und innen mit 5 mm Sperrholz verkleidet wird. Im Innern liegen zwischen zwei 4 cm starken Luftschichten 4 cm starke imprägnierte Korkplatten, die nach der Außenseite mit einer Papplage isoliert sind. Diese Platte ist 2,62 m hoch und 1,09 m breit.

Bei den Tür- und Fensterplatten, die dieselben Abmessungen haben, dient der Rahmen gleichzeitig als Zarge. Die Fenster schlagen nach außen auf und sind innen mit einem vertikal beweglichen Fensterladen aus Holz versehen. Für die überdeckte Terrasse wird der Rahmen der normalen Außenplatte unverkleidet und gehobelt aufgebaut und erhält zur Bildung von Glasschutzräumen einen schwächeren Einsetzrahmen für die Verglasung. Die Außenplatten werden auf einer Fundamentschwelle aus Betoneinheitskörpern versetzt und mit doppelter Nut und Hartholzfeder gegeneinandergeschoben. Zur Fugendichtung dient Werg. Gedeckt wird die Fuge außen durch eine 8 cm breite aufgeschraubte Eternitleiste, innen durch eine 2,5 cm breite Holzleiste.

Den Fußboden bilden quadratische Platten, die aus einem verstrebten Rahmen mit Dielung und Heraklith-Isolierung bestehen und an den Eckpunkten auf 15 cm starken Holz- bzw. Betonpfählen gelagert sind. Die Fuge wird durch Paßleisten in Dielenstärke (2,5 cm) gedeckt.

Die Innenwandplatten sind 7 cm stark und beiderseits mit 5 mm starkem Sperrholz benagelt. Der 6 cm starke Rahmen hat eine 5 cm starke Korkplattenfüllung und ist nach dem Schema der Außenplatten ausgebildet. Die Innenwandplatten und Innentürplatten werden auf den fertig verlegten Fußboden gestellt, mit Hartholzfeder in einfacher Nut und am oberen Abschluß ebenso wie die Außenplatten mit Eisenklammern verbunden.

Das Dach besteht aus einzelnen Hohlkörpern von 1,09 m Breite und 6,07 bzw. 2,63 m (für die Erweiterung) Länge. Die Bohlen, die die Seitenwände des Dachkörpers bilden und die statische Funktion des starren Binders haben, sind oben mit Dachpappe auf Schalung

und 5 Proz. Gefälle, unten mit 5 mm starkem Sperrholz bekleidet. Die Verstrebung erfolgt durch 4×6 cm starke Latten, die die innere Isolierung von 15 mm starken Insulitplatten tragen. Das Auflager für die Dachkörper bilden die Außenwände.

Die Wände des Kellers, der unter der Küche liegt und durch Falltüre zugänglich ist, werden ebenso wie die Fundamentschwelle aus einheitlichen Betonkörpern gebildet.

Die zentrale Beheizung erfolgt vom Herd aus, in der Erweiterung durch einen im Wohnraum aufzustellenden Zusatzkessel.

Den Fußbodenbelag der offenen Terrasse bildet eine Flachschicht von 4 cm starken Klinkern auf Magerbetonestrich.

Alle Schränke sind eingebaut und werden als Hohlkörper wie die Innenwände versetzt und verleistet. Der Eßtisch im Wohnraum wird in die Wand hineingeklappt, eine Raumersparnis, die vor allem Bauabschnitt 1 zugute kommt. Die große Couch besteht aus einer Reihung von tiefen Sesseln, die, einzeln aufgestellt, durch seitliches Anbringen von Armlehnen mit wenigen Handgriffen in bequeme Klubsessel umzuwandeln sind.

Durch unsere Bauweise aus genormten Platten läßt sich jeder Grundriß verwirklichen, der aus den Einheitsgrundmaßen 1,10 ×1,10 m zusammengesetzt ist. Die Platten sind stark genug ausgebildet, um auch einen zweigeschossigen Bau zu ermöglichen.

Der hier abgebildete Grundriß zeigt einen Kern, bestehend aus dem Wohnraum (18,15 qm), der zweibettigen Schlafnische (6 qm), der Küche (3,43 qm), und dem W.C.-Raum mit Duschwanne (2,35 qm), insgesamt 30 qm. Küche und W.C.-Raum sind unterkellert (6 qm).

Bauabschnitt 2 erweitert den Wohnraum auf 30,09 qm. Bauabschnitt 3 vergrößert die Küche auf 6,00 qm, bringt das W.C. in dem 4,84 qm großen Badezimmer unter und fügt ein einbettiges Schlafzimmer (7,86 qm) und einen Vorraum (4,24 qm) hinzu. Bauabschnitt 4 erweitert um zwei zweibettige Schlafzimmer (11,10 und 13,40 qm). Die überdeckte Terrasse (14,50 qm) mit den beiden Glasschutzräumen (je 4,84 qm) kann dann als letzte Erweiterung ausgeführt werden. Sie kann auch zweckmäßig in Teilen nach den Abschnitten 1, 2, 4 herangebracht werden.

Das Haus im Endzustand bedeckt eine Fläche von 117,33 qm. Die Schlafnische des Kernbaus wird bei späteren Schlafzimmeranbauten Eßnische.

Das Haus soll mit dem Wohnraum nach Süden gerichtet werden. Die Terrasse liegt fast ebenso günstig an der Westseite.

(v. Veltheim u. Müller-Rehm.)

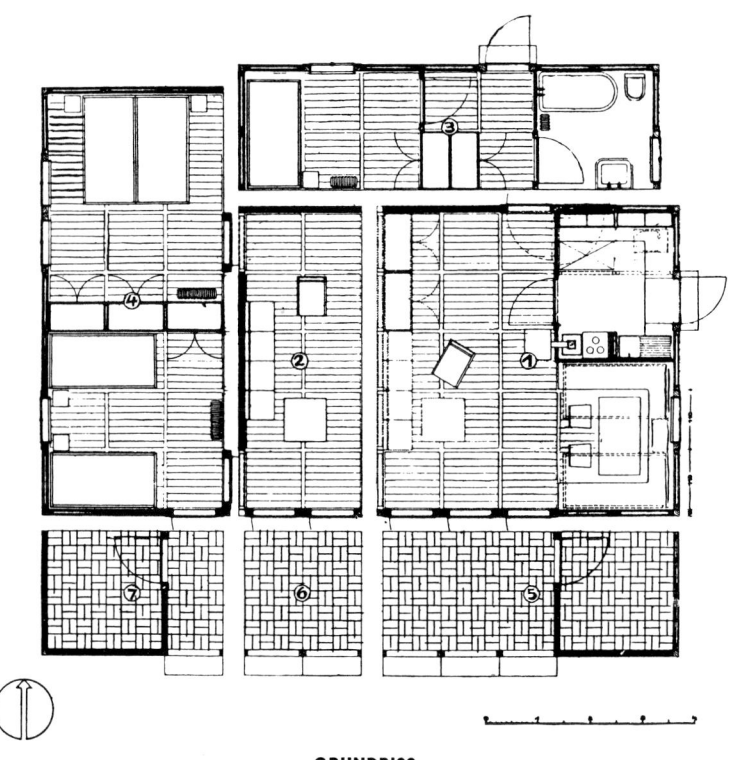

GRUNDRISS

ANSICHT

ARCHITEKTEN: LUDOLF VON VELTHEIM U. KLAUS MÜLLER-REHM

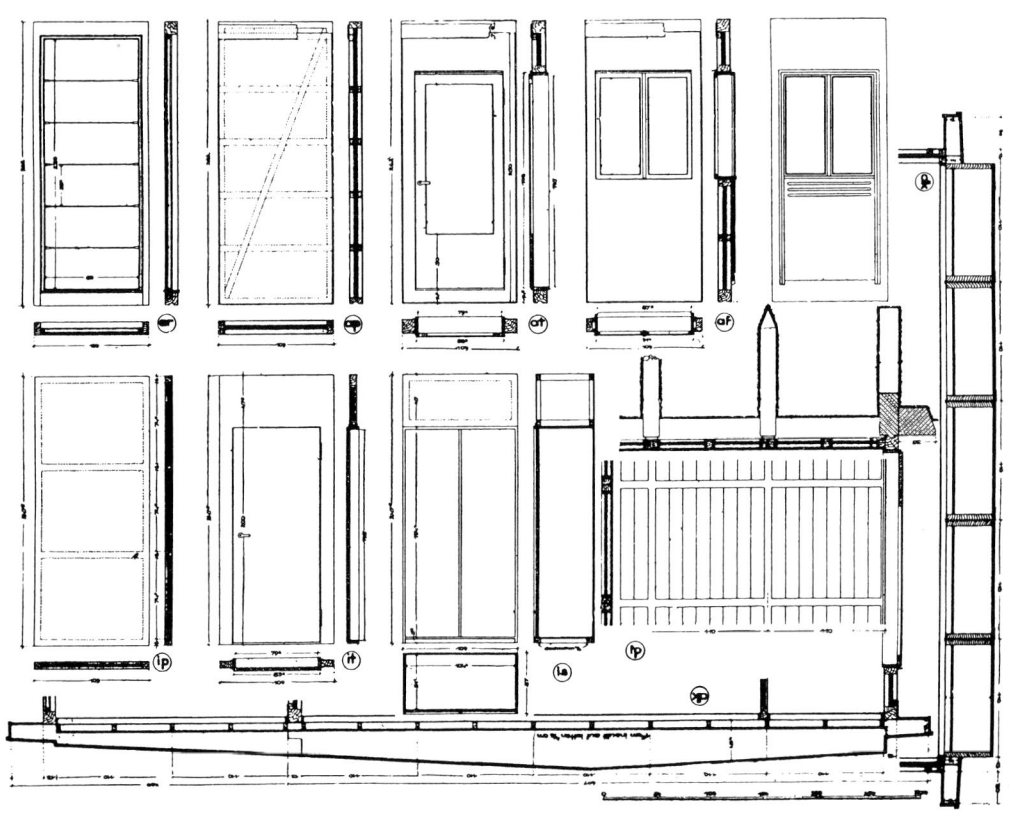

KONSTRUKTION

ar = AUSSENRAHMEN
ap = AUSSENPLATTE
at = AUSSENTÜRPLATTE
af = FENSTERPLATTE
ip = INNENPLATTE
it = INNENTÜRPLATTE
is = EINBAUSCHRANK
fp = FUSSBODENPLATTE
dk = DACHKÖRPER

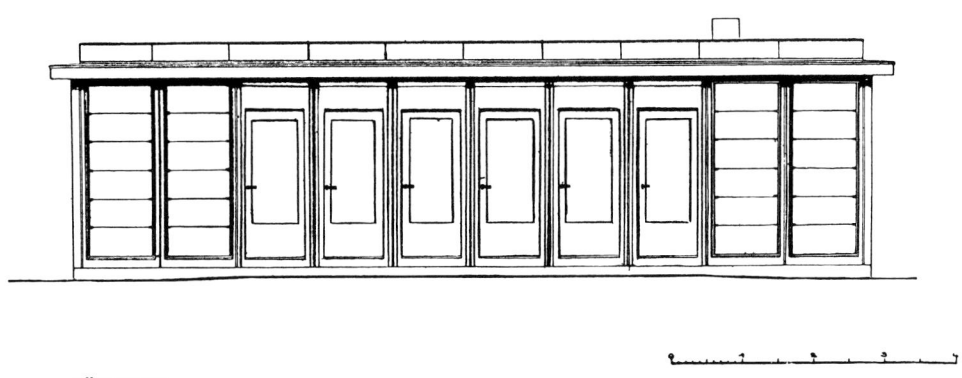

SÜDFRONT

ARCHITEKTEN: LUDOLF VON VELTHEIM U. KLAUS MÜLLER-REHM

SÜDANSICHT

BLICK VOM WOHNRAUM
IN DEN SCHLAFRAUM

BLICK VOM SCHLAFRAUM
IN DEN WOHNRAUM

135

Der Begriff des vorstädtischen Gartenhauses ist im allgemeinen an die Vorstellung des freistehenden Hauses geknüpft. Der durch die Bauordnung vorgeschriebene beiderseitige Bauwich von 2,5 m Breite zwingt das Haus in die Mitte des Grundstücks, wodurch die Gartenfläche zerrissen und eine einwandfreie räumliche Gestaltung unmöglich wird. Würden bei gleicher Straßenfront die Bauwiche nach Süden zusammengelegt und das Haus an die Nordgrenze gerückt werden, so würde dadurch eine Fläche geschaffen, die nach den folgenden Darlegungen vorzüglich zur Anlage eines Schmuckgartens und zur Einbeziehung des Gartens in die Wohnfläche geeignet ist. Einheitliche, eingeschossige Bebauung vorausgesetzt, würde die fensterlose Nachbarwand wie die berankte Brüstungsmauer einen wirksamen Schutz gegen Sicht wie gegen Wind bieten, der durch eine Hecke zur Abtrennung des Wirtschaftsgartens noch erhöht wird. Damit ist die Möglichkeit geschaffen, den Aufenthalt im Freien vom zeitigen Frühjahr bis in den späten Herbst hinein auszudehnen. Die freie Lage erfordert außerdem Maßnahmen hinsichtlich der Besonnung. Während bei geschlossener Bebauung Ost- und Westsonne vonnöten ist, sollte für freie Lage darauf verzichtet werden, da im Hochsommer die frühe Morgensonne im Schlafzimmer bereits lästig wird. Im Winter, wenn die Sonne am begehrtesten ist, hat nur die Mittagssonne die gewünschte Wirksamkeit; daher sind in dem vorliegenden Entwurf die Hauptaufenthalts- und Schlafräume nach Süden orientiert worden.

Die Forderung der serienmäßigen Herstellung ist mit Rücksicht auf die vorhandenen Baueinrichtungen und -methoden und die Aussichtslosigkeit, Mittel für die Umstellung unserer Bauherstellungsbetriebe zu erhalten, auf den Lageplan angewendet worden. So wie das Laienpublikum sich bereits daran gewöhnt hat, daß ganze Straßenzüge ein einheitliches Gepräge tragen, wird es auch die Notwendigkeit gleicher Bedingungen für das Einfamilienhaus einsehen, sofern im Innern noch genügend Spielraum für persönliche Wünsche verbleibt.

Der Hauptaufenthaltsraum ist im Hinblick darauf, daß das Haus nicht als Sommerhaus sondern auch im Winter angenehm zu bewohnen sein soll, durch einen Glasraum, dessen Entstehung auf die Notwendigkeit von Doppelfenstern zurückzuführen ist, mit dem Garten verbunden. Der Glasraum ersetzt dafür während der Wintermonate das sommerliche Grün. Die Fenster des Wohnzimmers lassen sich nach unten und oben auseinander schieben, so daß eine unmittelbare Verbindung mit dem Glasraum hergestellt werden kann. Die direkte Lüftung des Wohnraumes erfolgt durch Kippflügel oberhalb der Eingangstüren, sofern nicht die Querlüftung durch Arbeitszimmer, Flur und Küche vorgezogen wird. Das Wohnzimmer ist für gesellige Zusammenkünfte durch eine Schiebetür mit dem Arbeitszimmer verbunden. Von der Küche aus führt ein tischhohes Wandbrett ins Wohnzimmer, auf dem ein Rahmen als Durchgabe für Speisen und Getränke läuft. Gewöhnliche Durchgaben haben den Nachteil, im geöffneten Zustand beim Bewegen der Zimmertüren unangenehme Zugerscheinungen zu zeitigen, die durch die zwischengeschaltete Schleuse, den Treppenraum, zwangsläufig behoben werden. Die Küche ist auf Gas- oder Strom eingestellt. Bei Aufstellung des Zentralheizkessels in der Küche ist die Verlegung des Schornsteins erforderlich. Gleichzeitig würde für Gebiete ohne Kanalanschluß die Waschküche in Verbindung mit dem Wannenbad ins Erdgeschoß durch Vergrößerung des Brauseraumes verlegt werden müssen, wie die Variante zeigt. Im Elternschlafzimmer können an Stelle der getrennten Betten Klappbetten verwendet werden, die jedoch am Kopfende hochziehbar sein müssen, um die Bettdecken nach vorn hängen und zwangsläufig lüften zu lassen. Der Abstand der einzelnen Decken ist durch die am Kopfende angebrachten Ueberhangstangen gegeben. Der Flur stellt bei 4,60 qm Fläche als reiner Verkehrsraum zwischen acht Räumen ein Höchstmaß an Ausnutzung dar und vermeidet, andern Räumen die Funktion des Flures aufzuerlegen. Als Nebengelaß dient ein Zwischenboden im Flur, der für schmutzige Wäsche von der Waschküche, für Koffer und dergleichen vom Schlafzimmer aus zugänglich ist. Für das Trocknen der Wäsche an Regentagen ist ein aus Latten hergestellter und mit leichtem Dach versehener Trockenraum an der Nachbarmauer vorgesehen, an den sich ein Geräteraum, eine Bastelwerkstatt oder auch eine Kleingarage anschließen können. (Zabel.)

136

ARCHITEKT: WILLI ZABEL

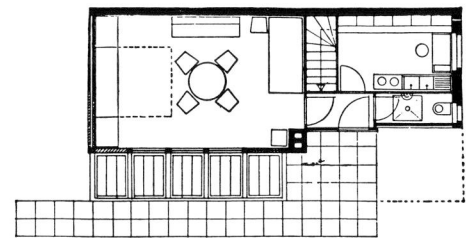

WOHNZIMMER	5,50 . 3,50 =	19,25 qm
KÜCHE	3,00 . 2,00 =	6,00 qm
BRAUSEBAD UND W.C.	2,00 . 0,80 =	1,60 qm
FLUR	1,75 . 1,00 =	1,75 qm
	WOHNFLÄCHE	**28,60 qm**

KERNHAUS

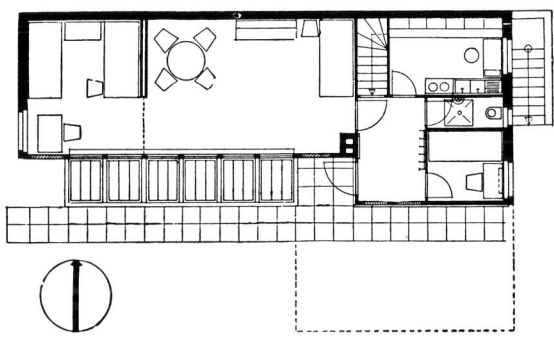

WOHNZIMMER	5,50 . 3,50 =	19,25 qm
KÜCHE	3,00 . 2,00 =	6,00 qm
BRAUSEBAD UND W.C.	2,00 . 0,80 =	1,60 qm
FLUR	1,75 . 2,65 =	4,60 qm
ARBEITSZIMMER, Z.ZT.		
ELTERNSCHLAFZIMM. .	3,00 . 3,50 =	10,50 qm
1 KIND	1,80 . 2,00 =	3,60 qm
	WOHNFLÄCHE	**45,50 qm**

2. UND 3. ANBAU

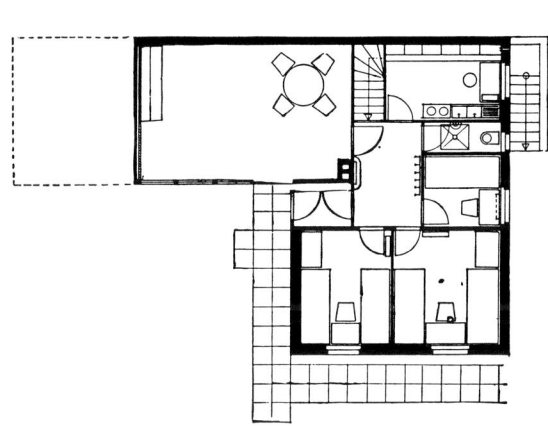

WOHNZIMMER . .	5,50 . 3,50 =	19,25 qm
KÜCHE	3,00 . 2,00 =	6,00 qm
BRAUSEBAD UND W.C.	2,00 . 0,80 =	1,60 qm
FLUR	1,75 : 2,65 =	4,60 qm
1 KIND	1,80 . 2,00 =	3,60 qm
2 KINDER	3,50 . 2,50 =	8,75 qm
ELTERN	3,50 . 2,80 =	9,80 qm
	WOHNFLÄCHE	**53,60 qm**

3. UND 4. ANBAU

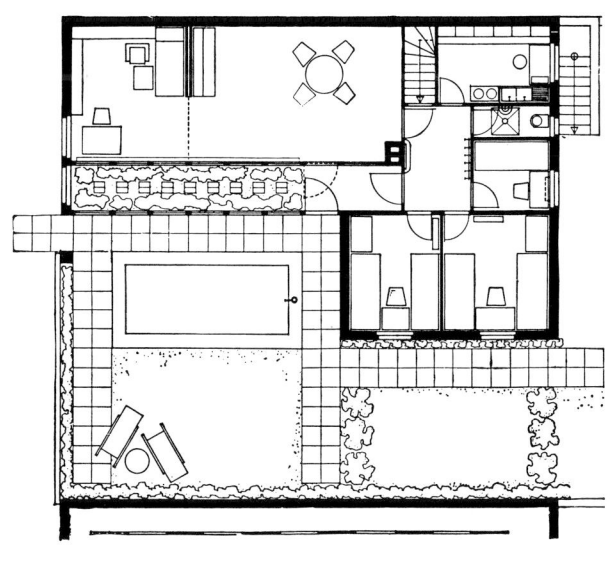

WOHNZIMMER	5,50 . 3,50 =	19,25 qm
KÜCHE	3,00 . 2,00 =	6,00 qm
BRAUSEBAD UND W.C.	2,00 . 0,80 =	1,60 qm
FLUR	1,75 . 2,65 =	4,60 qm
1 KIND	1,80 . 2,00 =	3,60 qm
2 KINDER	3,50 . 2,50 =	8,75 qm
ELTERN	3,50 . 2,80 =	9,80 qm
ARBEITSZIMMER . . .	3,00 . 3,50 =	10,50 qm
GLASRAUM		
UND WINDFANG . . .	8,65 . 1,20 =	10,40 qm
	WOHNFLÄCHE	**74,50 qm**

5. ANBAU

ARCHITEKT: WILLI ZABEL

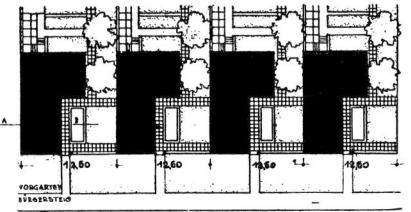

ANWENDUNG FÜR NORD-SÜD-STRASSEN

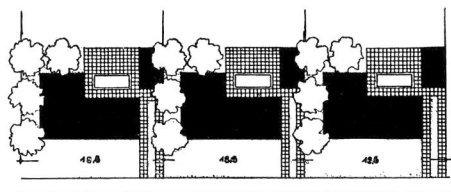

ANWENDUNG FÜR OST-WEST-STRASSEN

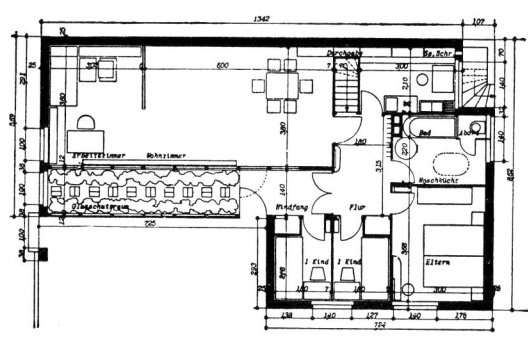

VARIANTE OHNE KANALANSCHLUSS
(HEIZUNG, WASCHKÜCHE MIT BAD IM ERDGESCHOSS)

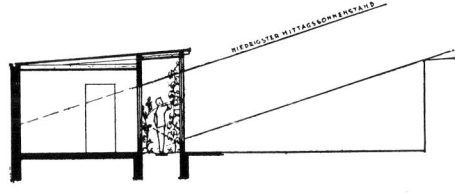

SCHNITT

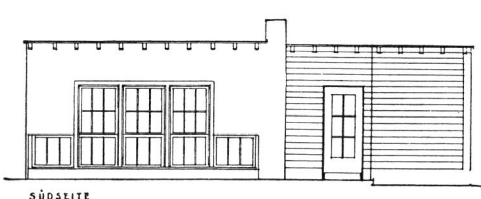

1. KERNHAUS

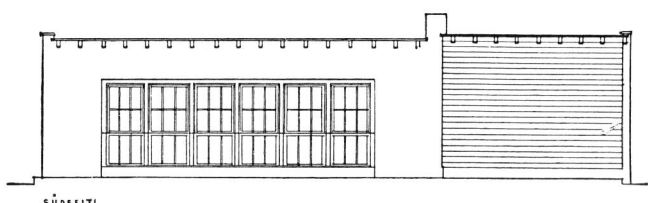

2. UND 3. ANBAU

SCHAUBILD

ARCHITEKT: WILLI ZABEL

SÜDANSICHT

ENTWURF: DIPL.-ING. HERMANN ZWEIGENTHAL, BERLIN
BAUAUSFÜHRUNG: ALLG. BAUGES. LENZ & Co., BERLIN / BREEST & Co., BERLIN-TEMPELHOF
KONRAD LINDHORST, BERLIN-TEMPELHOF

Dieses wachsende Haus ist ein fabriziertes Haus, kein Typenhaus. Ein fabriziertes Haus, weil es aus normierten Einzelteilen besteht, die fabrikmäßig hergestellt, laut Katalog bestellt, fertig an die Baustelle geschafft, zusammengeschraubt werden. Aber kein Typenhaus, das nur in einer einzigen bestimmten Form, wenn auch in drei Stadien, errichtet werden kann und den Käufer nicht nur für die augenblickliche Entscheidung vor Alternativen stellt, sondern von ihm auch auf lange Sicht Entscheidungen fordert, die er kaum auf sich nehmen kann. Der deutsche Individualismus mag für den Wohnungsbau bekämpfenswert sein, hier kommt ihm ein Argument von großer wirtschaftlicher Tragweite entgegen. Niemand kann man zumuten, ein Haus, das mit der Bestimmung der schrittweisen Erweiterung erworben wird, ohne Rücksicht auf seine späteren wirtschaftlichen Möglichkeiten, seine und seiner Familie spätere Bedürfnisse, auf die Entwicklung technischer Bedingungen und zahlreicher anderer unabsehbarer Umstände zu wählen. Zu erweitern ist schließlich jedes Haus durch Holz und Stein, dann aber würden alle Vorzüge des fabrizierten Hauses hinfällig werden, das einer großen Zahl von wenig Bemittelten das Eigenhaus ermöglichen soll, das mit allen modernen wohntechnischen Verbesserungen klein erworben, allmählich erspart werden kann, ohne den Kapitalmarkt durch Hypothekennahme, sich selbst mit Zinszahlungen zu belasten.

Aus diesen Gründen ist ein System im Einheitsmaß von 150 cm entwickelt worden. Dieses Maß ist der geringsten Wohnraumbreite gleich, die das Vorbeigehen an einem Bett gestattet. Das entsprechende Raummaß ist 150×150 = 2,25 qm. Das kleinste Haus, das ein Bett (oder zwei übereinander), Herd, Tisch und Stühle, Schrank, WC., Dusche enthält, ist 9 qm groß; von hier aus gibt es unbegrenzte Möglichkeiten der Erweiterung jeweiligen Bedürfnissen und Mitteln gemäß in Kleinstteilen (2,25 qm).

Das Haus besteht aus einem einfachen Stahlgerüst, an das Wandplatten geschraubt werden. In den Ecken und in Abständen von 2 oder 3 Längeneinheiten von je 150 cm stehen dünne Eisenrohre (Durchmesser 6 cm). Sie tragen einen unteren und oberen Winkelkranz und das Dach. An den Winkelkränzen sind in Abständen von 150 cm Stiele 6×6 cm befestigt. An letztere werden die Wandteile angeschraubt, die außen aus Stahlplatten, innen aus Holzschalung bestehen und deren Zwischenraum durch Lehm, Torfmull usw., dem an der jeweiligen Baustelle bequemsten Material, als Wärmedichtung ausgefüllt wird. Diese

Platten haben das Einheitsmaß von 150×300 cm. In diesem Maß stellt die Stahlindustrie Platten, in der Breite von 75 cm Stahlpfannen für das Dach her. Dieses hat eine geringe Neigung von 1:20 und ist mit 6 cm Grobkiesschicht bedeckt, welche das sehr unangenehme Regentrommeln auf Metalldächern verhindert, gute Glüh- und Wärmeisolierung abgibt und es unmöglich macht, daß der Wind den Regen durch die Fugen der Dachplatten treibt. Das Vereisen der untersten Kieslage schließt ein Z-förmig gebogenes perforiertes Kieshalteblech aus.

Jede Spezialkonstruktion, die nicht im Handel vorkommt, ist vermieden worden. Aber alle Wandplatten usw. werden in Normen erzeugt. Es gibt Wand-, Fenster- und Türplatten verschiedenster Art, die man nach Nummern bestellen kann. In dem Versuchshaus auf der Ausstellung „Sonne, Luft und Haus für alle" ist eine Reihe verschiedener Fenster- und Türplatten verwendet worden, um die darin gelegenen Möglichkeiten zu zeigen.

Dieses Haus auf der Ausstellung ist nicht ein Bautyp, der nur in dieser Form und Größe geliefert wird, sondern das Beispiel eines durch schrittweise Erweiterung im Laufe der Jahre auf 5 Zimmer nach üblichen Bedürfnissen angewachsenen Hauses, das auch von Anfang an so oder in beliebigen Formen laut Baukatalog angeboten wird.

Im Grundriß gibt es keine komplizierten Raumbeziehungen, nur die einfache Aneinanderreihung der Räume nach ihren Funktionen. Weitere Räume sind einfach anzuschließen. Darum ist stets geschlossene Grundform nicht nur aus wärmewirtschaftlichen, konstruktiven und statischen Gründen bevorzugt worden. Schlafräume und Kinderzimmer nach Osten, Wohnräume nach Westen und Süden. Das läßt für die Nutzräume, Küche, Bad, Abstellraum, Waschküche evtl. Garage die Nordseite übrig. Das Bad muß aus technischen Gründen mit der Küche, des Wohngebrauchs wegen mit den Schlafräumen in Verbindung stehen. Der Ausgang ins Freie ist bei allen Räumen erwünscht. In der Küche befindet sich neben der Durchgabe der mit dem kombinierten Gas- und Kohlenherd vereinigte Heizofen, der für diese Größe des Hauses eine kleine Zentralheizung versorgt und dessen Abgase den Heißwasserkessel heizen, der im Sommer mit Gas betrieben wird.

Die Orientierung der Wohn-, Schlaf- und Wirtschaftsteile ist von der kleinsten Form (9 qm) an nach den Himmelsrichtungen erfolgt, so daß jede Erweiterung den jeweiligen Bedürfnissen angepaßt im Rahmen des vorgesteckten Fabrikationsplanes erfolgt. *(Zweigenthal.)*

140

ARCHITEKT: DIPL.-ING. HERMANN ZWEIGENTHAL

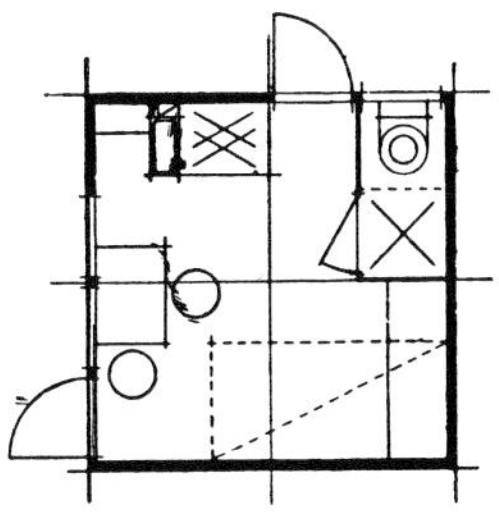

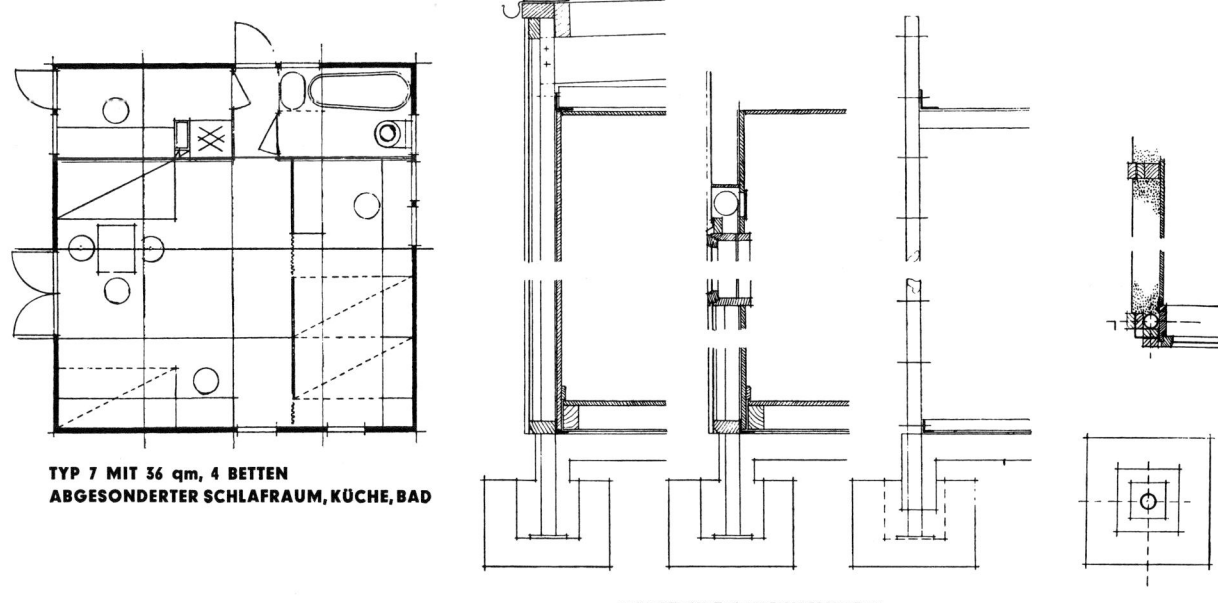

TYP 1 (KLEINSTTYP)
MIT 9 qm, 1 BETT

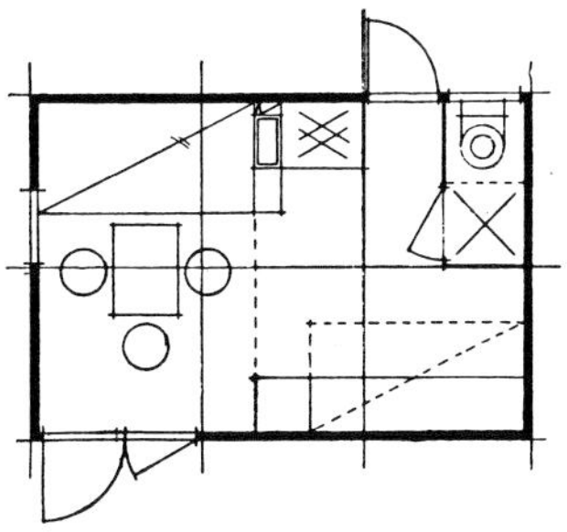

TYP 2 MIT 13 qm,
2 BETTEN, KOCHNISCHE

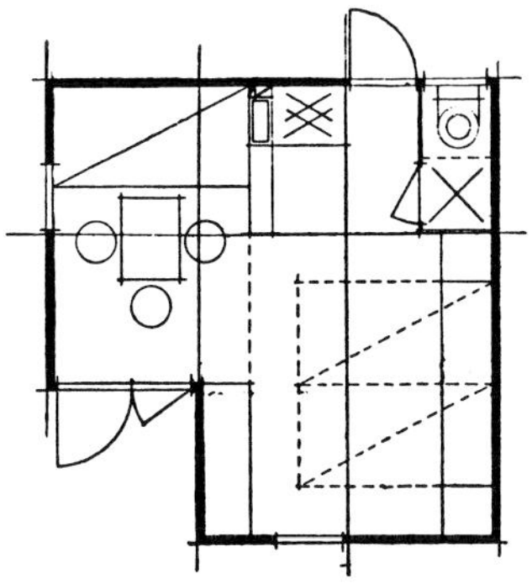

TYP 3 MIT 18 qm
3 BETTEN, KOCHNISCHE

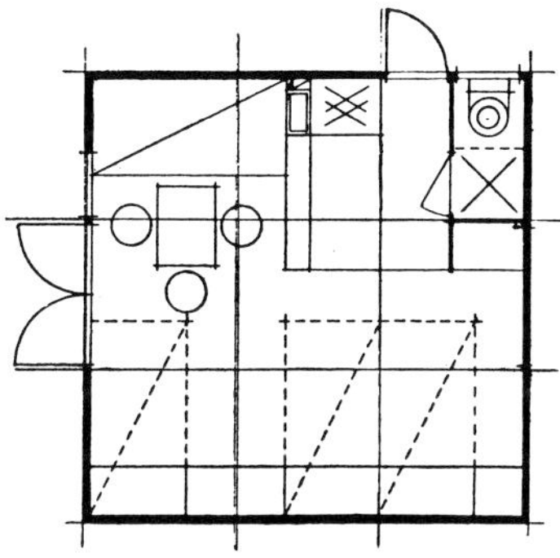

TYP 4 MIT 22,25 qm
4 BETTEN, KOCHNISCHE

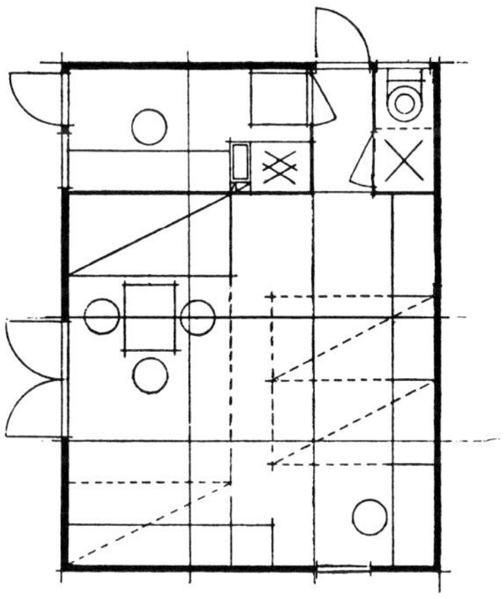

TYP 5 MIT 27 qm
4 BETTEN, KÜCHE

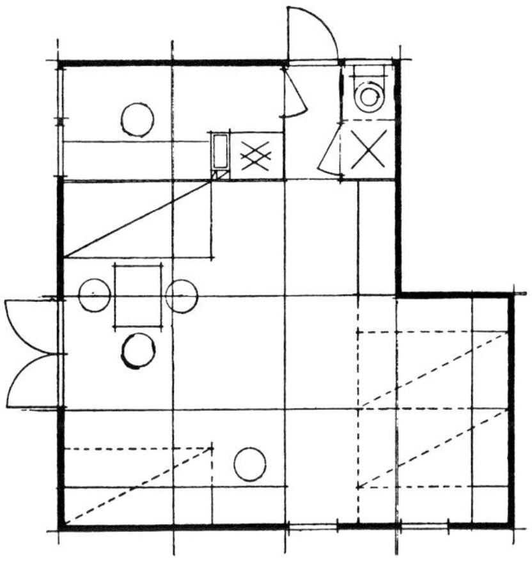

TYP 6 MIT 31,50 qm, 4 BETTEN
ABGESONDERTER SCHLAFRAUM, KÜCHE

TYP 7 MIT 36 qm, 4 BETTEN
ABGESONDERTER SCHLAFRAUM, KÜCHE, BAD

KONSTRUKTIONSEINZELHEITEN

ARCHITEKT: DIPL.-ING. HERMANN ZWEIGENTHAL

N
↑

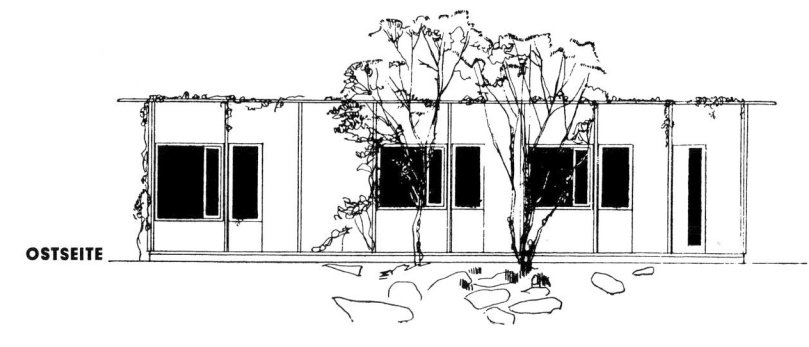

PERSPEKTIVE

M

L

B

A

H

G

C

F

E

K

J

D

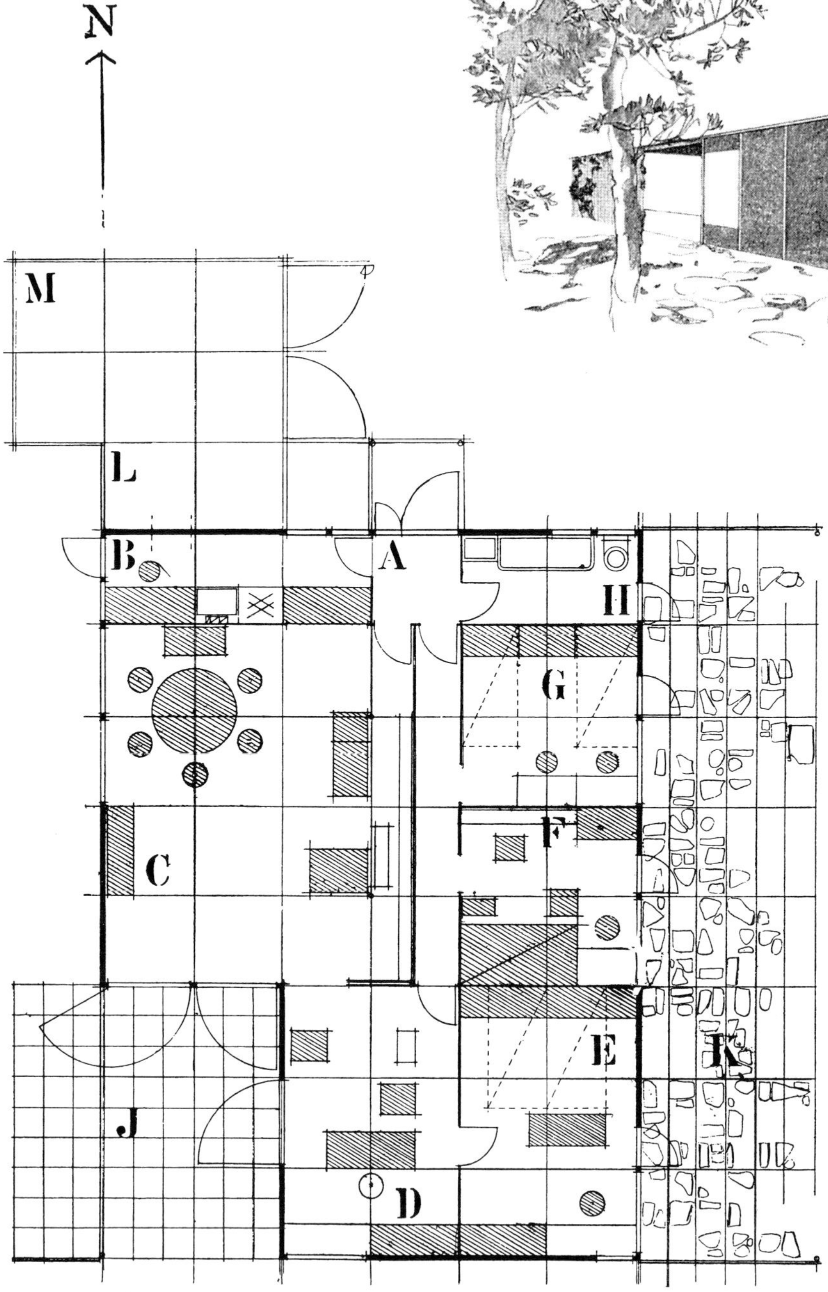

VOLLAUSBAU

A VORRAUM MIT EINGANG
2,25 qm

B KÜCHE 6,75 qm

C HAUPTWOHNRAUM (MIT
AUSGANG ZU J) 31,5 qm

D WOHNRAUM (ZIMMER DES
VATERS) 13 qm (AUSGANG
ZUR GEDECKTEN TERRASSE)

E ELTERNSCHLAFRAUM 13 qm
(TAGESZIMMER D. MUTTER)
(AUSGANG ZUM GARTEN)

F,G KINDERZIMMER, je 9 qm
(AUSGANG ZUM GARTEN)

H BAD 4,50 qm (MIT AUSGANG
ZUM GARTEN)

J GEDECKTE TERRASSE NACH
SÜDWESTEN, 13 qm

K PERGOLA

L EVTL. WASCHKÜCHE UND
SCHUPPEN

M EVTL. GARAGE

OSTSEITE

ARCHITEKT: DIPL.-ING. HERMANN ZWEIGENTHAL

ANSICHT

EINBLICK IN DEN WOHNRAUM

Wenn man die G r u n d forderungen an ein
„wachsendes Haus",

1. der industriellen Fertigung eines Hauskernes,
2. der Zuwachsmöglichkeit in kleinsten Konstruk-
   tionseinheiten,
3. der Einstellung der Hausräume auf entsprechende
   Freiräume im Garten und damit
4. der Ebenerdigkeit der Nutzräume,
5. der sparsamsten Bewirtschaftung,
6. der größten Wärmehaltung,
7. der funktionellen Serienschaltung der Nutzräume und
8. der geringstmöglichen Kosten

auf einer m i t t l e r e n Linie der Gestaltung
erfüllen will, dann kommt man zwangsläufig
zu dem von dem Verfasser gewählten z e n t r a -
l i s t i s c h e n Typ eines wachsenden Hauses.

Konstruktiv verfolgt der Entwurf das Prinzip
der K o m b i n a t i o n von Trag- und Füllwand
in der Gestalt einer 10 cm starken, auf Nut
und Feder zusammengesetzten Holzwand, die
wieder in einzelne Montagetafeln unterteilt
ist. (Siehe Abb.) Ein Zugband, das durch die
senkrecht gestellten Stiele hindurchgeht und
an den Enden der Wand mit Muttern verschraubt ist, behindert die Horizontaldehnung.
Bei luftfeuchtem Wetter, also im Frühjahr,
Winter und Herbst, schließen sich die Fugen
der Wand automatisch. Die Wand hat also
eine natürliche Atmung erhalten. Auf dieses
„Fleisch" der Wand wird im Innern eine Sperrholzplatte als „Haut" aufgenagelt. In dem
durch die Leistenführung bedingten Luftraum
zwischen dem „Fleisch" und der „Haut" werden die mannigfachen Leitungen verlegt.

Der Grundriß ist ganz klar eingestellt auf
den Hauskern, um den herum sich die jeweiligen Erweiterungsräume legen. Das Bad
als aufwendigster Erweiterungsabschnitt
würde an l e t z t e r Stelle ausgeführt werden,
wenn man sich die Erweiterung links und
rechts von der Küche und dem Windfang ausgehend denkt. Dieses Prinzip des ring-
förmigen Wachstums (Jahresringe) weist sehr
anschaulich auf den wärmetechnischen
S c h u t z m a n t e l hin, der sich um den Gemeinschaftsraum, den Wohnraum, herumlegt
und zeigt ebenso anschaulich die R a n d z o n e
der Nutzräume, die ihr Gesicht vorwiegend
dem Garten und dem Freiluftwohnen zukehren. Beachtlich ist auch die Möglichkeit
eines Umgehens des zentralen Wohnraumes
und damit der mögliche Abschluß der „guten
Stube" aus dem täglichen Benutzungskreislauf.

Um den eigentlichen Hauskörper legt sich
eine zweite Schutzzone in der Gestalt von
zwei flankierenden Holzschuppen, neben dem
Eingang, in denen Güter aufbewahrt werden,
die Frost und Hitze (Gartengeräte usw.) vertragen, und weiterhin in der Gestalt einer
„dritten Scheibe", die n i c h t als Gewächs-

haus, sondern nur als Sonnen- und Wärmefang
sowie als Wind- und Schallschutz gedacht ist.

Das Haus soll geheizt werden durch eine
Warmwasserzentralheizung, die von der
Küche aus mit Gasfeuerung von der Hausfrau
sehr leicht bedient werden kann. Beim Zwang
zu billigerer Anlage ist natürlich auch einfache Ofenheizung möglich. Da die Wandkonstruktion wärmetechnisch aber einer etwa
60 cm starken Ziegelwand entspricht und die
Decken wie die Fenster ganz besonders dicht
schließend konstruiert sind, so dürfte die
Gasheizung bei diesem Typ erfolgreicher als
bisher durchgeführt werden können.

Die Hausfrau findet unter dem Windfang
einen stark ausnutzbaren kleinen Hauskeller,
der leicht zugänglich ist. Daneben soll sie
aber für mehrmals gebrauchte Konsumgüter
(Milch, Butter, Wurst usw.) eine Art „ver-
senkbare Speisekammer" erhalten, die in der
Form eines Handaufzuges konstruiert ist und
sich in einen kleinen entlüftbaren Kühlkeller
hinabsenken läßt.

Zur Einschränkung des Wasserverbrauchs
ist daran gedacht, das Wirtschaftswasser aus
Küche und Bad nach einer Hebelstellung über
einen Fettfang zu leiten und für die Gartenwirtschaft zu verwenden, sofern es hier gebraucht wird. Für die Beurteilung des vorliegenden Entwurfs ist von entscheidender
Bedeutung, daß das Haus erst seinen Wert
durch den Garten und der Garten erst seinen
Wert durch das Haus erhält. Zu verweisen
ist darum auch auf den Gartenplan, an dessen
Gestaltung der Architekt L. M i g g e maß-
gebend beteiligt war und aus dem der „Eßgarten", der „Arbeitsgarten", der „Gymnastikgarten" usw. sehr klar ersichtlich ist und jeweils mit dem entsprechenden Funktionsraum
des Hauses (Bad, Eßnische, Arbeitsnische) in
engster Beziehung steht. Die beiden letzteren
Räume lassen sich durch Flügelschiebetüren
ganz nach dem Garten öffnen und bilden dann
eine Laube.

Die Schlafräume sind nicht mehr allein
Schlafräume, sondern auch R u h e - und
L e s e räume und als solche mit einer Form
von „Liegen" ausgestattet, die das alte Bett-
zeug nicht mehr kennen, sondern mit be-
quemen und warmen S c h l a f m ä n t e l n
ausgestattet sind.

An diesem Entwurf haben neben den Architekten S c h a p i r o und M u r c h e gestal-
tend mitgearbeitet auch der Ingenieur M e n -
g e r i n g h a u s e n und in konstruktiver Hinsicht die Herren der „Bauhütte Stettin", deren
Hilfe es mit zu verdanken ist, daß dieses Haus
auf etwa 85 Proz. Werkstattarbeit gebracht
werden konnte.   *(Wagner.)*

144

ARCHITEKT: STADTBAURAT DR.-ING. MARTIN WAGNER

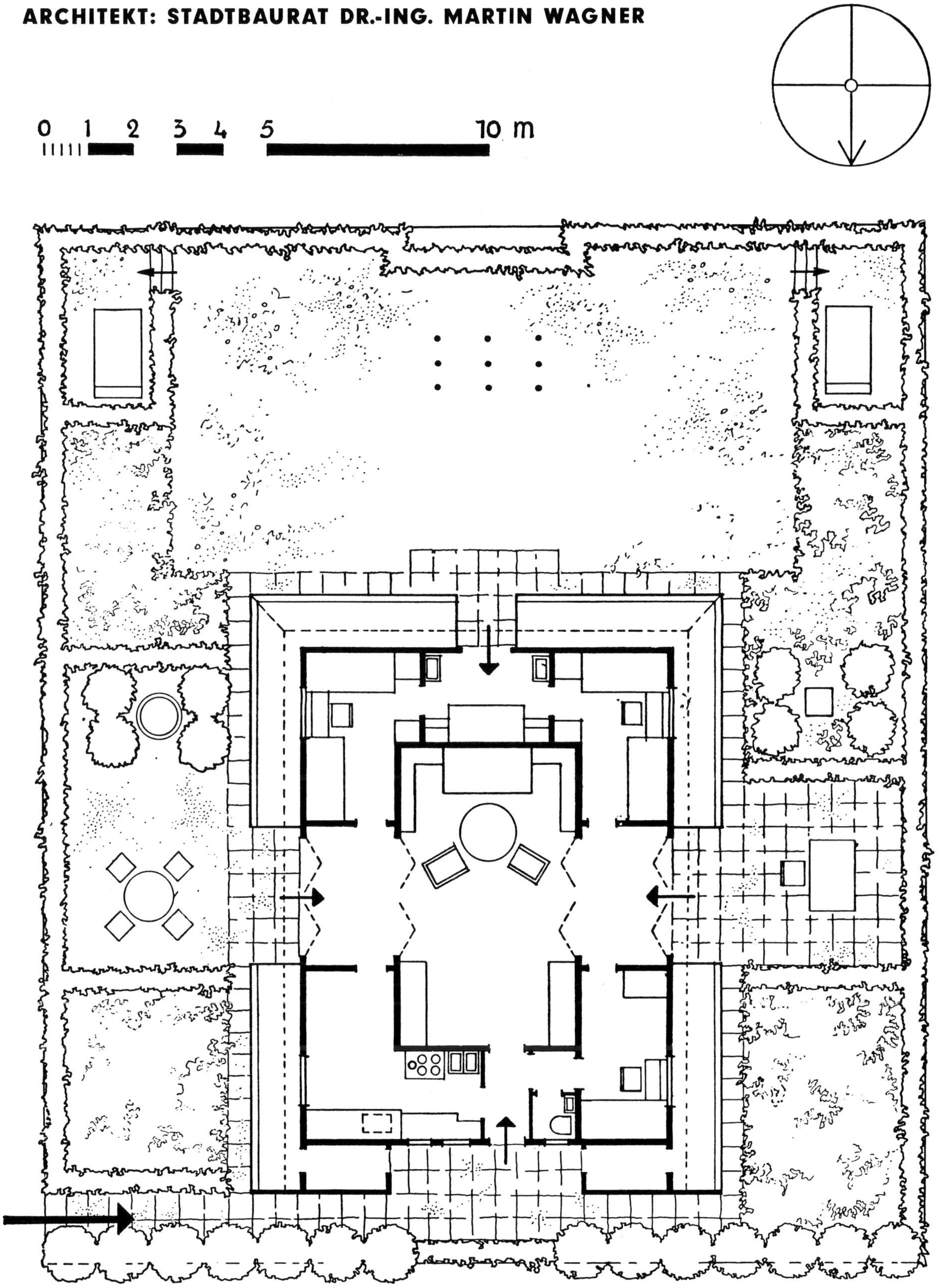

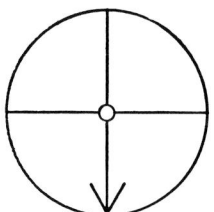

Gartenplan zu dem Haus des Architekten Dr.-Ing. Martin Wagner. Von der Eß- und Arbeitsnische des Wohnzimmers aus entwickelt sich der Wohn- und Arbeitsgarten, der mit dem Haus zu einer Einheit verwächst. Vor dem Badezimmer breitet sich der Gymnastikgarten mit Turngerüst und geschützten Besonnungsplätzen aus.

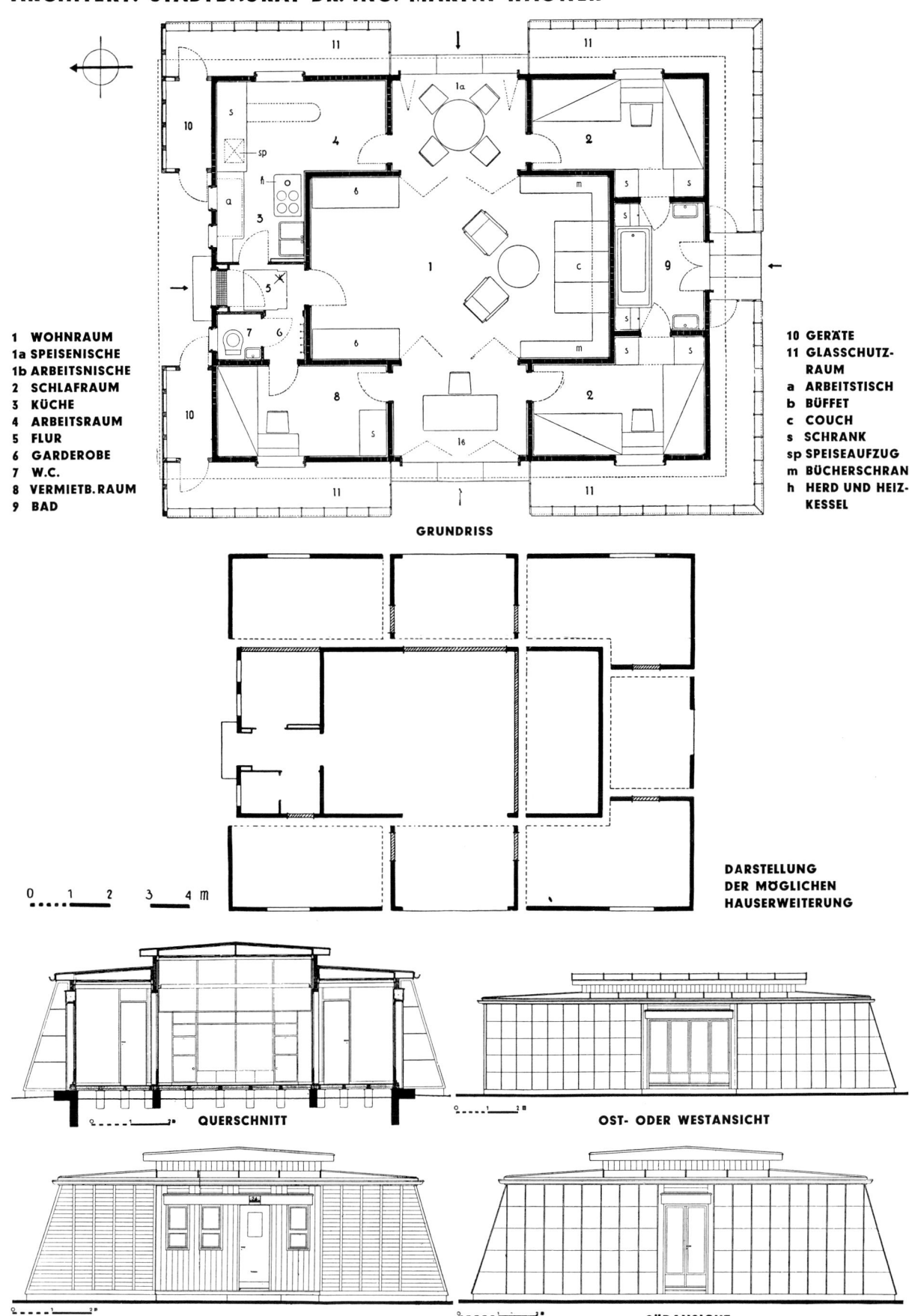

ARCHITEKT: STADTBAURAT DR.-ING. MARTIN WAGNER

GRUNDRISS

1 WOHNRAUM
1a SPEISENISCHE
1b ARBEITSNISCHE
2 SCHLAFRAUM
3 KÜCHE
4 ARBEITSRAUM
5 FLUR
6 GARDEROBE
7 W.C.
8 VERMIETB. RAUM
9 BAD

10 GERÄTE
11 GLASSCHUTZ-
   RAUM
a ARBEITSTISCH
b BÜFFET
c COUCH
s SCHRANK
sp SPEISEAUFZUG
m BÜCHERSCHRANK
h HERD UND HEIZ-
   KESSEL

DARSTELLUNG
DER MÖGLICHEN
HAUSERWEITERUNG

0 1 2 3 4 m

QUERSCHNITT

OST- ODER WESTANSICHT

NORDANSICHT

SÜDANSICHT

146

ARCHITEKT: STADTBAURAT DR.-ING. MARTIN WAGNER

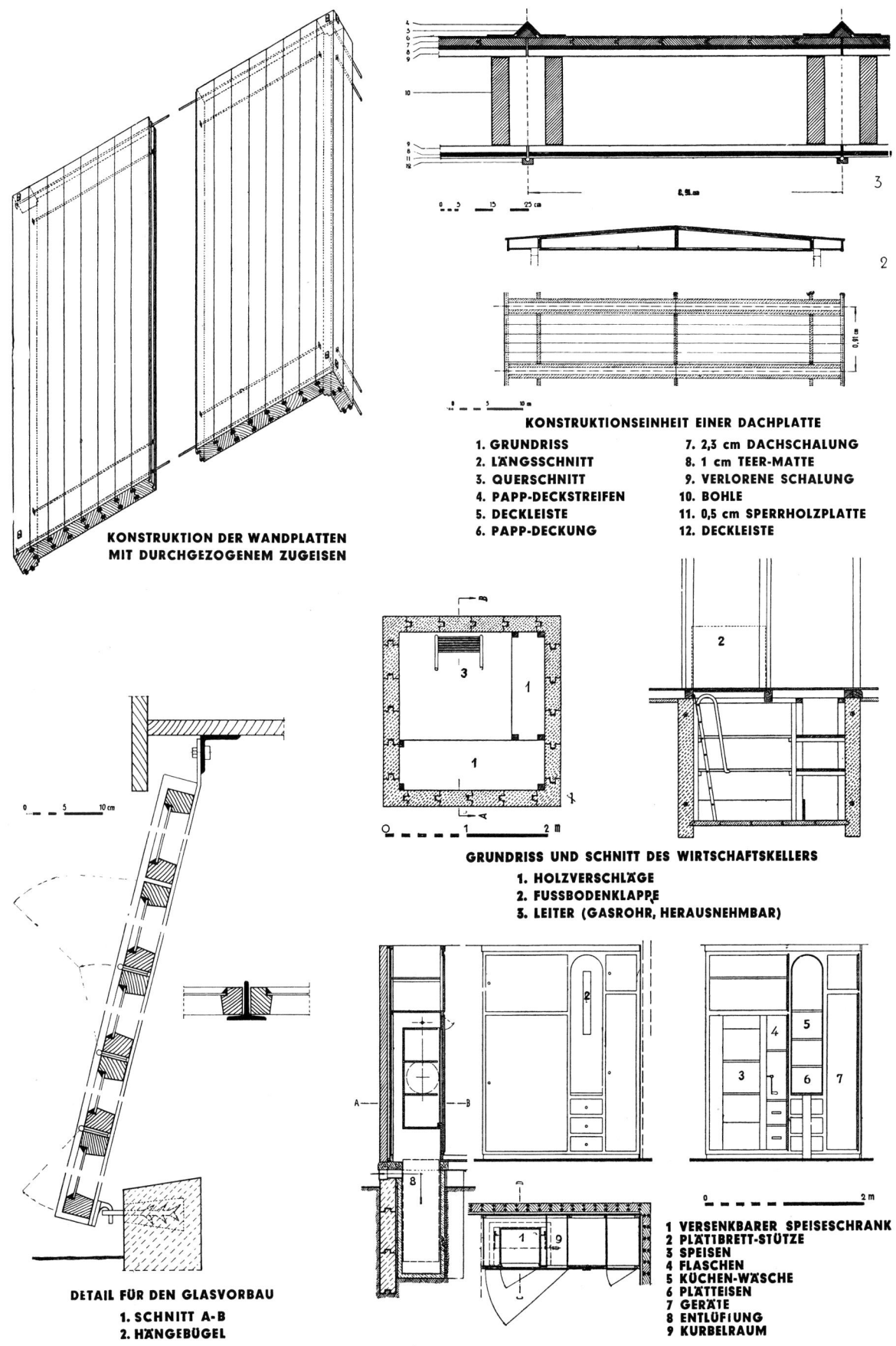

KONSTRUKTION DER WANDPLATTEN
MIT DURCHGEZOGENEM ZUGEISEN

KONSTRUKTIONSEINHEIT EINER DACHPLATTE

1. GRUNDRISS
2. LÄNGSSCHNITT
3. QUERSCHNITT
4. PAPP-DECKSTREIFEN
5. DECKLEISTE
6. PAPP-DECKUNG

7. 2,3 cm DACHSCHALUNG
8. 1 cm TEER-MATTE
9. VERLORENE SCHALUNG
10. BOHLE
11. 0,5 cm SPERRHOLZPLATTE
12. DECKLEISTE

GRUNDRISS UND SCHNITT DES WIRTSCHAFTSKELLERS

1. HOLZVERSCHLÄGE
2. FUSSBODENKLAPPE
3. LEITER (GASROHR, HERAUSNEHMBAR)

DETAIL FÜR DEN GLASVORBAU

1. SCHNITT A-B
2. HÄNGEBÜGEL

1 VERSENKBARER SPEISESCHRANK
2 PLÄTTBRETT-STÜTZE
3 SPEISEN
4 FLASCHEN
5 KÜCHEN-WÄSCHE
6 PLÄTTEISEN
7 GERÄTE
8 ENTLÜFTUNG
9 KURBELRAUM

147

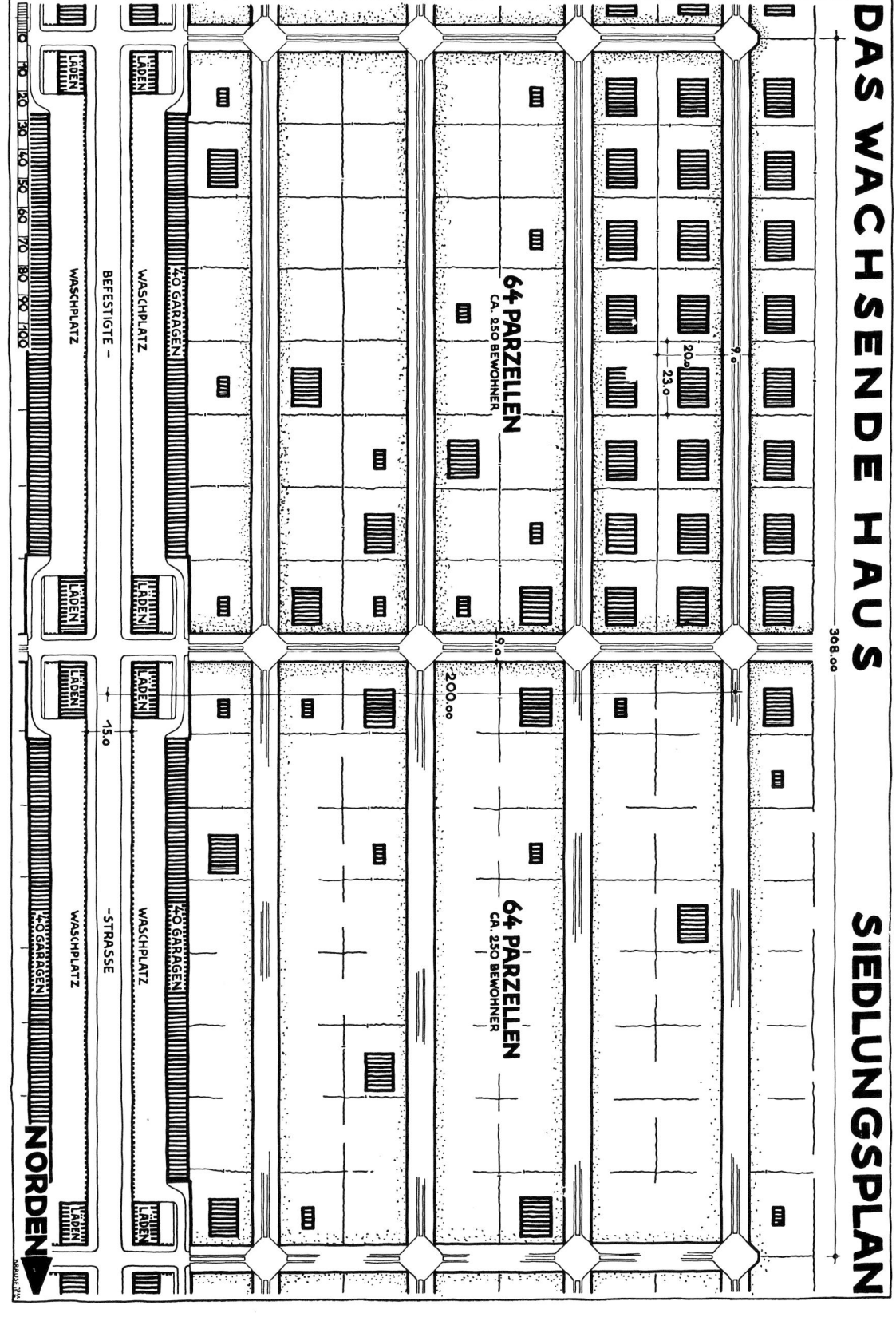

DAS WACHSENDE HAUS

SIEDLUNGSPLAN

Skizze für einen Siedlungsplan mit Gangstraßen. Straßenprofil siehe Seite 46 unten rechts

148

ARCHITEKT: STADTBAURAT DR.-ING. MARTIN WAGNER

EINBLICK IN EINEN SCHLAFRAUM

ANSICHT VON SÜDOSTEN

ANSICHT VON NORDOSTEN

EINBLICK IN DEN BADE- UND WASCHRAUM

EINBLICK IN DEN WOHNRAUM

149

Franziska Bollerey

Das intelligente Haus: ökologisch, wirtschaftlich und flexibel

„Nennen Sie mich ruhig einen ‚Utopisten', denn ich würde auf einen solchen Nebentitel stolz sein," schreibt Martin Wagner (1885–1957) noch 1956.[1] Er war ein „Beschwörer des kollektiven Geistes", ein Apologet der Gemeinschaftsleistung.[2] Getrieben von der Erkenntnis, dass nicht die Leistung des Ichs für das Ich und des Teils für den Teil moralische und ethisch akzeptable Lösungen hervorzubringen in der Lage sind, schreibt er zwischen 1909 und 1957 unermüdlich Artikel um Artikel, Buch um Buch, um in Politik, Wirtschaft, Städtebau und Architektur etwas zu bewegen. Als Stadtbaurat in Berlin seit 1926 mit Exekutivmacht ausgestattet, gelingt ihm in der Verkehrs-, Siedlungs- (hier tritt er zusammen mit Bruno Taut in der Hufeisensiedlung auch als Entwerfer auf) und Grünplanung einiges.

Etwa zur Halbzeit seiner „Regentschaft" widerspiegelt die 1929 von ihm herausgegebene Zeitschrift *Das Neue Berlin* Erreichtes und Visionäres. Angestrebt wird die Einheit von Politik, Ökonomie, Kultur und Ökologie. Eine Aufgabe, die ihn bis ans Ende seines Lebens beschäftigt. Sein 1951 erschienenes Buch *Wirtschaftlicher Städtebau* beginnt er als Emeritus der Harvard-Universität mit dem Kapitel „Geophysik des Lebensraumes".[3] Nach dem Ende des Zweiten Weltkriegs sieht Wagner wiederum die von ihm vorgezeichneten Chancen als noch nicht genutzt. Voller Zuversicht schreibt er an Frei Otto, mit dessen Parametern der Reduzierung des Energieverbrauchs und des ganzheitlichen ökologischen Ansatzes er übereinstimmt: „Sie sehen, Ihre Generation hat noch Aufgaben vor sich, unter denen meine nur die ist, den Staffelstab an Jüngere abzugeben."[4] Auf dem Zenit seiner Karriere zwischen 1926 und Anfang 1933 errang er auf dem Gebiet der „Naturierung" der Großstadt Erfolge. So, wie Adolphe Alphand Baron Georges Eugène Haussmann zur Seite stand, hatte Martin Wagner mit Erwin Barth[5] einen qualifizierten Grünplaner, dem die junge Hauptstadt der Weimarer Republik unter anderem die Volksparks Rehberge (1927/28) und Jungfernheide (1924/25) im Berliner Norden verdankt. In Zusammenarbeit mit Richard Ermisch realisiert Wagner selbst für die Stadt das zu Schlager-Ehren gelangte („Pack die Badehose ein … und dann raus nach Wannsee …") Strandbad Wannsee, im Westen der Stadt an der Havel gelegen (1930). Am Müggelsee entsteht das östliche Pendant. Wagner setzt sich bereits in seiner Dissertation[6] sowie ab 1911 in Kooperation mit Leberecht Migge,[7] einem der relevantesten Praktiker und Theoretiker[8] in Sachen Stadt und Natur mit der Freiflächenpolitik auseinander. „Das sanitäre Grün"[9], wie Wagner sein ökologisches Anliegen betitelt, richtet sich jedoch nicht nur auf den Makrokosmos der Metropole, sondern auch auf den Mikrokosmos Mensch–Wohnung–Haus. „Wie soll dieses biologische Wohnen aussehen?"[10] fragt er im Kapitel „Neues Wohnen" der 1932 herausgegebenen Publikation *Das wachsende Haus*. Sie fasst die Ergebnisse eines von Hans Poelzig angeregten Wettbewerbs zusammen.[11] In einer Zeit der unfreiwilligen Muße – auf dem Höhepunkt der Weltwirtschaftskrise (Bruno Taut,[12] Ernst May und viele andere sind auf der Suche nach Arbeit in die UdSSR gegangen) nutzt Wagner die „schöpferische Pause", um Kollegen „Das wachsende Haus" als praktische Tagesaufgabe wie auch als theoretische Zukunftslösung[13] konzipieren zu lassen. Mehr als tausend Architekten beteiligen sich im November und Dezember 1931. „Eine Gemeinschaftsarbeit verschiedenster Fachzweige muß sich hier vereinigen, wenn das Ziel der billigen, in Material und Ausstattung hochwertigen Wohnstätte erreicht werden soll."[14] In der Tat kommt es zu einer engen Kooperation zwischen Bauindustrie und entwerfenden Architekten.[15] Außenaufnahmen von 24 Entwürfen, die Wagner veröffentlicht, verdanken wir der Tatsache ihrer Realisierung – „der beste Maßstab ist das Original"[16] – auf der auf dem Berliner Messegelände vom

7. Mai bis zum 7. August gezeigten *Berliner Sommerschau 1932. Sonne, Luft und Haus für Alle. Ausstellung für Anbauhaus, Kleingärten und Wochenende*. Mit der fortschreitenden Reduzierung der Wochenarbeitstage sowie der täglichen Arbeitszeit seit dem späteren 19. Jahrhundert suchen vor allem die Städter in ihrer Freizeit die Naturnähe. Die Natur als regenerierendes und equilibrierendes Element wird seit der Jahrhundertwende von der Lebensreform wie auch der Gartenstadtbewegung propagiert.[17] Das Wochenende in der freien Natur, in städtischen Grünanlagen oder im Schrebergarten wird von den unterschiedlichsten Disziplinen thematisiert. Der Architekturtheoretiker und -journalist Adolf Behne nimmt sich in den in hoher Auflage erscheinenden Schaubüchern des Themas an: *Wochenende – und was man dazu braucht*.[18] Wochenendhäuser und parallel zu ihnen auch kleine Eigenheime gehören, wie der 1930 von der *Bauwelt* ausgeschriebene Wettbewerb[19] „Das billige zeitgemäße Eigenhaus" zeigt, zum Kanon der Bauaufgaben der Weimarer Republik. Die Gewinner des ersten Preises sind Dirk Gascard und Paula Maria Canthal.[20] Letztere ist eine der wenigen namentlich genannten Frauen bei diesem Wettbewerb wie auch bei dem für *Das wachsende Haus*. Die vierundzwanzig Musterhäuser waren an prominenter Stelle unmittelbar nach Durchschreiten des Eingangs an der Masurenallee und vis-à-vis von Hans Poelzigs Haus des Rundfunks gerahmt von einer das Ausstellungsgelände umfassenden Pergola angeordnet. Als Abteilung „Haus für Alle" gruppierten sie sich um einen Informationspavillon und den im Zentrum des Halbrunds liegenden „Ring der Frauen".

„Das Haus für Alle" betitelt, sicherlich in Anlehnung an die Berliner Sommerschau von 1932, Kurt Junghanns seine Untersuchung zur Geschichte der Vorfertigung in Deutschland.[21] Die Konzepte für *Das wachsende Haus* lassen sich auf zwei Entwicklungslinien zurückführen. Eine ist die Vorfertigung und Standardisierung, die andere die des Typus Kleinhaus – erst von Arbeitgebern, später auch in Selbsthilfe errichtet. Ab 1851 wird das Kleinhaus auch international hoffähig. Nicht nur auf der ersten Weltausstellung in London, sondern auch auf allen späteren Ausstellungen dieser Art werden Modellhäuser präsentiert und prämiert.[22] Entsprechend werden sie auch in der Fachliteratur thematisiert.[23] Das Kleinhaus wird auch Gegenstand von Konkurrenzen, d. h. Wettbewerben. Entwürfe für Arbeiterwohnhäuser als Erstwohnsitz werden ebenso eingesandt wie solche für „Sommer- und Ferienhäuser", so 1906 die Ausschreibung der

Zeitschrift *Woche*. An dem Architekturwettbewerb beteiligen sich 1.528 Teilnehmer. Im Preisgericht sitzen neben dem Chefredakteur der *Woche*, Paul Dobert, Hermann Muthesius, Theodor Fischer, Richard Riemerschmid und Paul Schultze-Naumburg. 40 Entwürfe werden angekauft und als Modelle auf einer Wanderausstellung in deutschen Städten gezeigt. 21 werden preisgekrönt und 18 sind auf einer Bauausstellung in der Nähe von Oranienburg nördlich Berlins zu sehen.[24] 1932 in Berlin waren es, wie bereits erwähnt, 24 aus tausend ausgewählte Beispiele.[25] Vor dem im Vergleich mit der wilhelminischen Zeit veränderten politischen, ökonomischen, aber auch bautechnischen Hintergrund und der Vorgabe, ein sein Volumen vergrößern könnendes Haus zu bedenken, fallen die Entwürfe anders aus als zu Beginn des 20. Jahrhunderts. Die „Bauindividuen", so könnte man sie gegenüber dem Kleinhaus in der Reihe nennen, sind Beispiele für ein preisgünstiges und teilweise auch ökologisches Bauen. Ihre Nachhaltigkeit liegt in drei Eigenschaften begründet: Sie sind industriell, flexibel und demontierbar.[26] Und hier können die wachsenden Häuser von 1932 auf prominente Vorbilder zurückgreifen. Zu der traditionellsten Form mobiler Architektur, dem Zelt, gesellt sich im 19. Jahrhundert die Baracke. Diese Unterkünfte auf Zeit kommen vor allem im Krieg und Nachkrieg sowie nach Naturkatastrophen zum Einsatz. Vorbedingungen für das transportable Haus sind die Vorfertigung der Bauteile und intelligente Montagesysteme. Vorerst sind es Holzelemente, dann Guss-, später auch Schmiedeeisenteile, die vorgefertigt angeboten werden. Ganze Häuser sind aus dem Katalog zu bestellen[27] und stehen heute noch in New Yorks Cast Iron District, sind aber wegen ihres beträchtlichen Gewichts nicht für häufige De- und Remontagen geeignet. Später kommen als Materialien für Skelette, Paneele, Fundamente, Dächer etc. Beton, armierter Beton, Stahl, Kupfer, Leichtmetalle sowie planes oder gewelltes Stahlblech hinzu. Dies sind auch die Baustoffe, die 1932 von den Architekten für das wachsende Haus verwendet werden. Mit dem Entwurf von Standardhäusern geht oft eine Patentierung einher. Für die Gartenstadt Hellerau bei Dresden entwirft Heinrich Tessenow 1910/11 Patenthäuser.[28] Otto Bartning entwickelt für die *Haus für Alle*-Ausstellung 1932 das Werfthaus „System Bartning", ein Dauerhaus nahezu ohne Abnutzung. Die Bautafeln bestehen aus Standardpaneelen. Fenster und Türtafeln, die stoßfest, isolierend und feuerbeständig sind, werden in Skelettrahmen eingesetzt.[29] Die Montage eines 60-qm-Hauses ist innerhalb eines Tages möglich.[30] Walter Gropius, der bereits 1910 die Industrialisierung des Hausbaus propagiert hat,[31] entwickelt ein von Förster&Krafft für die Hirsch Kupfer- und Messingwerke patentiertes Kupferhaus bis zur Verkaufsreife. Um einen hohen Isolierungsgrad zu erreichen, greift er auf ein erfolgreich im Kriegsschiff- und Kühlwaggonbau erprobtes Verfahren zurück: „Die Isolierung der Wände beruht einmal auf der Herstellung von hintereinandergeschalteten, nahezu luftdicht abgeschlossenen Luftkammern, zweitens auf der Wärmerückstrahlung der die Luftkammern bildenden dünnen Aluminiumfolien."[32] Mit Luftkammersystemen zur Energieeinsparung experimentiert in Frankreich Henri Sauvage. Das als „Verfahren T" von ihm als Patent angemeldete System sieht die Assemblierung von Betonröhren vor, die römische Hypokaustenanlagen assoziieren lassen.[33] Zwischen 1912 und 1931 meldet Sauvage fünfzehn Patente zur Standardisierung und Präfabrikation, zu konstruktiven Systemen und Montagemethoden an.[34] Sein Augenmerk ist dabei auch auf die Serienherstellung von Kleinhäusern gerichtet: „Projet de petites maisons construites en serie".[35] 1922 entwirft er in diesem Zusammenhang ein Rundhaus. Solch ein Iglu-Typus findet sich u. a. bei Peter Behrens 1904, bei den Engländern Hesketh und Stokes 1905, bei Bruno Taut 1921 für ein Einzelhaus und für ein Parkwächterhaus in Magdeburg[36] im selben Jahr sowie bei Joseph Hoffmann. Basierend auf der Idee der Materialminimierung entwirft 1923 Carl Fieger, ein enger Mitarbeiter von Walter Gropius, ein Einfamilien-Rundhaus aus freitragenden Leichtplatten von 70 qm Grundfläche.[37] Ebenfalls auf der Grundlage sparsamen Materialeinsatzes basieren die als Serienprodukt 1925 und 1926 in Graz entwickelten Konstruktionen Martin Körbers. Durch eingebaute Schränke an der Außenwand hatte Körber die Wärmedämmung erhöht. Schrankeinbauten sieht auch – gleichen Überlegungen folgend – Hans Poelzig für sein parabolisches Bohlenbinderhaus[38] von 1932 vor.[39]

Die unter der Ägide von Martin Wagner 1932 ausgestellten Häuser sollten billige und dennoch in Material und Ausstattung hochwertige Wohnstätten sein. Wagner reagiert hier auf die Deutsche Bauausstellung von 1931. „Die Wohnung unserer Zeit" wird dort – mit Ausnahme des Hauses von Hugo Häring – als eine formale Aufgabe für finanziell Bessergestellte gesehen.[40]

Zum anderen wehrt er sich dagegen, dass die Architekten mit dem Konzept der „Wohnung für das Existenzminimum" die ökonomischen Bedingungen seit dem Beginn der Weltwirtschaftskrise verinnerlicht haben, ja schlimmer noch, mit dem formalen

Anspruch ihrer Architektur auch zu einer kulturellen Anerkennung dieser aus der Not geborenen Wohnform beitragen. Die „wachsenden Häuser" sind eine Kampfansage an das Existenzminimum-Wohnen – sie wollen den Weg zum Existenzmaximum ebnen – und indem sie das Wohnen mit der Natur propagieren, stehen sie auch in der Tradition der Kritik an der Mietskasernenstadt, die Werner Hegemann im „Steinernen Berlin" thematisiert.[41] „Daß Haus und Garten zu einer räumlichen und biologischen Einheit verwachsen müssen, das ist ein Grundsatz, der heute selbstverständlich sein sollte",[42] schreibt Wagner in seinen Erläuterungen zum „wachsenden Haus". „Zur Biologie des Wohnens", so fährt er fort, sei es notwendig, „der Natur einen Einlauf in das Heim zu gestatten".[43] Dieser Ideologie folgend, greift das Haus auch in die Natur. In Wagners Konzept kippen die Funktionen des Hauses nach außen: „Von der Eß- und Arbeitsnische des Wohnzimmers entwickelt sich der Wohn- und Arbeitsgarten ... Vor dem Badezimmer breitet sich der Gymnastikgarten mit Turngerüst und geschützten Besonnungsflächen aus."[44] Die Öffnungen zum Garten, den der bereits erwähnte Leberecht Migge konzipiert hatte, befinden sich in je einer Himmelsrichtung zwischen den das Haus umgebenden Glasschutzräumen, an den Ecken vorgelagerten Wintergärten. Sie bilden die äußere, dritte Schicht des Kernhauses. Wagner bezeichnet sie in Analogie zur menschlichen Bekleidung als „Überzieher".[45] Die zweite Schicht bilden die um den zentralen Wohnraum gelegten Räume. So ist der Zwischenraum vor der Außenkälte bzw. Außenwärme abgeschlossen und „damit die Wärmewirkung übereinander gezogener Schutzmäntel"[46] erreicht. „Die Wärmehaltung des Hauses kann durch die zweckmäßige Gestaltung des Grundrisses außerordentlich gesteigert werden."[47] Aus diesem Grunde wählt Wagner einen „zentralistischen Typ", wie ihn bereits 1922/23 Georg Muche für sein Versuchs-„Haus am Horn" in Weimar gewählt hatte.[48] Wagners Überlegungen gehen über Energieeinsparungen hinaus und sind ein Indiz für sein Umweltbewusstsein. „Zur Einschränkung des Wasserverbrauchs ist daran gedacht, das Wirtschaftswasser aus Küche und Bad über einen Fettfang zu leiten und für die Gartenwirtschaft zu verwenden." Dies sieht Leberecht Migge vor, dessen Haus als Selbstversorger-Einheit geplant ist. Die Überlegungen von Migge zur Trennung des Abfalls und dessen hygienische und wirtschaftliche Behandlung gehen weit über die Perspektiven bei anderen Konzepten für das wachsende Haus hinaus.[49] Migge entwickelt neben Ludwig

Hilberseimer, Walter Gropius und Martin Wagner auch ein städtebauliches Konzept zum „Aufbau und Wachstum" einer Stadt-Land-Siedlung „nach biologischen Gesetzen".[50] Die auf je vier Seiten[51] in *Das wachsende Haus* dokumentierten Beispiele zählen noch heute zu den intelligentesten Lösungen anpassungsfähigen und wirtschaftlichen Bauens.

Gekürzte Fassung von „Der grüne Prophet. Martin Wagner und ‚Das wachsende Haus'", in: *Ezelsoren. Bulletin of the Institute of History of Art, Architecture and Urbanism,* IHAUU vol. 1, 2008, no. 1, S. 33–55; zuerst erschienen in: *Rassegna*, N. 85, unter dem Titel „Il profeta verde. Martin Wagner e la casa che cresce. – The Green Prophet. Martin Wagner and the 'Growing House'", Dezember 2006, S. 34–45.

1 Martin Wagner, *Potemkin in Westberlin. Zehn offene Briefe*, Berlin 1956, S. 20.

2 Ludovica Scarpa, *Martin Wagner e Berlino. Casa e città nella Repubblica de Weimar 1918-1933*, Rom 1983; Martin Wagner, *1885-1957. Wohnungsbau und Weltstadtplanung. Die Rationalisierung des Glücks*, Ausstellungskatalog Berlin (Akademie der Künste) 1986; Franziska Bollerey, „Martin Wagners Politopolis oder Berlin, die Metropole für Alle", in: K. Schwarz, *Die Zukunft der Metropolen: Paris, London, New York*, 3 Bde., Berlin 1984, Bd. 1, S. 365-376. Bereits 1963/68 hat sich Jochen Kempmann in seiner Dissertation mit „Das Ideengut Martin Wagners als Beispiel für die Entwicklung der städtebaulichen Gedankengänge seit 1900" auseinandergesetzt. Erwähnt werden sollte hier auch die Publikation von Wagners Sohn Bernard: Bernard Wagner, *Martin Wagner 1885–1957. Leben und Werk. Eine biographische Erzählung*, Hamburg 1985.

3 Martin Wagner, *Wirtschaftlicher Städtebau*, Stuttgart 1951.

4 Brief von Martin Wagner an Frei Otto, 1957, in: *Mitteilung Nr. 6 der Entwicklungsstätte für Leichtbau*, 1959.

5 Zu Erwin Barth vgl. Dieter Radicke (Hrsg.), *Erwin Barth. Gärten, Parks, Friedhöfe*. Ausstellungskatalog Berlin (Technische Universität) 1980; Dietmar Land und Jürgen Wenzel, *Heimat, Natur und Weltstadt. Leben und Werk des Gartenarchitekten Erwin Barth*, Leipzig 2005.

6 Martin Wagner, *Das sanitäre Grün der Städte. Ein Beitrag zur Freiflächenpolitik*, Dissertation, Berlin 1915.

7 Leberecht Migge und Martin Wagner, „Jugendparks als Kriegerdank", in: *Gartenstadt. Mitteilungen der deutschen Gartenstadtgesellschaft*, 8. Jg., H. 11, S. 238 (behandelt ein Jugendparkprojekt in Pichelswerder); Martin Wagner und Leberecht Migge, „Ausnutzung unbebauten Stadtlands durch intensive Bodenkultur", in: *Die Technik in der Landwirtschaft*, 1.Jg., H. 5, S. 292-294 etc.

8 Zu Migge: Leberecht Migge, *Die Gartenkultur des 20. Jahrhunderts*, Jena 1913 (Reprint 1984); *Leberecht Migge, 1881–1935. Gartenkultur des 20. Jahrhunderts*, Ausstellungskatalog Kassel (Bundesgartenschau), Worpswede 1981.

9 Vgl. Wagner, *Das sanitäre Grün der Städte*.

10 Martin Wagner, *Das wachsende Haus. Ein Beitrag zur Lösung der städtischen Wohnungsfrage*, Berlin, Leipzig 1932, S. 6.

11 „Dem Meister des Bauens, Professor Dr. h. c. Hans Poelzig, in Freundschaft zugeeignet. Der Verfasser" lautet die Widmung in *Das wachsende Haus*.

12 Franziska Bollerey, Vorwort in: Barbara Kreis (Hg.), *Bruno Taut. Moskauer Briefe 1932–1933. Schönheit, Sachlichkeit und Sozialismus*, Berlin 2006, S. 8–11.

13 Wagner, *Das wachsende Haus*, S. 2.

14 Ebd.

15 Poelzig sowie Mebes&Emmerich, Bruno und Max Taut mit Philipp Holzmann; Gropius mit Hirsch Kupfer- und Messingwerke AG Finow; Mendelsohn mit Böhler Stahlbau und Dyckerhoff und Widmann etc. Einige Architekten wie u. a. Bartning, Gascard&Canthal, Migge entwickeln eigene Systeme und lassen diese teilweise patentieren.

16 So lautet der Slogan einer 1983 eröffneten Fertighausausstellung in Bad Vilbel. In: Johannes Cramer und Niels Gutschow, *Bauausstellungen. Eine Architekturgeschichte des 20. Jahrhunderts*, Stuttgart, Berlin, Köln, Mainz 1984, S. 24.

17 Kristiana Hartmann, *Deutsche Gartenstadtbewegung. Zwischen Kulturpolitik und Gesellschaftsreform*, München 1976.

18 Adolf Behne, *Wochenende – und was man dazu braucht*, Zürich, Leipzig 1931.

19 Das Ergebnis des „Bauwelt"-Wettbewerbs, in: *Bauwelt 22, H. 9, 1931), H. 9, S. 256-257. Bereits 1928 hat auf Anregung des Architekten T. W. Mollerop eine Musterhausschau in den „Werkstätten am Zoo" stattgefunden. Zulieferer für „Das fertige Eigenheim" waren u. a. Bruno Taut und Bruno Paul. Vgl. hierzu: Hans. Josef Zechlin, „Das fertige Eigenheim", in: *Wasmuths Monatshefte für Baukunst*, 1928, S. 209.

20 Ute Maasberg und Regina Prinz, *Die Neuen kommen. Weibliche Avantgarde in der Architektur der Zwanziger Jahre*, Hamburg 2001, S. 55-58.

21 Kurt Junghanns, *Das Haus für Alle. Zur Geschichte der Vorfertigung in Deutschland*, Berlin 1994.

22 Franziska Bollerey und Kristiana Hartmann, „Städtebau zur Schau gestellt", in: *Werk und Zeit*, H. 1, 1980, S. 4-8.

23 Eine ausführliche Übersicht findet sich in: Franziska Bollerey, Kristiana Hartmann und Ursula von Petz, *Bibliographie zum Arbeiterwohnungsbau im Ruhrgebiet 1850–1933 (Dortmunder Beiträge zur Raumplanung 2)*, Dortmund 1983.

24 Jan Krieger, *Das kleine Haus – eine Typologie. The Little House – a Typology*, Sulgen 1995.

25 Es handelt sich um die Entwürfe folgender Architekten: Hans Poelzig, Otto Bartning, Alfred Gellhorn, Walter Gropius, Hugo Häring, Ludwig Hilberseimer, Paul Mebes, Paul Mebes mit Paul Emmerich, Erich Mendelsohn, Leberecht Migge, Hans Scharoun, Bruno Taut, Erich Heinicke, Egon Eiermann und Fritz Jaenecke, Dirk Gascard und Paula Maria Canthal, Hans Köhler und Jürgen Schweitzer, Max Säume und Günther Hafemann, Rambald von Steinbüchel-Rheinwall, Ullrich und Schalow, Ludolf von Veltheim und Klaus Müller-Rehm, Willi Zabel, Hermann Zweigenthal und Martin Wagner.

26 Diese Formel benutzt der niederländische Architekt Emiel Lamers für seine mobilen, von ihm „(Büro-)Archen" genannten Häuser. Vgl. *SMAAK. Blad voor de rijkshuisvesting*, Jg. 2, H. 11, 2003.

27 Daniel D. Badger, *Badger's Illustrated Catalogue of Cast-Iron Architecture*, New York 1981. Reprint von: *Illustrations of Iron Architecture Made by the Architectural Iron Works of the City of New York*, New York 1865.

28 Marco de Michelis, *Heinrich Tessenow 1876–1950. Das architektonische Gesamtwerk*, Stuttgart 1991, S. 221–223.

29 „Die Außenhaut der Bautafel ist kupferlegiertes Stahlblech. Die Füllung besteht aus 6 cm starken allerbesten Korkplatten. Die Wärme dieser Füllung, verbunden mit der Festigkeit des Stahls, gibt dem Werfthaus höchsten Wohn- und Besitzwert. Durch ein Spezialverfahren ist Füllung und Außenhaut luftdicht verklebt." Otto Bartning in: Wagner, *Das wachsende Haus*, S. 57.

30 Ebd.

31 Walter Gropius, „Zu seinem Entwurf", in: Wagner, *Das wachsende Haus*, S. 65.

32 Ebd.

33 Jean-Baptiste Minnaert, *Henri Sauvage ou l'exercice du renouvellement*, Paris 2002, S. 332–335.

34 Ebd., S. 322.

35 Ebd., S. 320.

36 Franziska Bollerey und Kristiana Hartmann: „Bruno Taut. Vom phantastischen Ästheten zum ästhetischen Sozial(ideal)isten", in: *Bruno Taut 1880–1938*. Ausstellungskatalog (Akademie der Künste), Berlin 1980.

37 Krieger, *Das kleine Haus*, S. 48–49.

38 Bereits in den 1920er Jahren sind für die Leichtbauweise und den Siedlungsbau in Selbsthilfe Prototypen mit Parabol-Querschnitt entwickelt worden, wie z. B. 1922 von Friedrich Zollinger in Merseburg oder 1925 von Paul Urban in Ludwigshafen. Vgl. Junghanns, *Das Haus für alle*, S. 110–111 und 263-265. 1946 entwickelt Ernst May für Kenia ein Nur-Dach-Haus. „Das System ... basiert auf parabolischen Bindern, die aus zwei Hälften gegeneinander gelehnt die Tragkonstruktion ausmachen und die Nuten enthalten, in die Betonplatten mit vorspringenden Nasen eingehängt werden (hook-on-slab-reinforced-concrete-system), wobei sie sich gegenseitig leicht überdecken und so einen natürlichen Abfluß der atmosphärischen Wässer gewährleisten." Brief von Ernst May vom 26.2.1962 an Udo Kultermann, in: Evelyn Hils-Brockhoff und Wolfgang Voigt, *Ernst May. Architekt und Stadtplaner in Afrika 1934–1953*, Tübingen, Berlin 2001, S. 68.

39 Hans Poelzig, „Zu seinem Entwurf", in: Wagner, *Das wachsende Haus*, S. 53.

40 Bollerey und Hartmann, „Städtebau zur Schau gestellt", S. 6.

41 Werner Hegemann, *Das steinerne Berlin*, Berlin 1930.

42 Wagner, *Das wachsende Haus*, S. 23.

43 Wagner, ebd., S. 7.

44 Wagner, ebd., S. 145.

45 In seinen Erläuterungen antropomorphisiert er die Bauelemente: „Auf dieses ‚Fleisch' der Wand wird im Inneren eine Sperrholzplatte als ‚Haut' aufgenagelt." S. Wagner, ebd., S. 144.

46 Martin Wagner, Erklärender Begleittext zum Wettbewerbsbeitrag „Das wachsende Haus", 1931, in: *ARCH+ 144/145*, 1998, S. 58.

47 Ebd.

48 Adolf Meyer, *Ein Versuchshaus des Bauhauses*, München 1926 (Bauhausbücher 3).

49 „Große Sorgfalt wird auf die hygienische und wirtschaftliche
Behandlung des Abfalls gelegt. Die Abwässer des Hauses
(Küchenwasser und Brausebad) werden über einen Entfetter in
ein offenes Becken mit Entenbestand geleitet. Die Fäkalstoffe
(aus dem Torfstreuklosett) werden mit Stalldung, Kehricht und
Asche im Dungsilo zu Edelkompost verarbeitet, woran sich eine
Freilandkompostanlage für die Gartenabfälle anschließt. Die
Hausabfälle (Speisereste, Kehricht und Grobstoffe) werden in
einer dreiteiligen Kastenanlage dicht bei der Küche getrennt
gesammelt und von dort ihren verschiedenen Zwecken zugeführt.
Das Gewächshaus ist eigens für die besonderen Bedürfnisse des
modernen Selbstversorgers konstruiert und solcherart durchaus
organische Voraussetzung für den Betrieb der Siedlung und
aller seiner Teile." L. Migge, „Zu seinem Entwurf", in: Wagner,
Das wachsende Haus, S. 88.

50 Ebd.

51 Eine Seite Text, zwei Seiten Zeichnungen, eine Seite fotografische
Abbildungen.

Ludovica Scarpa

Die technokratische Utopie: Das Haus wächst, die Stadt schrumpft

Mit der Wirtschaftskrise öffnen sich neue Handlungs-spielräume, aus denen die „neue Wirtschaft" entstehen kann. Die alte Stadt hält einer Überprüfung auf ihre „Wirtschaftlichkeit" hin nicht mehr stand. Der Konsum im Ausland, der die deutschen Exporte begünstigt habe, sei – konstatiert Martin Wagner – stark gesunken und habe die Arbeitsplätze in den Metropolen beseitigt. Überdies gelingt es der Großstadt seiner Meinung nach nicht, „Geist und Körper", „Rationalität und Leben", „Willen und Aktion"[1] miteinander zu versöh-nen: Der Stadtbaurat der Weltstadt Berlin vertritt daher die Auffassung, daß die Zeit für die Metropole vorbei sei, da man es ihr unmöglich gemacht habe, ihre Um-gestaltungspläne bis zum Ende auszuführen; dies rechtfertige die Notwendigkeit, endgültig darauf zu verzichten.

Aber nicht einmal das sei definitiv.

Tatsächlich verringert sich die städtische Bevöl-kerung wegen der anhaltenden Arbeitslosigkeit und übersiedelt in jene charakteristischen Laubenkolonien mit kleinem Haus und Garten. Diese auf „Selbstver-sorgung" zielende Lösung war schon einmal, nämlich unmittelbar nach dem Krieg, zum Losungswort geworden. Damals wie jetzt, nach 1930, ist man der Auffassung, dass angesichts der tiefgreifenden Verän-derungen der Weltwirtschaft neue Lebensformen entwickelt werden müssten. Wagner hat seinerzeit die Forderungen Leberecht Migges lebhaft unterstützt und während der Inflationszeit von der Notwendigkeit gesprochen, Siedlungen mit Einfamilienhäusern und kultivierbaren Gärten zu bauen.[2] Als sich die Konjunkturlage verbessert, schreibt er hingegen, dass das Einfamilienhaus wie im Übrigen auch die Vorliebe für ein eigenes Haus mit Grundstück immer mehr zurückgehe. Nur während des Krieges und in der ersten Nachkriegszeit habe es den Anschein gehabt, als müssten die Einfamilienhäuser für eine gewisse Zeit mit großen Wohnkomplexen koexistieren.[3] 1932 zählt man 27.000 leere Wohnungen in Berlin und 100.000 Menschen, die sich behelfsmäßig in Kolonien einquartiert haben.[4]

Auch Wagners neue Stadt – die Stadt eines Fünf-Stunden-Arbeitstages – ist dezentriert und zielt darauf, den Kontrast zwischen Stadt und Land aufzuheben. Die Stadtrandsiedlungen werden jedoch von Wagner als erster, wenn auch verfehlter Schritt in Richtung auf eine neue Wohnkultur bezeichnet.[5] Nach Wagner ist es der „schlechtere", weil die von den Reichsregierungen befürworteten und unterstützten Stadtrandsiedlungen vertrauensvoll zu ganz primitiven Lebensbedingungen übergingen, ohne die Möglichkeit zu nutzen, die sich aus der Analyse des Notstands und aus dessen Vergänglichkeitscharakter ergeben habe.

Wagner hingegen nutzt die Gelegenheit, die die von ihm selbst im Frühjahr 1932 organisierte Ausstellung *Sonne, Luft und Haus für Alle* in den Messehallen bietet, um die Ergebnisse eines Wettbewerbs zu zeigen, der ein Jahr zuvor eröffnet worden war – für den Entwurf eines „wachsenden Hauses", eines Antikrisenhauses, als dessen Erfinder sich Wagner bezeichnet. Diese Ergebnisse werden in der Ausstellung gezeigt und darüber hinaus auch als Anhang zu einem Text desselben Titels, *Das wachsende Haus*, veröffentlicht, in dem Wagner die neuen Wohn- und Lebensformen beschreibt, deren Rationalität der Planwirtschaft und der Krisensituation entspricht.

In einer neu strukturierten Wirtschaft, in welcher der Arbeitstag nur noch fünf Stunden dauere, werde das Haus an kultureller Bedeutung gewinnen: In einer Epoche, da man acht und mehr Stunden am Tag gearbeitet habe, hätten die Mietskasernen ihre funktionale Bedeutung gehabt, die einzig und allein der Notwendigkeit zu schlafen entsprochen habe. Das Haus der nahen Zukunft dagegen, erklärt Wagner, werde Räume für die Körperpflege, für Gymnastik, für Freizeit, für die erforderliche Erholung haben, um die enormen

Belastungen auszugleichen, die das moderne Leben für das „Nervenleben" darstelle.[6]

Das neue Haus werde einen großen Garten haben, der im Wesentlichen eine Verlängerung der inneren Wohnräume sei, wo man sich sonnen, im Garten arbeiten oder mit den Kindern spielen und in den warmen Monaten sogar essen und schlafen könne. Die Baukosten würden auf die Bauzeit verteilt, und der Arbeiter werde in der Vergrößerung des eigenen Hauses die Materialisierung der eigenen Ersparnisse sehen.

Das Haus müsse rationell in einer Werkstatt hergestellt und von Facharbeitern montiert werden. Wagner ist vollkommen gegen die Praxis, das Haus von denen erbauen zu lassen, die später darin wohnen sollen; was dadurch zunächst eingespart werde, müsse später für Instandsetzungsarbeiten wieder ausgegeben werden. Das „wachsende Haus" ist ein technisch fortgeschrittenes Produkt: Eine Gasheizung ist dafür ebenso vorgesehen wie eine zweckmäßige Wärmedämmung und elektrisches Licht. Die Inneneinrichtungen können ebenfalls wachsen und von einfachen zu komplexeren Formen übergehen; somit wächst das Haus nicht nur in seinen Dimensionen, sondern auch hinsichtlich seiner Qualität.

Ein veränderbares Haus, das mit der Zeit wachse, sei ein Erfordernis, das durch das Fehlen von Anfangskapital begründet sei, aber auch durch die Unvorhersehbarkeit der Entwicklung der Familie und deren ökonomischer Möglichkeiten, durch die neuen kulturellen Bedürfnisse und durch die Notwendigkeit, den Wohnsitz verlegen zu können. Wenn die Arbeitsplätze verlegt und ganze Stadtviertel ihren Wert verlieren würden, so Wagner, sei es von Nutzen, auch die eigenen Häuser – den neuen Anforderungen entsprechend – verlegen zu können.[7]

„Wer aber – wie der Verfasser – nicht daran zweifelt, daß die Entwicklung der Wirtschaft zur Gemeinwirtschaft unaufhaltsame Fortschritte machen wird, der muß auch dem wachsenden Haus bereits heute vorsorglich einen Standort zuweisen.

Einen Standort wo? Bei dieser Frage allerdings beginnt auch für mich als Städtebauer das große Schweigen! Ich weiß es nicht! Ich weiß nicht, wo nach dem großen wirtschaftlichen Erdbeben, das alle unsere städtischen wie ländlichen Siedlungen erfaßt hat, die dauernden Arbeitsplätze sein werden."[8]

Der Arbeitsplatz sei das erste, was der Städtebauer berücksichtigen müsse, und genau das „wandere" während der Krise. Der Städtebauer, der sich – wie Wagner – für „realistisch" halte, könne den Fragen nach der Lokalisierung für die eigenen Lösungsvorschläge nur ein „großes Schweigen" entgegenhalten. Es sei die Realität selbst, die im Hinblick auf die Städte, die sich „verlagerten", nunmehr jede Phantasievorstellung übertreffe; die Krise lasse nicht nur Arbeitsplätze, sondern damit auch die Funktion ganzer Stadtteile einfach verschwinden. Die überzeugendste Lösung beim Wettbewerb für das „wachsende Haus" hätte mit finanzieller Unterstützung von privaten Firmen in Serie hergestellt werden sollen. Alle in Wagners Text veröffentlichten Entwürfe präsentieren Wohnstätten mit Bad, Toiletten, fließend warmem und kaltem Wasser, Heizung, Licht, getrennten Schlafzimmern für Eltern und Kinder, Wohnzimmern und Küche. Die Stadtrandsiedlungen dagegen sind bar jeglicher hygienischer Einrichtungen und ähneln eher primitiven Barackensiedlungen als Häusern. In diesen Siedlungen ist die Wasserversorgung nur durch Brunnen gewährleistet, und geheizt werden muss mit Brennholz.[9]

Nur der allgemeine Plan der Siedlung für „wachsende Häuser" stimmt mit dem vieler Stadtrandsiedlungen überein: Die Aufteilung von Häusern und Gärten ist vollkommen indifferent und ohne jede Idee, eine bestimmte Form oder ein Zentrum zu schaffen. Parzellen und Häuser sind genau in einer Reihe angeordnet; im Übrigen wachsen die Häuser, verändern sich, werden verlegt, ganz nach den Erfordernissen einer zukünftigen Entwicklung. Die aus „wachsenden Häusern" bestehende Stadt ist niemals definitiv, weder in ihrer Form noch in ihrer Größe. Wagner fordert darum weiterhin die Rationalisierung der Bauproduktion, und die Architekten des Rings, die an dem Wettbewerb teilnehmen, befürworten weiterhin die Standards der Wohnungen in den Großsiedlungen. Genau besehen erscheinen die vorgestellten Entwürfe wie Wohnungen einer zerborstenen Großsiedlung, die sich an einer bestimmten Stelle wieder gesammelt haben, diesmal aber auf ein besonderes Formstreben verzichten und sich gleichmäßig über das Siedlungsgelände verteilen.

Mit der Notwendigkeit einer durch den Notstand bedingten absoluten Flexibilität löst Wagner theoretisch den Widerspruch zwischen rationalisierter Bauproduktion und „dynamischem" Städtebau. Wenn erstere Kontinuität der Produktion und Konzentration auf große Baustellen – also die Großsiedlung – erfordert und besagter dynamischer Städtebau die Örtlichkeiten solcher Produktion nicht vorhersehen kann, so besteht die Lösung in der rationalisierten Herstellung von Wohnungen in Fabriken, auf technisch hohem Niveau, vielfach veränderbar und verfügbar beim Bau von formal unspezifischen Siedlungen.

Die Entsprechung der rationalisierten Bauproduktion innerhalb eines dynamischen Städtebaus ist der veränderbare, verstellbare, unerhebliche, konsumierbare Haus-Gegenstand: das „wachsende Haus". Die neue Beziehung zwischen Stadt und Land und der hohe Organisationsgrad der auf den Gesetzen der Maschine beruhenden Planwirtschaft werden die neue „Landstadt" hervorbringen, wo die Aufmerksamkeit, die er dieser Entwicklung schenkt, extreme Konsequenzen haben wird.

„Die Gestaltung einer stets unfertigen, stets werdenden und sich immer weiter bildenden Zeit steht in einem inneren Widerspruch zu der Form, die immer etwas Fertiges, Abgeschlossenes und Endgültiges sein will. Jede künstlerische Gestaltung strebt zu der großen Form, die sich nicht ändern will und nicht ändern kann. Wird es uns darum niemals gelingen, die Dynamik unserer Zeit auch künstlerisch zu gestalten und auf eine Form zu bringen, die sich mit den Baustilen anderer Zeiten in Vergleich stellen läßt?"[10]

Eine weitere Frage, die unbeantwortet bleibt, ist neben dem „Wo" auch das „Wie" der neuen Stadt; auch hier herrscht das „große Schweigen" des Städtebauers. Wagner umgeht diese Frage größtenteils, er verweist auf die „Natur", die auch in einem kontinuierlichen Werden schöne Formen aufweise; ebenso werde sich auch das Problem des wachsenden Hauses lösen lassen, und es würde sich auszahlen, es von guten Architekten entwerfen zu lassen, denn – so fährt Wagner fort – die besten Lösungen sollten dann in Serie produziert werden.

Wagners Entwurf wird von Alexander Klein kritisiert, weil das mittlere Zimmer kein direktes Tageslicht erhält. In seinem Buch *Das wachsende Haus* antwortet Wagner darauf mit einem gewissen Sarkasmus. Er fordert die „wissenschaftlichen" Architekten im Gegenzug auf, ein Haus zu entwerfen, in dem alle Wände, Decken und Fußböden vom Sonnenlicht erhellt würden.[11] Wagners „Rationalität" unterscheidet sich substanziell von derjenigen der „wissenschaftlichen" Architekten; sein Haus soll die ihm eigenen Möglichkeiten an natürlichen Elementen optimal nutzen. Sein Projekt wird von der Bauhütte für Pommern GmbH in Stettin verwirklicht: Die Gesellschaft baut ein Exemplar für die Ausstellung.

Der technologische Ausweg aus der Krise – die größtmögliche Entwicklung bei einer umfassenden Rationalisierung der bestehenden Ressourcen – umfasst also jenes antiurbane Modell der ersten Nachkriegszeit, dessen Charakter jedoch – als Rückzug zum einfachen und reinen Leben einer vorindustriellen und

161

antiurbanen Gemeinschaft – dabei völlig verändert wird. Auffällig und zahlreich sind die mystischen Akzente im Begleittext zu den Entwürfen für das „wachsende Haus", in dem Wagner unter anderem schreibt:

„Ich weiß, daß ich mich auf ein vages Gebiet – heute noch – unbeweisbarer Vermutungen begebe, wenn ich das körperliche Wohlsein des Menschen auch mit dem Baumaterial des Hauses in Verbindung bringe, das seinen täglichen Lebensraum von dem Strahlungsraum des Kosmos abschließt. Ich weiß aber, daß der Mensch mit ganz bestimmten Lust- und Unlustgefühlen auf die sein Heim umschließenden Baumaterialien reagiert. So ist es z. B. doch seltsam, wie wohl und warm sich der Mensch in Häusern und Räumen fühlt, die aus Holz hergestellt sind, und wie ‚kalt' und ‚abweisend' ihm Metallhäuser erscheinen. Ist der organische Baustoff Holz dem menschlichen Körper wesensverwandt und ‚natürlich', und ist das erst künstlich erzeugte Metall als guter Leiter und Kondensator für alle Radiationen dem menschlichen Körper schädlich? Ich weiß es nicht. ... Und so glaube ich auch, daß der Mensch nach einer ihm allein eigenen Gefühlseinstellung bald herausfinden wird, wann ihm das Ruhen, Arbeiten und Schlafen im Freien, unter der Sonne sowohl wie unter den Sternen, nützlich oder schädlich sein wird. Jedenfalls wird der Architekt der neuen Wohnform diesen Auslauf des Menschen ins Freie nicht verbauen dürfen."[12]

Jedes Mittel, jedes Instrument erscheint nützlich und anwendbar innerhalb einer Technik, die – nachdem sie sich einmal von dem unmittelbaren Bezug zur Realität, zur täglichen Praxis und aus dem eigenen funktionalen und institutionellen Rahmen gelöst hat – in jenem weiten und unsicheren Spielraum angelangt ist. Wagners Überzeugung von der „Notwendigkeit", dieses Wirtschaftssystem zu überwinden, widersetzt sich allen Anstrengungen eines Alexander Klein, der bis in die letzten Einzelheiten eine Minimalwohnung berechnet und somit rücksichtslos ökonomische Verhältnisse zu akzeptieren bereit ist, die eine rigorose Begrenzung des Wohnraums verlangen, und der schließlich in einem äußersten Versuch, die alltägliche Situation zu normalisieren, das Existenzminimum „wissenschaftlich" festlegt. Die „Notwendigkeit" einer Veränderung, die Wagner dem entgegenhält, bedingt konsequenterweise solche Entwürfe, die sich den unvorhersehbaren Umständen späterer Entwicklungen anpassen können.

Also eine „realistische" Utopie, wie sie sich bereits 1928 in seiner ersten Kritik am Existenzminimum andeutet.[13]

Es ist offensichtlich, dass die „Rückkehr zur Natur" unmittelbar an die bestehende antiurbane Tradition in Deutschland anschließt. Derselbe Wagner schreibt nun, dass die Großstadt „gegen den Menschen gesündigt hat". Doch es handelt sich dabei nicht um eine rein regressive Utopie; vor allem ist es eine Utopie, die das Unvorhersehbare als Positivität in sich aufnimmt. Wagner sagt eine neue Freizeitgesellschaft voraus, in der man Zeit haben werde, sich mit sich selbst, mit der Kultur, mit Spielen und mit den Kindern zu beschäftigen. Die Unsicherheit aber in den sonst so genauen Antworten des „Technikers" Wagner liegt in der „Notwendigkeit" begründet, die eigenen Lösungsvorschläge gegenüber allen möglichen zukünftigen Anforderungen flexibel zu halten. „Die neue Wirtschaft verlangt auch nach dynamischem Bauen. Sie will ihre Bauten jeweils dem technischen Fortschritt und den Erfordernissen der Maschine eng anpassen und hat überhaupt das Bedürfnis, nie Fertiges, sondern stets Werdendes zu bauen."[14]

Nachdem man die Stadt verlassen hat, kehrt man nicht zurück aufs Land, sondern kehrt sich vielmehr einer Utopie zu, man setzt sich in Bewegung, man vertraut dem, was man noch nicht weiß, man vertraut sich einer verheißungsvollen Ungewissheit an. Ist die *tabula rasa* perfekt, kann die Ankunft der neuen Gesellschaft nicht mehr hinausgezögert werden: Es ist die Krise, die sie „notwendig" macht. „Denken wir doch daran", so schreibt Wagner, „daß die gegenwärtige Wirtschaftskrise nichts anderes als der natürliche Prozeß für eine Umschichtung und Neuformung der Arbeitsplätze ist." Dieser Veränderungsprozeß sei noch planlos und unverstanden, doch es komme die Zeit, „wo das Volk die Planwirtschaft verlangen wird, weil es ohne eine solche planvolle Wirtschaft nicht mehr leben kann".[15]

Die alten Erwartungen an eine Gemeinwirtschaft verändern sich: Statt durch eine Entwicklung wird sie durch den Zusammenbruch der Privatwirtschaft, jedoch mit derselben „Notwendigkeit" erfolgen. Doch wer sollte diese von Wagner vorausgesagte umfassende Transformation des Lebens und der Wirtschaft unterstützen? Es wird eine „neue Gesetzgebung" sein, so schreibt er, die den Grund und Boden zum „Eigentum des Staates" machen werde, denn das Wohnen sei eine „Angelegenheit der Gemeinschaft" geworden.[16]

Die Land-Stadt der Planwirtschaft und das wachsende Haus stellen eine – vom technischen Standpunkt aus – in hohem Grade verfeinerte und dabei vollständig veränderbare Siedlung in Aussicht. Das Haus wird „leicht" sein müssen, weil die Transportkosten so niedrig wie möglich gehalten werden sollen; wenige Jahre später wird Wagner ein Haus entwerfen, dessen Wände aus einer Art Holzfachwerk mit einer Füllung aus synthetischem, thermisch dämmendem „Stroh" bestehen – ein Haus, so „leicht wie Luft, Holz und Stroh",[17] in dem allerdings Chemie und Elektrizität für Wohlergehen und Wärme sorgen.

Das Problem eines billigen, leichten, in Serie produzierbaren, konsumierbaren und hoch technisierten Hauses erscheint auch in Wagners späteren Arbeiten während des Exils kontinuierlich als sein wesentliches Thema. In Amerika entwirft er das „Iglu-Haus", das er sich patentieren lässt und das den Höhepunkt dieser Entwicklung darstellt. 1951 versucht Wagner, die Prinzipien eines „wissenschaftlichen" Städtebaus in einem Text zu formulieren, der die wichtigsten Motive des „dynamischen Städtebaus" wieder aufnimmt. Veränderbarkeit und Leichtigkeit werden zu Kriterien der Stadtplanung.

„Kein Wunder, wenn Baumeister und Städtebauer ihre Baugebilde nur statisch und nur als Gebilde ihres Geistes, ihres Bauherren und ihrer Zeit sehen, und sich gegen den Gedanken auflehnen, daß man es kommenden Zeiten erlauben solle, aus ihren Wohnhäusern auch Werkstätten, aus ihren Palästen auch Armenhäuser und aus ihren Kirchen auch Trümmerhaufen zu machen. Das aber gerade tut die Zeit. Der Städtebauer alten Schlages hingegen fertigte seine Pläne für Zeitspannen, die eine, zwei oder gar drei Generationen bedienen sollten. Welche Vermessenheit in einer Zeit, die in einer Generation die menschlichen Erfindungen von fünfzig Generationen auf den Müll- und Trümmerhaufen warf!"[18]

Wenn die Städte mit ihrer Zeit leben wollen, so müssen sie eine Mobilität, eine Leichtigkeit und eine Beziehung zur Natur gewinnen, die es dem Menschen erlaubt, mit der Materie zu spielen, statt von ihr beherrscht zu sein. Jede Entwicklung, so fährt er fort, erhalte sich durch den Verzicht auf das, was man zuvor gehabt habe. Wenn man bauen wolle, müsse man zuvor abreißen. Das bedeute aber, dass man sich von all den Gebäuden werde trennen müssen, deren Gewicht und Konstitution noch immer „die Schwere ägyptischer Ewigkeitsgefühle" ausdrückten: Die äußere „Modernität" bedeute dabei überhaupt nichts.[19]

Die Analysen der fünfziger Jahre führen die vom Großkapital abgeleitete Lehre zu ihren äußersten Konsequenzen: Der neutralere Begriff der „Zeit" ersetzt den der „Entwicklung" bei der Vorstellung eines Städtebaus, der sich der Vergänglichkeit aller Dinge anpassen wird. Wagners sorgfältig ausgearbeitete Werke – optimistische Utopien ohne politischen Bezug – haben ihre innere Logik; wenn die Gemeinwirtschaft von der Privatwirtschaft ausgeht, so wird deren eigene Rationalität die Entwicklung zur Gemeinwirtschaft notwendig vorantreiben. Die Rationalisierung des Wohnungsbaus ist – innerhalb privatwirtschaftlicher Gesetzmäßigkeiten – der einzige Weg, um die Kosten der Häuser zu verringern; der dynamische Städtebau ist das notwendige Produkt der Entwicklung, die die private Wirtschaft genommen hat: Der Verbrauch der Architektur, ihr provisorischer Charakter, ist die Antwort auf den Widerspruch zwischen Massenproduktion und der Unmöglichkeit dauerhafter Lokalisierungen.

Die optimistische Auffassung der Krise und die Erwartung eines „neuen Wirtschaftssystems" sind noch ein Echo auf die ehemaligen Hoffnungen auf einen kollektiven Wohlstand der Weltstadt, ein Wohlstand, der durch die Entwicklung der Technik und eine rationelle Anpassung an deren Gesetze gesichert werden sollte. Indem sich Wagner nun der Politik verweigert, wirft er sich der Technokratie in die Arme.[20] Der Vorschlag für eine Massenproduktion von Konsumhäusern ist die technische, rationale Antwort, die sich aus einem solchen Koordinatensystem ergibt. Das Haus wächst mit der Zeit: ebenfalls eine technische Lösung für das Problem des fehlenden Anfangskapitals.

Gekürzte und leicht überarbeitete Fassung eines Auszugs aus: Ludovica Scarpa, *Martin Wagner und Berlin. Architektur und Städtebau in der Weimarer Republik* aus dem Italienischen von Heinz-Dieter Held, Wiesbaden 1986, S. 140–148.

163

1   Martin Wagner, „Sterbende Städte oder planvolle Wirtschaft",
in *Die neue Stadt (Sondernummer über Berlin), Jg. 6, H. 3,* 1932, S. 58.

2   Martin Wagner, „Neue Bauwirtschaft. Ein Beitrag zur Verbilligung
der Baukosten im Wohungswesen", in: *Schriften des Deutschen
Wohnungsausschusses, H. 5,* 1918; Martin Wagner, „Stadtlandkultur
und Siedlungswirtschaft", in: *Die Volkswohnung, Jg. 2, H. 11,* 1920.

3   Martin Wagner, „Die städtebaulichen Probleme der Großstadt"
(Vortrag der Reihe „Berlin"), Berlin 1929.

4   Wagner, „Sterbende Städte", S. 50–59.

5   Martin Wagner, *Das wachsende Haus: Ein Beitrag zur Lösung
der Städtischen Wohnungsfrage,* Berlin, Leipzig 1932.

6   Wagner, *Das wachsende Haus,* S. 35.

7   Martin Wagner, „Zur Ökonomie von Städtebau und Bauwirtschaft", in: Siegfried v. Kardoff et al. (Hg.), *Der internationale
Kapitalismus und die Krise. Festschrift für Julius Wolf,* Stuttgart
1932, S. 361–367.

8   Wagner, *Das wachsende Haus,* S. 36.

9   Deutsches Archiv für Siedlungswesen (Hg.), *Die private
Stadtrandsiedlung,* Berlin 1933.

10   Wagner, *Das wachsende Haus,* S. 27.

11   Ebd., S. 29.

12   Ebd., S. 7.

13   Martin Wagner, „Berliner Wohnungsbauprobleme",
in: *Die Baugilde, Jg. 10,* 1928, S. 1672a. Zur Position von Alexander
Klein s. Matilde Baffa Rivolta und Augusto Rossari (Hg.),
*Lo studio delle piante e la progettazione degli spazi negli alloggi
minimi,* Mailand 1975.

14   Wagner, *Das wachsende Haus,* S. 1.

15   Ebd.

16   Ebd., S. 35.

17   Martin Wagner, „Das Elektro-Haus", in: *Deutsche Bauzeitung,
Jg. 69, H. 3,* 1935, S. 43–44.

18   Martin Wagner, *Wirtschaftlicher Städtebau,* Stuttgart 1951, S. 117.

19   Wagner, *Wirtschaftlicher Städtebau, S.* 120.

20   Martin Wagner (unter dem Pseudonym M. Sandow),
„Deutscher Sozialismus und amerikanische Technokratie",
in: *Deutsche Bauzeitung, Jg. 68, H. 40,* 1934, S. 782–785.

Tom Avermaete

Geregelter Wandel und wirtschaftliches Bauen

Das wachsende Haus in seiner ganzen technischen Idee ist mit Selbsthilfe unvereinbar. Ja, schließt die Selbsthilfe sogar aus.[1]

Es ist immer noch ungewöhnlich, heutzutage etwas über Wachstum und Veränderung von Wohnarchitektur zu lesen, das sich von der Idee der Selbsthilfe distanziert. Im Laufe der vergangenen Jahrzehnte haben wir uns an eine Architektur gewöhnt, die nur offen für Veränderungen ist, wenn sie den Nutzern oder Bewohnern ein gewisses Mitspracherecht einräumt.[2] Genauer gesagt, scheinen wir die Fähigkeit zur Veränderung von Architektur mittlerweile unweigerlich mit der Vorstellung von Mitwirkungsmöglichkeiten durch die Bewohner zu verbinden.

Vor diesem Hintergrund waren die Konzepte für eine wachsende, wandelbare Architektur häufig in zwei unterschiedliche Lager unterteilt. Zum einen wurden sie mit dem Aspekt der Vorfertigung, Rationalisierung und Massenproduktion in Verbindung gebracht, das heißt, es wurde davon ausgegangen, dass die materielle Grundlage für Veränderungen im Wohnumfeld in der Produktion klar definierter, standardisierter und erschwinglicher Bauelemente bestand. Dies verband die Vorstellungen von einer anpassungsfähigen Wohnarchitektur mit den Gesetzen der Massenproduktion und des Massenkonsums.

Sie sollten Fachleuten wie Architekten und Innenarchitekten die formale und materielle Grundlage für die Anpassung der Wohnumgebung an die Bedürfnisse und Wünsche ihrer Bewohner an die Hand geben.

Zum anderen wurden Konzepte für eine wachsende und wandelbare Wohnarchitektur häufig mit den Prinzipien des Eigenbaus in Verbindung gebracht, mit den auf ortstypischen Traditionen beruhenden Baupraktiken von Nicht-Fachleuten wie Nutzern oder Bewohnern. So konzipierten in den 1960er Jahren zahlreiche Architekten eine sogenannte „offene Architektur", die von den Bewohnern mithilfe „gefundener" Materialien verändert und zu ihrem ganz persönlichen Wohnraum gemacht werden sollte. Diese praxeologischen Vorstellungen von einer dynamischen Architektur beruhten häufig auf einer übermäßig positiven Einschätzung der Fertigkeiten der Bewohner, ihr Wohnumfeld radikal zu verwandeln. Sie wurden deshalb als naive Betrachtungsweisen abgetan, denen es an einem Verständnis für die strukturellen Bedingungen des bebauten Umfelds fehlte.

Werdendes bauen

Martin Wagner bietet 1932 in seinem Werk *Das wachsende Haus* eine Alternative zu diesen beiden gegensätzlichen Denkweisen. Das Buch besteht aus einer theoretischen Abhandlung des Autors und einem Portfolio mit Hausentwürfen, die von so bekannten Architekten wie Hans Poelzig, Otto Bartning, Walter Gropius und Ludwig Hilberseimer für die Ausstellung *Sonne, Luft und Haus für Alle* angefertigt wurden.[3] Wagner vertritt darin durchgehend die These, dass die Praktikabilität von Veränderungen im Haus weder eine Frage der Massenproduktion noch des Eigenbaus, sondern vielmehr eng mit den bautechnischen Möglichkeiten kleiner Betriebe verknüpft ist. Text und Bilder weisen auf die Entstehung einer neuen Bauwirtschaft hin, die in hohem Maße auf der Kompetenz solcher kleiner Werkstätten beruht.

In *Das wachsende Haus* wird die Werkstatt zur Produktionseinheit für Kleinserienfertigung, mit deren Hilfe standardisierte, kostengünstige und detailgenaue Bauelemente hergestellt werden können und die dennoch an Ideen wie handwerklichem Können und Flexibilität festhält, mittels derer all diese Elemente schließlich nach individuellen Bedürfnissen und Wünschen kombiniert oder verändert werden können. Im Hinblick auf eine der zentralen Fragen zum Thema Wachstumsarchitektur wird die Werkstatt als ideale Handlungsträgerin dargestellt: Wie lassen sich geeignete Grundprinzipien für ein Wachstum formulieren?

Wagner spricht dabei von der Notwendigkeit, zwischen unterschiedlichen Grundprinzipien des Wachstums zu unterscheiden: „Gesteigerte kulturelle und zivilisatorische Bedürfnisse streben keineswegs immer nach Raumerweiterung. Sie können ebenso nach einem Um- und Ausbau des Hauses streben."[4] Viel zu häufig seien Ideen für eine Wachstumsarchitektur auf das Konzept des Anbaus beschränkt, ohne Prozesse wie Umbau und Ausbau zu berücksichtigen, behauptet Wagner.

Die Entwicklung geeigneter Bauprinzipien für diese unterschiedlichen Wachstumsprozesse stellt für Wagner in Bezug auf die Idee des „wachsenden Hauses" eine der größten Herausforderungen dar. Er übt Kritik an der gängigen Interpretation der Idee des Wandels, nämlich als Bereitstellung eines Maximums an technischen Installationen und aller Elemente für die endgültige Konstruktion von der ersten Bauphase an. Wagner geht es vielmehr darum, „daß wir ökonomisch bauen, d.h. ohne Fett bauen, ohne Fehllauf bauen und die Selbstkosten des Bauwerks auf ein äußerstes Mindestmaß herabdrücken. Die neue Wirtschaft verlangt nach dynamischem Bauen. Sie will nicht mehr Kapital in Anlagen investieren, die – wie es die gegenwärtige Krise deutlich zeigt – früher veralten und brachliegen, als ihr Baualter dies rechtfertigen könnte. Die neue Wirtschaft will leichter und schneller und häufiger bauen."[5]

Für Wagner besteht die Rolle der zeitgenössischen Architektur darin, Technik- und Bausysteme zu liefern, die keine großen finanziellen Vorinvestitionen erfordern und dennoch die nötigen Voraussetzungen für Wandel und Veränderung bieten. Sein Vorschlag besteht in einer Form von Architektur, die konstante Umbauten und Veränderungen ermöglicht, ohne mit etwas „Fertigem" zu enden; er spricht davon, „Werdendes zu bauen".[6] Das in den 1930ern vorhandene Fachwissen im Zimmerhandwerk, das die zahlreichen Werkstätten in Deutschland auszeichnete, ist für ihn die beste Voraussetzung, um nach diesem Prinzip einer „werdenden" Architektur zu bauen.

Wagner spricht von einer Holzbauweise, die unterscheidet zwischen Fleisch- und Hautkonstruktion, einem bekannten Bauprinzip, mit dem in der Architektur die Elemente Mauer und Putz bezeichnet werden. Holz, so Wagner, mache einen Umbau günstiger und einfacher und ermögliche so flexible und schnelle Veränderungen und Erweiterungen. Anhand seines eigenen Modellhauses veranschaulicht Wagner dieses Konstruktionsprinzip und zeigt, wie das Fleisch bestehen bleibt, während sich die Haut an die geänderten räumlichen Bedürfnisse anpassen lässt.

Praxiskollektive

Die Anpassungsfähigkeit des „wachsenden Hauses" ist nicht nur eine Frage des Bausystems. In seinem Kapitel zur Gestaltung betont Wagner: „Das wachsende Haus wird nun aber nicht das Werk eines einzelnen Kopfes sein, sondern aus einem Gemeinschaftsprojekt von Spezialkräften entstehen."[7] Das Bild einer Vielzahl von Akteuren, das er hier beschreibt, könnte man als „Praxiskollektiv" bezeichnen. Aus Wagners Sicht arbeitet der Werkstattarchitekt „harmonisch" mit dem „*Bauplatz*architekten und dieser wieder mit dem *Konstruktions*architekten und dieser wieder mit dem *Gestaltungs*architekten" zusammen.[8] Selbst der Verkäufer der Häuser wird als Mitglied dieses Praxiskollektivs erwähnt, da er ständig in Kontakt zu den zukünftigen Bewohnern steht und so ihre Wünsche und Bedürfnisse für die Ingenieure und Architekten übersetzen kann.

Für Wagner stellen das Fachwissen und Können von kleinen Baufirmen, Architekten und Handwerkern ergiebige Ressourcen dar, die ein dynamischeres Verständnis des Wohnumfeldes ermöglichen: „Unsere Zeit des Ueberganges und der Wandlung im Wirtschaftlichen wie im Kulturellen steht aber im Gegensatz zu allen Endformen. Sie erstrebt eine *dynamische* Gestaltung. Und diese Dynamik des Bauens ist es, auf die sich der moderne Architekt und der moderne Bauunternehmer heute einzustellen hat."[9] Zu den Stärken von Wagners Veröffentlichung gehört, dass er erkennt, wie wichtig genau diese Kombination aus den Kompetenzen der verschiedenen Akteure – wie Architekten, Ingenieure, Bauunternehmer und Handwerker – ist, um die zum Bau und Umbau des „wachsenden Hauses" nötige Kreativität, Fachkenntnis und Flexibilität freizusetzen. Durch die Verbindung der strukturellen Möglichkeiten der Massenproduktion mit der engagierten Herangehensweise im Eigenbau bieten diese Kollektive eine neue Grundlage, um über die Strategien, Prozesse und zeitlichen Abläufe anpassungsfähiger und veränderbarer Wohnräume nachzudenken.

Aus dieser Perspektive definiert Wagner die Rolle des Architekten neu. Der Konstrukteur wird nicht länger als künstlerisches Genie betrachtet, das eine perfekte, ideale Form entwirft. Architekten werden vielmehr zu Mitgliedern einer größeren Gemeinschaft, die sich langfristig mit der Idee des „wachsenden Hauses" beschäftigt. Heißt das, das Fachwissen der Architekten ist beschränkt? Im Gegenteil, weist Wagner den Architekten doch eine wichtige Rolle zu, wenn es darum geht, die Dynamik des „wachsenden Hauses" zu durchdenken. Für ihn ist es der Architekt, der die verschiedenen Änderungsmöglichkeiten

gründlich prüfen muss, was „auch viel *Arbeit* und vieles *Probieren* und *Experimentieren* erfordert", wenn „jede Etappe des Anbaues genau überlegt" werden muss, um „*jede* Etappe zu einer fertigen Form" werden zu lassen.[10]

Unter diesem Aspekt definiert Wagner zugleich architektonisches Fachwissen neu. So besteht die Rolle der Architektur nicht länger im Entwurf einer idealen Ästhetik, sondern vielmehr in der Untersuchung möglicher Wohnformen und deren räumlicher und formaler Implikationen. Anhand seines Wissens über Wohnmodelle definiert der Architekt eine Reihe von Standardwohnformen, damit er „nicht mit ungewissen und unbekannten Erweiterungszuständen zu rechnen hat, sondern ganz bestimmte, vorher festgelegte *Normal*fälle bearbeitet, in die der individuelle Bedarf sich einzufügen hat und auch einfügen kann."[11] Der Architekt kann dieser Rolle nur im engen Dialog mit anderen Handlungsträgern in der baulichen Umgebung, wie Handwerkern und Bauunternehmern, gerecht werden. Wagners Architekt kommt die Rolle eines Synthetisierers zu, der genaue Kenntnisse über Wohnmuster mit dem Wissen um die Fachkenntnisse und Fertigkeiten verschiedener Handlungsträger im jeweiligen baulichen Umfeld in sich vereint.

Eine gemeinschaftliche Angelegenheit

Rückblickend betrachtet ist Martin Wagners „wachsendes Haus" ein Versuch, die Handlungsmacht des Architekten gegenüber dem Bewohner neu abzustecken. Allerdings definiert Wagner diese Beziehung nicht als einzigartig oder eindimensional, wie es in den Theorien und Konzepten aus der zweiten Hälfte des 20. Jahrhunderts häufig der Fall ist. Im Gegenteil, die Idee eines „wachsenden Hauses" ist fest verankert im Kontext größerer kultureller und gesellschaftlicher Veränderungen, die sich auf den Wohnungsbedarf und Wohnwünsche, aber auch auf Konstruktionsmethoden und bauliche Praxis auswirken. Wagner stellt eine entscheidende Verbindung zwischen reguliertem Wandel von Wohnraum und wirtschaftlichem Wohnungsbau her, indem er einen wirklichen Wandel im Wohnbereich, in all seiner Allgegenwart und Vielfalt, mit einem handwerklich orientierten, kleinbetrieblichen Wohnungsbau verknüpft.

Es ist davon auszugehen, dass Wagner, der den Text während der Wirtschaftskrise in den 1930ern schrieb, diese Förderung des kleinbetrieblichen Wohnungsbaus als wichtige Maßnahme für eine Verbesserung der Wirtschaftslage betrachtete. Wagner verweist nicht nur durchgängig auf die niedrigeren

Baukosten, die neue Konstruktionsmethoden mit sich bringen könnten, sondern betont auch die positiven Auswirkungen, die ein auf Kleinbetriebe verteilter Wohnungsbau für die wirtschaftliche Gesamtlage haben könnte. Er ist sich aber auch bewusst, dass die Aufrechterhaltung dieser Form des Wohnungsbaus sowie des Prinzips des „wachsenden Hauses" in einer Ökonomie, die Wachstum direkt mit Massenproduktion verbindet, keine Selbstverständlichkeit ist. Wagner ist der Ansicht, dass die Gesellschaft in ihrer Gesamtheit in andere Wachstumsprinzipien investieren sowie diese sichern und auch schützen müsse.

Genau an dieser Stelle treffen die Prinzipien des „wachsenden Hauses", die sich an die Kleinfamilie richten, auf grundlegende Überlegungen zum gemeinschaftlichen Bereich. Die Öffnung gegenüber flexibleren Möglichkeiten für individuelles Wohnen scheint paradoxerweise eine Kontrolle durch die Gemeinschaft mit sich zu bringen, denn „das Siedeln [hat] aufgehört, ein Akt des isolierten und individuellen Handelns zu sein und [ist] zu einer Sache der *Gemeinschaft* geworden, die auch die *Gemeinschaft* zu schützen hat".[12] Dies scheint die Lehre zu sein, die wir aus Martin Wagners „wachsendem Haus" ziehen können: Die Regelung des Wachstums in diesem Haus ist untrennbar verbunden mit konkreten gesellschaftlichen Entscheidungen, der Wirtschaftlichkeit des Bauens sowie den Kompetenzen von Handwerker, Bauunternehmer und Architekt.

Übersetzung aus dem Englischen von Gaby Gehlen und Anja Schulte

1 Martin Wagner, *Das wachsende Haus: Ein Beitrag zur Lösung der Städtischen Wohnungsfrage*, Berlin, Leipzig 1932, S. 5.
2 Dies gilt vor allem für den Diskurs zu Wachstum und Wandel in der Nachkriegszeit. Ein Beispiel hierfür findet sich bei Nishat Awan et al., *Spatial Agency: Other Ways of Doing Architecture*, London 2011.
3 Berliner Messegelände, *Berliner Sommerschau 1932. Sonne, Luft und Haus für Alle. Ausstellung für Anbauhaus, Kleingärten und Wochenende.*
4 Wagner, *Das wachsende Haus*, S. 26.
5 Ebd., S. 1.
6 Ebd.
7 Ebd., S. 30.
8 Ebd.
9 Ebd., S. 25.
10 Ebd., S. 28.
11 Ebd.
12 Ebd., S. 35.

Tatjana Schneider

Das wachsende Haus oder die Gestaltung von Zeit

Auch wenn man aufgrund des Buchtitels vermuten könnte, dass es sich hier um eine Arbeit handelt, die sich mit den Prinzipien von wachsenden Häusern auseinandersetzt, so stimmt das nur begrenzt. Denn obwohl der Band auch 24 Entwürfe zeigt, die sich mit der Thematik des inkrementellen Bauens und Nutzens auseinandersetzen, und obwohl die Illustrationen und Beschreibungen dieser Beiträge den Hauptteil ausmachen, liegt hier doch hauptsächlich ein Pamphlet zum „Neuen Wohnen" vor, das nicht nur eine neue Raumvorstellung, sondern auch einen neuen „Wert- und Zweckbegriff"[1] vorstellt.

Wagners 50-seitige Abhandlung, die diesen Entwürfen voransteht, rechnet nicht nur fundamental mit der Metropole des frühen 20. Jahrhunderts ab, sondern auch mit den auf Kleinstwohnungen basierenden Lösungsansätzen für die herrschende Wohnungsnot, den seiner Ansicht nach verfehlten Projekten, die sich mit dem Existenzminimum beschäftigen, und den statischen Ansätzen der Stadtplanung. Wagner verdammt dabei gleichzeitig die Ökonomie des Privatkapitals, die Stadtrandsiedlungspolitik und die daraus resultierenden Siedlungen der Reichsregierung, die unzuträglichen Lebensformen der Großstadt, die Zementierung von sozialen Gegensätzen durch städtebauliche und architektonische Maßnahmen ebenso wie die starre Typisierung der Arbeiterwohnungen und die Tatsache, dass Wohnboden eine Ware ist, die nicht nur Gebrauchs- sondern auch Rentenwert hat. Wagner zieht allerdings nicht nur die (Bau)Wirtschaft in Verantwortung. Er benutzt seine wirtschaftspolitischen Analysen dazu, konkrete bauliche Vorschläge zu untermauern, die diesem „Uebelstand"[2] entgegenarbeiten.

Die Resultate dieser Überlegungen zeigen Parallelen zu Wagners prozessorientierten und organisatorischen Vorgehensweisen als Leiter des Amtes für Stadtplanung in Berlin zwischen 1926 und 1933. Obwohl Wagner fälschlicherweise oft mit den Bautätigkeiten des Neuen Bauens in Verbindung gebracht wird (zum Beispiel als mitformulierender Architekt), hatte er tatsächlich wenig mit der Ausformulierung von Großwohnsiedlungen – Siedlungen wie die Weiße Stadt in Reinickendorf oder die Wohnstadt Carl Legien – zu tun. Als Stadtbaurat war Wagner zwar für die Festsetzung der Generalbebauungspläne der Groß-siedlungen mit verantwortlich; sein Arbeitsschwerpunkt lag allerdings vielmehr auf dem „Umbau der Groß-Stadt zur Welt- und Ausstellungs-Stadt [und der] Lösung der Verkehrsprobleme, der Ausweisung von Grün- und Freiflächen und der Schaffung von Voraussetzungen für die Gestaltung des ‚Weltstadtgeistes' in der ‚neuen Zeit'".[3]

Wenn sich Wagner als Leiter des Stadtbauamtes als „Regisseur" oder „Manager" der Großstadt sieht, bei dem alle Entscheidungen zusammenlaufen, so ist das Ausstellungs- und Publikationsprojekt *Das wachsende Haus* eines der wenigen von Wagner auch gestalterisch bearbeiteten Projekte. Er bringt alternative – ökonomisch, sozial-politisch und architektonisch untermauerte – Ideen vor, die vor allem von der Notwendigkeit der Gemeinwirtschaft, einer neuen Bauform, die das „Werdende" anstelle des „Fertigen" fördert und produziert, und einem neuen Stadt-Typ sprechen. Wagner fordert eine Form des „Neuen Wohnens", das sich auch in der gezielten Wahl von „biologischen" Baumaterialien ausdrückt. Im Gegensatz zum „Neuen Bauen" nimmt beim „Neuen Wohnen" der Benutzer oder Konsument die zentrale Position ein, um die sich alles dreht: Das wachsende Haus ist demnach ein Haus, das sich nicht nur den finanziellen Möglichkeiten, sondern auch den familiären Veränderungen seiner Benutzer anpasst. Diese grundlegenden Überlegungen, die den Menschen in den Mittelpunkt des Bauens stellen, produzieren natürlich auch eine neue Stadt- oder Siedlungsform. Denn, und auch das überlegt sich Wagner ganz genau, diese neue Form des Denkens benötigt einen neuen technischen und formalen Ansatz. Wagner kritisiert dabei vor allem auch die existierenden Einfamilienhauskolonien, die für ihn Inbegriff starrer Endformen sind, deren Um- und Anbau nur „gequält, unvollkommen und unnatürlich"[4] vonstatten geht und gehen kann; stattdessen entwirft er seine eigene aus 100.000 bis 200.000 Einheiten bestehende, durchaus große, doch trotzdem unverkennbare Einfamilienhaussiedlung: eine geplante Agglomeration aus gänzlich internalisierten Häusern, die im Gegensatz zu den bestehenden Kolonien von vornherein völlig auf die jeweiligen Bewohner, deren Wünsche, Möglichkeiten und Bedürfnisse ausgerichtet ist.

Man könnte an dieser Stelle selbstverständlich über die Details, die Grundrisse und Diagramme sprechen, die das Bauen auf Stottern ermöglichen. Aber das würde nur eine Seite von Wagners Arbeit zeigen und leicht in eine Kritik an der Form enden, die seine grundsätzlichen Überlegungen zur Reformation der Bauwirtschaft übersehen würde. Auch wenn diese Kritik an der von Wagner vorgeschlagenen adaptierbaren Einfamilienhausstadt und dem absoluten Glauben an die vollkommen industrialisierte und serielle Bauweise wichtig ist, so beschreibt und fordert Wagner doch auch ein anderes Verständnis des Bauens. Ein Bauen, das die Prozesshaftigkeit und Wechselwirkungen zwischen Produktion, Gebrauch und Konsum erkennt, sie ernst nimmt und sich abkehrt von dem in der Architektur häufig zelebrierten *object beautiful*, das bei Fertigstellung schlichtweg übergeben wird – ohne weiteres Interesse an der tatsächlichen (Be)Nutzung.

Wagner nennt diese Art des sukzessiven und inkrementellen Denkens und Bauens „Neues Wohnen". Denn, obwohl die Umsetzung des wachsenden Hauses durch industriell vorfabrizierte Bauteile anvisiert wird, sieht Wagner die Maschinen und Mechanik immer zur Erleichterung und Verbilligung im Dienst der Bewohner. Der räumliche Lebensstandard richtet sich also nicht nach den Möglichkeiten der industriellen Fertigung, sondern die industrielle Fertigung passt sich dem räumlichen Lebensstandard an. Angefangen mit den einzelnen Räumen des Hauses und deren Beziehungen untereinander, bis hin zum städtebaulichen Konzept: Alles ist vom Konsum, von der Benutzung her gedacht. Aber auch die Finanzierung findet besondere Beachtung. Denn Wagner rechnet nicht nur vor, wie das vom Nutzen her gedachte Haus selbst aus monetärer Sicht möglich gemacht werden kann, sondern thematisiert auch die Prinzipien der Bezahlbarkeit von Wohnraum, die wesentlich mit der

Frage nach Bauland verknüpft ist und der wesenhaften Absurdität von Grundeigentum. Tatsächlich umsetzbar wird Wagners wachsendes Haus dann auch erst dadurch, dass die Beschaffungskosten des Bodens in die Hände der jeweiligen staatlichen oder städtischen Behörden gelegt werden. Boden, so Wagner, sei vom „lieben Gott" geschaffen und bräuchte nicht bezahlt zu werden.[5] Mit dieser scheinbar einfachen Aussage platziert sich Wagner in einer intellektuellen Tradition, die sich mit der Bodenfrage und sehr viel grundlegenderen Fragen nach Eigentum befasst.[6]

Das Prinzip des Neuen Wohnens, das sich hier ausdrückt, greift in dieser Vielfältigkeit verschiedene Punkte auf, die in der heutigen Wohnungsbaudebatte eine Rolle spielen, wenn es zum Beispiel um das Veräußern von städtischem, sozialem und ehemals genossenschaftlichem Wohnungsbau an häufig dubiose internationale Hedgefonds genauso wie um den Verkauf von städtischem Grund und Boden an meistbietende Investorengruppen geht. Auch eine Kritik an den immer noch starren Wohnmodellen, die sich an zunehmend überholten demografischen Modellen ausrichten, nimmt in den letzten Jahren nicht nur in der Fachpresse vermehrt Raum ein: So finden sich Berichte über mehr oder weniger radikale Projekte von Baugruppen neben Berichten über Wohnbaugenossenschaften, Selbstbaugemeinschaften und andere Formen des kommunalen Wohnens.[7] Gemeinsam ist allen die Unzufriedenheit mit dem Wohnungsmarkt, welcher – wie argumentiert wird – zu wenig, zu teuer, zu unflexibel, zu standardisiert und für die falschen Lokalitäten produziert. Zusätzlich zu diesen Themen kommt dann vermehrt die Frage nach dem Umgang mit Grund und Boden auf, der sich noch in öffentlicher Trägerschaft befindet. Obwohl lange als schlichtweg undiskutierbar abgetan, wird die Möglichkeit des Auslösens des Bodens aus der Wertschöpfungskette einerseits und die Sozialisation von Grundeigentum andererseits im zeitgenössischen Diskurs wieder „salonfähig". Die Forderungen nach einer kritischen Stadtentwicklungspolitik – ob durch „Recht auf Stadt"-Gruppierungen, Initiativen wie die Basler Bodeninitiative oder das Berliner Netzwerk Stadt Neudenken – sind fast allgegenwärtig. Die Bodenfrage steht hier häufig in direkter Beziehung zu Diskussionen um Mitbestimmung, mehr Offenheit, Transparenz und Verantwortung von Seiten der Bürger und zur Forderung nach dauerhaften Formen der Beteiligung an Prozessen der Stadt- und Quartiersentwicklung.

Wagner glaubt fest, dass das neue Wohnen ein soziales Problem ist, das – wie er schreibt – nur „im Rahmen einer konsequenten Gemeinwirtschaft gelöst werden kann. Nicht kann das Problem gelöst werden durch die Grundrißtechnik eines auch noch so begabten Architekten."[8] Die Frage nach der Gestaltung von Wachstum – aus familiärer, technischer und ökonomischer Sicht – lässt sich für Wagner also nicht allein durch architektonische Fingerübungen in den Griff bekommen, obwohl er trotzdem auch immer wieder die ausschlaggebende Rolle der „Künstler ersten Ranges"[9] und die Gemeinschaftsarbeit von Spezialkräften betont, wenn es um das „Formproblem"[10] des wachsenden Hauses geht. Seiner Meinung nach muss die Wohnungsfrage in erster Instanz wirtschaftspolitisch gelöst werden; eine Position, die ihn wesentlich von den meisten Proponenten damals wie heute unterscheidet, die sich mit Flexibilität oder Adaption von Wohntypologien auseinandersetzen.

Gerade wegen dieser klaren Artikulation seiner Position bleibt Martin Wagners Arbeit weiterhin interessant: Er kennt seine eigenen Grenzen als ausgebildeter Architekt und die Grenzen der Architektur als Disziplin. Die Position als Stadtbaurat und die Art und Weise, wie er diese für sich zurechtschneidet, ermöglichen ihm, sich mit der Politik des Bauens auseinanderzusetzen. Natürlich kann man Wagners Position als hoffnungslos ideologisch abtun, aber das würde die emanzipatorische Absicht, die sich im Sichtbarmachen der existierenden Machtstrukturen verbirgt, verleugnen. Genauso, wie es nach dem Lesen von Mike Davis *Planet of Slums* unmöglich ist, sich trotz anfänglichen Entsetzens nicht zu irgendeiner Handlung angetrieben zu fühlen, so regt auch Wagners teils besessen wirkendes Pamphlet zur klaren politischen Positionierung an. Es bleibt zu hoffen, dass Wagners Text Mut machen wird, nicht nur durch Einzelprojekte, die ein neues Wohnen heute postulieren, den Status quo in Frage zu stellen, sondern grundlegender die Produktion von Raum in Frage zu stellen, die so elementar mit der Frage nach Grundbesitz verbunden ist.

171

1   Martin Wagner, *Das wachsende Haus: Ein Beitrag zur Lösung der Städtischen Wohnungsfrage*, Berlin, Leipzig 1932, S. 41.

2   Ebd., S. 11.

3   Klaus Homann, Martin Kieren und Ludovica Scarpa, „Versuch einer Annäherung", in: *Martin Wagner 1885–1957. Wohnungsbau und Weltstadtplanung. Die Rationalisierung des Glücks*, Berlin 1985, S. 6.

4   Wagner, *Das wachsende Haus*, S. 25.

5   Ebd., S. 38.

6   Hier wären beispielsweise die unter Gerrard Winstanley im Jahr 1649 gegründete radikale Formierung der *True Levellers* zu nennen, die das Nivellement der existierenden Sozialordnung einforderte; des Weiteren Jean-Jacques Rousseaus *Diskurs über die Ungleichheit* (1775) oder Pierre Joseph Proudhons Schrift *Qu'est ce que la propriété?* (1840).

7   Bücher wie Tatjana Schneider and Jeremy Till, *Flexible Housing*, London 2007, ebenso das Themenheft „Wohnerfahrungen" von *ARCH+* (Nr. 218, 2014), die Arbeiten des Architekturbüros Lacaton & Vassal oder Niklas Maak, *Wohnkomplex: Warum wir andere Häuser brauchen*, München 2014, thematisieren sowohl Kritik wie auch mögliche Alternativen.

8   Wagner, *Das wachsende Haus*, S. 10.

9   Ebd., S. 27.

10   Ebd.

Plakat für die Ausstellung / Poster for the exhibition
Sonne, Luft und Haus für Alle (Sun, Air, and Houses for All),
Berlin 1932. Archiv / archive Franziska Bollerey

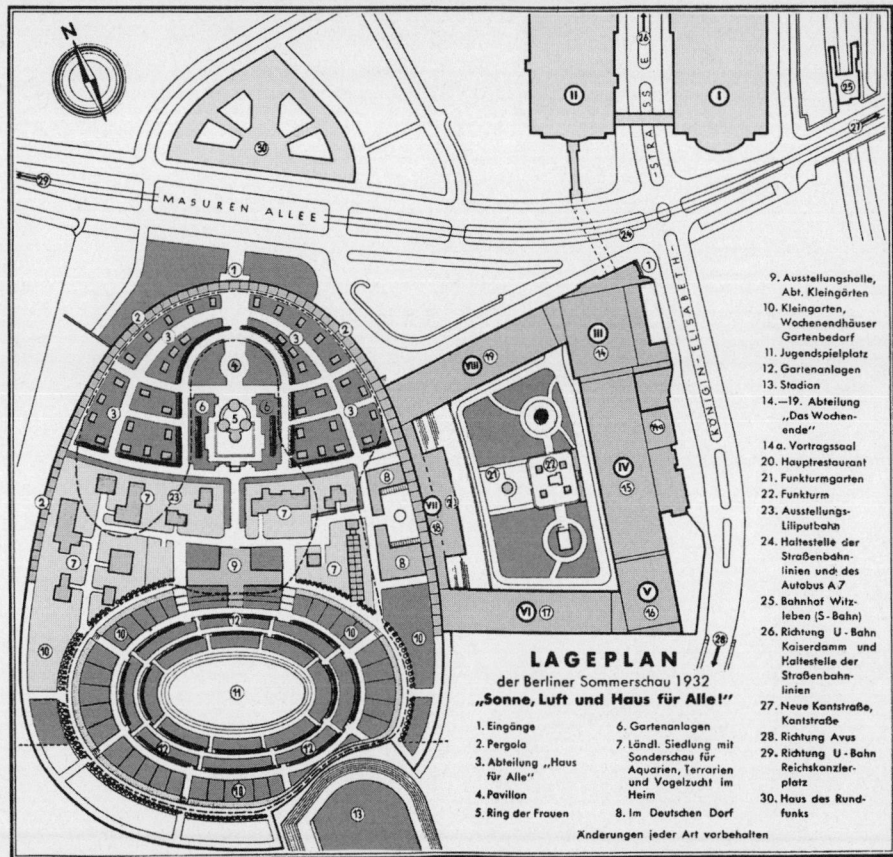

Lageplan der Ausstellung / Ground plan of the exhibition
Sonne, Luft und Haus für Alle (Sun, Air, and Houses for All),
Berlin 1932. Archiv / archive Franziska Bollerey

Luftaufnahme des Ausstellungsgeländes mit den Modellhäusern
der Abteilung „Haus für Alle" – „Das wachsende Haus" / Aerial view
of the "Growing House" exhibition ground with the "House for All"
model houses. Akademie der Künste, Martin-Wagner-Archiv

175

Franziska Bollerey

The Intelligent House: Ecological, Economical, and Flexible

"By all means, call me a 'utopian,' as I would be proud of such an auxiliary title," Martin Wagner wrote in 1956.[1] He was a "conjurer of the collective mind," an apologist for collective service.[2] He was driven by the perception that neither the service of one for oneself nor the service of the part for itself is capable of yielding morally and ethically acceptable solutions. Between 1909 and 1957, he tirelessly wrote article upon article and book upon book, on politics, economics, city planning, and architecture, in order to cause a stir. From 1926, as chief city planner of Berlin endowed with executive power, he accomplished a great deal in planning—of traffic, housing estates (he acted as designer for the Hufeisensiedlung[3] together with Bruno Taut), and green spaces.

About halfway through his "reign," Wagner's 1929 magazine titled *Das Neue Berlin* (The New Berlin) reflected both the achieved and the visionary. Here, he strove for the unity of policy, economy, culture, and ecology. A task that kept him occupied until the end of his life. His *Wirtschaftlicher Städtebau* (Economics of City Planning), published in 1951 as Professor Emeritus of Harvard University, opened with the chapter "Geophysik des Lebensraumes" (Geophysics of the Biosphere).[4] Following the end of the Second World War, Wagner turns again to opportunities he had already laid out, but which had not been taken. He wrote confidently to the architect and structural engineer Frei Otto, whose parameters for reducing energy consumption and integrated ecological approach he was in agreement with: "You see, your generation still has tasks before itself, of which mine is only to pass the baton to the younger."[5] At the zenith of his career between 1926 and early 1933, he gained success in the field of naturalization of the metropolis. Just as Baron Haussmann had the French engineer Adolphe Alphand by his side for the massive Napoleonic project for Paris, so Martin Wagner had the highly qualified green-space planner Erwin Barth by his.[6] The young capital city of the Weimar Republic owes much to Barth for, among other projects, the public parks Jungfernheide (1924/25) and Volkspark Rehberge (1927/28) in northern Berlin. In collaboration with Richard Ermisch, Wagner himself realized the Strandbad Wannsee, a bathing beach that gains entry to popular culture with the song lyrics (*"Pack die Badehose ein ... und dann raus nach Wannsee ..."*—Pack your swimming trunks ... and then out to Wannsee ...), in the western part of the city, next to the River Havel (1930). Its eastern counterpart is realized at Müggelsee.

Wagner had already researched the politics of open space in his doctoral thesis of 1915;[7] actually he had explored it even earlier than that, in 1911, in co-operation with the landscape architect Leberecht Migge,[8] one of Europe's most relevant practitioners and theorists of the city and nature.[9] "The sanitary green,"[10] as Wagner titled his ecological cause, was directed not only toward the macrocosm of the metropolis, but also toward the microcosm of human being–apartment–house. "How shall this biological living appear?" he asked, in the chapter "New Architecture" in the 1932 publication *Das wachsende Haus*.[11] The book summarized the results of a competition of the same name induced by Hans Poelzig.[12] At a time of involuntary leisure—at the climax of the Great Depression (Bruno Taut,[13] Ernst May, and many others went to the USSR searching for work)—Wagner used the creative break to allow colleagues to conceptualize "Das wachsende Haus"—"The Growing House"—as both a practical daily task and a theoretical solution for the future.[14] More than a thousand architects participated during November and December 1931. "A *collective effort* of various disciplinary branches must unite here, if the goal of realizing cheap yet high-quality dwellings is to be achieved."[15] In effect, the project culminated in a close co-operation between the construction industry and designing architects.[16] The twenty-four exterior shots of the designs, published by Wagner, were owing to the fact of their realization—"the best scale is the original"[17]—at the Berliner Messegelände, at an exhibition entitled: *Berliner Sommerschau 1932. Sonne, Luft und Haus für Alle. Ausstellung für Anbauhaus, Kleingärten und Wochenende*[18] running May 7 through August 7. With the progressive reduction of the working week together with shorter working hours since the late nineteenth century, in their free time citizens sought, above all else, a closeness with nature. Nature had been propagated as a regenerative and equilibrating element since the turn of the century, both by the *Lebensreform* (life-reform) movement in Germany and Switzerland and by the garden city movement.[19] The weekend—in the countryside, urban green spaces, or allotments—was addressed by highly diverse disciplines. In one edition of the popular "show books" that were printed in high volumes, the architectural theorist and journalist Adolf Behne took on the topic: "Weekend—and what one needs for it."[20] Weekend getaways and their parallel small homesteads belonged—as the 1930 competition "Das billige, zeitgemäße Eigenhaus" (The cheap, contemporary, privately owned house) by architecture magazine *Bauwelt*[21] showed—to the canon of construction projects of the Weimar Republic. The winners of the first prize were Gascard and Paula Maria Canthal,[22] the latter notably one of the few women mentioned by name within this competition, just as she had been also for *Das wachsende Haus*. The twenty-four show houses were located in a prominent position immediately inside the entrance at the *Masurenalle* and vis-à-vis Hans Poelzig's House of Broadcasting, framed by a pergola encompassing the exhibition grounds. As part of the division "Haus für Alle" (House for All), the show houses are grouped around an information pavilion and the "Ring der Frauen" (Ring of Women) lying at the center of the semicircular area.

"Das Haus für Alle" is the title given by Kurt Junghanns, certainly with reference to the Berlin Summer Show of 1932, to his study on the history of prefabrication in Germany.[23] The concept for *Das wachsende Haus* can be traced back to two lines of development: one is that of prefabrication and standardization, the other is that of the *Kleinhaus* (small-house) type—first erected by employers and later also through *Selbsthilfe* (self-help). From 1851, the *Kleinhaus* and other dwellings of this type were presented and awarded internationally, not only at the first World's Fair in London, but also at all further international exhibitions.[24] Respectively, they were also discussed in the trade literature.[25] The *Kleinhaus* also became an object of competitions: designs for workers' houses as primary residences were submitted next to those for "summer and vacation houses," according to the 1906 announcement in the magazine *Woche*. Altogether 1,528 participants enlisted in the architectural competition. Sitting on the judging panel, next to Paul Dobert, the chief editor of *Woche*, were the architect-planners Hermann Muthesius, Theodor Fischer, Richard Riemerschmid, and Paul Schultze-Naumburg. Forty designs were acquired and shown as models in an exhibition that traveled around German cities. Twenty-one won prizes and eighteen were on display at a building exhibition near Oranienburg, north of Berlin.[26] As already mentioned, in Berlin in 1932 twenty-four examples were selected from 1,000.[27]

Compared to the preceding Wilhelmine Period (1890–1918), contemporary design had changed since the turn of the twentieth century. This had to do with the changing political and economic environment, but it was also due to innovations in construction techniques and the demand to envisage a house that could be successively enlarged. The *"Bauindividuen"* (individual constructions), one might call them as opposed to the *Kleinhaus* that tended to be built in a series, were examples of affordable and also partly ecological constructions. Their sustainability was rooted in their three characteristics of being industrial, flexible, and capable of disassembly.[28] And here *Das wachsende Haus* from 1932 could fall back on prominent examples: in the nineteenth century, the barracks accompanied the most traditional form of mobile architecture, the tent. Such temporary accommodation was deployed above all in war and its aftermath, and also after natural disasters. Prerequisites for the transportable house were the prefabrication of building components and intelligent assembly systems that at first were wooden elements, then cast iron, and later wrought iron parts, which were offered prefabricated. Whole houses were available to order via catalogue,[29] and still stand today in New York's historic cast iron district, although due to their considerable weight they are not suitable for frequent disassembly and reassembly. Concrete, reinforced concrete, steel, copper, and light metals, such as flat or corrugated steel sheets, arrived later as materials for structural skeletons, panels, foundations, and roofs, etc. These were also the construction materials used by architects in 1932 for the *Das wachsende Haus*. Patenting often accompanied the design of standardized houses. For the Garden City of Hellerau in Dresden, Heinrich Tessenow designed

patent houses in 1910/11.[30] Otto Bartning developed the "Bartning System," a permanent house that was marketed as "wear-and-tear resilient" at the *House für Alle* exhibition of 1932. The construction boards consisted of standardized panels. Windows and doors, which were impact-resistant, insulating, and fireproof, were inserted into skeleton frames.[31] It was possible to assemble a 60 sq m house within one day.[32] Walter Gropius, who as early as 1910 propagated the industrialization of house construction,[33] developed a copper house to marketable status and it was patented under *Förster & Kraft* for *Hirsch Kupfer- und Messingwerke*. In order to reach a high degree of insulation, Gropius drew from a procedure that had been successfully attempted in warship- and refrigerator-wagon construction: "The insulation of the walls relies firstly on the manufacturing of series-connected, virtually airtight air chambers, secondly on the thermal reflection of the thin aluminum foils forming the air chambers."[34] The French architectural designer Henri Sauvage experimented in France with air-chamber systems for energy conservation. His personally patented "Procédé T" system specified an assembly of concrete pipes, which invites association with ancient Roman hypocaust systems.[35] Between 1912 and 1932, Sauvage registered fifteen patents for standardization and prefabrication, construction systems, and assembly methods.[36] His attention was thereby also directed toward the serial manufacturing of *Kleinhäuser*: *"Projet de petite maisons construites en série."*[37] In 1922, Sauvage designed a round house in this context. Similar igloo-type constructions were to be found with Peter Behrens in 1904, with Bruno Taut in 1921 for a detached house and a house for a park ranger in Magdeburg in the same year,[38] and also with Joseph Hoffmann. Based on the idea of minimizing the use of materials, in 1923, Karl Fieger, a colleague of Walter Gropius, designed a single-family round house made of cantilevered, lightweight boards with a 70 sq m floor area.[39] The serial products developed by Martin Körber in Graz in 1925 and 1926 were likewise based on the principle of economy of materials. Through built-in cabinets in the exterior wall, Körber increased thermal insulation. Built-in shelves were also employed by Hans Poelzig—following the same reasoning—for his parabolic *Bohlenbinderhaus*[40] of 1932.[41]

The houses exhibited in 1932 under the aegis of Martin Wagner were supposed to be affordable but nonetheless high-quality dwellings in regard both to their materials and features. Wagner reacted here to the German *Bauausstellung* (Building Exhibition) of 1931.

There, "The dwelling of our time" will be seen—with the exception of the Hugo Häring house—as a formal task for those financially better off.[42]

On the other hand, Wagner reacted against those architects who had internalized the economic conditions since the beginning of the Great Depression with the concept of "Wohnung für das Existenzminimum" (minimum subsistence-level housing); or worse still, he accuses them of contributing to a culture that gives this way of living recognition, out of necessity, with the formal claim of their architecture. The "growing houses" challenge this notion of minimum-subsistence living—seeking to pave the way to maximum subsistence—in that they propagate living within nature; they also stand within the tradition of critiquing the Mietskasernenstadt (tenement city), which the city planner, critic, and author Werner Hegemann discussed in Das steinerne Berlin.[43] "That house and garden must grow together into a spatial and biological unity, that is a principle, which today should be self-evident,"[44] wrote Wagner in his explanation of Das wachsende Haus. "For the biology of living" he continued, it was necessary "to grant nature entry into the home."[45] Following on from this ideology, the house also intervened in nature. In Wagner's concept, the functions of the house tip toward the outside: "From the dining and working niche of the living room emerge the living and working garden ... . In front of the bathroom unfurls the gymnastic garden with training equipment and private sun-tanning areas."[46] The openings to the garden, which as previously mentioned the landscape architect Leberecht Migge conceptualized, were situated in each cardinal direction between the glass shelters surrounding the house, winter gardens extending from the corners. They constituted the exterior, third layer of the core. Wagner denoted them, in analogy to human clothing, as "overcoats."[47] The second layer was composed of the spaces surrounding the central living room. Thus the interstitial space was closed off from the cold and heat of the exterior, and "thereby the thermal effect of the drawn-over-each-other protective coats" was achieved.[48] Furthermore, as Wagner noted: "The thermal retention of the house can be greatly raised through the sensible design of the floor plan,"[49] and it was for this reason that Wagner selected a "centralistic type" just as Georg Muche had done in 1922/23 for his experimental Haus am Horn in Weimar.[50] That Wagner's considerations went beyond energy conservation is evidence of his environmental awareness. "In order to constrain water use, the idea is to convey used water

from the kitchen and bath over a grease trap for it to be utilized for gardening." This goes back to Leberecht Migge, whose house was planned as a self-sufficient unit. Migge's consideration of the separation of waste and its hygienic and economical treatment went far beyond the perspectives of other concepts for Das wachsende Haus.[51] He also developed, alongside Ludwig Hilbersheimer, Walter Gropius, and Martin Wagner a city-planning concept for the "construction and growth" of a town-country-settlement "following biological laws."[52] Documented examples in Das wachsende Haus, each on four pages, still rank today among the most intelligent solutions for adaptable and economically viable domestic constructions.

Source: abbreviated and translated version of Franziska Bollerey, "Der grüne Prophet. Martin Wagner und 'Das wachsende Haus,'" Ezelsoren (Bulletin of the Institute of History of Art, Architecture and Urbanism, IHAAU), 1, 1 (2008): 33–55; first published as "Il profeta verde. Martin Wagner e la casa che cresce – The Green Prophet. Martin Wagner and the 'Growing House,'" Rassegna, 85 (December 2006): 34–45.

Translated from the German by Benjamin Busch.

1   Martin Wagner, *Potemkin in Westberlin. Zehn offene Briefe* (Berlin 1956), 20.

2   Ludovica Scarpa, *Martin Wagner e Berlino. città nella Repubblica di Weimar 1918–1933* (Rome 1983); Akademie der Künste (ed.), *Martin Wagner, 1885–1957. Wohnungsbau und Weldstadtplanung. Die Rationalisierung des Glücks*, exhibition catalogue (Berlin 1986); Franziska Bollerey, "Martin Wagners Politopolis oder Berlin, die Metropole für Alle," in Karl Schwarz (ed.), *Die Zukunft der Metropolen: Paris, London, New York*, 3 vols. (Berlin 1984), vol. 1, 365–76. Jochen Kempmann's doctoral thesis of 1963/68 had already dealt with "the ideas of Martin Wagner as an example for the development of city-planning reasoning since 1900": see Jochen Kempmann, *Das Ideengut Martin Wagners als Beispiel für die Entwicklung der städtebaulichen Gedankengänge seit 1900* (Berlin 1968). The publication by Martin Wagner's son Bernard should also be mentioned: Bernard Wagner, *Martin Wagner 1885–1957. Leben und Werk. Eine biographische Erzählung* (Hamburg 1985).

3   The Hufeisensiedlung ("Horseshoe Estate") was built between 1925 and 1933. It enjoys international renown as a milestone of modern urban housing.

4   Martin Wagner, *Wirtschaftlicher Städtebau* (Stuttgart 1951).

5   "Sie sehen, Ihre Generation hat noch Aufgaben vor sich, unter denen meine nur die ist, den Staffelstab an Jüngere abzugeben," in a letter from Martin Wagner to Frei Otto (1957), in *Mitteilung Nr. 6 der Entwicklungsstätte für Leichtbau* (Berlin 1959).

6   For Erwin Barth compare Dieter Radicke (ed.), *Erwin Barth. Gärten, Parks, Friedhöfe*, exhibition catalogue (Berlin 1980) and Dietmar Land and Jürgen Wenzel (eds.), *Heimat, Natur und Weltstadt. Leben und Werk des Gartenarchitekten Erwin Barth* (Leipzig 2005).

7   Martin Wagner, *Das sanitäre Grün der Städte. Ein Beitrag zur Freiflächenpolitik* (Berlin 1915).

8   Leberecht Migge and Martin Wagner, "Jugendparks als Kriegerdank," *Gartenstadt. Mitteilungen der deutschen Gartenstadtgesellschaft*, 8, 2: 238 (concerning a youth park in Pichelswerder); Martin Wagner and Leberecht Migge, "Ausnutzung unbebauten Stadtlands durch intensive Bodenkultur," *Technik in der Landwirtschaft*, 1, 5: 292–94 ff.

9   For Migge, see: Leberecht Migge, *Die Gartenkultur des 20. Jahrhunderts* (Jena 1913; reprinted 1984); Fachbereich Stadt- und Landschaftsplanung der Gesamthochschule Kassel (ed.), *Leberecht Migge, 1881–1935: Gartenkultur des 20. Jahrhunderts*, exhibition catalogue (Worpswede 1981).

10   "Das sanitäre Grün," see Wagner, *Wirtschaftlicher Städtebau*.

11   "Wie soll dieses biologische Wohnen aussehen?" Martin Wagner, *Das wachsende Haus: Ein Beitrag zur Lösung der Städtischen Wohnungsfrage* (Berlin, Leipzig 1932), 6.

12   The dedication in *Das wachsende Haus* reads: "Dem Meister des Bauens Professor Dr. h.c. Hans Poelzig in Freundschaft zugeeignet. Der Verfasser" (To the master of construction, Professor Dr. h.c. Hans Poelzig dedicated in friendship. The author).

13   Franziska Bollerey, "Foreword," in Barbara Kreis (ed.), *Bruno Taut. Moskauer Briefe 1932–1933: Schönheit, Sachlichkeit und Sozialismus* (Berlin 2006), 8–11.

14   "Zukunftslösung," Wagner, *Das wachsende Haus*, 2.

15   "Eine *Gemeinschaftsarbeit* verschiedenster Fachzweige muß sich hier vereinigen, wenn das Ziel der billigen, in Material und Ausstattung hochwertigen Wohnstätte erreicht werden soll," Wagner, *Das wachsende Haus*, 2.

16   Poelzig as well as Mebes & Emmerich, Bruno and Max Taut with Philipp Holzmann; Gropius with Hirsch Kupfer- und Messingwerke AG Finow; Mendelsohn with Böhler Stahlbau and Dyckerhoff und Widman, etc. Some architects, e.g. Bartning, Gascard & Canthal, Migge developed their own systems and patented some of them.

17   "Der beste Maßstab ist das Original": so read the slogan of a 1983 prefabricated house exhibition in Bad Vilbel. See Johannes Cramer and Niels Gutschow, *Bauausstellungen. Eine Architekturgeschichte des 20. Jahrhunderts* (Stuttgart et al. 1984), 24.

18   Berlin Summer Show 1932. Sun, Air, and Houses for All. Exhibition for annex, allotment-garden, and weekend houses.

19   Kristiana Hartmann, *Deutsche Gartenstadtbewegung: Zwischen Kulturpolitik und Gesellschaftsreform* (Munich 1976).

20   Adolf Behne, "Wochenende – und was man dazu braucht," *Schaubücher 26* (Zürich, Leipzig 1931).

21   "The results of the *Bauwelt* competition," *Bauwelt*, 22, 9 (1931): 256–57. A model-house show had already taken place at the "Werkstätten am Zoo" in 1928, at the suggestion of the architect T. W. Mollerop. Suppliers for "the finished, personal house" were, among others, Bruno Taut and Bruno Paul. Compare with Hans Josef Zechlin (ed.), "Das fertige Eigenheim," in *Wasmuths Monatshefte für Baukunst*, 12 (Berlin 1928), 209.

22   Ute Maasberg and Regina Prinz, *Die Neuen kommen. Weibliche Avantgarde in der Architektur der Zwanziger Jahre* (Hamburg 2010), 55–58.

23   Kurt Junghanns, *Das Haus für Alle. Zur Geschichte der Vorfertigung in Deutschland* (Berlin 1994).

24   Franziska Bollerey and Kristiana Hartmann, "Städtebau zur Schau gestellt," in *Werk und Zeit*, I (1980), 4–8.

25   An extensive overview is to be found in the Bibliography for housing workers in the Ruhr area, compiled by Franziska Bollerey, Kristiana Hartmann, and Ursula von Petz, *Bibliographie zum Arbeiterwohnungsbau im Ruhrgebiet 1850–1933*, Dortmunder Beiträge zur Raumplanung 2 (Dortmund 1983).

26   Jan Krieger, *Das kleine Haus – eine Typologie. The Little House – a Typology* (Sulgen 1995).

27   The designs of the following architects were selected: Hans Poelzig, Otto Bartning, Alfred Gellhorn, Walter Gropius, Hugo Häring, Ludwig Hilbersheimer, Paul Mebes, Paul Mebes with Paul Emmerich, Erich Mendelsohn, Leberecht Migge, Hans Scharoun, Bruno Taut, Erich Heinicke, Egon Eiermann and Fritz Jaenecke, Dirk Gascard and Paula Marie Canthal, Hans Köhler and Jürgen Schweitzer, Max Säume and Günther Hafemann, Rambold Steinbüchel-Rheinwall, Ullrich und Schalow, Ludolf von Veltheim and Klaus Müller-Rehm, Willi Zabel, Hermann Zweigenthal, and Martin Wagner.

28   This formula is used by the Dutch architect Emiel Lamers for his mobile, self-titled "(Büro-)Archen" houses. Compare *SMAAK. Blad voor de rijkshuisvesting*, 2, 2 (2003).

29   Daniel D. Badger, *Badger's Illustrated Catalogue of Cast-Iron Architecture* (New York 1981); this is a reprint of Daniel D. Badger, *Illustrations of Iron Architecture Made by the Architectural Iron Works of the City of New York* (New York 1865).

30   Michael de Michelis, *Heinrich Tessenow 1876–1950: Das architektonische Gesamtwerk* (Stuttgart 1991), 221–23.

31   "The outer skin of the construction board is copper alloyed steel sheet metal. The filling consists of 6 cm-thick premium cork tiles. The warmth of this filling, bound with the strength of steel, gives the shipyard house the highest living and property value. Through a special process, the filling and the outer skin are bound with an airtight seal." Otto Bartning, in Wagner, *Das wachsende Haus*, 57.

32   Bartning, in Wagner, *Das wachsende Haus*, 57.

33   Walter Gropius on his design: in Wagner, *Das wachsende Haus*, 65.

34   "Die Isolierung der Wände beruht einmal auf der Herstellung von hintereinandergeschalteten, nahezu luftdicht abgeschlossenen Luftkammern, zweitens auf der Wärmerückstrahlung der die Luftkammern bildenden dünnen Aluminiumfolien." See Gropius, in Wagner, *Das wachsende Haus*, 65.

35   Jean-Baptiste Minnaert, *Henri Sauvage ou l'exercise du renouvellement* (Paris 2002), 332–35.

36   Minnaert, *Henri Sauvage*, 322.

37   "Project of small houses constructed serially." Minnaert, *Henri Sauvage*, 320.

38   Franziska Bollerey and Kristiana Hartmann, "Bruno Taut. Vom phantastischen Ästheten zum ästhetischen Sozial(ideal)isten," in Akademie der Künste (ed.), *Bruno Taut 1880–1938*, exhibition catalogue (Berlin 1980).

39   Krieger, *Das kleine Haus*, 48–49, no. 26.

40   Already in the 1920s, self-help prototypes with parabolic cross sections were being developed for lightweight construction and settlement construction, e.g. in 1922 by Friedrich Zollinger in Merseburg; or in 1925 by Paul Urban Ludwigshafen. See Junghanns, *Das Haus für Alle*, 110–11 and 263–65. In 1946, Ernst May developed a "roof-only" house for Kenya. "The system … based on parabolic girders, which constitute the supporting structure through two halves leaning against each other that contain grooves, which are mounted in the concrete slab

through a hook-on-a-slab-reinforced-concrete-system, whereby they mutually provide light coverage and thus ensure a natural runoff of atmospheric water." Ernst May's brief (2.26.1962) for Udo Kultermann, in Evelyn Hils Brockhoff and Wolfgang Voigt, *Ernst May. Architekt und Stadtplaner in Afrika 1934–1953* (Berlin 2001), 68.

41 H. Poelzig, "Zu seinem Entwurf," in Wagner, *Das wachsende Haus*, 53.

42 Bollerey and Hartmann, "Städtebau zur Schau gestellt," 6.

43 Werner Hegemann, *Das steinerne Berlin* (Berlin 1930).

44 "Daß Haus und Garten zu einer räumlichen und biologischen Einheit verwachsen müssen, das ist ein Grundsatz der heute selbstverständlich sein sollte." See Wagner, *Das wachsende Haus*, 23.

45 "[Der Architekt] wird sich zur Biologie des Wohnens ... sogar bemühen müssen, der Natur einen Einlauf in das Heim zu gestatten." See Wagner, *Das wachsende Haus*, 7.

46 "Von der Eß- und Arbeitsnische des Wohnzimmers entwickelt sich der Wohn- und Arbeitsgarten ... Vor dem Badezimmer breitet sich der Gynmastikgarten mit Turngerüst und geschützten Besonnungsflächen aus." See Wagner, *Das wachsende Haus*, 145.

47 "Überzieher." In Wagner's explanations, he anthropomorphizes the building components: "Upon this 'flesh' of the wall, a plywood panel will be nailed as 'skin.'" See Wagner, *Das wachsende Haus*, 144.

48 "[und] 'damit die Wärmewirkung übereinandergezogener Schützmäntel' erreicht." Martin Wagner, "'Erklärender Begleittext zum Wettbewerbsbeitrag [Explanatory notes to the competition entry],' *Das wachsende Haus*, 1931," *ARCH+* 144/45 (December 1998): 58.

49 "Die Wärmehaltung des Hauses kann durch die zweckmäßige Gestaltung des Grundrisses außerordentlich gesteigert werden." See Wagner, in *ARCH+*: 58.

50 Adolf Meyer, *Ein Versuchshaus des Bauhauses*, Bauhausbücher 3 (Munich 1926).

51 "Great diligence is placed on the hygienic and agricultural economics of waste. The waste water of the house (kitchen water and shower/bath) is conveyed over a grease trap into an open basin with ducks. The fecal matter (from the litter closet) is worked into compost with manure, sweepings, and ashes in the dung silo, to which an open-air compost facility for garden waste is attached. The house waste (scraps, sweepings, and course materials) are separated into a three-part bin facility near the kitchen and from there directed to their various purposes. The greenhouse is specifically constructed for the particular needs of the modern self-sufficient person and in such a manner a quite organic requirement for the operation of the settlement and all its parts." See Leberecht Migge, "Zu seinem Entwurf," in Wagner, *Das wachsende Haus*, 88.

52 Migge, "'Aufbau und Wachstum' einer Stadt-Land-Siedlung 'nach biologischen Gesetzen.'" See Wagner, *Das wachsende Haus*, 88.

Ludovica Scarpa

The Technocratic Utopia: The House is Growing, the City Shrinking

The economic crisis at the end of the Weimar Republic opened up new options for action which could enable a "new economy" to be created. The "economic efficiency" of the old city no longer bore close scrutiny. Consumption abroad, which had benefited German exports, had experienced a sharp downturn leading to radical job losses in the large cities.

Moreover, though, the metropolis no longer succeeded in reconciling "body and mind," "life and rationality," or "action and will."[1] For that reason, Martin Wagner head of the city planning and building control office in the German capital of Berlin, argued that the day of the metropolis was over. Since it had been made impossible for the city to fully realize its plans for reshaping urban space, he believed those plans should be renounced entirely. Yet, in his view, not even that was definitely certain.

In fact, with sustained unemployment and no prospect of new jobs, the urban population did fall. Many city-dwellers moved to the traditional community garden sites, where each rented plot came with a small habitable summer house. Such a solution, aimed at "self-sufficiency," had already been popular directly after the First World War. Just as now, after 1930, people believed then in a need to develop new ways of living to meet the profound changes in the global economy. In his day, Wagner vocally supported the demands put forward by Leberecht Migge, and during the years of inflation called for the construction of residential estates with detached houses and cultivatable gardens.[2] However, as the economic situation improved he noted a steady decline both in the interest in detached houses as well as the desire to own a house with a garden. Only during the First World War and the initial postwar period did it seem, he commented, as if the detached house had to coexist for a time with large residential complexes.[3] In 1932, Berlin had 27,000 empty apartments and 100,000 people who had turned the summer houses on their community garden plots into makeshift homes.[4]

Wagner's vision for a new city, a city of a five-hour working day, is also decentered, aiming to overcome the dichotomy between the urban and the rural. However, Wagner regarded the outer suburbs as an initial though misguided step toward a new *Wohnkultur* (style of living).[5] In his view, this was the "worse" option since the outer suburban developments, promoted and supported by successive German governments, devolved in good faith into quite primitive living conditions without leveraging the opportunity offered by an analysis of the state of emergency and the inherently transient character of this economic crisis.

Wagner, in contrast, did take the opportunity of the *Sonne, Luft und Haus für Alle* (Sun, Air, and Houses for All) exhibition, which he organized in spring 1932 at the Berliner Messegelände, the city's exhibition grounds, to show the results of a competition launched one year earlier to design what Wagner, as its inventor, termed a "growing house" or an "anti-crisis house." The competition results were not only showcased at the exhibition, but also published as an appendix in Wagner's eponymous book *Das wachsende Haus* (The Growing House). In this work, he also describes new ways of life and living based on the logic of a planned economy and a rational response to the present economic crisis.

In a restructured economy, he writes, with a working day of only five hours, the house would increase in cultural significance. In an era when people worked eight hours and more a day, the barrack-like apartment blocks had a functional purpose, solely dedicated to the necessity of sleep. In contrast, Wagner explains, the house of the near future would provide space for personal hygiene, gymnastics, leisure, and the relaxation essential to cope with the enormous strain that modern life places on the nervous system.[6]

The new house, Wagner comments, would have a large garden—in essence an extension of the interior living space. There one could take the sun, work in the garden, or play with the children; in the warm months of the year, you could even eat and sleep there. The building costs would be spread over the entire construction period so that workers would see their savings given a material form in the extensions to their own houses.

Wagner advocates the rational workshop production of houses, and their assembly by skilled workers. He completely rejects the practice of the future residents constructing their own house; any initial savings from this approach, he claims, have to be spent later on maintenance work. The "growing house" is a technically advanced product, designed to have gas heating as well as effective thermal insulation and electric light. The interior fittings can similarly grow, transitioning from simple designs to the more complex. In this way, the house does not merely grow in its dimensions, but also in terms of its quality.

The need for a changeable house capable of growing over the years, Wagner writes, is rooted in a lack of starting capital. However, he adds, the "growing house" is also the result of the unpredictability of how a family and their financial capabilities may develop, the new cultural needs, and the necessity of being able to move house, if the need arises. In his view, if jobs were to be relocated and entire city districts lose their value, it is also useful to be in a position to relocate your own house to meet those new demands.[7]

"Yet anyone—like the author—who does not doubt that the economy will inexorably progress to a social economy … ought to, just to be on the safe side, already decide on a location for a growing house.

But where is that location? Admittedly though, even for me as an urban planner, this question only provokes a great silence! I do not know! I do not know where, after the massive economic earthquakes that have shaken all our urban and rural settlements, the permanent jobs will be found."[8]

The city planner's first priority, he argues, is to take employment into account yet, during the crisis, it is precisely the jobs that "move." Urban planners who consider themselves "realistic," as Wagner does himself, can only respond to the question of where to locate their own proposed solutions with a "great silence." In terms of the cities, he notes, reality itself "has shifted" and now surpasses every act of the imagination; the Great Depression not only wiped out jobs, but in the process simply eradicated the function of entire city districts.

The most convincing solutions in the "growing house" competition were to have been produced in series with financial support from private companies. All the designs published in Wagner's book present homes with bathrooms, toilets, running hot and cold water, heating, light, kitchens, living rooms, and separate bedrooms for parents and children. In contrast, the outer suburban estates were totally lacking hygiene facilities and resembled primitive tenement apartment blocks more than houses. On these estates, water was only supplied by wells and firewood was needed to heat the apartments.[9]

The "growing house" estate only resembled the many suburban developments in its general plan. The layout of the houses and gardens is completely neutral, with no intention of creating some particular form or a center. The plots and houses are set precisely in a row; apart from that, the houses may grow, change, or move as needed to meet the requirements of some future development. Since a city comprised of "growing houses" is never a definite entity, either in its shape or its size, Wagner continued to call for the rationalization of building production. However, the architects in the *Der Ring* collective who also took part in the competition continued to support the standards of residential accommodation in the large suburban estates. On closer inspection, the designs in Wagner's book appear rather like houses from a large-scale development that has disintegrated; now, they have gathered again at a single location, deciding to forego any particular form and just spreading themselves evenly across the residential site.

Through the need for total flexibility in response to the economic crisis, Wagner resolves in theory the dichotomy between rationalized construction and "dynamic" urban development. If the former requires continuity of production and a focus on major construction projects—meaning large suburban housing estates—while the latter inherently lacks the ability to predict the locations of such production, the solution lies in the rationalized, high-tech factory production of residential dwellings which can be flexibly changed and assembled to construct estates of an unspecified form.

The counterpart of rationalized building production within dynamic planning is the consumer "house-object" which is light, changeable, and adjustable: the "growing house." The new relationship between town and country and the highly organized planned economy based on the laws of the machine would produce the new "country-town," where Wagner would take his focus on this development to its logical extreme.

"Shaping an age that is never finished, ever nascent and constantly developing stands in an inherent contradiction to a form always seeking to be a thing finished, completed, and final. Every artistic design strives to become that grand form which does not want to change, and cannot change. Will we then never succeed in shaping the dynamism of our age artistically as well, casting it in a form allowing comparisons with the architectural styles of other ages?"[10]

Aside from the question of "where," the "how" of the new city also remains unanswered; here too, a "great silence" descends on the city planner. Wagner largely avoids the question, evoking "nature" which displays beautiful forms even in its constant state of becoming; the problem of the "growing house" will be solved in just the same way he notes, adding that it would be well worth having the house designed by good architects since the best solutions are then to be produced in series.

Since the central room had no direct daylight, Wagner's design was criticized by Alexander Klein. Wagner responded in his book *Das wachsende Haus* with a certain sarcasm, challenging the "academic" architects in turn to design a house where all the walls, ceilings, and floors were flooded with sunlight.[11] Wagner's "rationality" was substantially different from that of the "academic" architects; his house aimed to optimally utilize the possibilities inherent in its natural materials. His project was realized by the construction company Bauhütte für Pommern GmbH in Stettin, which built a sample house for the exhibition.

The technological route out of the crisis—maximum possible development with the comprehensive rationalization of existing resources—embraces the anti-urban model of the early postwar period. However, in the process, it totally alters the model's original character as a return to the simple and pure life in a pre-industrial and anti-urban community. The accompanying texts to the "growing house" designs are peppered with many noticeable mystical references. Among other things, Wagner writes:

"I realize that I am moving on the uncertain terrain—even today—of unprovable assumptions when I posit a link between people's physical well-being and the construction materials of the house which seals off the human being's everyday living space from the space of cosmic radiation. But I also know that people react with quite definite feelings of pleasure or aversion to the construction materials enclosing their home. For example, it is certainly odd

185

how cozy and warm people feel in houses and rooms made of wood and how 'cold' and 'unfriendly' they find metal houses. Is the organic building material of wood a kindred spirit and 'natural' for the human body and, as a good conductor and condenser of all radiation, is the first artificially created metal physically harmful? I do not know … . And so I also believe that individuals, following an emotional disposition which is theirs alone, will soon discover whether relaxing, working, and sleeping out of doors, under the sun as well as the stars, will be beneficial or harmful. In any case, an architect of the new form of living ought not to obstruct people's access to the open air."[12]

Every medium and every instrument appeared expedient and appropriate in a technology now set in that spreading and undefined space allowing a new development—yet only after it had first disentangled itself from its immediate connection to reality and everyday practice, and removed itself from its own functional and institutional framework. Wagner's profound belief in the "necessity" of overcoming the contemporary economic system was impervious to the efforts of a figure such as Alexander Klein. Not only did Klein, for example, calculate the most efficient minimum dwelling down to the last detail and was thus willing to accept those uncompromising economic conditions which required a rigorous limitation of living space, but he also ultimately fixed a "scientific" minimum-subsistence level in an extreme attempt to normalize this situation in everyday life. The "necessity" of change, the basis of Wagner's objection to such an approach, logically called for designs capable of flexibly adapting to unforeseen conditions as later developments unfolded. As Wagner already intimated as early as 1928 in his initial critique of dwellings for the minimum-subsistence level, he was thus advocating a "realistic" utopia.[13]

The "return to nature" was clearly inspired directly by the existing, anti-urban tradition in Germany. Wagner now wrote that the big city "has sinned against humankind." Yet in this context he was not evoking a purely regressive utopia; instead, more than anything else, this was a utopia capable of absorbing into itself the unpredictable as positive energy. Wagner foresaw a new leisure society where there would be time to spend on oneself, on culture, on play, and on one's children. However, the indefiniteness of Wagner's answers, which as an engineer and technician were otherwise so precise, lay in the "necessity" of keeping his own proposed solutions flexible toward all manner of possible future needs. "The new economy also calls

for dynamic construction. It … wants to closely align its buildings with the technical advances of the time and the requirements of the machine, and above all always seeks to construct the nascent, and never the finished."[14]

Once people left the city, rather than returning back to the countryside, they would turn toward a utopia; they would start to move, trusting in something as yet unknown, trusting in an auspicious uncertainty. And when the *tabula rasa* is perfect, the arrival of a new society can no longer be postponed: the crisis itself makes it a "necessity." "Let us remember," Wagner writes, "that the present economic crisis is nothing else than the natural process of redeploying jobs and restructuring the employment market." This process of change is still haphazard and opaque, yet the time will come "when the people will demand a planned economy because it will be impossible to live without such a plannable economy."[15]

The old expectations of a social economy have changed. Rather than arising in the course of development, the social economy now results from the collapse of private enterprise—though still occurring with the same "necessity." But who was supposed to support this comprehensive transformation of life and the economy predicted by Wagner? Since the question of housing has become an "issue for society," there will be a "new law," he writes, turning land into "state property."[16]

From a technical perspective, the "country-town" of a planned economy and the "growing house" held out the prospect of a highly sophisticated residential estate which was nonetheless totally flexible. Given the aim of keeping transport costs as low as possible, the house had to be "light"; a few years later, Wagner was to design a house whose walls comprised a kind of half-timbered structure with a filling of thermally insulating synthetic "straw"—a house as "light as air, wood, and straw,"[17] where, however, well-being and warmth were the product of chemistry and electricity.

Even Wagner's later writings in exile repeatedly return to his main concern of a light, low-cost, and high-tech house able to be produced in series as a consumer product. In America, he designed an "igloo-like house" that he had patented, and which represents the climax of this development. In 1951, Wagner attempted to formulate the principles of "scientific" town planning in an essay that again took up the most important themes in "dynamic urban development." Lightness and changeability advanced to become the criteria for city planning.

"It is hardly surprising if architects and city planners see their work only as static and only as products of their intellect, their clients, and their time, and revolt against any idea that future ages may also allow their residential houses to be turned into workshops, their palaces into poorhouses, and their churches into piles of ruins. Yet that is exactly what time does ... . In contrast, the city planners of the old school designed for a period of time intended to serve one, two, or even three generations. What a presumption in an era which in one generation threw the human inventions of fifty generations onto the rubble and garbage heap!"[18]

If cities want to live in tune with their times, they need to achieve mobility, ease, and a relationship to nature allowing people a playful approach to materiality rather than being dominated by it. Every development, Wagner continues, is nourished by its renunciation of what existed previously. If one wants to build, one should first tear down. Yet this entails, he notes, that one will have to cut oneself off from all those buildings whose weight and constitution still express "the heavy Egyptian feeling of eternity": here, an exterior "modernity" means nothing at all.[19]

In his analyses of the 1950s, Wagner pushes his theory derived from high finance to its most extreme conclusions. The more neutral term of "time" replaces "development" in a notion of city planning that is able to adapt to the transience of all things. Wagner's carefully elaborated writings—optimistic utopias without a political reference—have their own inner logic; if the social economy originates in the private sector economy, the latter's own rationality will necessarily drive forward the development to a social economy. Under the laws of the private economy, rationalizing construction is the only way to cut the costs of a house; dynamic urban planning is the inevitable product of the private economy's development. The consumption of architecture, its provisional character, is the answer to the contradiction between mass production and the impossibility of sustainable localizations.

The optimistic perception of the crisis and the anticipated "new economic system" still resonate with the former hope of a collective prosperity in Berlin, a prosperity supposed to be secured by technological development and rational alignment to its laws. In opting out of the political dimension, Wagner threw himself into the arms of a technocracy.[20] His proposal for the mass production of houses as consumer goods is the technical, rational answer emerging from such a system of coordinates. The house grows over time—which is similarly a technical solution to the problem of the lack of starting capital.

Source: Ludovica Scarpa, *Martin Wagner und Berlin. Architektur und Städtebau in der Weimarer Republik* (Wiesbaden 1986), 140–48 (abbreviated).

Translated from the German by Andrew Boreham.

187

1   Martin Wagner, "Sterbende Städte oder planvolle Wirtschaft,"
    in *Die neue Stadt,* special edition on Berlin, Jg. 6, H. 3 (Frankfurt
    1932), 58.

2   Martin Wagner, *Neue Bauwirtschaft. Ein Beitrag zur Verbilligung der
    Baukosten im Wohungswesen,* Schriften des Deutschen Wohnungs-
    ausschusses, H. 5 (Berlin 1918); Martin Wagner, "Stadtland-
    kultur und Siedlungswirtschaft," in *Die Volkswohnung,* Jg. 2,
    H. 11 (Berlin 1920).

3   Martin Wagner, "Die städtebaulichen Probleme der Großstadt"
    (lecture presented in the series "Berlin," Berlin, 18.3.1929),
    Landesarchiv Berlin.

4   Wagner, "Sterbende Städte," 50–59.

5   Martin Wagner, *Das wachsende Haus: Ein Beitrag zur Lösung
    der Städtischen Wohnungsfrage* (Berlin, Leipzig 1932).

6   Wagner, *Das wachsende Haus,* 35.

7   Martin Wagner, "Zur Ökonomie von Städtebau und Bau-
    wirtschaft," in Siegfried v. Kardoff et al. (eds.), *Der internationale
    Kapitalismus und die Krise. Festschrift für Julius Wolf* (Stuttgart
    1932), 361–67.

8   Wagner, *Das wachsende Haus,* 36.

9   Deutsches Archiv für Siedlungswesen (ed.), *Die private
    Stadtrandsiedlung* (Berlin 1933).

10 Wagner, *Das wachsende Haus,* 27.

11 Wagner, *Das wachsende Haus,* 29.

12 Wagner, *Das wachsende Haus,* 7.

13 Martin Wagner, "Berliner Wohnungsbauprobleme," *Die Baugilde,*
    Jg. 10 (December 1928): 1672a. On the position of Alexander
    Klein, see Matilde Baffa Rivolta and Augusto Rossari (eds.),
    Lo studio delle piante e la progettazione degli spazi negli alloggi minimi
    (Milan 1975).

14 Wagner, *Das wachsende Haus,* 1.

15 Wagner, *Das wachsende Haus,* 1.

16 Wagner, *Das wachsende Haus,* 35.

17 Martin Wagner, "Das Elektro-Haus," *Deutsche Bauzeitung,* Jg. 69,
    H. 3 (1935): 43–44.

18 Martin Wagner, *Wirtschaftlicher Städtebau* (Stuttgart 1951), 117.

19 Wagner, *Wirtschaftlicher Städtebau,* 120.

20 Martin Wagner, "Deutscher Sozialismus und amerikanische
    Technokratie" (using the pseudonym M . Sandow),
    Deutsche Bauzeitung, Jg. 68, H. 40 (Berlin 1934), 782–85.

Tom Avermaete

Regimes of Change, Economies of Building

The growing house in its entire technicality is incompatible with self-help. Yes, it even excludes self-help.[1]

It remains remarkable to read nowadays a statement about a dwelling architecture of growth and change that yet distances itself from notions of self-help. In the past decades we have learnt to understand an architecture that is open to transformation within the perspective of providing agency to the user or to the inhabitant.[2] To be more precise, it seems as if we have come to connect the very capacity to modify architecture with an idea about the empowerment of the inhabitant.

Against this background, concepts of a mode of growth and change architecture have often been situated in two differing camps of thought. On the one hand, they have been related to perspectives of prefabrication, rationalization, and mass production. This approach holds that the production of well-defined, standardized, and affordable building elements offers the material basis for alterations within the dwelling environment. It affiliates the ideas of an adaptable architecture of dwelling to the regimes of mass production and mass consumption. These regimes are believed to offer professionals, such as architects and interior designers, the procedural and material basis

189

to adapt the dwelling environment to the needs and aspirations of the inhabitants.

On the other hand, concepts for a dwelling architecture of growth and change have often been associated with self-building; to the vernacularly inspired building practices of non-professionals such as users or inhabitants. In the 1960s, for instance, numerous architects conceived of a so-called "open architecture," which inhabitants were supposed to modify and adapt into their own living environments through "found" materials. Very often these praxeological conceptions of a dynamic architecture were based on an overly positive view of the capacity of inhabitants to radically alter their own dwelling environment. They have been criticized therefore as naïve perspectives that lack an understanding of the structural production of the built environment.

Building in a nascent fashion

In his 1932 publication *Das wachsende Haus* (The Growing House) Martin Wagner offers an alternative to these two opposing camps of thought. The book is composed of a theoretical section written by the author and a portfolio of case-study houses that were designed for the exhibition *Sonne, Luft und Haus für Alle* (Sun, Air, and Houses for All) by well-known architects such as Hans Poelzig, Otto Bartning, Walter Gropius, and Ludwig Hilberseimer.[3] Throughout the publication Wagner proposes that the propinquity of change in the house is neither a matter of mass production nor of self-building, but rather that it is entangled with the small-scale construction industry. Both text and images suggest that a new economy of building is emerging that relies strongly on the capacities of the small-scale *Werkstatt* (workshop).

The workshop emerges in *Das wachsende Haus*, on the one hand, as a small-scale production entity that is able to create building elements that are standardized, cheaply and well-controlled in their detailing, while on the other, holding on to the notion of craftsmanship and flexibility in order to combine or alter these elements according to individual needs and aspirations. The workshop is depicted as the ideal actor to engage with one of the central questions of an architecture of growth: how to define the appropriate construction principles that allow for growth. In this respect Wagner notes that it is necessary to differentiate between various rationales of growth. He claims that "enhanced cultural and social conditions do not necessarily require additional space. They can also require transformation and extension of the house."[4]

Too often ideas for an architecture of growth have remained limited to an idea of *Anbau* (addition) and do not take into consideration processes of *Umbau und Ausbau* (transformation and extension), Wagner claims.

Conceiving of construction principles that can engage with these different processes of growth, for Wagner, presents one of the biggest challenges when dealing with the idea of the "growing house." He criticizes the way in which the idea of transformation has been interpreted: as providing the maximum technical installations and all of the elements for the final construction from the very initial phases of building. Instead Wagner is looking "to build without fat [sic], without failures, and reduce the cost-price of the building to its minimal measure. The new economy aspires to dynamic building. It will no longer invest capital in infrastructure, which—as the contemporary crisis illustrates quite clearly—becomes obsolete and fallow. The new economy wants to build lighter, faster, and more often."[5]

Providing technical and constructive systems that do not require a large financial pre-investment but nevertheless are preconditioned for transformation and change is the role of contemporary architecture according to Wagner. He proposes a form of architecture that would constantly invite alteration and change without reaching an "end form," which he calls "building in a nascent fashion."[6] The know-how in carpentry that was held by the various workshops in Germany—given the technical expertise of the 1930s—is considered as the most appropriate construction method to respond to such a nascent conception of architecture.

Wagner speaks of a way of building in wood which differentiates between *fleisch* (meat) and *haut* (skin), a construction principle that is well known in the field of architecture as the elements of the walls and the plaster. In wood, according to Wagner, alterations become cheaper and easier and thus allow for flexible transformation and extension. In his own case-study house, Wagner exemplifies how this construction principle allows for fast and simple transformation; while the meat stays in place, the skin can be adapted to changing spatial needs and requirements.

Collectives of practice

The adaptability of the "growing house" is not only a propinquity of the constructive system. In the chapter on *Gestaltung* (form) Wagner points out that the "growing house": "will not be the work of a single mind, but rather a collective work of specialized forces."[7]

He depicts an image of what can be termed "a collective of practice," and which is composed of a variety of actors. From Wagner's viewpoint the craftsmen of the workshop "will collaborate harmoniously with the *site* architect and again with the *construction* architect, and the *design* architect."[8] Even the salesperson for the houses is mentioned as a member of this collective of practice, since this person is in constant contact with the future inhabitants and thus has the capacity to translate their wishes and needs to engineers and architects.

Wagner regards the expertise and craftsmanship of small-scale construction firms, of architects and of craftsmen, as rich resources that allow for a more dynamic understanding of the dwelling environment: "Our time is in contradiction with end forms. It aspires to dynamic design. And it is this dynamic of building on which the modern architect and the modern constructor should be focused."[9] It is one of the achievements of Wagner's publication that it identifies precisely that it is the combination of the skills of these different actors—including architects, engineers, constructors, and craftsmen—that offers the creativity, expertise, and the flexibility that is necessary to construct and reconstruct the "growing house." Combining the structural capacities of mass production with the engaged perspectives of self-building, these collectives of practice offer a new base to think the logics, processes, and temporalities of adaptable and changeable dwellings.

Out of this perspective Wagner redefines the role of the architect. The designer is no longer considered as an artistic genius that conceives a perfected and ideal form. Rather, the architect becomes a member of a larger community that engages, long-term, with the idea of the "growing house." Does this imply that the expertise of the architect is restricted? On the contrary; for Wagner suggests that the architect plays an important role in thinking out the dynamics of the "growing house." He believes that it is the architect who needs to examine, in an in-depth fashion, the different possible alterations: "This requires a lot of work, much testing, and experimenting ... . Every step of transformation needs to be carefully considered and thought out as a complete form."[10]

Out of this perspective Wagner re-articulates the character of architectural expertise. The role of architecture is no longer understood as the design of an ideal aesthetic, but rather as the examination of possible practices of dwelling and their spatial and formal implications. From his expertise of dwelling patterns the architect is seen to identify a set of standard dwelling forms, so that he "will not have to count with uncertain and unknown conditions of extension, but will work with standard cases to which individual conditions need to be adjusted, and conversely, that will affect them."[11] The architect can only fulfill this role in close dialogue with other actors in the built environment, such as craftsmen and constructors. Wagner's architect has the role of the synthesizer, who integrates a detailed understanding of dwelling patterns with knowledge about the expertise and skills of different actors in the built environment.

A community matter

In retrospect Martin Wagner's "growing house" is an exercise in the redefinition of the agency of the architect vis-à-vis that of the inhabitant. Only Wagner does not define this relation as singular or mono-dimensional, as many of the theories and concepts of the second part of the twentieth century hold. On the contrary, the idea of a "growing house" is firmly embedded in larger cultural and societal changes that affect dwelling needs and aspirations but also construction methods and building practices. Wagner establishes a crucial link between the regimes of change in the dwelling environment and the economies of building, by suggesting that true change in the dwelling environment, in all of its ubiquity and diversity, is dependent on a small-scale and craft-driven building production.

One can assume that Wagner, writing in the financially difficult times of the 1930s, regarded this promotion of small-scale building production as part and parcel of a striving toward a new economic condition. Throughout his book, Wagner not only makes reference to the reduced building costs that new ways of construction might bring with them, but also points to the positive effects that this small-scale building production might have on the larger economic condition. However, Wagner is also aware that the maintenance of this small-scale building production and the principle of the "growing house" is, in an economy that directly links growth to mass-production, not a self-evident matter. He holds that it requires that society-at-large invests in other principles of growth and that it secures and even protects them.

It is at this point that the principles of the "growing house," which are directed at the individual family, encounter considerations on the rationales of the collective realm. Opening up to a more flexible way of individual dwelling seems paradoxically to encompass a procedure of community control: "housing settlement is no longer an individual and isolated act and has become a matter of the *Gemeinschaft* (community), which needs be protected by the *Gemeinschaft* community."[12] This seems to be the lesson of Martin Wagner's "growing house": the regimes of growth within the house are intrinsically related to outspoken societal choices, the economies of building, as well as to the responsibilities of the craftsman, the constructor, and the architect.

1   Martin Wagner, *Das wachsende Haus: Ein Beitrag zur Lösung der Städtischen Wohnungsfrage* (Berlin, Leipzig 1932), 5.

2   This has been the case particularly in the discourse on growth and change in the postwar period. See for instance, Nishat Awan et al., *Spatial Agency: Other Ways of Doing Architecture* (London 2011).

3   Berliner Messegelände, *Berliner Sommerschau 1932. Sonne, Luft und Haus für Alle. Ausstellung für Anbauhaus, Kleingärten und Wochenende*" [Berlin Summer Show 1932. Sun, Air, and Houses for All. Exhibition for annex, allotment-garden, and weekend houses].

4   Wagner, *Das wachsende Haus*, 26.

5   Wagner, *Das wachsende Haus*, 1.

6   Wagner, *Das wachsende Haus*, 1.

7   Wagner, *Das wachsende Haus*, 30.

8   Wagner, *Das wachsende Haus*, 30.

9   Wagner, *Das wachsende Haus*, 25.

10 Wagner, *Das wachsende Haus*, 28.

11 Wagner, *Das wachsende Haus*, 28.

12 Wagner, *Das wachsende Haus*, 35.

Tatjana Schneider

The Growing House or the Shaping of Time

One could be forgiven for surmising from the title of this book that it sets out to explore the principle of "growing houses" or *wachsende Häuser,* yet this assumption would only be partly correct. For although the book features twenty-four projects expounding on the topic of incrementality, in building and using, and although the illustrations and descriptions contained therein form the main body of the work, this is in essence a pamphlet dedicated to a concept Wagner calls *Neues Wohnen* ("new living"), which not only unveils a new vision of space, but also a new concept of "value and purpose."[1]

Wagner's fifty-page treatise, on which these designs are predicated, not only encompasses a fundamental critique of the metropolis of the early twentieth century, but also takes aim at the various minimum dwelling-based solutions for alleviating the prevailing housing crisis, at the misguided subsistence-level oriented projects, and at the static approaches adopted by urban planners. Furthermore, Wagner goes on to condemn the economics of private capital, the policies on suburban settlements, and the resulting residential estates built by the imperial government of the day; the detrimental lifestyles imposed by major conurbations, the reinforcement of social inequalities through urban-planning and architectural measures, together with the rigid standardization of workers' housing and the commodification of living space, which came to assume not only a use value, but also a speculative value. It is, however, not the construction industry alone which he holds responsible. Wagner draws on his economic analysis to underpin his concrete architectural proposals, which are geared toward countering this "deplorable situation."[2]

The fruits of these deliberations evince parallels to the process-oriented approach Wagner adopted as the Director of the Office for Urban Planning in Berlin between 1926 and 1933. Often erroneously linked with the construction activity of the *Neues Bauen* (New Architecture), for example, as a co-formulating architect, Wagner did in fact have very little to do with the development of major housing estates—such as the Weiße Stadt in Reinickendorf or the Wohnstadt Carl Legien. Although as planning director, Wagner was jointly responsible for implementing the master plans for large residential estates, his professional focus lay more in the "restructuring of the city to a global and exhibition city [and] solving the traffic problems, the designation of green and open spaces, and forging the foundations for shaping the 'spirit of the global city' in the 'new age.'"[3]

Even if as chief city planner Wagner perceives himself as a "director" or "manager" of the city on whose shoulders all decisions ultimately rest, the exhibition and publishing project *Das wachsende Haus* (The Growing House) represents one of only a few creative projects in which Wagner is proactively involved. He introduces alternative—economically, socially, and architecturally grounded—ideas which, first and foremost, champion the necessity both of a social economy and of a new architecture which places the emphasis on the "growth" of the dwelling, rather than on its final "completion," and, in so doing, conjures a new type of city. Wagner calls for a form of "new living," which will also find expression in the deliberate choice of "organic" construction materials. In contrast to the *Neues Bauen*, the user or consumer assumes a central role in Wagner's *Neues Wohnen*, around whom all else revolves: consequently, the "growing house" is a house that is not only aligned to available financial resources, but also to the changing familial situation of its users. By elevating the individual to the heart of the architecture, these fundamental aspects will also quite naturally generate a new form of city and settlement. Yet this new mode of thinking also necessitates a fresh technical and formal approach, an aspect to which Wagner devotes special attention. Above all, Wagner criticizes the existing colonies of detached houses, which he deems to be the epitome of the immutable, completed entity, whose conversion and enlargement could, and would prove to be just "tortuous, incomplete, and unnatural." As an alternative, he designs his own vast, but unmistakably, detached housing estate, comprising 100,000–200,000 units: a planned agglomeration of wholly internalized houses, which, in contrast to the existing settlements, from the outset are fully tailored to meet the desires, potential, and needs of their inhabitants.

At this juncture, one could, of course, enter into a discussion on the details, the floor plans, and the diagrams, which facilitate building incrementally. However, this would only highlight one aspect of Wagner's work and readily culminate in a critique of his form, while overlooking his fundamental ideas on reforming the construction industry. And, notwithstanding the importance of this critique of the flexible single-detached house-city proposed by Wagner, and his unshakeable belief in the fully industrialized and mass construction techniques, Wagner delineates and demands a quite different concept of architecture: an architecture which both acknowledges and is informed by the processuality and interaction between production, usage, and consumption, and which abandons the frequent celebration of the *object beautiful* when handed over upon completion—without any further interest in its actual use.

Wagner dubs this kind of successive and incremental thinking and architecture *Neues Wohnen* or "new living." For although it envisages implementation of the "growing house" through industrial prefabricated elements, Wagner always regards the machines and technology as facilitating and cost-cutting devices—in the service of its inhabitants. Consequently, the spatial living standard is not subordinated to the possibilities of industrial assembly, but rather the industrial assembly is adapted to the spatial living standard itself. Beginning with the individual rooms of the house and their interrelationship, and extending to the urban planning concept: everything is developed from a use- or consumption-oriented perspective. Financing too is afforded special attention. Not only does Wagner analyze the feasibility of the user-oriented house itself from a monetary perspective, he also addresses the principles of the affordability of living space, which are inextricably tied to the issue of the availability of land for building and the intrinsic absurdity of private land ownership. Wagner's "growing house" only becomes genuinely viable by transferring the costs of land procurement to the respective state or municipal authorities. Land, according to Wagner, has been created by "Dear God" and should not be paid for.[4] With this seemingly straightforward statement Wagner was following an intellectual tradition devoted to examining private land ownership and many other more fundamental issues relating to property.[5]

In its broad diversity, the principle of *Neues Wohnen* addresses many points which feature strongly in today's housing construction debate. Most notably, these concern the frequent disposal of municipal, social, and formerly co-operative housing to dubious international hedge funds or the sale of municipal land to the highest-bidding real estate development companies. Criticisms of the still-highly inflexible housing models, which are predicated on increasingly obsolete demographic models, have also found greater coverage in the trade literature in recent years: these include articles on largely radical projects launched by joint building ventures, in addition to reports on housing associations, DIY home-building co-operatives, and other forms of communal housing.[6] They all share disenchantment with the housing market, which—so runs the argument—produces too few, too expensive, too inflexible, and too standardized dwellings for the wrong localities. Compounding the problem are issues relating to policies on land that is still publicly owned. Although long since regarded as taboo, the possibility of extricating land from the value-added chain on the one hand, and socializing property on the other, has once again become "respectable" within contemporary discourse. Similarly, the demands for a critical, urban-development policy—whether by Right to the City alliances, initiatives such as the Basel Boden-initiative (Basel Land Initiative) or the Berlin Netzwerk Stadt Neudenken (Berlin Network for Re-Thinking the City)—are now virtually ubiquitous. In many instances, the land issue is directly linked to discussions on codetermination, greater openness and transparency, the empowerment of citizens, and to the demand for sustained forms of participation in the processes of urban and district development.

Wagner was firmly convinced that *Neues Wohnen* is a social problem which, as he wrote, can only be addressed "within the framework of a robust social economy. The problem cannot be solved by ground-plan techniques, regardless of how talented the architect is."[7] Thus from a familial, technical, and economic perspective, Wagner concludes that the question of shaping growth cannot be remedied alone by architectural sleights of hand—a view, however, which does not deter him from frequently emphasizing the decisive role to be played by the "first-class artists"[8]—and by the collaborative activities of special task forces in tackling the "form problem"[9] of the "growing house." In his opinion, the solution to the housing problem is rooted in economic policies—a position, which distinguishes him from the majority of proponents, who, both then and today, focus on the flexibility or adaptability of housing typologies.

By virtue of this unequivocal articulation of his position, Martin Wagner's work continues to be relevant: as a trained architect, he was aware both of his own limitations and those of the discipline of architecture. His position as planning director, and the manner in which he tailored the role to suit him, enabled him to explore and shape the politics of architecture. One could, of course, dismiss Wagner's stance as hopelessly ideological; but that would be to deny the emancipatory intention inherent within his exposure of the existing power structures. In the same way as reading Mike Davis' *Planet of Slums* (2006) renders it impossible—despite our initial abhorrence—to resist the urge to leap into some form of action, so too Wagner's often seemingly obsessive pamphlet impels us to adopt a categorical political position. One can only hope that Wagner's text will furnish the inspiration to question the status quo; not only in the shape of individual projects postulating a *Neues Wohnen*, but also by interrogating more fundamentally the production of space, which is so inextricably bound up with the issue of private land ownership.

Translated from the German by John Rayner.

1   Martin Wagner, *Das wachsende Haus: Ein Beitrag zur Lösung der Städtischen Wohnungsfrage* (Berlin, Leipzig 1932), 41.

2   Wagner, *Das wachsende Haus*, 11.

3   Klaus Homann et al., "Versuch Einer Annäherung," in *Martin Wagner 1885–1957. Wohnungsbau Und Weltstadtplanung. Die Rationalisierung Des Glücks* (Berlin 1985), 6.

4   Wagner, *Das wachsende Haus*, 38.

5   Here one could cite the radical group the "True Levellers," founded by Gerrard Winstanley in 1649, which demanded a leveling out of the existing social order. Further examples are Jean-Jacques Rousseau, *Discourse on the Origin and Basis of Inequality among Men* (1775), or Pierre Joseph Proudhon, *Qu'est ce que la propriété?* (1840).

6   Critiques as well as possible alternatives are offered in: Tatjana Schneider and Jeremy Till, *Flexible Housing* (London 2007); the special edition of the quarterly German magazine for architecture, urbanism, and design, *ARCH+*, titled "Wohnerfahrungen" ("Living Experiences") *ARCH+*, 218 (November 2014); the buildings and the publications by the architectural office Lacaton & Vassal; and the book by Niklas Maak, *Wohnkomplex: Warum wir andere Häuser brauchen* (Munich 2014).

7   Wagner, *Das wachsende Haus*, 10.

8   Wagner, *Das wachsende Haus*, 27.

9   Wagner, *Das wachsende Haus*, 27.

Die Autoren

Tom Avermaete ist Architekturprofessor am Fachbereich Architecture and the Built Environment der TU Delft in den Niederlanden. Sein spezielles Forschungsinteresse gilt dem öffentlichen Bereich und der Stadtplanung. Er ist Autor von *Another Modern: the Post-War Architecture and Urbanism of Candilis-Josic-Woods (2005)* und *Casablanca Chandigarh: Reports on Modernization* (mit Maristella Casciato, 2013) sowie Mitherausgeber von *Colonial Modern: Aesthetics of the Past, Rebellions for the Future* (mit Marion von Osten und Serhat Karakayali, 2010), *Structuralism Reloaded: Rule-Based Design in Architecture and Urbanism* (mit Tomáš Valena und Georg Vrachliotis, 2011) und *Architecture of the Welfare State* (mit Mark Swenarton und Dirk van den Heuvel, 2014).

Franziska Bollerey, Prof. Dr. emerita für Geschichte der Architektur und des Städtebaus an der TU Delft, ist Leiterin des Institute of History of Art, Architecture and Urbanism – IHAAU. Ihre Forschungsschwerpunkte sind utopische Konzepte, Metropolen und die Zwanziger Jahre. Sie war und ist Gastprofessorin und Forscherin an verschiedenen Universitäten, u.a. in Barcelona, Berlin, Braunschweig, Budapest, Istanbul, New York und Zürich. Franziska Bollerey hat zahlreiche Bücher und Artikel veröffentlicht, darunter *Architekturkonzeptionen der utopischen Sozialisten* (2. Aufl. 1991), *Cornelis van Eesteren. Urbanismus zwischen de Stijl and C.I.A.M.* (1999) und *Myth Metropolis. The City as a Motif for Writers, Painters and Film Directors* (2. Aufl. 2010). Neben anderen Mitgliedschaften in internationalen Gremien und Komitees war sie bis Ende 2013 Vorsitzende des wissenschaftlichen Beirats der Stiftung Bauhaus Dessau.

Ludovica Scarpa ist Dozentin für soziale Kompetenz und zwischenmenschliche Kommunikation an der Universität Iuav, Venedig. Sie hat Architekturgeschichte in Venedig studiert und 1995 an der Freien Universität Berlin in Geschichtswissenschaften promoviert, später Zusatzausbildungen in Kommunikationspsychologie und Mediation absolviert. Ludovica Scarpa hat zahlreiche Bücher und Artikel veröffentlicht, darunter im Bereich Architekturgeschichte *Martin Wagner und Berlin. Architektur und Städtebau in der Weimarer Republik* (1986) und „Kommunikation und Stadtentwicklung. Für eine Wunschkultur in der Kommunikation", in: Elke Becker et al. (Hg.), *Stadtentwicklung, Zivilgesellschaft und bürgerschaftliches Engagement* (2010).

Tatjana Schneider ist Dozentin am Fachbereich Architektur der Universität Sheffield. Ihr Forschungsschwerpunkt liegt auf den sozialen und wirtschaftlichen Mechanismen der Raumproduktion. 2006 initiierte Tatjana Schneider mit Jeremy Till *Spatial Agency*, ein Projekt, das den Menschen in der Architektur – bzw. ihren „Nutzern" – Vorrang einräumt. *Spatial Agency* macht das Potenzial architektonischer Prozesse und das Wissen darüber verfügbar, um Menschen die Möglichkeit zu geben, Kontrolle über den von ihnen bewohnten Raum zu erlangen. Zu ihren weiteren Forschungsprojekten aus den letzten Jahren gehören *m-NAP* (mit Michael Edwards), *Flexible Housing* (mit Jeremy Till) und *A Right to Build* (mit Alastair Parvin und David Saxby von 00:/ architecture sowie Cristina Cerulli).

The Contributors

Tom Avermaete is professor of Architecture in the Faculty of Architecture and the Built Environment at Delft University of Technology (TU Delft, The Netherlands) and has a special research interest in the public realm and the architecture of the city. He is the author of *Another Modern: the Post-War Architecture and Urbanism of Candilis-Josic-Woods* (2005) and *Casablanca Chandigarh: Reports on Modernization* (with Maristella Casciato, 2013). Volumes he has co-edited include: *Colonial Modern: Aesthetics of the Past, Rebellions for the Future* (with Marion von Osten and Serhat Karakayali, 2010), *Structuralism Reloaded: Rule-Based Design in Architecture and Urbanism* (with Tomáš Valena and Georg Vrachliotis, 2011), and *Architecture of the Welfare State* (with Mark Swenarton and Dirk van den Heuvel, 2014).

Franziska Bollerey, Prof. Dr. Emerita of History of Architecture and Urbanism, TU Delft, is head of the Institute of History of Art, Architecture and Urbanism – IHAAU. Her special fields of interest are Utopian Concepts, Metropolises, and the 1920s. She acted and acts as visiting professor and researcher at various universities including Barcelona, Brunswick, Berlin, Budapest, Istanbul, New York, and Zurich. Among the numerous books and articles she has published are *Architekturkonzeptionen der utopischen Sozialisten* (2nd ed. 1991), *Cornelis van Eesteren. Urbanismus zwischen de Stijl and C.I.A.M.* (1999), and *Myth Metropolis. The City as a Motif for Writers, Painters and Film Directors* (2nd ed. 2010). A member of a number of international boards and committees, until the end of 2013 she was head of the Bauhaus Scientific Advisory Board of the Bauhaus Foundation Dessau.

Ludovica Scarpa lectures in social competence, soft skills, and communication at IUAV (Venice Institute of Architecture). In 1995, after graduating from IUAV in the History of Architecture, she presented her thesis on social history at Freie Universität Berlin. Since the 2000s, she has expanded her fields of expertise with qualifications in communication and behavior as well as an MA in mediation. Ludovica Scarpa has published widely in areas including architectural history: her books and articles in German include *Martin Wagner und Berlin. Architektur und Städtebau in der Weimarer Republik* (1986) and "Kommunikation und Stadtentwicklung. Für eine Wunschkultur in der Kommunikation," in Elke Becker et al (eds.), *Stadtentwicklung, Zivilgesellschaft und bürgerschaftliches Engagement* (2010).

Tatjana Schneider is senior lecturer at the School of Architecture, University of Sheffield. Her work is concerned with the social and economic mechanisms of the production of the space. In 2006, Tatjana Schneider and Jeremy Till initiated *Spatial Agency*, a project that focuses on putting people or "users" first in architectural practices. *Spatial Agency* deploys the potential and knowledge of architectural processes in order to empower people to take control of the space they inhabit. Other research projects on which she has worked over the past years include: *m-NAP* (with Michael Edwards), *Flexible Housing* (with Jeremy Till), and *A Right to Build* (with Alastair Parvin, David Saxby of 00:/ architecture, and Cristina Cerulli).

Quellennachweise / Copyright Details

Die Reihe *Wohnungsfrage* wird herausgegeben von / The series *Wohnungsfrage* is edited by Jesko Fezer, Christian Hiller, Nikolaus Hirsch, Wilfried Kuehn, Hila Peleg.

Redaktion / Editing:
Jesko Fezer, Martin Hager, Christian Hiller
Redaktionsassistenz / Editorial Assistance:
Franziska Janetzky, Alexandra Nehmer
Translation of the Editorial: John Rayner
Lektorat und Korrektur: Claudius Prößer /
Copy-editing and Proofreading: Mandi Gomez
Grafische Gestaltung / Graphic Design:
Studio Matthias Görlich
Lithografie / Lithography:
Licht & Tiefe, Berlin
Schrift / Typefaces: Eesti Display,
Sectra (Grilli Type)
Druck und Bindung / Printing
and Binding: PögeDruck, Leipzig

Wohnungsfrage Team:
Konzept und Programm / Concept and
Program: Jesko Fezer, Nikolaus Hirsch,
Wilfried Kuehn, Hila Peleg
Projektleitung / Project Leader:
Annette Bhagwati, Zdravka Bajovic
Forschung und Publikationen / Research
and Publications: Christian Hiller
Forschung und Projektkoordination
Ausstellung / Research and Project
Coordination Exhibition: Zdravka Bajovic
Projektkoordination Ausstellung /
Project Coordination Exhibition: Jessica Páez
Projektkoordination Akademie /
Project Coordination Academy: Stefan Aue
Assistenz der Projektleitung /
Assistant to the Project Leader: Dunja Sallan
Projektassistenz / Project Assistance:
Franziska Janetzky, Alexandra Nehmer
Praktikant / Intern: Ben Mohai

Erschienen bei / Published by:
Spector Books
Harkortstraße 10, D-04107 Leipzig
www.spectorbooks.com

Distribution:
Germany, Austria: GVA, Gemeinsame
Verlagsauslieferung Göttingen
GmbH & Co. KG, www.gva-verlage.de
Switzerland:
AVA Verlagsauslieferung AG, www.ava.ch
France, Belgium:
Interart Paris, www.interart.fr
UK: Central Books Ltd, www.centralbooks.com
USA, Canada:
RAM Publications+Distribution Inc.,
www.rampub.com
Australia, New Zealand: Perimeter Distribution, www.perimeterdistribution.com

Martin Wagner: *Das wachsende Haus.
Ein Beitrag zur Lösung der städtischen
Wohnungsfrage* erschien erstmalig 1932
im Deutschen Verlagshaus Bong, Berlin,
Leipzig / was first published in 1932 by
Deutsches Verlagshaus Bong, Berlin, Leipzig.

Wir danken Franziska Bollerey und
Marie-Luise Surek-Becker für die Leihgabe
der Originalpublikation und Christian
Wagner für die freundliche Genehmigung
der Neuauflage. / We thank Franziska
Bollerey and Marie-Luise Surek-Becker for
loaning the original publication, and
Christian Wagner for kindly permitting the
reprint.

Wohnungsfrage findet im Rahmen von
100 Jahre Gegenwart statt, das als Zeitdiagnose aktuelle gesellschaftliche Probleme
im Kontext historischer Perspektiven
untersucht. / *Wohnungsfrage* takes place as
part of the HKW series *100 Years of Now*,
which examines current social issues in the
context of historical perspectives.

© 2015 die Herausgeber, Autoren, Künstler,
Haus der Kulturen der Welt und Spector
Books / the editors, authors, artists, Haus
der Kulturen der Welt, and Spector Books

Das Haus der Kulturen der Welt ist ein
Geschäftsbereich der / Haus der Kulturen
der Welt is a division of Kulturveranstaltungen des Bundes in Berlin
GmbH (KBB).

Intendant / Director: Bernd Scherer
Kaufmännische Geschäftsführerin /
General Manager: Charlotte Sieben
Vorsitzende des Aufsichtsrats /
Chair of the Advisory Board:
Staatsministerin Prof. Monika Grütters MdB

Das Haus der Kulturen der Welt
wird gefördert durch /
Haus der Kulturen der Welt is funded by

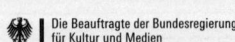 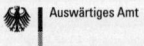

Die Beauftragte der Bundesregierung für Kultur und Medien

Auswärtiges Amt

Printed in Germany
First edition
ISBN 978-3-944669-96-0